KB178330

고려
무인
이야기___4
——
무
인
정
권
의
　
몰
락
과
　
삼
별
초
　
항
쟁

이승한 지음

무인정권의 몰락과 삼별초 항쟁

"우리는
대고려의
군대 삼별초다.
[…]우리 삼별초는
개경환도를
따를 수 없다."
배중손과 삼별초의
군사들은 몽골의 괴뢰라
사람들을 모두ㆍ
배에 싣고 구포를
출발하였다.
구포에서 항파강까지
1천여 척의 배가
고려를 뚫고 늘어섰다.
드디어 대몽항쟁을 위한
대장정의 막이
오른 것이다.

고려
무인
이야기 ___4

푸른역사

프롤로그

1270년(원종 11) 6월 1일, 강화도

배중손裵仲孫은 강화도의 백성들을 모아놓고 외쳤다.

"오랑캐 군대가 쳐들어와 인민을 살육하니 보국輔國을 하려는 자는 모두 대궐 앞으로 모여라."

배중손은 삼별초 군사들을 시켜 저잣거리를 다니며 똑같이 소리치게 했다. 순식간에 수많은 사람들이 대궐 앞으로 모여들었다. 사람들은 서로의 얼굴을 쳐다보며 불안한 기색으로 웅성거렸다. 하지만 한편에서는 섬을 탈출하기 위해 배를 타러 부두로 달려가는 사람도 많았다. 서로 먼저 타려고 앞 다투어 배에 오르니 침몰하는 배도 있었고, 떠밀려 물속에 빠지는 사람들도 그 수를 헤아릴 수 없었다. 삼별초 군사들은 사람들이 부두로 접근하는 것을 막고 소리쳤다.

"배에서 내리지 않는 자는 모두 목을 벨 것이다."

막 배를 타려던 사람들은 두려워 내리기도 하고, 그냥 배를 타고 도망치기도 했다. 군사들이 작은 배로 추격하면서 활을 쏘니, 멈추는 배도 있었고 그대로 달아나는 배도 있었다. 뒤늦게 소문을 들은 도성 안의 백성들은 가재도구를 챙겨 산속으로 숨거나, 일부는 대궐 앞으로 모여들었다. 뜨거운 염천에 거리마다 남녀노소가 뒤엉켜 어찌할 바를 몰랐고, 어린아이와 부녀자들의 울음소리가 성안에 가득했다.

배중손은 삼별초 군사들과 함께 무기 창고인 금강고를 장악하고 병장기를 꺼내 군사들에게 나누어주었다. 무기를 손에 든 군사들은 더욱 힘이 솟아 거리를 누비며 소리 높여 외쳤다.

"우리는 대고려의 군대 삼별초다. 왕과 대신들은 우리를 버리고 개경으로 돌아갔다. 개경에서는 오랑캐 군사들이 사람들을 잡아 죽이고 있다. 우리 삼별초는 개경환도를 따를 수 없다."

배중손은 관아를 점령하고 노비문서와 토지문서를 꺼내어 모두 불태웠다. 백성들은 불타는 문서들을 바라보며 만세를 불렀다.

배중손과 삼별초 군사들은 왕족인 승화후承化候 온溫을 새로운 왕으로 추대했다. 이어서 관부를 설치하고 관직 제수도 단행했다. 개경으로 환도한 고려 정부를 정면으로 부정하고 독자적인 정부를 따로 구성한 것이다. 이것이 바로 강화도에서 일어난 삼별초 난이었다.

이틀 후인 6월 3일에 배중손과 삼별초 군사들은 공사公私의 재물과 사람들을 모두 배에 싣고 구포(현재의 강화군 내가면 구하리 구상동)를 출발했다. 서해안을 따라 남하하기 위해서 구포에서 항파강(강화도와 석모도 사이의 해협)까지 1천여 척의 배가 꼬리를 물고 늘어섰다. 대몽항쟁을 위한 대장정에 오른 것이다.

삼별초 군인들은 왜 개경환도에 저항하며 반기를 들었을까? 원에 대한 복속을 싫어해서? 아니면 무인정권을 지탱했던 군대로서 살아남기 힘들다고 판단해서? 겉으로만 보면 삼별초 군인들은 개경환도에 저항하여 난을 일으킨 것이 분명하다. 하지만 삼별초 군인들이 난을 일으킨 데에는 여러 사정이 복잡하게 얽혀 있었다. 이 삼별초 난은 이후 대몽항쟁으로 이어지는데, 그 역사적 의미를 어떻게 볼 것인가 하는 문제에 대해서는 논란이 많다. 이 문제를 살펴보는 것이 이번 책의 가장 중요한 주제이다.

삼별초의 난은 이 책의 집필 초기부터 생각의 중심에 두고 있었다. 아니 삼별초라는 군대가 만들어지는 최씨 정권을 이야기할 때부터 항상 머릿속을 떠나지 않은 궁금한 문제였다. 지금까지 나온 설명만으로는 뭔가 속 시원히 풀리지 않는 미진한 점이 있다고 생각했기 때문이다. 그런 점에서 윤용혁 교수의 《고려 삼별초의 대몽항쟁》(일지사, 2000)은 지금까지 나온 삼별초 난에 대한 여러 견해를 이해하는 데 큰 도움이 되었다.

역사에 대한 의문과 궁금증을 가지고 나름대로 하나씩 해명해가는 일은 즐거운 일이다. 누군가가 역사는 가장 탁월한 지적 오락이라고 했던가. 그 즐거움을 독자들과도 나누고 싶은데 과분한 욕심인지 모르겠다.

2005년 5월 20일

이승한

최씨 정권을 붕괴시키고, 그것을 계승한 무인정권 —김준

3

진퇴양난의 강도에 갇힌 마지막 무인정권 —임연·임유무

이름도 없이 사라져간
별들을 위하여
─삼별초 항쟁

4

■ 무인집권시대의 왕위계승

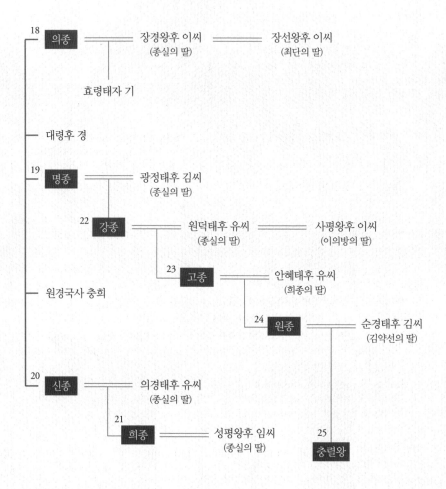

18 의종 ══════ 장경왕후 이씨 ══════ 장선왕후 이씨
(종실의 딸)　　　　　　　　(최단의 딸)

효령태자 기

대령후 경

19 명종 ══════ 광정태후 김씨
(종실의 딸)

22 강종 ══════ 원덕태후 유씨 ══════ 사평왕후 이씨
(종실의 딸)　　　　　　　　(이의방의 딸)

23 고종 ══════ 안혜태후 유씨
(희종의 딸)

24 원종 ══════ 순경태후 김씨
(김약선의 딸)

원경국사 충희

20 신종 ══════ 의경태후 유씨
(종실의 딸)

21 희종 ══════ 성평왕후 임씨
(종실의 딸)

25 충렬왕

┌─
├─　: 부자관계
└─

══　: 결혼관계

■ 고려시대 무관직 비교

무관의 계급	품계	지금의 장교계급	문관직
	정1품		태사 태부 태보, 대위 사도 사공
	종1품		중서령, 문하시중, 상서령, 6부 판사(재상 겸직), 감수국사(시중 겸직), 판삼사사(삼사)
	정2품		중서시랑평장사 문하시랑평장사(중서문하성), 좌우복야(상서성), 수국사 동수국사(재상겸직)
	종2품		참지정사 정당문학 지문하성사(중서문하성), 판추밀원사 동지추밀원사 추밀원사(중추원)
상장군 上將軍	정3품	대장	좌우상시(중서문하성), 어사대부(어사대), 추밀원부사 좌우승선(중추원), 상서(6부)
대장군 大將軍	종3품	중장	좌우승(상서성), 지사(6부), 사천감(사천대), 위위경(위위시), 전중감(전중성)
장군 將軍	정4품	소장 준장	좌우간의대부(중서문하성), 시랑(6부), 군기감(군기감)
	종4품		어사중승 지어사대사(어사대), 국자사업(국자감), 소감 소경(각사)
중랑장 中郞將	정5품	대령	좌우사랑중(상서성), 낭중(6부), 시독학사 시강학사(한림원), 합문사(합문)
	종5품		기거주 기거랑 기거사인(중서문하성), 어사잡단 시어사(어사대)
낭장 郞將	정6품	중령	좌우보궐(중서문하성), 좌우사원외랑(상서성), 원외랑(6부), 전중시어사(어사대)
	종6품		좌우습유(중서문하성), 감찰어사(어사대), 내급사(전중성), 승(각사, 국자감)
별장別將	정7품	소령	당후관(중서문하성), 국자박사(국자감), 통사사인 합문지후(합문)
	종7품		주부(각사), 권지합문지후(합문)
산원散員	정8품	대위	사문박사(국자감)
	종8품	중위	율학박사(형부), 직사관(사관)
교위校尉	정9품	소위	학정 학록(국자감)
대정隊正	종9품	준위	율학조교(형부), 서학박사 산학박사(국자감)

* 문종 대를 기준으로 한 것임. ( ) 안은 관부 명칭. 중추원 추밀원

1 무산된
왕정복고

復古

王政

60여 년의 최씨 정권은 정권의 내부 분열로 무너졌다.
최씨 정권의 몰락은 항몽체제의 붕괴를 가져왔고 더 이상 대몽항쟁을 계속할 수 없었다.
몽골이 침략하는 길목에서는 집단적인 투항과 반민들이 속출하여
이적활동이 공공연하게 벌어졌다. 그런데도 출륙환도는 쉽사리 이루어지지 않았고,
여전히 강도는 항몽의 거점으로 힘을 발휘했다. 이것은 또 다른 무인정권이
태동할 수 있는 좋은 여건이 되었다. 이런 가운데 최씨 정권은 무너졌지만
왕정복고는 무산될 위기에 놓인다.

최씨 정권의 붕괴

왜, 붕괴되었을까?

최충헌—최이—최항—최의, 4대 60여 년 동안 부자관계로 세습된 '최씨 왕조'의 붕괴는 매우 궁금한 문제가 아닐 수 없다. 그것은 결코 마지막 집권자인 최의의 제거만으로 해명될 단순한 사건이 아니다. 역사상 쿠데타나 정권 붕괴는 항상 갑작스럽게 일어나는 것 같지만 그 원인을 추적해보면 복합적이고 의외로 깊은 배경을 가지고 있다. 그런가 하면 사건의 단서가 엉뚱한 데서 비롯되는 경우도 너무나 많다.

최씨 정권의 붕괴 원인은 몇 가지로 요약할 수 있다.

(1) 강도의 경제적 고립과 재정파탄으로 인한 경제난
(2) 최항崔沆—최의崔誼로 이어진 집권자의 신분적 제약
(3) 신의군神義軍의 불만

(4) 야별초夜別抄의 이탈

(5) 정권 핵심세력의 내부 분열

(1)은 강도를 봉쇄하기 위한 몽골의 6차 침략 이후 나타난 결과인데, 이미 《고려 무인 이야기 3》에서 자세하게 설명했었다. 이것이 최씨 정권 붕괴의 가장 유력한 배경이라고 할 수 있다. 여기서는 다시 언급하지 않겠지만, 중요한 사실은 이것이 셋째·넷째·다섯째 항과 직간접적으로 관련되어 있다는 점이다.

(2)는 최항이 후계자가 되는 과정에서부터 문제가 된 것으로 문벌귀족 중심 사회에서는 무시할 수 없는 중요한 일이었다. 이는 출신 신분이나 가문이 좋은 문신관료들이 최씨 정권에 등을 돌리거나 소외되는 동기로 작용했다. 특히 철원 최씨, 정안 임씨와 같이 최이 집권 시절까지 정권에 밀착되어 득세했던 가문이 권력 중심부에서 소외되었다. 이것은 문벌귀족 중심 사회였던 고려 왕조에서 최씨 정권의 정치적 고립을 불러왔고, 눈에 보이지 않게 정권의 지지 기반을 약화시켰다.

그런가 하면, 최항과 최의는 최고 권좌에 오른 뒤에도 어머니 쪽이 천계였다는 신분 콤플렉스에서 조금도 벗어나지 못했다. 그래서 최항 정권은 괜한 폭압정치를 했고, 가노家奴 출신 무장들이 득세하기도 했다. 그런데 최의가 권력을 승계하는 과정에서는 이를 극복하기 위해 가노 출신의 측근 무장들을 오히려 권력에서 소외시키는 역차별이 이루어졌는데, 이것이 (5)의 내부 분열의 직접적인 동기로 작용한다.

(3)은 최씨 정권을 붕괴시키는 데 직접적으로 작용했던 사항이다. 신의군은 최항 집권기 때 몽골에 포로로 붙잡혔다가 도망쳐온 사람들로 구성된 군대이다. 이런 신의군 군사들의 불만이나 이탈의 원인은 정치

적 소외에 있었다. 최항·최의 정권이 그들을 정치적으로 신뢰하지 않아 힘을 실어주지 않았기 때문이다.

이런 정치적 소외는 강도의 경제난 속에서 경제적 불만으로도 이어졌다. 야별초나 도방의 군사들마저 제대로 보수를 받지 못했던 상황에서 정권에 근접하지 못한 신의군의 군사들은 말할 필요조차 없었다. 또한 신의군은 전쟁포로의 고통을 체험한 사람들이기 때문에 군대를 조직할 당시부터 항몽정책에 대한 불만에 차 있었다. 신의군 장교들은 몽골과 적극적으로 교섭하기를 희망하는 쪽이었다. 그러나 최의는 정권 유지만을 생각하여 항몽으로 일관하고 있었다.

(4) 야별초의 이탈은 앞의 신의군의 불만과는 그 성격이 약간 다르다. 야별초는 최의의 권력승계 과정에서 공을 세웠지만 결국 최의 정권을 붕괴시키는 데 앞장섰다. 이것은 결과론적인 해석이긴 하지만 야별초의 군사들도 불만에 쌓여 있었다는 것을 말해준다. 그 불만은 그들이 받았던 열악한 경제적 처우 때문이었다고 생각되는데, 이 역시 결국 (1)의 재정파탄이 가장 큰 원인이었다.

마지막으로 (5)항의 정권 내부 분열은 최씨 정권이 붕괴되는 직접적인 동기였다. 이것은 앞서 다른 항목들처럼 강도의 경제난 때문에 발생했다고 볼 수 없다. 하지만 내부 분열에서 이탈한 자들이 최의 정권을 타도할 때, '백성들의 굶주림을 방치하고 구휼하지 않는다'는 명분을 내세워 쿠데타를 유도했다는 사실에 주목한다면, (1)의 경제난은 백성들을 굶주리게 만들고, 이것이 최씨 정권 타도의 가장 중요한 명분으로 작용했다는 것을 알 수 있다.

이상과 같은 다섯 가지 사항만으로 최씨 정권의 붕괴를 해명하기는 조금 미흡하다. 그에 대한 충분한 근거를 제시하여 증명하지 않았기 때문이다. 이제 이 점을 보충하기 위해서, 시간을 조금 거슬러 올라가 최항이 권력을 세습하는 과정에서부터 최씨 정권 붕괴의 실마리를 찾아보고자 한다.

가노 출신 3인방

최씨 정권의 내부 분열은 최항 정권 때부터 시작되었다. 그래서 이 책은 최항의 권력세습이 이루어진 1249년(고종 36)부터 시작하여, 무인정권의 막이 내리고 이어서 삼별초의 항쟁이 끝나는 1273년(원종 14)까지 20여 년간의 이야기를 다루고 있다. 최씨 정권의 붕괴 원인을 살피려 다보니 불가피하게 《고려 무인 이야기 3》의 마지막 부분과 시기가 조금 겹치게 되었다.

최항이 아버지 최이로부터 권력을 승계하는 과정은 순탄치 못했다. 최이의 사위이자 애초의 후계자였던 김약선金若先을 물리쳐야 했으며, 환속하여 후계자로 낙점된 뒤에는 다시 라이벌로 등장한 김약선의 아들 김미金敉를 제거해야 했다. 여기까지는 최이가 생존해 있어서, 그의 후원으로 어렵지 않게 해결할 수 있었다.

무엇보다도 큰 위기는, 최이가 죽은 직후 권력을 승계하는 과정에서 일어났다. 최이의 지지 기반이었던 무력집단이 일사분란하게 최항을 후원해주지 않았던 것이다. 최항의 권력세습에 반대한 중심 인물은 상장군(정3품) 주숙周肅이었다. 주숙은 야별초와 도방의 군사를 거느리고 왕정복고, 즉 정권을 다시 국왕에게 되돌리려는 생각을 갖고 있었다.

주숙은 그 부인이 대씨大氏로 최이와 동서 간이었는데, 최이의 신임이 돈독한 인물이었다. 이런 주숙이 최항의 권력세습에 반대한 것은,

그가 애초 후계자로 지목된 김약선과 밀접한 관계였고, 김약선이 제거된 뒤에는 다시 그의 아들 김미를 후원했기 때문으로 보인다. 불행히도 김약선·김미 부자 모두 사전에 제거되어 그 목표를 잃었으니, 주숙은 더욱 최항에게 권력이 승계되는 것을 받아들이기 힘들었던 것이다. 주숙이 왕정복고를 생각한 것은 그 때문이었다.

최항이 권력을 승계하는 과정에서 있었던 여러 난관이나 위기의 근원은 최항 자신의 신분적인 결함에도 그 원인이 있었다. 어미가 서련瑞蓮房이라는 미천한 천기賤妓였다는 사실은 도저히 극복할 수 없는 신분상의 제약이었다. 아버지 최이가 이런 결격사유 때문에 일찍이 자신을 후계자의 구도에서 제외시키고 출가케 했다는 것은 최항 자신이 누구보다도 잘 알고 있었다. 결국 우여곡절 끝에 후계자가 되었지만 권력을 승계하는 마지막 관문에서 다시 위기가 닥친 것이었다.

위기의 순간에 최항 측에 서서 그를 적극 지지한 인물이 이공주李公柱·최양백崔良伯·김준金俊을 비롯한 70여 명의 가병家兵들이었다. 이들은 최이가 죽자마자 기다렸다는 듯이 최항에게 귀부하여 그를 옹위하고 나섰다. 이미 대세가 기울었다고 생각했는지 주숙은 의외로 쉽게 처음의 뜻을 접고 순순히 이들을 따르게 된다. 하지만 진양부(최이의 사제)를 접수하는 과정에서 이를 알아차린 최항에 의해 주숙은 결국 제거되고 만다. 이 사건은 여기서 끝나지 않고 최항이 정권을 계승한 후에도 무차별적인 숙청으로 이어졌다.

그런데 흥미롭게도 최항을 지지하고 나섰던 이공주·최양백·김준 등 핵심 인물 3인은 최씨 집안에서 대대로 봉사해온 노비, 즉 가노 출신의 무장들이었다. 이들이 이끈 70여 명의 군사들도 역시 가노 출신의 사병들이었다. 왜 하필, 가노 출신의 사병들이 최항을 지지하고 나섰을까? 최항도 어미가 천기 출신이었다는 점을 감안하면 재미있는 일이 아닐 수 없다. 동병상련의 심정으로 최항을 지지했던 것일까.

최이는 죽기 직전 자신이 거느린 가병 중에서 5백여 명을 아들 최항에게 나누어주었다. 이들은 최이의 사저에서 먹고 자면서 신변호위를 하던 순수한 사병들이었다. 갑자기 환속하여 정치적 기반이 전무한 최항을 후계자로 확정하고 충분한 지원을 해주려는 최이의 배려였다. 이때 최이는 자신의 신변안전을 위한 최소한의 가병만 남기고 대부분의 가병을 나누어준 것으로 보인다. 이 5백여 명의 가병이 이제는 최항의 사저에서 숙식을 하며 신변을 호위하는 사병집단이 되었다. 최이의 신변호위를 위한 최소한의 사병으로 남아 있던 가노들이 바로 최이가 죽자마자 최항을 지지한 이공주·최양백·김준 등 3인을 비롯한 70여 명의 군사들이었다.

최항에게 미리 분급된 5백여 명의 가병은 최이 사후 당연히 주군인 최항을 지지했을 것이지만, 최이의 사저에 잔류하고 있던 나머지 가병은 유동적인 상황에서 스스로의 진로를 선택해야만 했다. 여러 가지 여건으로 보아 이들이 최항에게 저항하기는 힘들었을 테지만, 만약 이들이 주숙을 따랐다면 최항의 권력승계는 성공하기 어려웠을 것이다. 결국 이들의 선택이 주숙의 왕정복고 의도를 누르고 권력승계의 성패를 갈랐다고 할 수 있다.

최이가 죽은 직후 이들이 최항을 지지하고 나선 것은 충성 서약과 다름없었다. 그것을 주도하여 적극적으로 이끌어낸 인물이 이공주·최양백·김준 등 3인이었다. 이들 3인을 비롯한 70여 명의 가병들도 앞서 분급받은 5백여 명의 가병집단과 함께, 사태가 진정된 뒤에 최항의 사저에서 숙식을 해결하며 신변호위를 맡는 순수 가병집단으로 자리 잡았다.

이제 권력승계의 성패를 갈랐던 이공주·최양백·김준, 이들 3인방이 최항 정권에서 무력 기반의 핵심을 차지하리라는 것은 누구나 짐작할 수 있었다. 애초에 분급받은 5백여 명의 가병들보다 이들 3인방의 결단과 선택이 권력승계에서 더욱 결정적이고 중요했기 때문이다.

최항은 성공적으로 권력을 승계한 후 이들 가노 3인방에게 무관직을 내렸다. 3인 모두 별장(정7품)으로 특채하고, 아울러 김준의 동생인 김승준金承俊도 대정(종9품)에 임명했다. 이것으로 보아 김승준도 형과 함께 최항을 적극 지지했음이 분명하다. 뿐만 아니라 김준에게는 세 아들이 있었는데, 이 아들 3형제 역시 최항을 지지한 것으로 보인다.

결국 최씨 집안의 가노였던 김준 일가는 최이에서 최항으로 주군이 바뀌는 과정에서 앞장서서 충성 서약을 했던 것이다. 앞으로 3인방 중에서 특히 김준의 활동 영역이 넓어지리라는 것을 충분히 예상할 수 있다.

가노 3인방은 최항 정권에서 가병집단을 각각 나누어 지휘하는 임무를 맡았다. 이들의 지난 활동이나 신분으로 보아 가장 적절한 직책이었다. 아마도 이들은 각각 2백 명 안팎의 가병들을 나누어 통솔하면서 최항의 신변을 호위하는 가병장家兵長이었을 것으로 보인다. 이들 가병장은 지휘 계통에서 최항의 명령을 직접 받아 수행하는 독특한 위치에 있었다.

이것은 최항 정권에 득이 될 수도 있었고 실이 될 수도 있었다. 저돌적인 충성심을 유도할 수 있다는 점에서는 득이 되겠지만, 모계가 미천했다는 신분적인 제약을 받고 있었던 최항에게는 어쩌면 실이 더 컸다. 게다가 하나 있는 아들 최의조차 비첩 소생으로 모계가 천했으니,

가노 3인방의 신분 문제는 오히려 최항 스스로 극복해야 할 문제였다. 문벌 중심의 귀족사회에서 권력자나 그의 주변이 모두 천계 출신들로 짜여 있다면 결코 바람직한 일이 아니기 때문이다.

이공주와 김준의 소외

최항은 1249년(고종 36)부터 1257년(고종 44)까지 약 8년 정도 권좌에 있었다. 할아버지 최충헌이 20여 년, 아비 최이가 30년 집권한 것에 비하면 길지 않은 기간이었다. 권력 기반을 탄탄하게 확립하기에는 짧은 기간이었다. 더구나 권력을 세습한 직후에는 얼마 동안 반대 성향의 인물들을 숙청하느라 자신의 세력 기반을 폭넓게 다질 만한 시간적 여유도 갖지 못했다.

또한, 1253년(고종 40)부터 다시 시작된 몽골의 5차 침략은 최씨 정권이 붕괴될 때까지 한 해도 거르지 않고 계속되었다. 지금까지의 전쟁은 이에 비하면 전쟁도 아니었다. 유례 없이 강도까지 위협하는 전쟁 때문에 더욱 정권의 확고한 기반을 닦기 힘들었다.

게다가 최항이 통치자로서 신분상 하자가 있다는 것은 보이지 않는 제약이었다. 문벌귀족들이 공개적으로 최항의 출신 신분을 거론하며 비난하지는 않았지만 최항 스스로 신분 콤플렉스에서 벗어나지 못했다. 이것은 그의 정치 운용을 옹색하게 만들고 세력 기반을 위축시키는 결과를 가져왔다. 더욱이 최항은 환속한 직후 철원 최씨 가문인 최온崔昷의 딸을 부인으로 맞았다가 병이 들었다고 버렸는데, 이는 명문인 철원 최씨 가문까지 최항 정권에 등을 돌리는 계기가 되었다.

결국 최항은 아버지 최이로부터 물려받은 권력 기반을 축소시켰으면 시켰지, 조금도 확대시키지 못했다. 이런 정치구도 속에서 가노 3인방의 위상과 그에 대한 의존도는 최항 집권 기간 내내 조금도 변하지 않았다. 최항은 이를 늘 마음에 걸려했다.

그래서 그랬을까. 최항은 병으로 죽기 직전에 후계자 최의를 선인열宣仁烈·유능柳能·최양백 등에게 미리 부탁해두었다. 최의가 나이 어려 자신의 사후에 권력을 성공적으로 승계할 수 있게 특별히 보좌를 부탁한 것이다. 국왕과 신하의 관계로 말하면 이들 3인은 고명대신顧命大臣인데, 실제 이들은 최항 사후 최의가 권력을 승계하는 데 결정적인 역할을 한다.

그런데 이들 3인에는 가노 3인방 중에서 이공주와 김준이 빠져 있고 최양백만이 들어가 있다. 여기서 이공주와 김준이 왜 제외되었는지 주목할 필요가 있다. 우선 선인열과 유능은 이공주, 김준과 달리 가노 출신이 아니었다.

유능은 본관이 전주로, 조부 유광식柳光植과 부 유소柳韶가 모두 재상급에 오른 현달한 가문 출신이었다. 또한 그가 보문각의 대제待制라는 문한관을 맡고 있던 것으로 보아 정통 문신이 분명했다. 선인열의 가문은 불확실하지만 내시소경(종4품)이라는 관직을 맡았던 것으로 보아, 그 역시 분명 가노 출신은 아니었다. 이 두 사람은 최항 정권이 직면했던 신분상의 결함을 보완하기 위해 포섭된 것으로 보인다. 이 두 사람은 후에 최양백과 함께 최의의 가장 충실한 심복이 된다.

그러면 최항은 왜, 가노 3인방 중에서 이공주와 김준을 소외시키고 최양백만을 선택하여 후사를 부탁했을까? 최항 정권의 핵심 권력에 있었던 가노 3인방의 내분은 여기서부터 비롯되었으니까, 이 문제는 김준이 최의를 제거한 쿠데타를 해명하는 데 관건이 된다.

이공주와 김준을 소외시킨 것은 최항 자신이 가노 3인방에 너무 의존했던 권력구도를 바꿔보고 싶었기 때문이다. 더구나 아들 최의는 자신과 마찬가지로 어미 쪽이 천했다. 유일한 자식이었지만 부자가 똑같이 모계가 미천했다는 것은 부전자전의 치명적인 결함이었다. 이런 여건에서 가노 3인방을 다음 최의 정권에까지 그대로 밀어준다는 것은 최항의 처지에서는 정말 내키지 않는 일이었을 터이다.

어쩌면 이공주나 김준은 후계자 최의에 대해 특별한 경외심이나 복종심이 부족했을지도 모른다. 최의가 권력을 세습했을 때 그의 나이는 많아야 20대 중반이나 후반쯤이었다. 아직 어린 데다가, 출신 신분상으로 보더라도 자신들과 별로 다를 것이 없었으니 그럴 만도 했다. 게다가 이공주나 김준은 어려서부터 최씨 집안에서 잔뼈가 굵은 가노가 아니던가.

이공주는 최충헌 집권 때부터 최이를 거쳐 최항 때까지 최씨 집안의 가노로 일생을 바쳐 봉사했던 사람이다. 그리고 김준은 자신의 아버지 대부터 최충헌의 가노로 봉사를 시작하여, 이제 자신과 자신의 아들 대까지 3대가 몸을 바치고 있었다. 그러니 좋게 말하면 최씨 정권과 친밀했을 테지만, 달리 말하면 후계자 최의를 가볍게 보지 않았을까 싶다.

최항은 그것을 염려했다. 정권에 지나치게 가깝고 친근했던 것이 오히려 이공주와 김준을 소외시켰다고 할 수 있다. 하지만 최양백은 그런 정도는 아니었다고 보인다. 최항이 이공주와 김준을 소외시키면서 최양백을 선택한 동기는 바로 그런 것이었다.

권력세습에서 소외된 가노집단

가노 3인방 중에서 이공주는 이때 나이가 너무 많았다. 그런 점에서 최항이 이공주를 소외시킨 것은 늙은 그에게 큰 기대를 걸 수 없었던 탓도 있었다. 물론 이공주 본인이야 그래도 서운했겠지만, 최항이 정치적으로 분명히 견제할 의도를 가지고 소외시켰던 김준의 불만은 컸다.

김준은 최항 집권기부터 가병장이라는 자신의 위치를 뛰어넘는 활동을 마다하지 않았다. 자신의 일가가 모두 가병집단의 구성원이라는 배경과 최항의 권력세습 과정에서 있었던 공로, 그리고 여기에 사람 사귀기를 좋아하고 베풀기를 즐겨했던 성품도 그런 활동에 일조를 했다. 정치적으로 주목받을 만한 김준의 활동은 인물을 추천하고 자기 사람으로 만들며, 그들을 비호하는 것이었다.

최항이 특별한 정치적 의도를 가지고 김준을 소외시켰다면 그런 김준의 활동에 대한 경계심리가 작용했음이 분명하다. 최항은 아들 최의에게 권력을 물려주는 과정이나 그 후 아들이 권력을 장악해가는 과정에서 김준에게 신뢰할 수 없는 미묘한 구석이 있다는 것을 읽고 있지 않았나 싶다.

그런데 조금 이상한 점은, 이공주나 김준이 권력승계 과정에서 소외되었는데도 이들이 결코 최의의 권력세습에 적극 반대하거나 저항하지는 않았다는 사실이다. 아마 다른 선택의 여지가 없어 방관하며 소극적인 지지를 보내지 않았나 생각된다. 또한 최의가 권력세습에 성공한 뒤에도 이공주나 김준은 완전히 권력에서 추락하지도 않았고 건재하고 있었다.

이공주는 최의가 집권한 후 오히려 승진한다. 최이의 가노들이 이공주를 거론하며 3대 동안 최씨 집안에 봉사했으니 그에게 참직(국정에 직접 참여할 수 있는 관직)을 내려야 한다는 건의를 올렸다. 최의는 가노들의 이런 건의를 받아들여 이공주에게 다시 낭장(정6품)을 제수했다. 이 일은 1258년(고종 45) 2월, 최의가 쿠데타로 제거되기 불과 한 달 전에 있었다. 그런데도 이공주는 김준이 최의를 제거할 때 동참한다. 최의에 의해 승진하고 참직까지 제수받은 수혜자였는데도 쿠데타에 가담했던 것이다. 왜 그랬을까?

최의가 이공주를 승진시켜 참직을 제수한 것은 그를 신임한다거나 심복으로 생각하여 그런 것이 아니었다. 그것은 가노들로 구성된 가병집단에 대한 일종의 회유책이었다. 가노들의 건의를 받아들여 승진시켰다는 것이 그것을 잘 말해준다. 아울러 최의 정권에서 가노집단이 불만에 쌓여 있었다는 것도 짐작할 수 있다. 여기에는 그럴 만한 사정이 있었는데, 최항에서 최의로 권력이 승계되는 과정을 살펴보면 알 수 있다.

가노들로 구성된 가병집단은 최의가 권력을 승계하는 과정에서 큰 역할을 하지 못했다. 최항이 막 죽었을 때 곁에서 시중들던 사람은 가병장이었던 최양백이었다. 그런데 최양백은 최항의 죽음을 같은 가병장인 이공주나 김준에게는 알리지 않고, 최항의 사저 밖에 있던 선인열에게 먼저 알렸다. 최양백과 선인열은 최항의 명령이라 속이고 야별초와 신의군 도방의 군사를 급히 소집한 후에야 최항의 죽음을 알렸다. 이것은 가노집단이 최의의 권력승계 과정에서 소외되었다는 뜻이다.

최이에서 최항으로 권력이 승계될 때는 가병집단이 결정적인 역할을 하고 야별초나 도방은 소외되어 있었는데, 이제 반대 상황이 벌어진 것이다. 가병장인 이공주와 김준이 소외되었으니 당연한 일이었고,

나아가 앞으로 최의 정권에서 가노 출신들이 점차 소외되리라는 것도 당연했다.

이런 상황에서 최의가 이공주를 뒤늦게 승진시켜 참직을 수여한 것은 소외된 가노집단의 불만을 감지하고 회유하려는 것에 불과했다. 이 공주가 최충헌 정권 때부터 대대로 최씨 집안에서 봉사한 가노였다는 점을 내세웠지만, 이보다는 그가 가노 3인방 중에서 가장 연장자여서 가노집단을 대표할 만한 상징적인 인물이라는 점을 더 중시했다. 회유책으로 나왔던 승진이었으니 이공주는 그것에 만족할 수 없었을 테고, 김준과 함께 최의를 제거하는 쿠데타에 참여할 수밖에 없었던 것이다.

최의의 눈 밖에 난 김준과 유경

최항에 이어 최의 정권에서도 김준의 월권행위는 그치지 않았다. 역시 사람들을 추천하여 자리에 앉히고, 자신과 가까운 인물들은 잘못을 저질러도 비호해주는 것이었다. 그런 비호를 받은 대표적인 인물로 임연林衍이 있었다.

임연은 진주(충북 진천) 출신으로, 최항 집권 시 고향에서 몽골 군대를 물리치는 공을 세워 대정(종9품)으로 발탁된 말단 장교였다. 그런데 최의 집권기에 임연이 남의 아내와 간통했다가 들통이 나 벌을 받게 되었다. 김준은 그런 임연을 적극 비호하고 나섰다. 김준은 최의에게 호소하여 임연을 석방케 하고, 후에 다시 낭장(정6품)으로 승진까지 시켜주었다. 아마 애초 임연이 대정으로 발탁될 때도 김준의 추천이 있었지 않았나 싶다. 이 일로 인해 최의와 김준 사이의 불신과 반목은 더 커져갔다. 이런 사적인 인연 때문에 임연은 김준을 아비라 부르고, 김준의 동생 김승준을 숙부라 불렀다. 김준이 최의를 타도할 때, 당연한 일이겠지만 임연은 적극 가담하여 공을 세운다.

김준은 불법까지 서슴지 않으며 자기 사람을 비호했다. 최항 정권의 주구 노릇을 하며 악랄했던 송길유宋吉儒라는 인물이 있었다. 당시 대장군(종3품)으로 있던 이 송길유가 백성들에 대한 탐학과 착취가 지나쳐 결국 안찰사의 탄핵을 받게 되었다. 가만 놔두면 도병마사에 보고되어 최소 면직이거나 파면을 피할 수 없는 상황이었다.

이때 그런 송길유를 비호하기 위해 김준이 또 나선 것이다. 송길유는 애초에 김준을 최이에게 추천하여 최이의 돈독한 신임을 받게 해준 사람이었다. 그러니 사적인 인연으로도 김준은 그 은혜를 갚아야 한다고 생각했을 법하다.

그런데 김준이 직접 나서서 이 일을 해결하기는 벅찼던 모양이다. 도당(도병마사)의 업무에까지 간여해야 하는 사안이었으니 일개 가병장으로서는 쉽지 않았을 것이다. 동생 김승준과 합세하여 이 일에 끌어들인 인물이 유경柳璥과 유능이었다. 유능은 앞서 거론한 대로 최항의 고명을 받고 최의의 심복이 된 인물이니 김준의 청탁을 해결해줄 만한 위치에 있었다.

유경은 본관이 유주(문화)로, 고려 건국공신의 후예였다. 할아버지 유공권柳公權, 아버지 유택柳澤이 모두 과거에 합격한 신흥 명문 출신이었다. 김준의 청탁을 받은 그때 국자감을 책임지는 대사성(종3품)에 있었다. 또한 오랫동안 최씨 정권의 핵심기구인 정방(인사행정 기구)에 참여하여 최항의 신임을 받았으니 그 역시 최씨 정권에서 남다른 혜택을 받은 인물이었다. 김준이 자신과 출신 신분이 전혀 다른 유경을 끌어들였다는 것은 그의 폭넓은 교유관계를 보여주는 대목이다.

김준은 유능과 유경에게 송길유에 대한 탄핵안이 도당에 보고되지 못하도록 막아달라고 부탁했다. 사실 부탁이라기보다 최의의 뜻을 빙자한 강압에 가까운 청탁이었다. 하지만 김준의 부탁을 들어준 것은 유능이 아니고 유경이었다. 유능은 최의와 김준 사이의 미묘한 감정을 미리 알아채고 약삭빠르게 빠져나간 것이다. 유경은 비밀스럽게 도당의 아전에게 부탁하여 송길유의 탄핵안이 도당에 올라오지 못하도록 막는 데 성공한다.

그런데 불행히도 이 사실을 눈치챈 최의의 외삼촌 거성원발巨成元拔이라는 자가 이를 최의에게 고자질하고 말았다. 이 거성원발은 출신이 미천하고 힘이 장사였는데, 최의의 최측근 심복이었다. 그는 최의의 총애를 받던 심경心鏡이라는 여종과 함께, 세력을 부리며 무고나 남의 재물을 약탈하는 것으로 일을 삼았던 인물이다. 이들의 행태는 어려운 경제난 속에서, 신분상의 결함을 지니고 있던 최의 정권이 여론의 비판을 받고 고립되는 데 단단히 한몫을 했다.

최의는 거성원발의 고자질을 듣고 당장 유경과 유능, 김준을 불러 심한 질책을 했다. 세 사람이 모두 엎드려 무릎을 꿇고 빌었다고 사서에 전하니 그 분노가 예상외로 컸던 모양이다. 유능은 실제 청탁을 들어주지 않았으니, 그 분노는 김준과 유경을 향한 것이 분명했다. 특히 최의는 자신을 무시하는 듯한 김준의 행동에 대해서 더 이상 묵과할 수 없다고 생각했다.

이후 최의는 김준, 유경 등을 만나보지도 않았다. 그리고 송길유를 즉시 추자도로 추방했다. 이것이 1258년(고종 45) 정월의 일인데, 최의를 제거하는 김준의 쿠데타가 있기 두 달 전의 사건이다. 김준은 겁없이 설치다가 결국 이 일로 완전히 최의의 눈 밖에 나고 말았던 것이다.

애먼 유경까지 끌어들여서 말이다.

이 사건을 계기로 최의는 유경을 김준과 한통속으로 대했고, 김준은 사회적 처지가 전혀 다른 유경을 동지로 보게 되었다. 이후 김준은 최의의 가병장 지위를 상실했고, 유경도 정방에서 소외되면서 최의를 제거하는 쿠데타에 적극 가담한다. 송길유도 그가 받은 처벌로 보아 쿠데타에 가담하는 것을 사양할 리 없었겠지만, 그는 불행히도 쿠데타 당시 유배 중이었다.

일반적으로 정권의 붕괴는, 권위적이고 강압적인 정권에서 항상 그렇듯이 권력 핵심의 내부 분열과 이탈에서 시작된다. 최씨 정권의 붕괴도 그랬다.

신의군의 불만

김준이 거사를 생각하면서 제일 먼저 그 속내를 드러낸 대상은 바로 유경이었다. 김준은 어느 날 조용히 유경의 집을 찾았다. 송길유를 비호하려다 자신에 대한 최의의 적대감만 피부로 느끼고, 갑자기 밀려오는 소외감과 두려움에 며칠 동안 집안에 칩거하던 중이었다. 속내를 드러내려면 상대가 자신의 생각과 비슷해야 하지만, 무엇보다도 우선 입이 무거워야 했다. 김준은 유경이 그럴 만한 인물이라고 판단한 것이다.

그때 유경 역시 고민하고 있었다. 최씨 집권자들이 4대 동안이나 권력을 마음대로 농락했다고 생각하니 새삼스레 너무나 부당하게 느껴졌다. 게다가 최의는 자신의 창고에 식량을 쌓아놓고도 굶어죽는 사람들을 방치하고 있으니 분노가 치밀지 않을 수 없었다. 그러던 중에 김준의 방문을 받고 두 사람은 의기투합했다. 이들은 생각이 같다는 것을 확인했을 뿐 아직 구체적인 계획은 없었다.

그런데 최의를 제거하려는 쿠데타 계획은 김준이나 유경이 아닌 엉뚱한 사람들이 먼저 들고 나왔다. 바로 신의군의 장교들이었다. 삼별초의 한 군대였던 신의군은 최항 집권 당시 몽골과의 전쟁 중에 포로로 붙잡혔다가 도망쳐온 자들을 수용하여 급조된 군대였다. 최항 정권은 이들이 일으킬 사회불안을 염려하여 어쩔 수 없이 국가의 군대로 포용했던 것이다.

이런 신의군이 처음으로 정치적 역할을 한 것은, 최항이 최의에게 권력을 승계하는 과정에서 최의를 지지한 일이었다. 결과적으로는 정치적으로 이용당했을 뿐이지만, 그들은 자못 기대가 컸다. 하지만 최의 정권에서도 별다른 혜택은 돌아오지 않았고 처우도 예전과 다를 바 없었다.

국가의 상비군으로서는 야별초(좌·우별초)보다 중요하게 여겨지지 않았고, 정치적 역할에 있어서도 최씨 정권의 사병집단을 능가할 수 없었다. 게다가 오랜 전쟁으로 인한 경제난에 그 처우도 말이 아니었다. 그렇기 때문에 신의군은 자신들이 야별초나 사병집단에 비해 심한 차별대우를 받는다고 느꼈다. 사실 이 무렵에는 내륙 본토에서의 조세미가 제대로 조운되지 않아 고위 관리들의 녹봉마저 원액대로 지급되지 못하고 있었으니, 특별히 신의군만 경제적 차별을 받는다고 말할 수 없었다. 재정파탄으로 상하계층이 따로 없이 궁핍한 생활에 직면하고 있었기 때문이다.

그런데도 최의 정권은 기아에 허덕이는 사람들을 구제하지 않았고, 오히려 개인적인 재산축적에만 더욱 안달하고 있었다. 각계각층 어디서나 최의 정권에 대한 원성과 비난이 쏟아지는 것은 당연했다. 신의군은 그렇게 불만을 품고 있는 군대 중에서 특히 심했고, 신의군의 지휘관들은 드러내놓고 불만을 터뜨리고 있었다.

그런 불만 중에서 또 하나 빼놓을 수 없는 것은 최의 정권이 몽골과의 교섭에서 보이고 있는 소극적인 태도였다. 신의군 내부에서는 전쟁 종식을 위해서 몽골과의 교섭에 적극적으로 응해야 한다는 여론이 일고 있었다. 여기에는 신의군이 처한 경제적 어려움도 한몫을 했지만, 몽골에 포로로 붙잡혔다가 도망쳐온 경험이 있는 그들이 전쟁의 참상을 직접 겪은 탓도 있었다.

경제적으로 열악한 처우도 결국은 기나긴 전쟁 때문이라는 것을 이들은 누구보다도 잘 알고 있었다. 전쟁에 대한 참상이든, 재정파탄으로 인한 열악한 처우든 이 모든 문제를 근원적으로 해결하는 길은 전쟁을 종식시키는 길 밖에 없었다. 그러니 정권유지만을 염려하여 항몽을 계속하고 있는 최의 정권에 불만이 클 수밖에 없었던 것이다.

신의군에서 그런 불만 여론을 주도한 지휘관은 박희실朴希實과 이연소李延紹였다. 이들은 당시 낭장(정6품)계급으로 신의군을 지휘하고 있었다. 이연소의 출신은 정확하지 않지만, 박희실은 이 쿠데타를 주동하기 20년 전에 의주(평북)의 별장(정7품)으로 몽골로 가는 사신을 수행한 무관이었다는 기록이 남아 있다. 의주는 항상 몽골 군대의 침략로였으니 어쩌면 박희실 자신이 전쟁포로의 경험을 했을지도 모른다. 사신을 수행한 경력으로 보더라도 그는 몽골과의 전쟁 종식을 위한 교섭에 호의적인 인물이었음이 분명하다. 이연소도 같은 신의군의 지휘관으로서 비슷한 성향이었을 것이다.

결국 이 두 신의군의 지휘관은 최의를 제거하려는 쿠데타를 가장 적극적으로 거론하고 나선다. 거사만 할 수 있다면 최의 정권에 불만이 쌓여 있고, 자신들이 직접 동원할 수 있는 신의군이 있어 성공을 자신했을 법하다.

초파일의 쿠데타 계획

그러니까 최의를 제거하려는 쿠데타 모의는 두 방향에서 시작되었다고 할 수 있다. 한쪽은 김준과 유경을 중심으로 한 권력 내부에서 이탈한 세력이고, 다른 한쪽은 박희실, 이연소를 비롯한 신의군과 그 장교들이다. 어느 쪽이 먼저였는지는 알 수 없지만 후자가 더 적극적이었다.

김준이 쿠데타 모의에 끌어들인 중요 인물들은, 유경을 비롯하여 같은 가병장 출신으로서 소외된 이공주, 동생인 김승준과 자신의 세 아들인 김대재金大材·김용재金用材·김식재金式材, 그리고 자신을 아비라 부르며 따르는 임연 등이었다. 그러니까 김준은 박희실이나 이연소처럼 구체적인 병력 동원계획까지는 아직 마련하진 못했지만 쿠데타에 가담할 인물들을 가까운 주변에서부터 확보해가고 있었다.

이밖에 김준이 끌어들인 인물로는 박송비朴松庇·차송우車松祐·김홍취金洪就·박천식朴天植 등이 있다. 박송비는 이때 장군(정4품)이었는데, 쿠데타에 적극적으로 가담한 무관들 중에서 계급이 제일 높다. 그는 앞서 송길유와 함께 김준을 최이에게 추천하여 총애를 받도록 해준 인물이다. 이것으로 보아 그는 최이와 최항 집권 때까지는 득세하다가 최의 집권 때 소외된 인물로 보인다.

차송우·김홍취·박천식에 대해서는 구체적으로 알려진 바가 별로 없다. 차송우는 계급이 별장(정7품), 김홍취는 낭장(정6품), 박천식은 대정(종9품)이었다는 정도를 알 수 있을 뿐이다. 다만 차송우는 그의 조부 차척車倜이 최충헌 정권에서 힘을 쓰다가 최이가 집권하면서 유배당하는 등 우여곡절을 겪었다고 알려져 있다. 김홍취 역시 차송우와 비슷하게 최씨 정권에서 차츰 소외된 무반 가문의 인물로 보인다. 그리고 박천식은 정변 후에 오히려 신의군 장교인 박희실과 가까운 인물로 나타난다.

쿠데타에서 중요한 것은 병력을 동원하는 일이었다. 김준은 이를 위해 야별초의 단위부대 지휘관들을 포섭했다. 그 과정에서, 신의군 지휘관으로서 이미 거사를 작정하고 있던 박희실·이연소 등과 선이 닿게 되었다. 양쪽 모두 같은 모의를 했다는 것에 반가움을 숨길 수 없었지만, 더 적극적으로 달려든 쪽은 박희실과 이연소였다.

마침내, 1258년(고종 45) 3월 25일 해가 진 후, 미리 정해둔 비밀 장소에서 지금까지 모의에 가담한 이들 모두가 빠짐없이 한자리에 모였다. 모두들 최의를 제거한다는 생각에는 변함이 없었지만, 목숨을 내놓고 하는 일이라 긴장되어 말이 쉽게 나오지 않았다. 이 회동에서 박희실과 이연소는 주저하지 않고 먼저 입을 열었다.

"최의는 간사한 소인배들과 친하여 참소를 믿고 의심이 많으니, 만일 속히 도모하지 않으면 오히려 우리들이 죽음을 면치 못할 것이오."

조심스러운 분위기에 일침을 가하면서, 이 자리에 함께한 모든 사람들이 이미 돌아올 수 없는 강을 건넜다는 선언이기도 했다. 이후 논의가 활발해지면서 세부적인 여러 행동수칙들이 정해졌다. 거사일은 4월 초파일 밤 관등행사 때로 잡혔다.

그런데 말이 새어나가고 말았다. 쿠데타 제의를 받았던 야별초의 어떤 장교가 거사계획을 알아채고는 다른 장교들과 협의하여 몰래 최의에게 편지로 알린 것이다. 큰일일수록 항상 비밀 유지가 중요한데도, 사전에 비밀이 새는 경우는 허다하다. 이는 아마 가담자들이 거사에 대해 확신이 부족한 데서 오는 불안감 때문일 것이다.

비밀 누설은 이뿐만이 아니었다. 가노 3인방 중의 한 사람인 최양백은 김준의 아들인 김대재의 장인이기도 했는데, 이 김대재가 장인인 최양백에게 쿠데타 계획을 발설하고 만 것이다. 이는 꼭 배신이라기보다 뒤늦게 장인인 최양백을 끌어들이려고 설득하려다 실패한 것으로 생각된다.

최양백은 거짓으로 따르는 척하고 이 사실을 몰래 최의에게 알렸다. 그러니까 최의는 야별초의 장교들과, 측근인 최양백 양쪽에서 쿠데타 모의를 보고받았다. 그런데도 결국 쿠데타 세력을 제압하지 못했는데, 여기에는 야별초의 이탈이 중요한 원인으로 작용했다.

앞당겨진 쿠데타

최의가 최양백으로부터 쿠데타 음모를 보고받은 3월 25일 당일 밤이 깊어가고 있었다. 최의는 즉시 유능을 불러 대책을 논의한다.

유능은 우선 김준의 쿠데타 제의를 받은 야별초의 지휘관들에게 연락을 취하여 설득하고, 날이 샌 후 야별초 군사를 소집하여 쿠데타 세력을 쳐도 늦지 않다고 말했다. 최의도 이 의견에 따랐다. 쿠데타 음모를 미리 탐지했으니 여유 있게 대처하려는 것이었다.

최의를 비롯한 최양백·유능 등은 야별초만 장악하고 있으면 쿠데타 세력은 간단히 제압할 수 있다고 믿었던 모양이다. 더군다나 사전에 거사계획을 탐지했으니 안심했을 법하다. 하지만 쿠데타 세력이 이런 자세한 진압계획을 다시 알아채고 만다. 그것은 최양백의 딸, 즉 김대재의 처가 그런 진압계획을 몰래 엿들었다가 그녀의 남편에게 알리고, 남편 김대재는 바로 아비 김준에게 알렸기 때문이다.

아들의 다급한 보고를 받은 김준은 초조했다. 이제 초파일로 정한 거삿날은 더 이상 의미가 없었다. 머뭇거리다가는 행동에 옮겨보지도 못하고 떼죽음을 당할 판이었다.

급박한 상황에서 김준이 믿을 곳은 신의군밖에 없었다. 한밤중에 김준은 동생과 아들들을 데리고 박희실과 이연소를 만나러 갔다. 김준은 그들에게 거사계획이 누설되었음을 말하고, 잠시도 미룰 수 없으니 지금 즉시 행동에 옮겨야 한다고 주장했다. 박희실과 이연소는 일이 누설되었다는 말에 아연실색했지만 김준의 말을 따르지 않을 수 없었다.

초파일을 기다리며 차근차근 준비하다가, 갑작스레 이 밤중에 당장 거사를 하려면 무엇보다 병력 동원이 가장 큰 문제였다. 그래서 우선 애초에 가담을 약속했던 야별초의 지휘관들을 소집하는 한편, 쿠데타 제의를 받고 승낙했지만 다시 진압군에 붙을 가능성이 많은 야별초의 지휘관들을 신속히 제거했다. 거사를 앞당기는 데 그들이 가장 위험했기 때문이다. 그리고 애초 모의에 가담했던 모든 사람들을 소집했다.

신의군과 야별초 군사들도 쿠데타에 가담한 자신의 지휘관을 따라 도성 안에 있는 활터에 모두 집결했다. 모여든 군사들 앞에서 김준은 "최의는 이미 죽었다"고 소리 높여 외쳤다. 그리고 다시 일부의 군사를 풀어 시가를 다니면서 똑같이 소리치게 했다. 일종의 심리전이었다. 이 소리를 듣고 다시 많은 군사들이 모여들었다고 하니 최의 정권에 대한 불만이 팽배해 있었던 모양이다.

유경과 박송비가 현장에 나타난 것은 그때였다. 거사는 벌써 김준이

주도권을 장악하여 행사하고 있었다. 김준은 쿠데타가 명분을 얻으려면 명망 있는 인사들을 참여시키는 것이 중요하다는 뜻을 밝혔다. 이에 추밀원사(종2품) 최온과 응양군 상장군(정3품) 박성재朴成梓를 불러들였다.

최온은 그의 조부 최선崔詵 때부터 대대로 최씨 정권과 밀착된 명문 철원 최씨 가문 출신으로, 그의 백부인 최종준崔宗峻은 최이 정권에서 문하시중(수상)까지 역임했었다. 하지만 앞서 언급한 대로 최온의 딸은 최항과 결혼했다가 버림받은 일이 있었다. 이 사건과 관련 있는 것인지는 모르겠지만, 최항 정권 이후 철원 최씨 가문은 내리막길을 걷고 최온도 정치적으로 소외되어 있었다. 그러니 그는 분명 쿠데타 세력에 유혹받을 만한 인물이었다. 그리고 박성재를 끌어들인 것은 무반직 서열 1위인 응양군 상장군으로서 그의 위상을 염두에 둔 듯하다.

이어서 김준은 자신이 직접 군사를 이끌고 최양백을 찾아 죽였다. 사적으로는 사돈 간이었지만 최의의 핵심 측근인 그를 살려둘 수 없었다. 그리고 임연을 시켜 진압세력에 가담한 야별초의 지휘관을 찾아 제거하는 데 성공한다. 최소한 급한 불은 껐다고 판단한 김준은 군사를 한데 모아 최의의 사저인 진양부를 향해서 접근해 들어갔다.

이때 벌써 새벽이 가까워오고 있었다. 여기까지 왔는데도 최의 측에서는 낌새를 못 채고 있었다. 최의는 날이 밝으면 쿠데타 세력을 일망타진할 생각으로 기다리고 있었겠지만, 김준 측에서 그런 정보까지 이미 알고 대응했기 때문이다.

김준은 먼저 시간을 알리는 최의의 사졸을 사로잡아 경주更籌를 알리지 못하게 했다. 경주는 밤의 시간을 측정하는 기구인데, 최의의 사저에서는 밤 시간의 경과를 알리도록 되어 있었던 모양이다. 최의는

날이 밝으면 행동을 개시한다는 애초의 계획만 믿고, 5경(3시~5시)이
되기를 기다리며 안심하고 있었다.

야별초의 이탈

여기서 잠깐 당시 야별초가 쿠데타군과 진압군으로 양분되어 있었다
는 사실을 짚고 넘어가지 않을 수 없다. 같은 군대인데도 야별초는 일
사분란하게 어느 한 쪽을 따르지 못하고 왜 그렇게 양분되었을까?

이는 야별초의 지휘체계와 관련이 있다. 전체 군사 수가 얼마나 되었
는지는 잘 모르겠지만, 야별초는 2백 명 안팎의 단위부대가 여러 개 모
여 독립적으로 지휘 계통을 유지하는 부대였다. 이 단위부대의 지휘관
은 낭장(정6품)이나 별장(정7품)이 맡고 있었으며 '지유指諭'라고 불렸다.

그런데 이 지유들을 통제하는 상급의 지휘관이 없었다. 즉, 야별초라
는 전체 군대를 일원적으로 통솔하는 지휘관이 없었다는 뜻이다. 쉽게
말해서 야별초의 각 지휘관들은 상급 지휘관 없이 바로 최고통치자와
직결된 것이다. 이것은 최씨 정권이 무력집단을 통제하는 방법으로서
군사권이 한 사람에게 독점되는 것을 막기 위한 세심한 장치였다.

그래서 야별초의 각 단위부대는 독립적인 지휘권을 갖고 있는 지휘
관(지유)의 성향이나 이해득실에 따라 얼마든지 다른 행동을 취할 수
있었다. 앞서 쿠데타 세력에 제거당한 야별초의 지휘관은 두세 명 정
도였다. 반면 쿠데타 세력에 가담한 야별초 지휘관은 사서에 그 이름
이 언급된 인물만도 최소한 대여섯 명이었다. 쿠데타 세력에 가담한
야별초의 지휘관이 더 많았던 셈인데, 이는 야별초가 최의 정권에 들
어오면서 불만에 쌓여 이탈하고 있었다는 증거이다.

그 불만은 다름 아닌 처우 문제였다. 신의군만이 처우에 불만을 품고 있었던 것은 아니다. 이 무렵 야별초가 정권에 봉사하는 반대급부로 받는 보수는 죄인의 은닉재산이나 약탈물에 의존하고 있었다. 이 자체가 특혜였다고 생각할 수도 있겠지만 이는 오히려 정규적인 보수가 빈약했다는 반증이다.

그러니 아무리 정권에 봉사한다 해도 처우가 좋아질 상황이 아니었다. 최항에서 최의로 권력이 승계될 때 가장 공이 컸던 야별초가 다시 최의 정권을 타도하는 데 앞장섰다는 것은 그것을 잘 말해준다.

쿠데타의 성공

다시 쿠데타의 진행 과정으로 돌아가보자.

문제는 최이의 사저를 지키고 있을 가병들이었다. 쿠데타 세력은 직접 쳐들어가서 싸우는 것보다는 이들을 혼란시켜 밖으로 끌어내 제압하는 것이 유리하다고 생각했다. 김준은 관솔을 태워 대낮같이 불을 밝히고, 군사들의 대오를 갖추어 소리 지르게 했다. 하지만 사저 안에서는 아무런 반응이 없었다. 이날 새벽에는 한치 앞을 분간할 수 없을 정도로 짙은 안개가 끼어 하늘도 김준을 돕고 있는 듯했다.

여기서 한 가지 의문이 드는데, 사저를 호위하고 있을 가병들이 그런 난리통에 아무런 움직임이 없었다는 것은 아무래도 미심쩍은 일이 아닐 수 없다. 이미 가병들은 쿠데타 세력과 내통하고 있었는지도 모른다. 사서에는 이와 관련해 아무것도 언급되어 있지 않지만, 김준 자신이 가병장 출신이었고 가병들도 최의 정권에 대해 불만이 쌓여 있었으니 충분히 그럴 만했다. 역사 기록의 행간에서 그 점을 읽을 수 있다.

최의의 사저인 진양부 안에서 별다른 반응이 없자, 김준은 먼저 공격해 들어가는 것이 유리하다고 판단했다. 그런데 그 드넓은 진양부를 공격하는 것은 쉬운 일이 아니었다. 최이가 강화도로 천도하면서 조성했던 그 사저는 원림이 수십 리에 뻗쳤다고 하니 규모가 아마 대궐에 못지않았을 것이다.

광대한 사저를 여러 방향에서 동시에 공격하는 것보다는 최이가 거처하는 중요 건물을 집중해서 공격하는 것이 효과적이었다. 최의만 신속히 제거하면 큰 희생 없이도 거사가 순조롭게 진행될 듯 싶었다. 동트기 직전, 야별초의 군사들은 최의가 거처하는 건물의 벽을 무너뜨렸다. 사저를 공격해 들어가는 데도 사저 안에서 가병들의 저항이나 대응은 미미했다. 가병들을 간단히 제압해버린 걸까, 아니면 앞서 언급한 대로 쿠데타 세력과 이미 내통하고 있었던 걸까.

건물 안에는 최의와 함께 그의 외숙 거성원발이 곁방에서 자고 있었다. 잠을 자던 원발이 놀라 칼을 빼들고 문을 막았지만 중과부적이었다. 최의는 어느 틈에 다쳤는지 부상을 입어 걷기조차 어려웠다. 원발은 최의를 등에 업고 담장을 넘어 달아나려 했지만 최의가 워낙 둔중하고 비대하여 포기했다. 재빨리 옆의 부속건물로 최의를 부축하여 옮겼지만 그곳이라고 안전할 수 없었다. 원발은 최의를 몰래 다락에 밀어 넣고 문을 가로막았지만 다시 군사들이 밀어닥치자 혼자서는 도저히 감당할 수 없었다. 원발은 자신마저 부상을 입자 최의를 그대로 놔둔 채 담장을 넘어 달아났다. 얼마나 갔을까. 결국 그는 달아나는 도중에 붙잡혀 주살당하고 만다.

이후 쿠데타에 가담한 군사들은 큰 어려움 없이 차분하게 진양부를 장악해나갔다. 그리고 마침내 최의를 찾아 제거하는 데 성공한다. 아울러 유능도 끝까지 찾아내 죽였다. 선인열은 난리통에 누군가에 의해 죽임을 당했는지 행방불명이었다. 갑작스럽게 앞당겨진 거사였지만 김준 등 쿠데타 세력이 결국 최의를 제거하고 진양부를 장악하는 데 성공한 것이다.

1170년 무인정권이 들어선 이후 수많은 정권교체와 반복되는 쿠데타가 있었지만, 이렇게 큰 희생 없이 단 하룻밤에 정권이 무너진 것은 정말 의외였다. 60여 년간이나 지속된 철옹성 같던 최씨 정권치고는 너무나 허무하게 무너지고 만 것이다. 그것은 최씨 정권이 최항의 집권 이후 정치·사회적으로 철저하게 고립된 탓이었다.

새로운 무인정권의 태동, 위사공신

정권을 국왕에게

진양부를 장악하고 최의를 제거한 그날 아침, 그러니까 1258년(고종 45) 3월 26일에 유경·김준·최온 등은 군사들을 거느리고 대궐로 향했다. 이미 날이 밝아올 시간이었지만 짙은 안개로 여전히 해는 가물거리고 있었다.

유경·김준 등이 대궐에 이르니 어느새 모였는지 백관들이 태정문 밖에서 기다리고 있었다. 유경·김준은 그 가운데 재상급 관료들을 따르게 하고 대궐로 들어가 바로 편전으로 향했다. 편전에서는 국왕 고종이 기다렸다는 듯이 이들을 맞았다. 유경·김준 등은 '복정우왕復政于王', 즉 정권을 국왕에게 다시 돌린다는 선언을 하고 조용히 국왕의 유시를 기다렸다.

"경들이 과인을 위하여 비상한 공을 세웠도다"라고 하면서 기어이 국왕은 눈물을 보이고 말았다. 얼마나 감회가 깊었을까. 국왕이 눈물까지 보이며 김준 등을 위로한 말은 쿠데타에 대한 확실한 사후 승인이었다. 김준은 용기백배하여 한걸음 앞으로 나서서 말했다.

"최의는 백성들을 돌보지 않고 굶어죽어가는 것을 앉아서 보고만 있었으니, 신 등이 의거를 일으켜 그를 베었사옵니다. 청컨대 우선 곡식을 풀어 굶주린 백성들을 진휼하여 민심을 위로하소서."

김준은 최의를 제거할 수밖에 없었던 쿠데타의 대의명분을 언급한 것이다. 이번 쿠데타는 최의가 정권을 농락했다거나 왕권을 위협했다는 식의 상투적인 것이 아니라, 굶주린 백성들을 방치했기 때문에 일으켰다는 것이다. 이는 최씨 정권이 몰락하는 가장 중요한 배경이 재정파탄이었다는 사실을 다시 확인시켜준다.

그런데 이상하게도, 쿠데타 과정에서 있었던 불법적인 군사동원이나 살상에 대해 국왕이나 재상들 어느 누구도 전혀 문제 삼지 않았다. 쿠데타를 주도한 세력들도 그것에 대한 의례적인 사과 한마디 없었다. 고위 관원들을 비롯한 국왕이나, 쿠데타를 주도한 세력 양쪽 모두 최의 제거를 너무나 당연한 일로 여겼다는 뜻이다. 최씨 정권의 타도는 조정에서 위아래를 막론하고 모두 기다렸던 일이었을까.

최의를 제거한 이날, 유경은 우부승선(정3품), 박송비는 대장군(종3품), 김준·박희실·이연소는 장군(정4품), 김홍취는 어사중승(종4품), 김준의 동생 김승준은 중랑장(정5품), 그리고 박천식은 산원(정8품)으로 승진되었고, 나머지 공로가 있는 자들도 모두 승진하거나 벼슬을 받았다. 쿠데타의 성공에 따른 당연한 결과였다.

그리고 최의를 제거한 뒤 사흘 후, 국왕은 강안전에서 새로 즉위한 것과 같은 의식을 치렀다. 문무백관들도 즉위식과 다름없이 하례를 올렸고, 김준과 박송비 등 공신들은 삼별초와 도방의 군사들을 거느리고 대궐의 뜰에 늘어서서 크게 만세를 불렀다. 국왕 고종은 정말 새로 즉위한 기분이었을 것이다. 하지만 이날의 진정한 주인공은 국왕이 아니라 김준을 비롯한 공신들이라는 것을 모르는 사람이 없었다.

최의가 제거된 지 보름 후, 국왕은 처음으로 대궐 밖을 나섰다. 도성 안의 왕륜사에 행차하려는 것이었는데, 궐 밖의 민심을 살피려는 뜻도 있었다. 이때 도방과 삼별초의 군사들이 국왕의 어가를 호위하니 이를 바라보던 백성들이 모두 감동하여 울었다는 사서의 기록이 전한다. 신분에 차별 없이 모두가 다 왕권의 회복을 염원하고 있었던 것이다.

하지만 국왕은 최의를 제거한 것에만 만족하고 있었다. 국왕이나 관료들, 나아가서는 백성들까지 모두 최의 제거를 바로 왕권의 회복으로 단정했다. 국왕 고종은 즉위한 뒤로, 최이부터 최항·최의까지 3대 동안이나 최씨 집권자들에게 억압당해오다 이제야 비로소 왕권을 되찾았다고 생각했다. 그러니 국왕이나 백성들이 눈물을 보일 만도 했으리라.

하지만 최의가 제거되었을 뿐이지 진정한 왕정복고의 여정은 이제부터 시작이었다. 왕권을 되찾기 위해서는 국왕으로서 해야 할 일이 산적해 있었다. 60여 년 동안이나 지속된 최씨 정권의 잔재, 그중에서 가장 중요한 것은 그동안 최씨 집권자들이 장악했던 정방을 혁파하고 인사권을 되찾아오는 것이었다. 그리고 최씨 정권의 무력 기반이 되었던 사병적인 군대를 명실상부한 왕조의 상비군 체제로 복원시켜야 했다. 아울러 몽골의 침략을 막고 백성을 안정시키는 일도 시급한 일이었다. 몽골의 침략은 여전히 계속되고 있었기 때문이다.

위사공신의 서열

쿠데타가 성공한 닷새 후인 1258년(고종 45) 4월 초하루, 정변의 주역들에 대한 공신 책정이 이루어졌다. 매우 신속한 조치였다. 최씨 정권을 타도하고 왕정복고를 이룬 공로에 대해 조정에서 이론의 여지가 없었다는 뜻이다. 공신호는 사직을 옹위했다는 뜻으로 '위사공신衛社功臣'이라 정했다. 공신서열은 다음과 같았다.

1. 유 경   2. 김 준   3. 박희실
4. 이연소   5. 박송비   6. 김승준
7. 임 연   8. 이공주

이들 위사공신 8인의 서열이 의미심장하다. 말할 필요도 없이, 정변 과정에서의 공로를 정확히 반영한 것이다. 그래도 여기에는 몇 가지 눈여겨볼 대목이 있다.

우선 쿠데타를 가장 먼저 제의했고 가장 적극적이었던 신의군의 지휘관 박희실과 이연소가 3, 4위로 처져 있다는 점이다. 언뜻 이해가 되지 않지만 여기에는 그럴 만한 사정이 있었다. 쿠데타 모의 과정에서는 김준 쪽보다 박희실과 이연소가 그 주도권에서 좀 더 우위에 있었던 것은 분명하다. 그런데 일이 누설되어 거사가 갑자기 앞당겨지면서 김준이 주도권을 행사했다. 최의 측에 대한 정보 면에서 박희실과 이연소는 김준에게 뒤졌다고 할 수 있다. 이런 주도권의 변화가 쿠데타가 성공한 후, 공신의 서열을 정하는 데 그대로 반영된 것이다.

다음으로 주목할 점은, 김준이 1위가 아니고 유경이 1위에 올랐다는

사실이다. 정변 과정에서 유경의 역할은 그리 크지 않았다. 그는 무장도 아니었으니 군사들을 지휘하지도 않았고, 따라서 당연히 정변을 주도할 위치에 있지도 않았다. 그런데 왜 그랬을까?

여기에는 몇 가지 민감한 현실적인 문제가 반영되어 있었다. 먼저, 천민이라는 김준의 신분적 제약이 정치적 부담으로 작용했을 것이란 점이다. 최항—최의로 이어진 천계 출신 집권자에 대한 문벌귀족사회의 저항은 겉으로는 드러나지 않았지만 완강했다. 그러한 귀족사회에서 김준이 공신의 첫째 자리를 차지한다는 것은 정변에 대한 문신귀족들의 호응을 얻는 데 득이 될 것이 하나도 없었다. 김준의 불만이 없을 수는 없었겠지만, 누구보다도 스스로 자신의 처지를 잘 알고 있었다.

반면에 유경은 명문 출신으로 그러한 신분적 제약에서 자유로웠다. 김준이 제일 먼저 거사를 모의한 상대역이었고, 거사에도 적극적이었기 때문에 유경은 쿠데타 세력을 대외적으로 드러내기에 적절했고, 위사공신을 대표할 만했다. 또한 국왕의 입장에서도 천민인 김준보다는 명문 출신이고 문신인 유경이 더 호감이 갔을 것이다. 왕정복고를 위해서도 무장력을 갖춘 김준보다 유경을 공신의 첫째로 두는 것이 국왕에게 유리했다고 할 수 있다.

그리고 또 하나 언급하고 싶은 것은 김준과 함께 동생 김승준 형제가 모두 위사공신에 들었다는 점이다. 아울러 박송비나 임연, 이공주도 유경보다는 김준과 가까운 세력이었다.

김준이 비록 서열은 2위였지만 공신세력 안에서 그의 영향력이 누구보다도 크리라는 것은 충분히 예상할 수 있다. 그런데도 김준이 2위로 밀린 것은 국왕과 쿠데타의 실질적인 주동자인 김준과의 타협의 산물이 아니었을까 추측된다.

이렇게 공신의 서열이나 등급은 겉으로는 정변 과정에서의 역할이나 공로를 반영한 것이었지만, 실제로는 여러 정치적 상황을 고려한 결과로서 미묘하고 불안정한 모습을 드러내기도 했다. 이는 앞으로 정변 주도세력의 진로나 정국의 향방에 중요한 변수로 작용한다.

공신 책정이 이루어진 다음, 정변에 참여한 천예賤隷들에게도 그 자손에 이르기까지 모두 벼슬길을 열어주는 조치가 뒤따랐다. 이들은 정변에 참여했던 가노 출신 가병들이었다. 아울러 유경과 김준에게는 쌀 2백 석과 비단 1백 필이 특별히 하사되었고, 그 밖의 6인에게도 쌀 1백 석과 비단 1백 필이 부상으로 내려졌다. 그리고 모든 위사공신들에게 각각 토지와 저택이 특별히 하사되기도 했는데, 모두 최의의 적몰籍沒 재산을 분배한 것이었다.

재산몰수와 분배

국왕 고종이 새로 즉위한 것과 같은 의식을 거행한 바로 그날, 쿠데타 주체세력과 삼별초, 그리고 도방의 군사들에게도 최의의 재산이 공평하게 분배되었다. 경제적인 처우에 불만이 쌓였던 군사들을 달래려면 우선 그 재산의 일부라도 즉시 분배를 해야 했다. 쿠데타의 성공에 따라 말단 군사들에게 돌아가는 일종의 시혜이기도 했다.

경제적인 불만은 삼별초나 도방의 군사들만이 품고 있던 것은 아니었다. 이 무렵 고려 전통의 상비군 체제인 2군 6위는 최씨 정권의 사병 집단인 도방에 이미 흡수 잠식되어 그 실체가 있으나마나 한 군대였지만, 이들의 불만도 무시할 수 없었다. 이런 군사들에게 은과 곡식을 나누어주면서 소외된 자나 병든 자, 노약자라고 할지라도 예외 없이 분배했다.

최씨 집안의 전체 재산 중에서 이렇게 분배된 재물은 그야말로 미미한 액수였다. 60년 정권을 지탱해준 물적 기반이었고, 국가의 재정을 능가하는 재산이었다. 아마도 그 재산은 일시에 분배하기보다는 왕실이나 국유재산으로 환원하여 필요할 때마다 국용에 충당하는 방법으로 지출되었을 것이다.

최씨 정권의 적몰재산을 좀 더 대대적으로 분배한 것은 1258년(고종 45) 4월, 쿠데타가 성공한 지 한 달 후쯤이었다. 그 분배 내용은 다음과 같았다.

① 태자부: 2천 곡

② 왕족과 재상급(2품 이상) 관료: 60곡

③ 재상급 관료로 퇴직한 자와 3품 이상 관료: 30곡

④ 3품 이상으로 퇴직한 자와 문무 4품: 20곡

⑤ 문무 5, 6품: 10곡

⑥ 문무 9품 이상: 7곡

*1곡斛은 10두로 1섬에 해당

이밖에 문무관료들의 과부와, 도성 안에 거주하는 주민이나 군사, 승도, 기타 직역을 맡은 자 등에게도 차등을 두어 지급했다. 그러니까 위로는 왕실에서 아래로는 도성 안의 주민에 이르기까지 빠짐없이 분배한 것이다.

그런데 위의 분배 내용을 보면, 마치 녹봉을 지급하듯이 관품에 따라 차등을 두어 합리적으로 분급되고 있다. 이것은 지금까지 관직에

따른 보수가 정상적으로 지급되지 못했음을 뜻한다. 문무관리들에게 는 본래 녹봉으로 토지를 분급했지만, 오랜 전란으로 내륙이 황폐해지 고 조세 수취도 한계에 이르러 경제적인 의미가 없었다.

그러나 이번 분배도 정규적인 녹봉이 아니라 생활고를 염려한 일시 적인 보상의 성격이 짙다. 마침 최의가 제거되고 최씨 정권이 몰락한 덕에 이 정도라도 지급된 것이다. 특히 위의 분배 내용에서 눈길을 끄 는 것은 태자부에 2천 곡이 지급된 점이다. 태자부는 다음 왕위를 이을 태자(후의 원종)의 관부이니, 결국 왕실에 지급된 것이나 다름없다. 왕실 의 재정마저 최의의 적몰재산을 받아야 했으니, 여기서 몽골의 5차 침 략 이후 강도의 경제난이 얼마나 심각한 상태였는지 다시금 짐작할 수 있다.

같은 해 9월에는 역시 왕족과 문무관리, 말단 장교들에게 다시 포布 를 지급하기도 했다. 이후에도 적몰재산은 수시로 문무관리들에게 미 흡한 녹봉을 대신하여 지급되었다. 최의의 재산은 그렇게 시의적절하 게 국용으로 지출되었던 것이다. 그러니 국왕 이하 문무관리들과 말단 군사들까지 최씨 정권의 타도를 환영했음이 분명하다.

그런데 최씨 정권의 가장 중요한 경제 기반이었던 대토지(농장)는 어 떻게 되었을까? 남부 지방을 중심으로 전국 각지에는 최씨 집안이 대 대로 확대해온 농장이 여기저기 널려 있었다. 특히 경상도와 전라도 일대에는 최충헌 때부터 시작하여, 최이의 아들 만종과 만전(최항의 환 속하기 전의 이름) 형제에 이르기까지 대를 이어 불법적으로 탈점한 토지 가 엄청났다. 만전이 환속하여 권력을 세습한 후에도 그의 형인 만종 은 여전히 경상도 지방에서 대토지를 소유하고 있었다.

1258년(고종 45) 11월, 지방에 산재해 있던 최씨 집안의 재산에 대해 특별한 조치가 내려졌다. 특히 경상도와 전라도에는 특사가 파견되어, 최의와 만종이 사적으로 점유한 농장과 노비에서 비단·미곡에 이르기까지 모두 빠짐없이 몰수했다. 당연한 절차였지만, 이 조치가 쿠데타가 성공한 지 8개월 이상 지난 뒤에 행해졌다는 것이 조금 수상쩍다. 그리고 이렇게 적몰된 재산들이 과연 모두 국가재산이나 왕실재정으로 정확히 환수되었는지도 의문이다. 쿠데타를 성공시킨 실세들이 그것을 보고만 있지는 않았을 것이다. 재산을 축적할 절호의 기회를 놓치지 않았을 듯 싶다.

쿠데타가 성공한 지 2년 정도 지난 뒤의 일이지만, 김준은 각 별궁에 속한 모든 전답을 조사하여 찾아내라는 특명을 받아 수행한다. 아마 최씨 집권기 동안 권력자들이 불법으로 차지하여 은닉했던 토지를 환수하려는 조치였다고 보인다. 그런데 왜 하필 그 조사 책임자가 김준이었을까. 김준이 은닉된 토지를 색출하여 모두 국고로 환수했을 것 같지는 않아 보인다.

쿠데타의 여진

쿠데타가 성공한 한 달 후쯤, 정변 과정에서 거사계획이 새나갔던 일이 새삼스럽게 문제되었다. 그때 최의에게 편지로 거사를 알린 자가 중랑장 이주李柱라는 사람이었는데, 그가 가까운 무장들과 협의하여 최의에게 밀고했던 일을 김준과 유경은 쿠데타가 성공한 후에야 알게 된 것이다.

그 일을 뒤늦게 알게 된 것은 진양부를 접수할 때 그 편지가 발견되었기 때문이다. 편지에는 놀랍게도 밀고에 가담했던 하급 지휘관 다섯 명의 서명이 들어 있었다. 김준과 유경은 이때 서신을 통해 그들이 누구인지 알아차리고 이들을 모두 제거하려고 작정했다.

김준과 유경은 국왕에게 이들을 모두 죽여야 한다고 주장했다. 하지만 국왕은 반대하고 나섰다. 귀양을 보내는 것만으로 충분하다는 것이었다. 최의가 제거되고 정변이 성공한 마당에 또다시 살육할 필요가 없다는 생각이었다. 김준과 유경은 물러서지 않고 이들을 살려둘 수 없다고 계속 강청했다. 그러자 국왕은 역정을 내면서 이렇게 말했다.

"반드시 죽이려면 나한테 알리기는 왜 하는가. 경들이 마음대로 하라."

김준과 유경은 국왕이 이렇게 강경하게 나올 줄은 미처 예상하지 못했다. 두 사람은 그대로 엎드려 사죄했고, 결국 이들은 목숨을 건지고 국왕의 뜻대로 귀양에만 처해졌다. 이 사건은 단순한 에피소드 같지만 국왕과 정변 주도세력 사이의 첫 힘겨루기였다. 결과는 국왕의 의지대로 관철되었지만, 앞으로 양자 사이의 관계가 결코 순탄치 않으리라는 것을 예고했다.

국왕이 거사계획을 밀고했던 이들의 사형을 반대한 데는 다른 속내가 있었다. 그들 중에 견룡행수로 있는 최문본崔文本이 포함되어 있었기 때문이다. 견룡은 국왕의 어가를 호위하는 친위군이고, 행수는 그 지휘관을 말한다. 밀고에 가담했던 기타 하급 지휘관들도 견룡에 소속되었는지는 불확실하지만, 최문본은 분명 국왕의 친위세력이라 할 수 있다. 그래서 국왕은 최문본을 비호해주고 싶었던 것이다.

그런데 최문본은 최온의 아들이다. 최온은 쿠데타 과정에서 김준이 끌어들인 인물로, 그가 쿠데타에서 큰 역할을 하지는 않았지만 소극적이나마 동조한 것도 사실이다. 재미있게도 그의 아들은 그 쿠데타를 밀고하는 데 가담하여 부자간에 정치적 선택이 엇갈리고 말았다.

이주와 최문본 등 쿠데타를 밀고한 지휘관들이 귀양 간 지 두 달 후, 1258년(고종 45) 6월 최온도 결국 유배에 처해진다. 여기에는 김준의 힘이 크게 작용했다.

최온은 아들 최문본이 귀양 가게 되자 김준과 유경 등을 원망했다. 특히 김준에 대한 원망이 컸다. 정변 당시 최온은 김준의 요청을 받고 협조를 아끼지 않았는데, 이제 와서 김준이 자신의 아들을 귀양 보낸 것은 배신이라 생각했을 법하다. 최온은 김준을 비난하고 다녔는데, 그런 비난이 김준의 귀에 들어갔다.

김준은 국왕을 찾아, 최온이 문벌만 믿고 교만하여 무장들을 원망하니 모두 불안해한다고 하면서 그에게 죄줄 것을 청했다. 하지만 국왕은 허락하지 않았다. 김준은 여기서 물러설 수 없었다. 지난번 쿠데타 밀고자들에 대한 처벌도 국왕의 반대로 뜻을 이루지 못했는데, 여기서 또다시 물러서면 앞으로 자신의 정치적 위상이 어떻게 될지 알 수 없었다. 김준이 마음을 굳게 먹고 다시 최온의 처벌을 강력하게 요청하자, 국왕은 할 수 없이 김준의 뜻에 따르고 만다. 결국 최온은 흑산도로 유배를 가게 된다.

이번에는 국왕과의 힘겨루기에서 김준 측이 승리했다. 하지만 김준 스스로 쿠데타에 끌어들였던 최온을 유배 보낸 것은, 명분이 부족한 감정상의 보복이라는 인상을 여러 관료들에게 심어줄 뿐이었다.

정변이 성공한 후, 쿠데타에 저항하는 사건도 있었다. 최이의 기생첩에게 장가들어 복야(종2품)에까지 오른 권시權施라는 인물이 있었다. 이 권시가 정년으로 물러나고, 그의 아들 권수균權守鈞은 장군(정4품)의 계급에, 그리고 권수균의 사위였던 문황文璜도 이런 연고에 힘입어 소경(종4품)에 있었다. 그러던 중 권시 부자가 어떤 일에 연루되어 파면되고, 이때 최의 또한 제거되는 쿠데타가 일어났다.

문황은 자신의 신상에도 위협이 다가옴을 느끼고, 두 아들 문광단文光旦·문영단文英旦과 함께 김준을 제거하기로 모의한다. 사람을 끌어모으기 위해 주로 말단 관리와 하급 무신들을 포섭해나갔다. 그런데 말단 관리들은 그런대로 모의에 적극 응한 자가 있었지만 하급 무신들은 끌어들이기가 쉽지 않았다.

무리하게 사람들을 끌어들였던지, 하급 무신 하나가 거사 모의를 김준에게 밀고해버리고 말았다. 김준은 모의에 가담한 무리들을 잡아들여 문초를 했지만, 대수롭지 않게 여기고 석방했다. 문황과 두 아들까지 이 일에 연루되었다는 사실은 미처 몰랐기 때문이다. 후에 다시 밀고를 받은 김준은 그때서야 권수균과 문황 일가가 주모자인 것을 알아차렸다. 김준은 사태의 심각성을 알고 권수균 부자와 문황 부자 모두를 잡아들여 죽였다. 아울러 이들의 재산을 적몰하여 밀고자에게 나누어주었다.

사건은 이렇듯 실천에 옮겨보지도 못하고 싱겁게 끝났지만, 쿠데타가 성공한 후 최초로 김준에게 반기를 들었다는 점에서 의미가 있다. 김준이 쿠데타 세력의 핵심 인물이라는 것을 누구나가 다 알고 있었다는 얘기다. 1258년(고종 45) 6월의 일이었다.

위사공신의 확대

쿠데타가 성공한 지 4개월 정도 지난 1258년(고종 45) 7월, 위사공신에 대해 또 한 번의 특혜 조치가 내려졌다. 그 내용은 다음과 같다.

1등 공신

1. 유 경: 아들에게 6품 벼슬 하사, 토지 백 결과 노비 15구 지급

2. 김 준: 위와 같음

2등 공신

3. 박희실: 아들에게 7품 벼슬 하사, 토지 50결과 노비 5구 지급

4. 이연소: 위와 같음

5. 김승준: 위와 같음

6. 박송비: 위와 같음

7. 임 연: 위와 같음

8. 이공주: 위와 같음

보좌공신

9~27. 차송우 등 19인: 본인의 관직을 높여주고, 아들에게 9품 벼슬
하사

다음과 같은 시행 세칙도 마련되었다. 애초 서열 8위까지의 위사공
신은 삼한벽상공신의 예에 따라 포상하고, 관직은 아들이 없는 경우
에 생질이나 사위 가운데 한 사람에게 주기로 했다. 그리고 공신각의
벽상에 이들의 얼굴 초상을 그려넣고, 향관(출신지)을 승격하기로 했다.
아울러 당연한 조치였지만, 공신각에 있던 최충헌과 최이의 초상을 철
거하고, 이들의 묘정배향도 철회한다는 결정을 내린다.

이것은 위사공신이 이미 받았던 혜택에 삼한벽상공신의 전례에 따
라 추가된 포상이다. 벽상공신은 공신각의 벽에 공신의 초상을 그려

넣은 데서 붙여진 이름인데, 무신란 직후 이의방·이고·정중부가 의종을 폐위하고 명종을 옹립한 후 받은 공신호에서 시작되었다. 그 후 최충헌과 최이도 이 공신호를 받은 모양이다. 그래서 벽상공신의 전례를 따른다는 것은 위사공신의 정치적 위상을 한껏 드높인 조치였다. 게다가 최충헌과 최이 부자의 공신 책정을 취소하고 내린 조치였으니 그 정치적 의미는 더욱 컸다.

이때 모두 27인의 공신이 책정되었는데, 이들이 받은 혜택에 따라 편의상 '1등 공신', '2등 공신', '보좌공신'으로 분류할 수 있다. 서열 1, 2위인 유경과 김준, 이들은 동일한 혜택을 받아 같은 1등 공신이라 할 수 있다. 이어서 서열 3위부터 8위까지의 6인은 2등 공신, 그리고 9위부터 27위까지는 보좌공신으로 역시 동일한 혜택을 받고 있다.

여기서 기존의 위사공신 8인 외에 19인의 보좌공신이 새롭게 책정되었다는 사실이 의미하는 바는 자못 크다. 이것은 공신세력의 양적인 확대를 의미하기 때문이다. 그러면 처음 8인의 위사공신이 책정된 지 몇 개월도 지나지 않아 왜 그렇게 갑자기 공신의 범위가 확대되었을까? 이는 보좌공신 19인에 어떤 인물들이 들어갔는가를 살펴봄으로써 알 수 있을 것이다.

관찬 사서에는 이들 19인의 보좌공신 이름이 '차송우 이하 19인'이라고만 언급되어 있다. 그런데 다행히 당시의 공신녹권功臣錄券이 남아 있어 보좌공신 19인의 명단을 대강 추론하여 찾아볼 수 있다. 보좌공신 19인은 대부분 쿠데타에 가담한 군대의 말단 지휘관들이었다. 여기에는 앞서 쿠데타 과정에서 거론했던 차송우·김홍취·박천식을 비롯하여 김준의 세 아들도 선정되었다.

19인의 보좌공신에 들어간 이들 하급 장교들은 신의군 소속인지 아니면 야별초 소속인지, 혹은 도방의 지휘관인지 정확히 알 수 없다. 하지만 이들이 갑자기 쿠데타가 앞당겨지면서 그날 밤 김준의 소집에 적극적으로 응한 지휘관들인 점은 분명하다. 그래서 이들이 보좌공신으로 뒤늦게 추가된 것은, 공신세력 안에서 김준의 세력이 점차 강화되고 있다는 것을 보여준다. 게다가 김준의 세 아들이 모두 공신에 추가되었다는 것은 그런 심증을 더욱 굳게 한다.

위사공신의 지위를 삼한벽상공신으로 격상시킨 질적인 변화가 공신세력의 정치적 위상을 높여준 것이라면, 보좌공신 19인이 추가된 양적인 변화는 김준의 세력이 점차 부상했음을 보여준다. 이는 또한 정변이 성공한 후에도 정국 상황이 매우 유동적이었고, 쿠데타 주도세력 안에서도 공신 책정을 놓고 경쟁이 치열했음을 말해주는 것이다.

유경의 부침과 김준의 부상

정변이 성공한 직후 우부승선(정3품)을 제수받은 유경은, 곧이어 추밀원의 지주사(정3품)와 좌우위(상비군 2군 6위의 한 부대)의 상장군(정3품)을 겸했다. 승선이나 지주사는 국왕의 가장 측근에서 입과 귀의 역할을 하는 비서관이다. 지금으로 말하자면 청와대 비서실장과 대변인 정도에 해당되니 국왕 측근의 핵심 관직이다. 정변이 성공한 후 유경에 대한 국왕의 신임이 두터웠다는 것을 알 수 있다.

그러나 유경은 이런 직책이 부담스러웠던지 지주사는 사양하고 우부승선으로서 상장군만을 겸하는 것으로 만족한다. 승선이나 지주사는 지난 시절 무인집권자들이 권력을 장악해가는 과정에서 반드시 차지했던 관직이었다. 아마 유경은 자신이 또 다른 권신으로 부각되는 것을 꺼려했던 것 같다. 하지만 상장군만 하더라도 무반직에서 가장 높은 계급이니 문신으로서는 아무나 차지할 수 없는 대단한 위치였다.

더구나 유경은 위사공신의 책정에서도 서열 1위를 차지하여 모든 공신세력을 대표하는 위치에 올랐다. 공신 책정에 따른 엄청난 경제적 수혜나 정치적 특혜도 여느 공신 못지않았음은 물론이다. 유경은 이로 인해 삼한거부라는 별칭을 들을 정도로 막대한 재력을 과시했다. 이때 그의 출신지인 유주(황해도 신천)는 문화현으로 승격된다. 현재 가장 오래된 족보로 알려진 《문화 유씨 가정보文化柳氏嘉靖譜》에는 유경의 조부 유공권을 문화 유씨의 현조顯祖로 삼고 있는데, 문화 유씨가 고려 후기 신흥 명문거족으로 성장할 수 있었던 계기는 유경이 득세하면서부터였다.

유경의 정치적 부상은 여기서 그치지 않는다. 유경은 승선으로서 인사권까지 장악했다. 최씨 정권이 무너진 후 진정한 왕정복고를 이루자면 국왕에게는 권력의 핵심인 인사권 장악이 가장 중요했다. 최씨 정권에서 인사권을 행사했던 정방은 폐지되지 않고 최씨 정권의 사저에서 국왕의 편전으로 옮겨졌다. 그런데 이 편전으로 옮겨진 정방에서 유경이 인사권을 행사했던 것이다.

인사 문제뿐만 아니라 국가의 모든 기무까지 유경이 처결했다는 그의 열전 기사로 보아, 유경에 대한 권력 집중은 예사롭지 않았다. 이는 물론 국왕 고종이 유경을 신임한 결과였지만, 한편으로는 국왕의 기력이 쇠잔하여 왕정복고를 이룰 만한 추진력이 부족했던 탓도 있다. 이때 고종의 나이 67세로, 죽기 1년 전이었다.

물론 유경을 신임하기는 했지만 국왕의 입장에서도 그에게 너무 많은 권력이 집중되는 것은 개운치 않은 일이었다. 하지만 유경의 정치적 부상을 가장 경계한 사람은 김준이었다. 항상 정치적 라이벌은 가장 가까이 있는 사람이 아니던가.

이때 김준을 대신해서 유경의 권력 독점을 비판하고 나선 사람이 바로 김준의 동생 김승준이었다. 김승준은 정변이 성공한 후 자신의 계급이 중랑장에 그친 것이 불만이었다. 정변에서의 공로로 보자면 유경보다도 못할 것이 없다는 생각에 특히 불만이 컸다. 여기저기 만나는 사람마다 그런 불만을 토로하고 다녔다. 그런 김승준의 불만을 전해들은 유경은 어느 날 김승준을 불러 조용히 타일렀다.

"그대의 공로는 하루에 아홉 번 승진한다 해도 좋으나, 관품에 따라 벼슬을 제수하는 데는 국가의 일정한 법전이 있다. 그대는 대정(종9품)에서 4등급을 넘어 중랑장(정5품)을 제수받았으니 계급이 뛰지 않았다고 볼 수 없다."

김승준이 이 말을 듣고 수긍할 리 없었다. 김승준은 임연 등 여러 공신들과 함께 아비 김준에게 유경을 참소하면서 그에 대한 견제를 요청했다. 이제 때가 되었다고 생각한 김준은 국왕을 찾아 여러 공신들의 뜻임을 앞세워 유경의 권력 독점을 방관해서는 안 된다고 주의를 촉구했다. 유경의 독주를 불안하게 지켜보던 국왕도 이를 구실 삼아 마침내 유경을 버리고 만다.

우선 유경의 우부승선 벼슬을 빼앗고 첨서추밀원사(정3품)를 제수했다. 승선으로 정방에서 인사권을 행사하던 유경의 권한도 당연히 사라졌다. 국왕은 또한 김준의 의사를 좇아 유경을 따르는 무장들을 하옥시키고 철저하게 그의 세력을 배제했다.

이에 유경이 김준과 여러 공신들을 찾아가서 항의하자, 김준은 자신도 어쩔 수 없었다고 사과했다. 하지만 말과는 다르게, 김승준·임연을 비롯한 여러 공신들은 하옥당한 유경 측근의 무장들을 끌어내어 모두 죽이고 만다. 김준의 사주를 받은 것이었다.

이로써 유경은 공신세력 내에서 고립되어 완전히 날개가 꺾이고 말았다. 1258년(고종 45) 11월경의 일이니 정변이 성공한 후 반년 남짓 권력의 맛을 보았을 뿐이다. 하기야, 쿠데타 세력 내에서 유일한 문신으로서 위사공신의 맨 앞자리를 차지하고 지금까지 권력을 유지해온 것만도 신통한 일이었다.

이때 유경은 48세였다. 그는 명민하고 도량이 깊어 큰일을 잘 처리했으며, 인물을 잘 감정했다고 그의 열전에 언급되어 있다. 김준과의 알력에서 그가 밀린 것은 어쩌면 힘의 열세를 스스로 인정하고 현명하게 화를 피한 것이 아니었을까 싶다. 그는 이후 우여곡절을 겪으면서도 결국은 현달하고, 1289년(충렬왕 15) 79세로 죽어 천수를 다한다.

이렇게 공신세력 내에서 유경이 실각한 것은 바로 김준 세력의 부상을 의미했다. 유경의 실각이 왕권강화나 왕정복고로 연결되지 못한 것이다. 김준은 왕정복고를 이루어야 할 국왕에게 더욱 큰 난적이었다. 국왕은 늑대를 피하려다 호랑이를 만난 꼴이었다.

위사공신의 확정

이제, 유경이 과연 서열 1위 자리를 언제까지 유지할 것인지에 관심이 쏠린다. 충분히 예상되겠지만 유경은 결국 김준에게 1위 자리를 빼앗기고 만다.

서열상의 변화는 아니었지만, 1259년(고종 46) 5월 위사공신에 다시 변화가 있었다. 특별히 12인의 공신을 선정하여 그들 모두에게 은병 5

개와 쌀 20석을 하사했다. 그리고 그 나머지 공신들에게도 각각 선물이 내려졌다. 단옷날을 즈음하여 특별히 하사된 선물이었는데, 이름하여 '단오선사端午宣賜'라 했다.

그런데 여기서 선정된 12인의 공신이 좀 특별하다. 애초의 위사공신 8인도 아니고, 후에 책정된 보좌공신 19인을 더한 27인도 아닌 조금 애매한 것이다. 왜 하필 12인의 공신이 갑자기 등장하게 되었는지 궁금하지만, 분명한 것은 8인의 위사공신에다가 후에 책정된 보좌공신 19인 중에서 4인을 추가하여 12인의 공신이 선정된 것은 분명하다고 하겠다. 이 대목에서 중요한 사실은 특별히 추가된 4인의 공신이 누구인가 하는 점이다.

확실하지는 않지만, 그 4인은 앞서의 보좌공신 중에서 김준과 가까운 사람들이라고 생각된다. 이것은 애초의 위사공신 8인이 12인으로 확대되었음을 뜻하고, 추가된 4인은 공신의 등급이 보좌공신에서 위사공신으로 격상된 것이다. 이것은 위사공신의 책정이 여전히 유동적이었음을 뜻한다. 이 일은 국왕 고종이 죽기 한 달 전의 일이었고, 당시 태자(후의 원종)는 친조를 위해 몽골로 향하고 없었다.

1년 후인 1260년(원종 1) 6월, 마침내 위사공신들의 권력관계에 결정적인 변화를 맞게 된다. 위사공신의 서열에서 김준이 1위가 되고 유경이 5위로 밀려난 것이다. 그리고 김준은 정변 직후 장군(정4품)에서 다시 추밀원부사(정3품)로 승진했다.

이때는 고종이 이미 죽고(1259년 6월) 몽골에 들어갔던 태자가 막 귀국하여 왕위에 오른(1260년 4월 즉위) 직후였다. 1년 가까이 왕위의 공백이 있었던 것이다. 그래서 김준의 1위 격상은 이러한 왕위교체기의 공백을 이용한 어떤 책동이 아니었나 싶기도 하다.

이제 위사공신은 8인에서 12인으로 확대되고 그 서열은 이렇게 바뀌었다.

1. 김 준	2. 박희실	3. 이연소
4. 박송비	5. 유 경	6. 김승준
7. 임 연	8. 이공주	9. 차송우(?)
10. 김대재(?)	11. 김용재(?)	12. 김식재(?)

9위부터 12위까지, 처음의 위사공신 8인에서 추가된 4인을 차송우와 김준의 세 아들로 추정한 것이다. 위사공신 8인의 전체 서열 변화는 김준이 1위에 오르고 유경이 5위로 밀리면서 자연스럽게 나타난 것으로 보인다.

그런데 이렇게 위사공신의 서열이 변하고 그에 따른 공신의 녹권錄券(공신에게 내리는 여러 경제 사회적 특혜 조치를 기록한 증서)을 작성하는 과정에서, 또다시 위사공신의 서열이 바뀌고 인원도 한 명이 추가된다. 이 일은 2개월 정도 지난 1260년(원종 1) 8월쯤이었다. 유경에게 내렸던 녹권이 《문화 유씨 가정보》에 들어 있는데, 이에 의하면 위사공신의 서열은 다음과 같이 정해졌다.

1. 김 준	2. 박희실	3. 이연소
4. 김승준	5. 박송비	6. 유 경
7. 김대재	8. 김용재	9. 김식재
10. 차송우	11. 임 연	12. 이공주
13. 김홍취		

여기 위사공신의 구성과 앞의 위사공신의 서열을 비교해보면 몇 가지 중요한 변화를 찾을 수 있다.

그 변화 하나. 김홍취가 추가되어 12인에서 13인으로 확대된 점이다. 김홍취는 처음부터 정변 모의에 참여했던 자였다. 이제야 위사공신에 든 것은 아마 공신 책정에 김준의 영향력이 크게 작용했기 때문일 것이다.

둘. 김준의 동생인 김승준의 서열이 6위에서 4위로 부상한 점이다. 이에 따라 박송비와 유경의 서열이 자연스럽게 하나씩 내려왔다. 유경의 서열이 계속 추락하고 있다는 사실이 무엇보다 중요하다.

셋. 김준의 세 아들이 급격히 부상한 점이다. 이는 말할 것도 없지만 김준 세력의 확대와 강화를 의미한다. 김준 일가가 위사공신을 독차지한 것이나 마찬가지였다.

넷. 임연과 이공주의 추락이다. 이것은 김준의 세 아들이 상승하면서 자연스레 나타난 현상 같지만, 나중에 추가된 차송우보다도 뒤로 밀린 것은 분명한 정치적 의도가 있어 보인다. 이공주는 나이가 많아 그렇다고 해도, 임연의 하락은 뜻밖이 아닐 수 없다. 임연은 10여 년 후에 김준을 제거하는데, 여기서부터 그 단서가 마련되었는지도 모른다.

왕정복고를 내세워 성공한 쿠데타인데도 점차 시간이 흐르면서 김준 일가의 세력이 커진 이유는, 최씨 정권의 잔재를 조금도 청산하지 못했기 때문이다. 그런 와중에 왕정복고 역시 무산될 기미를 보이고 있었다. 이런 배경에는 몽골의 침략 위협이 여전히 계속되고 있었다는 사실을 놓쳐서는 안 된다.

무너지는 항몽체제

늘어가는 반민

최씨 정권이 무너진 뒤에도 몽골의 침략은 계속되고 있었다. 몽골 측에서 요구한 친조親朝와 출륙出陸이 아직 이루어지지 않았기 때문이다. 친조는 국왕이 몸소 몽골의 조정에 들어와 항복하라는 것이고, 출륙은 개경으로 다시 환도하라는 것이었다. 이 두 가지는 전쟁 종식을 위해 몽골 측에서 내건 전제조건이었다.

　최씨 정권이 무너진 뒤의 대몽항쟁에서 나타난 중요한 특징은 몽골 측에 투항하는 백성들이 늘어났다는 사실이다. 개인적인 투항이야 강도로 천도한 직후부터 있었던 일이다. 그 대표적인 인물이 이미 천도 초기에 투항한 홍복원洪福源이었다. 하지만 최씨 정권 붕괴 후의 투항은 개인적인 것이 아니라 집단적으로 벌어지고 있었다는 데에 문제의 심각성이 있었다.

최의가 제거된 지 2개월 후, 그러니까 1258년(고종 45) 5월 평안북도 위도葦島라는 섬에서 반란이 일어났다. 청천강 하구에 위치한 위도는 넓은 갯벌이 펼쳐져 있고 갈대가 무성한 섬이었다. 몽골의 침략이 거세지면서 위도에는 식수 마련을 위한 저수지와 약간의 농경지가 이미 개간되어 있었다. 그래서 항상 침략의 길목에 있던 평북 지방 사람들에게는 최적의 피난처 역할을 하는 섬이었다.

그런데 박주(평북 박천)의 주민들이 철수하는 몽골 군대를 피해 여기 위도로 피신한 일이 발생했다. 이것은 강도 정부나 그 지역 지방관의 명령에 따른 해도입보海島入保가 아니라, 그 주민들이 자율적으로 결행한 사건이었다. 그렇기 때문에 이번 일은 강도 정부에 대한 저항의 성격도 띠고 있었다. 침략의 길목에서 항상 피해를 입어야 했으니, 그들은 지난 최씨 정권의 항몽정책에 불만을 품을 수밖에 없었을 것이다.

강도 정부에서는 즉시 도령 낭장 최예崔乂에게 중앙의 상비군을 배속시켜 무마하도록 했다. 주민들은 여기에 반발하여 최예를 비롯한 지휘관과 관리를 죽이고 반란을 일으켰다. 최예가 거느렸던 군사들이 모두 도망쳐 갈대숲에 숨자, 이들마저 모조리 찾아 죽이고 배를 이용하여 집단적으로 몽골에 투항해버렸다.

이때 간신히 살아서 돌아온 하급 장교 하나가 북계병마사에 보고하여, 강도 정부에서도 이 사실을 알게 되었다. 강도 정부는 다시 군사를 보내어 진압케 했는데, 부녀자와 노약자들만 남아 있을 뿐이었다. 이들은 모두 강도로 붙잡혀왔다.

박주의 주민들이 위도에서 반란을 일으키고, 중앙에서 파견된 군사들까지 궤멸시켰다는 것은 놀라운 일이다. 그것은 여기에 백성들만이 아니라, 그 지역의 지방군도 많이 가담했기 때문에 가능한 일이었다.

그렇지 않고서야 어떻게 일반 주민들이 군사들과 싸워 이길 수 있었겠는가.

실제 북계 지방에서는 일반 주민이 곧 그 지역의 지방군이었으니 그 구별이 명확치 않기도 했다. 그런 지방군을 주진군이라 부르고 그 지휘관을 '도령都領'이라고 부르는데, 도령은 보통 중랑장이나 낭장계급이 맡았다. 위도를 진압할 책임을 졌던 최예는 그 지역의 토착세력으로서 도령직을 맡고 있었던 것이다. 그러니까 반란을 일으킨 주민이나 그것을 진압하는 최예는 모두 그 지역 출신이었다.

위도가 진정된 후 강도 정부에서는 북계 여러 성의 호장戸長과 낭장에게 은 1근씩과 비단 2필씩을 나누어주었다. 호장은 향리의 우두머리를 가리키는 말인데 지방의 세력가이기도 하며, 이들이 도령직을 맡는 경우가 많다. 낭장(정6품)은 도령직에 해당하는 계급이다. 이 조치는 북계 지방의 지방군(주진군) 지휘관과 토착 세력가들을 달래고 주민의 이탈을 막기 위한 시혜조치였다.

위도에서 반란이 일어난 그해 9월에는 광복산성(강원도 북부 이천)에서 전란을 피해 들어온 아전과 백성들이 방호별감을 죽이고 몽골 군대에 항복하는 일이 있었고, 12월에는 달보성(황해도 곡산으로 추정)의 백성들이 방호별감을 사로잡아 몽골에 투항하기도 했다. 달보성은 위치가 불확실하지만 광복산성은 강원도와 황해도의 접경지대에 위치한 곳인데, 둘레가 15리나 되는 석성으로 피란지로는 적격이었다. 또한 이들이 주로 공격한 방호별감은 중앙에서 파견되어 백성들을 산성으로 피란시키고 그들을 감시 통제하는 특별무관이었다.

또한 1259년(고종 46) 3월에는 서북면의 애도艾島와 갈도葛島에서도 반란이 일어났다. 애도와 갈도는 현재 그 위치를 정확하게 알 수 없는

데, 평안북도 서해안 쪽 어느 섬이 아닌가 한다. 이 두 섬에 들어와 있던 각 지역의 역인驛人들이 섬을 감시하던 야별초 7명을 살해하고 집단적으로 몽골에 투항해버린 것이다.

이제는 몽골의 침략이 문제가 아니라, 반란을 일으키고 몽골에 투항하는 것이 큰 문제였다. 이는 바로 항몽체제의 붕괴를 의미했다. 이런 현상은 최씨 정권이 몰락하면서 그동안의 대몽항쟁에 대한 불만이 그런 식으로 표출되었다고 볼 수 있고, 최씨 정권의 몰락을 계기로 지방민들에게 강제적이고 폭압적이었던 대몽항쟁 체제가 무너져갔다고 해석해도 무방하다. 침략의 길목이었던 변경에서, 긴긴 전란에 지쳐 있던 주민들이 집단적으로 움직였다는 점이 중요하다.

쌍성총관부의 설치

더욱 큰 문제는 지방의 세력가나 관리들이 자신의 고장을 통째로 들고 몽골에 귀부하는 일도 생겨났다는 점이다. 이것은 그 지역을 몽골이 통치한다는 뜻으로 실질적으로 영토가 상실되는 것을 의미했다.

위도에서 반란이 있었던 그해 12월, 동북면의 화주(함경남도 영흥)에 설치된 쌍성총관부雙城總管府가 그 실례이다. 쌍성총관부는 동북면 일대를 지배하기 위해 몽골에서 설치한 관청의 이름이다. 이것이 설치된 시기는 최의가 제거된 직후인 1258년(고종 45) 6월에 시작하여 이듬해 3월까지 이어졌던 몽골의 6차 침략 마지막 네 번째 공격이 있던 때였다. 쌍성총관부가 설치된 배경은 이러하다.

1258년(고종 45) 10월, 동북면 지방의 고주·화주·정주·장주 등 15개 주의 주민들을 저도猪島로 이주시키는 일이 있었다. 이를 책임진 인물은 그때 동북면병마사로 있던 신집평愼執平인데, 최씨 정권이 몽골의 침략 때마다 상투적으로 해오던 해도입보책이었다. 하지만 해당 지역의 주민들에게는 강제 이주로 여간 고통스러운 일이 아니었다. 그 대상이 된 15개 주는 지금의 강원도 북부와 함경남도 남부에 걸쳐 있는 군현이었고, 주민들이 이주한 저도는 지금의 영흥만 어디쯤에 있는 섬으로 보인다.

저도에는 이미 방어성이 구축되어 있었지만, 그 성이 너무 크고 사람은 적어 방어에 문제가 있었다. 이에 신집평은 주민들을 다시 인근의 죽도竹島로 옮겨 방어하도록 했다. 그런데 죽도는 너무 좁고 식수를 조달할 만한 우물이 하나도 없어 주민들이 이주를 꺼려했다. 신집평은 군대를 동원하여 강제로 주민들을 이주시켰다. 하지만 대부분의 주민들이 도망하여 이주한 자는 10명 중 2, 3명에 불과했다.

이렇게 두 번이나 강제로 이주되는 과정에서 주민들의 불만이 쌓일 수밖에 없었다. 지금까지의 해도입보책이 그래왔듯 군대를 동원한 철저한 강제 이주였기 때문이다. 이런 역할을 맡은 군대는 주로 중앙에서 파견된 야별초였다. 이들에게는 강제 이주당한 주민들의 이탈을 막고 그들을 감시 통제하는 역할이 더 중요했다. 몽골과 싸워 섬을 방어하고 이주한 주민의 생명과 재산을 지키는 것은 그 다음 일이었다. 앞서 반민들의 표적이 된 방호별감은 그런 임무를 띤 지역의 계엄사령관과 같은 존재였다.

그런데 그해 12월, 몽골의 송길대왕松吉大王이 이끄는 군대가 화주를 점령하고 이를 거점으로 삼아 주둔하게 되었다. 죽도의 코앞에 몽골의 침략군이 대규모로 주둔하게 된 것이다. 이보다 며칠 전에는 동진국의 군대가 수군을 거느리고 와서 고성(강원도)의 송도松島를 포위하고 전함을 불태우는 일도 있었다. 이제 섬이라고 모두 안전하리라는 보장이 없었다. 죽도로 이주한 주민들은 불안했다.

게다가 죽도에는 식량까지 바닥나 더 이상 버티기도 힘들었다. 신집평은 강도 정부에 연락하여 식량 지원을 요청하고, 이에 죽도를 지키던 군사의 일부를 육지로 보내 식량을 조달했다. 이렇게 주민들을 통제하던 군사들이 죽도를 떠나고 감시가 허술한 틈을 타 결국 일이 벌어지고 말았다.

용진현 출신의 조휘趙暉와 정주 출신의 탁청卓靑이 이 틈을 이용하여 반기를 든 것이다. 조휘와 탁청은 자신의 출신 지역에서 영향력 있는 토착 세력가였다. 이들은 죽도에 들어온 다른 지방의 세력가들과 모의하여 주민들을 선동하고 나섰다. 자신들이 사는 방법은 관리들을 죽이고 몽골에 투항하는 길밖에 없다고 선동했다. 강제 이주에 대한 불만이 쌓여 있는데다 목전에 몽골의 군대가 주둔하고 있으니, 이런 선동은 그대로 먹혀들어갔다.

조휘와 탁청은 몽골의 군대를 몰래 끌어들여 동북면병마사 신집평과 등주와 화주의 지방관을 죽였다. 이어서 중앙에서 파견된 잔여 군사들까지 모조리 죽이고, 내륙으로 나아가 고성을 침략하여 노략질도 서슴지 않았다. 그리고는 몽골에 투항하여 화주 이북의 땅을 몽골에 바치고 말았다.

몽골에서는 즉시 화주에 쌍성총관부를 설치하고 조휘를 총관으로, 탁청을 천호千戶로 삼았다. 천호는 몽골식 군사 지휘관을 가리키는 이름이다. 이로써 쌍성총관부의 관할로 들어간 철령 이북의 땅은 몽골의 직접 통치를 받게 되었고, 조휘와 탁청의 집안은 대대로 쌍성총관부의 책임을 맡았다. 이 쌍성총관부는 공민왕 때 와서야 반원정책을 펼치면서 철폐되고, 화주 이북의 땅도 고려의 영역으로 다시 회복된다.

반민들의 반국가활동

최씨 정권이 무너진 후에도 군대를 동원한 산성입보나 해도입보 전술은 전혀 변함이 없었다. 앞서 위도와 서북면 지역의 여러 산성에서 일어났던 반란이나, 조휘와 탁청의 몽골 귀부는 그것에 대한 집단적이고 지역적인 저항이었다. 최씨 정권의 대몽항쟁 전술체제가 더 이상 유지될 수 없음을 보여준 셈이다. 최씨 정권이 무너졌으니 그 정권에서 구축한 항몽체제도 유지될 수 없음은 당연한 일이었다.

그런데 조휘와 탁청의 몽골 귀부는 쌍성총관부의 설치로 끝난 것이 아니었다. 동북면의 반민들이 몽골 군대와 제휴하여 동북면 지역의 변방을 노골적으로 침략하고 있었다. 이는 긴 전란으로 인해 기진맥진해 있던 강도 정부에 더욱 큰 충격과 불안을 안겨주었다.

1259년(고종 46) 정월, 강도 정부는 몽골의 군대를 물리치기 위해 서북면과 동북면에 주둔하고 있는 몽골 군영으로 사신을 파견했다. 몽골의 요구인 친조와 출륙이 이루어지지 않은 상태에서 사신 파견만으로 몽골의 군대를 물리칠 수 없었지만, 정부는 지푸라기라도 붙잡는 심정으로 안간힘을 다하고 있었다. 사신은 몽골 사령관에게 줄 선물까지 준비하고 철병을 간절하게 호소하려 했다.

하지만 동북면으로 파견된 두 명의 사신은 이 지역 반민들에게 살해당하고 만다. 이 반민들은 앞서 조휘와 탁청이 몽골에 귀부할 때 여기에 적극 호응했던 자들이었다. 이들은 몽골의 군사 수십 명을 끌어들여 사신과 그 일행 13명을 죽이고 강도 정부에서 보낸 선물까지 노략질해갔다.

반민들의 활동은 이것뿐만이 아니었다. 한 달 후에는 등주와 화주의 반민들이 관리를 사칭하며 몽골의 군사들과 더불어 한계령을 공격하기도 했다. 이제는 아예 드러내놓고 몽골 침략군의 일원이 되어버린 것이다. 아마 반민들이 쌍성총관부의 통제를 받으면서 그곳의 말단 관리 신분을 얻었거나, 아니면 총관부의 관리를 사칭했을 수도 있다.

그런가 하면 동진국은 등주와 화주의 반민들을 거느리고 춘주(춘천)까지 공격해 내려와 주둔하기도 했다. 동진국은 금나라를 건국한 여진족의 별종이 두만강 유역에 세운 국가로, 몽골의 침략 때마다 길 안내를 맡고, 동북면의 변경을 수시로 침략하고 약탈하는 성가신 존재였다. 때로는 몽골의 대리인 격으로 고려에 사신을 파견하기도 했었다.

춘주에 주둔했던 고려의 반민들은 강도 정부의 사신 일행을 살해하고 선물을 약탈한 바로 그들이었다. 이에 강도 정부는 군사를 보내 몽골 사령관 차라대車羅大의 사신을 사칭함으로써 반민들을 겨우 제압할 수 있었다. 이는 반민들이 고려 정부보다는 몽골 측의 명령에 복종하고 있었다는 뜻이다.

동진국이 고려의 반민들을 거느릴 수 있었던 것은, 이들 반민들이 고려나 몽골 어느 쪽에서도 제대로 통제를 받지 않았다는 것을 뜻한다. 몽골에서 쌍성총관부를 설치하기는 했지만 아직 동북면 지역을 관할할 수 있는 체제가 잡히지 않은 상태였다. 그래서 반민들은 통제 불능의 존재였고, 동북면 지역은 해방구와도 같은 무주공산이었다. 그러니 거침없이 반국가 활동을 자행했던 것이다.

집단적이고 지역적인 투항이나 반민들의 반국가 활동은 강도 정부를 무력하게 만들었다. 하지만 그것보다 더욱 중대한 문제는 이제 대몽항쟁을 더 이상 지속하기 어렵게 되었다는 점이다. 여기에 더하여 몽골은 고려에 장기 주둔하려는 계획을 가지고 있었다.

1259년(고종 46) 2월 몽골의 사령관 왕만호는 군사 1만을 거느리고 와서 서경의 옛 성을 다시 수축하고 둔전屯田을 개간하는 등 장기 체류를 준비하고 있었다. 둔전은 군비나 군량미 조달을 위해 군영 부근에 마련된 군사용 토지를 말한다. 뿐만 아니라 전함을 건조하는 등 섬을 공격할 태세도 갖추어나갔다. 이제 강도도 안심할 수 없었다.

여기에 자극받았는지 동북면의 반민들은 그해 8월 몽골 군사를 이끌고 충청도까지 침략해 들어왔다. 이제 반민들은 변방을 어지럽히는 정도를 넘어 내륙 깊숙이 침략하는 것도 두려워하지 않았다. 쌍성총관부 관할의 동북면이 몽골 침략의 전초기지가 되어버린 것이다.

이런 현상은 강도 정부가 몽골과 전쟁을 계속할 수 없는 지경에 이르렀음에도, 진정한 항복이 이루어지지 않아 아직도 불안한 전쟁이 계속되고 있다는 데 그 원인이 있었다. 하지만 강도 정부로서는 항복을 하는 것도 쉬운 일이 아니었다.

항복을 주장하는 여론

1258년(고종 45) 12월, 강도 정부가 중요한 사신을 몽골에 파견했다. 최씨 정권이 무너졌음을 알리는 사신이었다. 이때 파견된 사신은 박희실·조문주·박천식 등 쿠데타에 참여했던 무장들이었다. 사실 이들은 최씨 정권의 붕괴를 알리는 것이 목적이 아니라, 몽골의 철병을 요구하기 위해 파견된 것이었다. 최씨 정권이 붕괴되어 친조와 출륙이 곧 이루어질 터이니 군대를 철수시켜 달라는 뜻이었다.

그런데 최의가 제거된 지 9개월이나 지난 이때에 와서야 최씨 정권의 붕괴를 알렸다는 것이 조금 이상하다. 어쩌면 강도 정부에서는 최씨 정권의 붕괴를 알리고 싶지 않았을지도 모른다. 몽골 측에서 그것을 알게 되면 항복 요구가 더욱 거세질 것을 우려했을 수 있기 때문이다. 그런데도 뒤늦게 알릴 수밖에 없었던 이유는 철병을 관철하기 위해서였다. 여기에는 최씨 정권이 고수했던 대몽항쟁을 더 이상 지속하기 어렵게 되었다는 고충이 담겨 있었다.

이즈음 대몽항쟁을 지속할 수 없게 만드는 여론이 강도 정부 내에서 일어나고 있었다. 몽골의 요구사항인 친조를 실행하여 전쟁을 끝내야 한다는 주장이 정부의 고위관리들 사이에서 공개적으로 일고 있었던 것이다. 이는 몽골에 당장 항복해야 한다는 주장과 다를 바 없었는데, 최씨 정권의 붕괴가 그 단초를 열어준 셈이었다.

몽골에서는 국왕의 친조가 어렵다면 그 대안으로 태자라도 보내라는 한발 물러선 요구를 한다. 국왕 고종의 연로함을 몽골 측에서도 모르는 바 아니었기 때문이다. 하지만 국왕은 태자의 친조도 마뜩치 않아 했다. 자신이 죽게 되면 바로 왕위를 이을 계승자로서 태자의 존재 역시 중요했기 때문이다.

1259년(고종 46) 정월, 국왕 고종은 3품 이상의 모든 문무관리들을 소집하여 몽골에 계속 저항할 것인가, 아니면 항복할 것인가에 대한 의견을 물었다. 이때 국왕의 나이 68세로 죽기 5개월 전의 일이다.

의론이 분분한 가운데 평장사(정2품) 최자崔滋와 추밀원부사(정3품) 김보정金寶鼎이 이런 주장을 하고 나섰다.

"강도는 땅이 넓고 사람이 적어 굳게 지키기 어려우니 나가서 항복하는 것이 옳습니다."

국왕은 최자와 김보정의 주장에 어떤 반응도 드러내지 않았다. 예상했던 주장이었지만 자신의 기대에 어긋나 실망했는지도 모른다. 항복하려면 당연히 국왕이나 태자의 친조가 이루어져야 했으니 국왕에게는 반가운 일이 아니었다. 자신이 노구를 이끌고 도저히 갈 수 없는 노릇이었고, 그렇다고 태자를 보낸다는 것도 불안했기 때문이다.

국왕이 결정을 내리지 못하고 망설이는 사이에, 철병을 요구하기 위해 몽골에 파견되었던 사신 중에서 박천식이 그해 3월 차라대의 사신과 함께 먼저 강도에 들어왔다. 박천식은 차라대가 최씨 정권의 붕괴를 매우 반기면서 태자의 친조를 그해 4월 초까지 실행하도록 요구했다고 전했다. 국왕은 이 차라대의 사신을 접하고 5월로 연기해줄 것을 요청했지만 받아들여지지 않았다. 할 수 없이 국왕은 그들의 요구대로 태자의 친조를 4월로 약속할 수밖에 없었다.

하지만 차라대의 사신은 국왕의 말을 믿을 수 없었던지 태자를 직접 면대하고 친조의 약속 날짜를 잡겠다고 고집을 피웠다. 결국 태자와 차라대의 사신이 직접 만나 4월 27일로 친조 날짜를 잡았다. 이제 국왕도 어쩔 수 없었다.

태자가 몽골로 들어간다면 국왕으로서 가장 걱정스런 일이 왕위 문제였다. 국왕은 이미 노쇠한데다 이때 병까지 얻어 내일을 예측할 수 없었다. 하지만 친조 문제도 더 이상 미룰 수 없었다. 몽골의 요구도 그랬지만, 관료들도 친조를 오랜 전란을 끝내기 위해서 더 이상 회피할 수 없는 유일한 방법으로 여기고 있었기 때문이다.

태자, 몽골로 향하다

국왕 고종이 병석에 누워 있는 가운데, 마침내 1259년(고종 46) 4월 21
일 태자 전(俔)(후의 원종)은 문무백관의 전송을 받으며 몽골로 향했다. 이
때 태자는 41세의 장년이었다. 몽골 황제를 대면하고 전쟁을 끝내는
교섭을 하는 데 충분한 연륜이었다.

태자를 수행할 관료로는 참지정사(종2품) 이세재(李世材)와 추밀원부사
김보정 등 40명의 문무관료가 선발되었는데 이 중에는 김준의 동생인
장군(정4품) 김승준과 아들인 김대재도 끼어 있었다. 또한 3백여 필의
말을 동원하여 예물까지 준비했다. 신변호위를 위해 동원된 군사들까
지 합하면 따르는 전체 인원이 최소한 수백 명은 되었을 것이다. 몽골
의 조정까지 왕복하는 데 짧게 잡아도 1년 이상 걸린다는 것을 감안하
면 그 비용만도 만만치 않았다. 이는 모두 문무관료들에게 은과 베를
갹출하여 충당하도록 했다.

5월 17일, 태자는 동경(요양)에 이르렀다. 여기까지 채 한 달이 걸리
지 않은 것인데, 이는 매우 빠른 일정이었다. 전쟁을 하루빨리 끝내려
는 다급한 마음에 그랬을까. 그런데 태자는 여기서 뜻밖의 사태에 직
면한다. 몽골의 군대가 송길대왕을 최고사령관으로 하여 고려를 침략
하기 위해 곧 출발한다는 소문을 들었던 것이다. 몽골의 군대는 그때
요양 부근에서 일시 주둔하고 있었던 것 같다. 송길대왕은 앞서 화주
에도 주둔했던 사령관으로 몽골 황실의 친족이었다.

태자는 이세재를 시켜 송길대왕에게 선물을 보내고 만나기를 청했
다. 5월 19일, 송길대왕을 만나 원정을 멈추어달라고 요청했다. 이에
송길대왕은 이렇게 반문했다.

"우리 황제는 직접 나서서 남송을 정벌하고 있으며 나에게 고려 원정을 명령하여 이미 군사를 출동시켰소. 그런데 그대는 어떻게 이곳까지 온 것이오?"

송길대왕은 아무것도 모르고 있다는 듯 딴청을 피웠다. 태자 일행이 강도를 출발하기 전에 몽골의 군대는 벌써 원정길에 올랐던 것이다.

"고려 조정은 강화도에서 출륙했소?"

"주민들은 이미 섬을 나왔지만 왕도는 황제의 처분을 기다려 옮길 것이오."

"왕도가 아직 섬 안에 있는데 어찌 철병할 수 있겠소."

"친조가 이루어지면 철병한다는 약속을 받고 이렇게 왔는데, 그 약속을 지키지 않으면 백성들이 모두 도망하여 다시는 황제의 명을 따를 수 없게 될 것입니다."

결국 송길대왕은 태자의 뜻을 받아들여 출정을 중지하게 된다. 하지만 송길대왕은 특별한 목적을 띤 사신을 강도에 파견했다. 강도의 성곽을 헐기 위한 감시단이었다. 6월 8일, 태자를 수행했던 이세재는 이 사신단과 동행하여 요양에서 되돌아온다. 송길대왕의 사신은 강도에 들어와 국왕 고종을 면대하고 항복의 징표로 성곽을 모두 헐 것을 요구했다.

그리하여 강도에서는, 바로 그 성을 쌓은 고려 군사들의 손에 의해 성이 헐리는 일이 벌어졌다. 6월 11일부터 18일까지 상비군과 도방의 군사까지 동원하여 내성뿐만 아니라 외성까지 모두 헐고 말았다. 사서에는 이때 성이 허물어지는 소리가 우레와 같아 촌락을 진동시키니 부녀자나 어린아이들까지 모두 길거리로 나와 울었다고 전한다. 대몽항쟁의 마지막 보루가 무너지는 것이었고, 이는 30년 항몽체제의 붕괴를 상징적으로 보여준 일대 사건이었다. 내외성이 허물어지자 강화도에서는 너도 나도 배를 구하려는 사람들이 몰렸다. 강도가 곧 몽골의 수중에 떨어질 것이라는 불안한 심리가 집단적으로 표출된 것이었다.

그해 6월 30일, 국왕 고종은 68세로 눈을 감았다. 자신을 억압했던 최씨 정권의 붕괴야 반길 일이었지만, 몽골에 항복한다는 것은 내키지 않은 일이었다. 게다가 왕정복고를 실천도 못하고 죽었으니 정말 운이 따르지 않은 왕이었다. 하지만 이후의 왕들이 극심한 몽골의 정치적 간섭을 받았던 것을 생각하면 그나마 개인적으로는 다행인지도 모른다.

국왕은 죽고 왕위는 비었는데 태자는 국내에 없었다. 태자가 부재 중이니 그가 환국할 때까지 왕위계승은 불가능했다. 부왕의 부음이 태자에게 전해지려면 최소한 한 달은 걸릴 것이고, 부음을 접한다고 해도 여정 도상의 태자가 즉시 환국하여 왕위를 계승할 수는 없었다. 친조의 소임을 다하고 환국할 때까지 기다려야 할 텐데, 그게 언제일지 기약할 수 없는 노릇이었다.

태손, 임시 왕위계승

국왕 고종이 죽자 김준은 왕위계승 문제를 제일 먼저 거론하고 나섰다. 김준의 생각은 태자가 돌아올 때까지 왕위를 비워두자는 것도, 태자의 친동생인 안경공을 국왕의 대리인으로 삼아 임시로 국정을 맡기자는 것도 아니었다. 아예 몽골로 출발한 태자를 무시하고 안경공을 정식 왕으로 추대하려는 것이었다. 이것은 왕위계승권자로서의 태자의 지위를 인정하지 않겠다는 의도가 분명했다. 김준은 왜 그런 생각을 했을까?

김준이 왕위계승 문제를 제일 먼저 들고 나섰던 것은 주도권을 잡기 위함이거나, 그의 영향력이 커지면서 왕위 문제를 자연스럽게 거론할 수 있는 위치에 도달한 결과라고 말할 수 있다. 이 무렵 김준은 정치권 내에서 점차 그 영향력을 확대해갔고 권력은 갈수록 그에게 쏠리고 있었다.

김준이 정치적으로 계속 득세를 하려면 왕위계승은 자신의 영향력 하에 이루어지는 것이 좋았다. 정치적 라이벌인 유경은 아직 건재하고 있었고, 게다가 고종은 유경의 사저에서 죽음을 맞이했다. 이는 김준에게 미묘한 자극을 주었다. 김준이 꼭 안경공과 가까워서가 아니라, 자신의 선택을 정치적으로 극대화시키려는 시도였다고 볼 수 있다. 하지만 김준의 선택은 빗나가고 말았다. 무엇보다도 먼저 양부(추밀원과 중서문하성)의 재상급 관료들이 반대하고 나섰다. 이들의 반대는 지극히 정당한 것이었다.

"원자(적장자)가 왕위를 잇는 것은 고금의 통법일진데, 하물며 태자가 왕을 대신하여 조회하러 들어갔는데 아우를 왕으로 삼는 것이 과연 옳은 일인가?"

하지만 정작 김준의 선택을 빗나가게 만든 것은 다른 것이 아니라 고종이 남긴 유조遺詔였다. 유조는 국왕이 생존 시 써둔 유언으로 국왕 사후에 반포되는 조서를 말한다. 그 유조에는 왕위계승 문제에 대해 다음과 같은 언급이 있었다.

"내가 덕은 부족하고 짐은 무거운데 병이 들어 오래도록 낫지 않았다. 왕위는 하루라도 비워둘 수 없으니 원자로서 왕위를 명하노라. 무릇 모든 관부는 각자의 직무에 충실하고 사왕嗣王(왕위계승자)의 명령을 따르라. 그리고 사왕이 환국하지 못하는 동안에는 군국의 모든 사무를 태손太孫에게 들으라."

이 정도의 유조마저 준비해두지 않았다면 고종은 국왕으로서 자격을 의심받아야만 했다. 고종은 자신의 사후 태자가 부재 중일 것을 예측하고 태손(태자의 장자로 후의 충렬왕)에게 임시 왕위를 맡긴다는 유조를 남겼던 것이다. 양부의 재상들이 안경공을 추대하려는 김준의 뜻에 신속하게 반대하고 나선 것은 이런 고종의 의중을 미리 알고 있었기 때문이다.

김준은 기로에 서게 되었다. 고종의 유조까지 자신의 선택과 어긋났으니 유조를 따르든지, 아니면 자신의 주장을 힘으로 밀어붙이든지 양자택일을 해야 했다. 김준은 자신의 힘이 아직은 국왕의 권위에 맞설 만큼은 못 된다는 것을 너무나 잘 알고 있었다. 이 순간 김준에게는 신속한 변신이 필요했다. 자신의 선택에 집착하여 머뭇거리다가는 큰 낭패를 부를 수도 있었기 때문이다.

김준은 유조의 내용을 확인한 후, 즉시 완전무장을 갖춘 군복으로 갈아입고 정예병과 동궁의 속료들을 거느리고 태손의 거처로 향했다. 그리고 태손을 받들어 모시고 대궐로 들어가 임시 국사를 보게 했다. 정말 신속한 행동이었다. 김준의 이런 행동은 빗나간 선택을 일거에 만회하고 뒤늦게나마 정치적 주도권을 잡기 위한 것이었다.

태손은 이때 24세로 이미 장성한 나이였다. 군국의 임시 사무를 맡은 지 2개월 후인 1259년(원종 즉위년) 8월, 태손은 뒤늦게 관례冠禮를 치렀다. 어린 나이는 아니었지만, 부왕인 태자가 돌아올 때까지 국왕 대리로서 중요한 시험대에 서게 되었다.

그해 10월 정변을 성공시킨 여러 공신들은 대대적인 회합을 가졌다. 가까운 측근들과 군사를 이끌고 강화도를 떠나 하루 종일 사냥을 했다. 저녁에는 장군 이연소의 집에서 잔치를 벌여 술을 마시고 요란스럽게 풍악을 울리며 새벽까지 연회를 계속했다. 이런 회동에 김준도 빠질 리가 없었는데, 공신들은 자신들에게 뭔가 낙관적인 정치 분위기를 읽고 있었던 것이다. 그것은 국왕의 부재 중에 태손을 신속하게 임시 왕위에 옹립한 김준의 역할에서 기인한 것이 분명했다.

이어서 11월, 양부에서는 태손에게 백관의 임명을 요청한다. 태손은 부왕이 돌아오기를 기다리겠다고 반대하지만 통하지 않았다. 고위관료에 대한 임명은 기다리더라도, 긴 전란으로 교위(정9품)와 대정(종9품) 등 말단 지휘관들의 자리가 많이 비어 있다는 양부의 주장까지 물리칠 수는 없었다. 태손은 어쩔 수 없이 5품 이하의 관직 제수를 단행했다.

이런 주장을 한 양부는 추밀원과 중서문하성을 말하는데, 이 두 곳은 중앙 정치 조직에서 핵심적인 관부였다. 그래서 이런 중요한 관부에서 가장 말단의 하급 지휘관 임명까지 거론한 것은 조금 미심쩍다. 이는 김준의 뜻을 대변한 것이 아니었을까 싶다. 그렇다면 하급 지휘관의 임명에는 김준의 의사가 반영되었다고 생각해도 크게 틀리지 않을 것이다.

그해가 저물어가는 12월, 태손은 김준을 초대하여 성대한 잔치를 베풀어주었다. 태손은 김준과의 관계를 불편하게 만들고 싶지 않았을 것이다. 정치적인 경험 없이 갑자기 국정을 담당한 태손에게는 김준의 후원이 절실했다고 볼 수 있다. 더불어 김준의 영향력도 한층 커졌으리라.

그치지 않는 반민들

태손이 해결해야 할 문제는 산적해 있었다. 아직도 서북면 지역에서는 잔류한 몽골 군사들이 노략질을 계속하고 있었고, 수시로 밀어닥치는 몽골 사신의 성가신 요구들도 끊이지 않았다. 더구나 변방에서는 주민들이나 토착 세력가들이 지방관이나 자신의 지휘관을 죽이고 투항하는 사태가 그치지 않아 강도 정부를 위기로 몰아넣고 있었다.

1259년(원종 즉위년) 7월, 북계의 도령 낭장 이양저李陽著가 휘하군사들의 반란으로 살해당한 사건이 일어났다. 이양저는 그때 지방군과 중앙에서 파견된 상비군을 이끌고 북계의 일부 지역을 사수하고 있었다. 당시 몽골의 군대는 대부분 철수했지만 일부가 서경을 근거로 주둔하고 있으면서 북계 지역을 수시로 침략했다.

이양저는 휘하 군사들을 이끌고 방어하기 좋은 초도椒島(평안북도 서해안 어느 섬으로 보인다)로 들어가려고 했다. 초도로 들어가려던 군사들은 육지에 잠시 내려 사냥한다고 속이고 지휘관인 이양저를 살해해버렸다. 아울러 중앙에서 파견된 상비군도 모조리 죽이고 배를 이용하여 도망친 것이다.

이양저를 살해한 군사들은 그 지역의 토착 주진군으로 이들이 살해한 중앙의 상비군은 야별초로 보인다. 토착 주진군에게 피살된 중앙의 상비군은 그 주진군을 감시 통제하는 관계에 있었다는 것을 알 수 있다. 그래서 이들이 일으킨 반란은 몽골과의 전쟁을 기피하기 위한 행동으로 보인다. 역시 강압적인 대몽항쟁에 대한 집단적인 반발이라고 해석할 수밖에 없다.

이런 일도 있었다. 울진 현령인 박순朴淳은 자신의 식솔들과 노비를 이끌고 울릉도로 들어가 숨을 계획을 세웠다. 가재도구와 재산을 모두 배에 싣고 몰래 울릉도를 향해 출발하려는 순간 울진의 백성들에게 그만 들키고 말았다. 백성들은 이에 분노하여 박순을 성 안에 억류시켰는데, 이를 눈치 챈 뱃사람들이 가재도구와 재산을 모두 탈취하여 도망쳐버렸다. 전쟁 막바지에 도덕적으로 해이해진 지방관이 혼자만 살려다 백성들에게 발목을 잡힌 꼴이니, 이런 현상도 항몽체제가 더 이상 유지될 수 없음을 보여주는 일이다.

그런가 하면 중앙에서 특별히 파견된 관리가 몽골에 투항하는 경우도 있었다. 1260년(원종 1) 정월, 백주(황해도)의 소복별감蘇復別監으로 있던 김수제金守磾가 그런 인물이었다. 소복별감은 전후 복구사업을 위해 중앙에서 파견된 특별관리를 말한다. 그런 직책의 김수제도 휘하 무관까지 대동하고 몽골 군영에 투항했던 것이다.

반민들은 이뿐만이 아니었다. 1260년 정월에만도 석도席島와 가도椵島에서 반란이 일어났고, 안북 도령은 그 지역 지방관을 잡아 죽이는가 하면, 옹진에서도 현령의 투항이 이어졌다. 심지어는 강도에 살고 있는 중앙관리가 투항하는 경우도 있었다. 같은 해 2월 도병마녹사 육자양陸子襄이 그랬다. 도병마녹사는 중앙의 최고 정무기구인 도병마사의 사무를 맡은 말단 관리이다. 그런 자도 강도를 탈출하여 투항해버렸으니 그 정도를 짐작할 것이다.

산성이나 섬에서의 반란과 투항, 집단적인 반민과 이적활동, 지역적인 귀부, 혹은 중앙이나 지방관의 이탈 등은 항몽체제가 총체적으로 붕괴되고 있다는 증거였다. 이러한 현상은 강도로 천도한 초기부터 태생적으로 안고 있는 문제였다. 최씨 정권의 대몽항쟁은 내륙의 인민들을 버리고 정권 유지만을 위해 그들만 강도로 도피한 것이나 다름없었기 때문이다. 최씨 정권의 몰락을 계기로 그 모순이 적나라하게 드러났지만, 사실은 최항 정권 때부터 한계에 봉착했다고 할 수 있다.

이제 그것을 해결하는 길은 최씨 정권이 구축해온 정권 안보를 위한 대몽항쟁을 중단하고 몽골의 요구를 전적으로 수용하는 길밖에 없었다. 물론 이것이 쉬운 일은 아니었지만, 몽골의 요구대로 즉시 출륙환도를 단행하는 것이 최선이었다. 하지만 여기에는 몽골의 강압이 작용하고 있어, 또 다른 그림자를 드리우는 일이라는 것도 분명한 일이었다. 강도 정부의 출륙환도 문제는 그래서 진퇴양난이었던 것이다.

출륙환도를 위장하다

미묘한 출륙환도 문제

태자의 친조가 이루어지면서 출륙환도는 시기가 문제일 뿐 이제 피할수 없는 일이 되었다. 그런데 이 문제를 더욱 복잡하게 만든 것은 강도 정부를 음해하는 반민들의 언동이었다. 투항한 반민들은 강도 정부의 출륙환도가 거짓이라고 고자질했다. 이것은 고려가 항복할 의사가 없음을 폭로한 것으로 몽골의 의혹을 사기에 충분했다.

그런 음해성 모략을 가장 적극적으로 했던 자가 바로 홍복원의 아들 홍다구洪茶丘였다. 홍다구가 그런 모략을 한 데는 아비의 죽음에 대한 반고려 감정이 작용하고 있었다. 홍복원은 일찍이 몽골에 투항하여 동경총관을 맡았었다. 동경총관은 요양 지방에 거류하는 고려 유민이나 귀화인을 관할하는 직책으로 정확한 명칭이 귀부고려군민총관歸附高麗軍民摠管이다.

요양 지방에는 고려 유민이나 귀화인뿐만 아니라, 전쟁 동안 몽골에 투항한 자들이나 포로로 붙잡힌 사람들이 집단적으로 거주했다. 총관은 이들을 관리하는 막중한 직책인데, 몽골에서는 그 일을 홍복원에게 맡긴 것이다. 몽골에 대한 그의 충성심을 인정받은 것이다.

그런데 후에 고려에서 인질로 들어갔던 왕족 영녕공永寧公 준綧이 이곳 요양에 거주하게 되었다. 영녕공은 처음에 요양에 있는 홍복원의 집에서 기거했는데, 이것으로 보아 두 사람이 처음부터 사이가 나쁘지는 않았던 모양이다. 하지만 무슨 이유에서인지 두 사람이 알력을 빚었고 그 와중에 홍복원이 그만 몽골 황제의 분노를 사서 죽임을 당한다. 이것이 1258년(고종 45) 6월의 일이었다. 이 사건은 요양 지방의 고려 거류민에 대한 두 사람 사이의 주도권 다툼이 가장 큰 원인이었다.

몽골 황제의 신임을 받던 홍복원이 영녕공과의 세력다툼에서 패하고 죽게 된 데에는 영녕공 부인의 힘이 크게 작용했다. 영녕공의 부인은 몽골 황실 출신으로 고려 왕족인 영녕공이 인질로 들어오자 몽골 황제가 그에게 시집보낸 것이다. 몽골 황제가 영녕공을 신임하여 혼사를 추진한 것이기도 했지만 고려에 대한 견제나 분열책도 깔려 있었다. 이 부인이 황제의 힘을 배경으로 남편과 갈등을 빚고 있던 홍복원을 제거하는 데 앞장섰던 것이다.

홍다구는 바로 그런 아버지의 죽음에 한을 품고서 이후 고려를 사사건건 음해하기 시작하는데, 마침 좋은 기회가 왔다. 친조를 위해 몽골로 향했던 태자의 사신 일행이 요양에서 홍다구를 만나게 된 것이다. 그때 홍다구는 몽골의 황제에게 고려가 진정으로 출륙하여 항복하려는 것이 아니라고 말한다. 당시 태자를 모시던 사신의 한 사람이었던 이세재가 몽골의 사령관에게 그 말이 거짓임을 알렸지만 몽골 측의 의혹을 씻기에는 역부족이었다.

몽골은 홍다구의 참소를 듣고 즉시 이세재와 함께 그들의 사신을 강도에 파견했다. 출륙환도의 실정을 직접 살펴보고 감독하기 위한 것이었다. 이에 강도 정부는 3만의 군사를 동원하여 개경에 궁궐을 조영하기 시작한다. 출륙환도가 거짓이 아님을 보여주려는 것이었다. 이것이 1259년(원종 즉위년) 11월의 일이다.

그런데 이전에 투항했던 김수제가 몽골의 사령관에게 고려의 출륙환도는 거짓이라고 다시 폭로한다. 강도의 고려 정부는 유사시 제주도로 옮길 것이라는 음해성 말까지 덧붙이는 바람에 고려를 더욱 궁지로 몰아넣었다. 이때가 1260년 정월 무렵이다. 김수제의 이런 언동은, 어차피 몽골의 지배와 통치를 피할 수 없을 것으로 예상하고 일치감치 고려를 배신하려는 모략이었다.

그런데도 김수제의 그런 음해를 몽골 측에서는 사실로 믿었다. 홍다구의 참소는 출륙환도를 준비하지 않은 때였으니 먹혀들 수도 있었다. 그러나 김수제가 다시 이 문제를 들어 고려를 음해한 것은 3만 군사를 동원하여 궁궐 공사를 벌일 때였으니 누가 봐도 출륙환도에 대해 의심할 수 없는 상황이었다. 하지만 그런 음해가 먹혀든 것으로 보아, 강도 정부의 궁궐 공사는 몽골 사신단의 감시를 피하기 위한 일시적인 공사로, 곧바로 중단되지 않았을까 하는 의문도 든다.

강도 정부 나름대로는 출륙환도를 당장 추진할 수 없는 사정이 충분히 있었다. 국왕이 부재 중인 상황에서 출륙환도 같은 중대한 일을 추진할 수는 없었다. 몽골의 사령관은 김수제의 말을 그대로 믿고 하루빨리 개경으로 출륙환도하라고 계속 압박하고 있었지만, 강도 정부에서는 국왕이 부재 중이라는 이유를 대고 이 문제를 차일피일 미루었다.

여기서 짚고 넘어가야 할 점은 다른 것이 아니다. 국왕의 부재는 표면상의 이유일 뿐이고 출륙환도를 할 수 없는 진정한 이유는, 강도 정부 안에서 이 문제에 적극적으로 반대하는 세력들이 있지 않았나 하는 점이다. 그런 세력들이 국왕의 부재를 이유로 출륙을 지연시켰을 가능성이 많고, 궁궐 공사도 중단시켰다고 보인다. 그래서 앞서 김수제의 폭로는 어느 정도 사실에 부합되는 측면도 있었다.

이런 불확실한 정국이니 반민들의 투항과 음해, 이적활동이 그칠 리가 없었다. 출륙환도를 지연시키는 세력들, 그들은 아직 확실하게 권력을 장악하지는 못했지만 이미 정국을 주도하고 있었다. 그래서 도저히 전쟁을 계속할 수 없는 한계에 이미 봉착했는데도 전쟁은 완전히 종식되지 않았던 것이다.

태자와 쿠빌라이의 조우

친조를 위해 몽골로 향했던 태자는 요양에서 송길대왕의 원정군을 만나 잠시 지체했다. 이때 몽골의 황제 헌종은 수도인 화림성(캐라코룸)에 있지 않고 남송南宋을 정벌하기 위해 그 배후인 사천성에 주둔하고 있었다. 태자가 황제를 대면하기 위해서는 그를 찾아 나서야 했는데, 이국의 광활한 중원 땅에서 황제의 뒤를 추적하는 일은 결코 쉬운 일이 아니었다.

태자는 북경을 지나다가 황제가 조어산釣魚山에 주둔하고 있다는 소식을 듣는다. 조어산은 지금의 사천성에 있는 산으로 보인다. 북경에서 사천성까지는 수천 리지만 태자 일행이 황제의 주둔지를 알아낸 것만도 다행이었다.

■ 태자의 친조 행로

태자는 조어산을 향해 가다가 경조부京兆府(섬서성 장안)에서 부왕 고종의 부음을 접했다. 이역만리지만 부왕이 죽었으니 태자로서 상을 치러야 했다. 이국땅에서 3일 만에 상복을 벗고 다시 황제의 뒤를 좇아야 하는 태자의 심정은 어땠을까. 이때가 고종이 죽은 지 2개월쯤 지난 1259년(고종 46) 8월 무렵이었다.

그런데 조어산을 향해 가던 태자는 황당한 사태를 맞는다. 육반산六

■ 몽골의 황제 계승

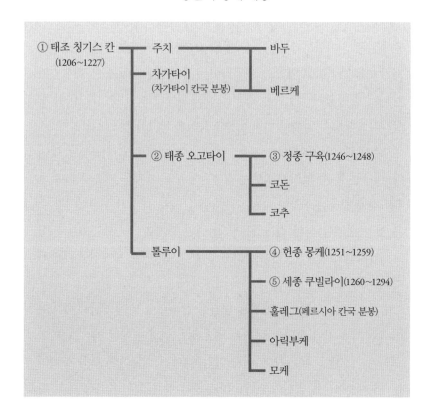

槃山(섬서성)에 이르렀을 때 황제 헌종이 죽었다는 소식을 들은 것이다. 어떻게 진로를 정해야 할지 난감한 상태에서, 더욱 황당한 일은 태자 일행을 가로막는 군사들이었다. 이들은 황제계승권자 가운데 한 사람이었던 아릭부케阿里不哥의 군사였다.

헌종의 사후 유력한 황제계승권자는 두 사람이 있었는데, 아릭부케와 쿠빌라이忽必烈로서 모두 헌종의 친동생이었다. 톨루이의 일곱 번째 아들인 아릭부케는 수도 캐라코룸을 비롯한 몽골족의 본토에 대한 총독직을 맡고 있었고, 넷째 아들인 쿠빌라이는 중국에 대한 총독직을 맡으면서 헌종과 함께 남송 정벌에 참여하고 있었다.

헌종이 죽은 직후 이 두 사람은 황제위를 놓고 내전을 벌이는데, 처음에는 동생 아릭부케가 형세상 좀 더 유리한 고지에 있었다. 아릭부케는 수도를 차지하고 있었고, 쿠빌라이는 강남에서 남송 정벌 중에 있었기 때문에 헌종이 죽었다는 소식을 한참 뒤에 접했던 탓이다. 아마 쿠빌라이보다 태자 일행이 먼저 헌종의 죽음을 알았을 것으로 보인다.

그런데 그 아릭부케의 군사들이 태자 일행의 앞길을 가로막은 것이다. 태자는 할 수 없이 남방에서 정벌활동 중인 황제위 계승의 또 다른 유력자 쿠빌라이를 찾아 나서는 수밖에 없었다. 태자가 쿠빌라이를 좇은 것이 정세 분석의 결과였는지, 아니면 불가피한 선택이었는지 잘 모르겠지만 그것은 큰 행운이었다. 결국 쿠빌라이가 황제위를 계승하기 때문이다.

태자 일행은 서쪽으로 향하던 발길을 남쪽으로 돌려 강남의 쿠빌라이 주둔지를 찾아 고난의 여정을 계속했다. 태자가 옛날 양·초나라의 교외에 이르렀을 때, 쿠빌라이가 양양襄陽에서 회군하여 북상 중이라는 반가운 소식을 접한다. 쿠빌라이는 뒤늦게 헌종의 죽음을 듣고 황제위 계승을 위해 수도인 화림성으로 귀환하는 중이었다. 태자는 아마 양양의 북쪽 부근에서 북상하던 쿠빌라이와 조우한 듯하다. 태자 일행을 맞은 쿠빌라이는 놀라움과 반가움을 감추지 않았다.

"고려는 만 리의 먼 나라이다. 당 태종도 친히 정복했지만 항복을 받지 못하였거늘, 이제 그 태자가 스스로 와서 항복하니 이것은 하늘의 뜻이로다."

쿠빌라이는 아마 자신의 황제위 계승에 길조라고 생각했을 것이다. 그 자리에서 태자 일행은 큰 포상을 받고 쿠빌라이와 함께 개평부開平府(개봉)에 입성했다. 여기서 태자는 쿠빌라이로부터 고종의 뒤를 계승할 고려 국왕으로 인정받아 융숭한 대접을 받고 귀국길에 올랐다. 태자가 환국한 것은 1260년 2월이었으니 출발한 때는 1259년 10, 11월쯤이 아니었을까 한다.

그런데 재미있게도 이 무렵 쿠빌라이는 아직 황제가 아니었다. 동생 아릭부케가 헌종이 죽은 직후 화림성에서 쿠릴타이quriltai(몽골 전통의 귀족회의체로 여기서 황제를 선출함)를 소집하여 먼저 황제위에 올랐었다. 쿠빌라이는 여기에 반발하여 뒤늦게 개평에서 독자적으로 쿠릴타이를 소집하고 황제위인 대칸에 올랐음을 선언했다.

이때는 태자가 이미 환국한 후로, 태자는 정식 황제도 아닌 자를 만나 몽골 황제에 대한 친조를 대신했던 것이다. 만약 쿠빌라이가 황제위 계승에 실패했다면 태자의 친조는 물거품이 되고 말았을 것이다.

태자의 환국

쿠빌라이는 태자와 개봉에서 작별하면서 속리대束里大와 강화상康和尙

을 다루가치達魯花赤로 임명하여 딸려 보냈다. 이 중 강화상은 진주(경남) 출신으로 어려서 몽골에 포로로 잡혀갔다가 몽골어를 익힌 자였다. 다루가치는 몽골에서 임명한 행정 감독관을 말하는데, 이들이 당면한 목표는 출륙과 환도를 독촉하고 감독하는 것이었다.

환국하던 태자 일행이 고려 국경에 접어든 것은 1260년(원종 1) 2월 무렵으로, 서경(평양)과 고려 변방에는 아직도 몽골의 잔여 군대가 주둔하고 있었다. 여기서 몽골 사령관 야속달也速達을 만났을 때 문제가 생기기 시작했다. 그것은 앞서 언급했던 출륙환도가 거짓이라는 김수제의 폭로 때문이었다. 이 무렵 몽골의 사령관 야속달은 고려 북방에 머물면서 출륙환도의 진척상황을 예의주시하고 있었다.

환국 도중의 태자 일행을 만난 야속달은 태자와 김수제를 대질까지 시키려고 했다. 김수제의 폭로가 사실인지 그 여부를 확인하려는 것이었다. 태자는 반역한 자의 말은 믿을 수도 없고, 그런 자와 대질하는 것은 용납할 수도 없다는 강경한 태도를 보이며 이를 물리쳤다. 그러자 야속달은 갑자기 이런 주문을 한다.

"(1260년) 3월 상순까지 태자는 개경에 입성해야 하고, 그 이전에 먼저 김준은 문무백관을 거느리고 서경까지 나와 태자 일행을 영접해야 할 것이오."

이것은 국왕(태자 전)을 강도가 아닌 개경으로 입성시켜 출륙환도를 확정짓고자 한 말이다. 이런 갑작스런 요구를 하게 된 것도 강도 정부의 출륙환도에서 뭔가 믿을 수 없는 구석을 발견했기 때문이다. 태자는 강도를 비울 수 없는 김준의 사정을 들어 야속달의 요구를 물리쳤다. 이 때문에 김보정과 김준의 아들 김대재 등 태자를 모시던 사신 일행 1백 명은 야속달에 의해 서경에 억류되고 말았다.

이 소식을 접한 강도 정부는 대소 관리들에게 명하여 개경에 집을 짓게 했다. 환도를 추진하고 있다는 것을 보여주려는 의도였다. 아울러 이세재 등 문무관료의 대표를 선발하여 서경으로 급파했다. 태자 일행을 맞기 위한 것인데, 야속달의 요구에 조금이나마 부응하려는 것이기도 했다.

태자 일행이 서경을 출발하여 오는 도중에 강도 정부에서는 태손의 명령으로 중요한 조치가 내려진다. 대장군 김방경金方慶·장군 김승준과 조문주·김홍취 등으로 출배별감出排別監을 삼아 출륙환도를 본격적으로 준비하기 시작한 것이다. 아울러 관곡을 풀어 문무백관의 가옥 건축 비용을 지원하도록 했다.

그런데 출륙환도를 지휘할 출배별감의 인물 구성이 수상쩍다. 김방경은 몽골의 침략에 맞서 싸웠던 명장으로 여러 무장들의 신망이 두터운 인물이었는데, 그를 제외하고는 모두 최의를 제거한 쿠데타의 주동세력이었기 때문이다. 그래서 이 조치는 태손의 명령으로 내려진 것이었지만 더욱 중요한 의미는, 쿠데타의 주동세력이 당시 가장 중요한 국정 현안인 출륙환도 문제를 주도하게 되었다는 점이다. 이것은 그들이 출륙환도를 찬성하여 적극적으로 앞장섰다는 뜻이 결코 아니다. 그런 의미보다는, 이제 출륙환도 문제는 정국을 장악한 쿠데타 주동세력의 손에 달려 있었다는 뜻에 더 가깝다.

1260년(원종 1) 3월 17일, 태자 일행은 개경에 도착해 다루가치로 따라온 속리대 등과 개경의 건축 공사를 둘러보고 그날 바로 승천부(경기 개풍군, 강화도의 맞은편 대안)로 향했다. 승천부에는 출륙의 뜻을 보이기 위해 이미 10년 전에 조영한 임시 대궐이 있었는데, 태자가 이 임시 대궐에 입궐하자 속리대는 입궐을 거부하고 교외에 주둔했다. 다음날에도 그는 태자를 따르지 않고 돌아가겠다고 엄포를 놓는다. 속리대는 곧 출륙환도할 것을 생각하고 태자 일행이 강도보다는 개경에 그대로 머물러 있기를 바랐던 것이다.

3월 19일, 태손은 김홍취·백영정 등 쿠데타 주도세력을 거느리고 강도에서 나와 속리대의 군영을 찾았다. 여기서 속리대는 뇌물을 받고서야 태자 일행의 도강을 허락한다. 3월 20일, 마침내 태자 일행과 속리대·강화상 등 몽골의 감독관이 같은 배를 타고 강도에 입성한다. 이들은 후한 대접을 받고 강경한 태도가 조금 누그러지기는 했지만 출륙환도를 끈질기게 요구했다.

이때 강도 정부에서 취한 조치가 재미있다. 문무양반과 상비군을 3개 조로 나누어 교대로 개경에 왕래하도록 하여 출륙환도의 모습을 보였다는 사실이다. 여기서, 강도 정부는 아직도 진정한 출륙환도 의지가 없었다는 뜻을 읽을 수 있다. 그리고 그 배후에는 쿠데타 주도세력들이 도사리고 있다는 것을 의심하지 않을 수 없다.

태자를 따라왔던 출륙 감독관 속리대는 강도 정부의 의도를 눈치채고 강도를 떠나겠다고 협박한다. 이때 다시 출륙을 위장하기 위해 문무양반과 상비군 1개 조가 개경으로 들어갔지만 속리대를 더 이상 속일 수는 없었다.

강도에 들어온 태자는 1260년 4월 강안전에서 즉위식을 가졌으니, 그가 곧 고려 24대 왕 원종元宗이다. 문무백관들이 도열하여 만세를 부르고 그의 즉위를 축하했다. 실로 오랜만에 맞는 국왕 즉위식이었다. 그리고 쿠빌라이의 명령으로 서경에 주둔하던 몽골 군대는 철수를 준비하고 있었고, 앞서 야속달에게 억류당한 김보정 등 1백여 명도 무사히 강도로 돌아왔다.

새로운 국왕 원종이 즉위했지만 1년 동안이나 국정을 비운 사이 정국의 주도권은 쿠데타 주도세력들에게 넘어가 있었다. 정국의 이슈로 등장한 출륙환도 문제를 그들이 장악하고 있었던 것이다. 최씨 정권이 구축한 항몽체제가 이미 무너졌는데도, 왕정복고의 앞길은 험난했고 무산될 기미마저 보이고 있었다.

왕조의 위기

쿠데타를 성공시킨 후, 김준의 정권 장악 과정은 매우 완만하고 조심스럽게 진행되었다. 언제부터 그가 권력의 핵심을 차지했고 최고의 실력자가 되었는지 명확한 시점을 제시하기도 어렵다. 분명한 것은 시간이 흐를수록 그의 영향력은 커져갔고, 마침내 이전의 무인집권자와 같은 동등한 위치에 올랐다는 점이다.

김준의 정권 장악 과정에서 그의 권력이 굳어진 첫 번째 사건이, 위사공신의 서열에서 그가 유경을 제치고 1위에 올랐던 일이다. 원종이 환국한 직후인 1260년(원종 1) 6월의 일이었다. 이것은 쿠데타 직후부터 점차 확대되던 김준의 영향력이 더욱 강화되는 계기가 되었고, 앞으로 권력을 장악해가는 과정에서도 중요한 기반이 된다. 하지만 이 사실만 가지고 김준이 권력의 정상에 오른 것을 모두 해명할 수는 없다.

김준이 권력의 정상에 오르는 데 가장 큰 배경이 되었던 것은 최씨 정권이 붕괴된 후에도 미해결로 남은 몽골과의 불안정한 관계였다. 다시 말해서 출륙환도가 몽골의 요구대로 신속하게 진행되지 않은 데 있었다. 이 문제는 그 반대로도 설명할 수 있다. 즉 김준 세력이, 혹은 쿠데타의 주역들이 권력을 장악하기 위해 출륙환도를 방해했다고 말이다.

그런데 출륙환도를 달갑지 않게 여긴 사람들은 쿠데타의 주역들만은 아니었다. 국왕을 비롯한 많은 문무관료들 또한 출륙환도를 주저했다. 그것은 출륙환도를 몽골에 완전히 복속되는 것으로 간주했기 때문이다. 야만족이라고 멸시해오던 몽골족에 대한 복속을 주저하는 분위기가 분명히 있었다는 말이다.

태자(원종)가 친조를 위해 몽골로 향하던 때, 몽골의 사신단이 항복의 표시로 강도의 내외성을 모두 헐게 했다는 사실을 다시 떠올려보자. 내외성이 모두 헐리자 어린아이와 부녀자들까지 모두 길거리로 나와 울고, 다투어 배를 사들이니 뱃값이 폭등했다. 그것은 몽골에 복속되는 것에 대한 두려움과 위기의식의 표출이었던 것이고, 그런 위기의식은 정도의 차이는 있겠지만 강도에 살고 있던 사람들 누구나 품고 있었다.

실제로 이 무렵 조정에서도 고려 왕조의 사직에 대한 위기의식이 고조되고 있었다. 그것은 태자의 친조를 전후하여 새로운 궁궐 조영이 두 차례나 있었다는 사실에서도 알 수 있다.

먼저, 1259년(고종 46) 2월 마리산摩利山(摩尼山) 남쪽에 이궁離宮을 창건했다. 이때는 태자가 몽골로 친조를 떠나기 2개월 전이다. 이 별궁은 강화도의 마니산 아래(강화군 하도면 흥왕리) 아직도 그 흔적이 남아 있는데, 고려시대 많은 이궁 중에서 풍수지리적으로 으뜸이라고 한다. 이것은 풍수지리설에 근거하여 고려 왕조의 왕업을 연장하려는 시도였다.

그리고 태자가 몽골로 떠난 직후인 그해 4월에는 삼랑성三郞城과 신니동神泥洞에 또 한 차례 임시 대궐을 조영하기 시작했다. 이 두 번째 궁궐을 조영하는 데는 약간의 반대 의견이 있었지만 그대로 밀어붙여 착공되었다. 삼랑성에 지은 궁궐은 지금의 전등사 경내 후원에 그 흔적이 남아 있고, 신니동에 지은 궁궐은 지금의 선원면 지산리 북쪽에

희미하게 흔적이 남아 있다. 이 두 곳의 궁궐 역시 모두 전문 풍수가의 조언을 듣고 지어진 것으로 고려 왕조의 왕업을 연장하려는 시도였다.

고려 왕조의 왕업을 연장하기 위해 두 차례나 새로운 궁궐을 조영했다는 것은 무엇을 의미할까? 새로운 궁궐의 조영은 중대한 정치·사회적 사건으로서 고려 왕조의 위기감이 심각했다는 뜻이다. 그러면 무엇이 그런 위기감을 불러왔을까?

태자의 친조는 출륙환도를 더 이상 미룰 수 없게 만들었고, 이것은 몽골에 대한 복속으로 단정되었다. 이런 상황에서 이제 고려 왕조의 운명도 장담하기 어렵다는 위기의식이 번졌다. 어쩌면 강도 정부로서는 당연한 일이었다. 이것은 최씨 정권 30년의 대몽항쟁이 남겨준 유산일 수도 있었다. 최씨 정권은 정권을 유지하기 위해서, 출륙환도는 몽골에 대한 항복이고 고려 왕조의 마지막이라는 위기의식을 심어놓았던 것이다.

김준 등 쿠데타의 주역들은 그런 위기의식을 조장하는 한편, 그것에 편승하여 출륙환도를 반대했을 가능성이 높다. 삼랑성과 신니동에 새로운 궁궐을 조영했던 것은 그런 의혹을 지울 수 없게 한다. 풍수지리설에 근거하여 새로운 궁궐을 조영하는 사업은 출륙환도를 왕조의 위기로 몰아가려는 김준 세력들에게 호재였을 것이다. 강도 정부의 위기감을 더욱 심화시킬 수 있었기 때문이다.

최씨 정권은 이미 무너졌고 항몽체제도 더 이상 지속하기 어려웠지만, 강도는 여전히 쿠데타 주도세력들에 의해 항몽의 거점으로 힘을 발휘하고 있었다. 이것은 강도 정부가 아직도 최씨 정권의 그늘에서 완전히 벗어나지 못했다는 뜻이기도 하다. 최씨 정권은 이미 무너졌지만 그 망령은 아직도 힘을 발휘하고 있었다.

2 최씨 정권을 붕괴시키고, 그것을 계승한 무인정권

—김준(?~)

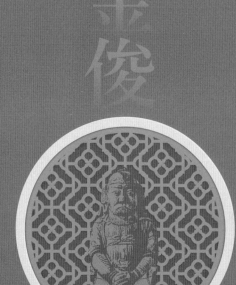

金俊

김준이 정권을 장악하는 과정은 매우 더디었다. 그것은 원 세조 쿠빌라이가 즉위하면서
전쟁이 끝나고 고려에 대한 유화정책이 전개되었기 때문이다.
하지만 김준은 다시 경색되는 원과의 관계를 빌미삼아 최이를 천도공신으로 복권시킨다.
최이의 복권은 천도의 당위성을 다시 인정하고 원과의 대결구도를
유지하기 위한 김준의 정치적 의도가 개입된 것이었다. 또한 원종의 친조로 왕위가 빈 사이에
김준은 자연스럽게 권력의 정상에 오른다. 하지만 일본을 복속시키는 문제로 원과 고려 사이에
사신왕래가 빈번해지고, 원의 압박이 거세지면서 김준은 궁지에 몰리게 된다.

여원관계의 변화, 종전

원 세조 쿠빌라이, 팍스 몽골리카

1260년(원종 1) 3월 20일, 몽골에서 쿠빌라이가 새로운 황제로 즉위했다. 쿠빌라이가 헌종의 죽음을 듣고 북상하던 중, 친조를 위해 찾아온 고려의 태자(원종)를 대면하고 개평(개봉)에서 헤어진 직후였다.

쿠빌라이의 황제 선언은 먼저 황제를 선언한 아릭부케와의 충돌을 피할 수 없게 만들었고, 이것은 내전의 시작이 되었다. 황제위를 둘러싼 형제간의 싸움은 1264년(원종 5)에 가서야 아릭부케의 항복으로 완전히 종결된다. 하지만 그 이전에 서하(탕구트족이 고비사막 남부에 세운 국가) 지역에서 벌어진 1차 내전에서 쿠빌라이가 승리하여 이미 기선을 제압한 뒤였다.

이후 큰 접전이 두 차례나 더 있었지만, 이 1차 접전으로 대세가 결정되었다고 보인다. 1261년(원종 2) 7월, 몽골에서 고려에 사신을 파견하여 아릭부케의 난을 평정했다고 알려온 것은 이를 말한 듯하다.

내전 끝에 아릭부케를 물리치고 결국 쿠빌라이가 유일한 대칸khan의 황제위를 계승하니, 이 사람이 몽골 제국의 정복사업을 마무리한 5대 황제 세조世祖이다. 이때 쿠빌라이의 나이 45세였다.

세조 쿠빌라이 칸은 태조 칭기즈 칸 이후 가장 강력한 정복군주였고, 몽골 제국을 중국 정통왕조 체제로 바꾼 제2의 창업군주이자 수성군주이기도 했다. 또한 그는 유목사회 출신의 뛰어난 계몽군주였으며, 돌연변이와 같은 특이한 군주이기도 했다. 정복은 말 위에서 가능하지만 통치는 말 위에서 내려와야 가능하다는 확고한 신념을 지닌 군주였다. 쿠빌라이는 '팍스 몽골리카'를 이룩한 황제라고 말할 수 있다.

쿠빌라이가 황제위를 계승하고 제일 먼저 했던 일은 수도를 유목 지역인 화림성(캐라코룸)에서 농경 지역인 연경(북경, 대도)으로 옮긴 것이었다. 그는 많은 한인漢人 관료들을 참모로 기용하여 유목 중심의 몽골 제국을 농경국가로 변모시키는 체제 정비를 필생의 사업으로 삼았다. 북경 천도는 이를 위한 가장 중요하고 상징적인 사업이었다.

아울러 중앙관제를 중국식으로 개편하고, 몽골 제국 성립 이후 중통中統이라는 중국식 연호를 처음으로 사용했다. 국호를 원元으로 정한 것이나 《수시력授時曆》이라는 새로운 역서를 편찬한 것도 그의 치세였다. 국호 '元'은 《주역》에 근거한 '으뜸' 혹은 '우주의 근원'을 뜻하는 말로, 중국 역사상 지역명에서 따오지 않고 철학적 의미를 지닌 최초의 국호였다. 대원大元이라는 국호가 선포된 것은 1271년(원종 12)이지만, 이후부터는 '몽골' 대신 '원'으로 칭하겠다.

세조 쿠빌라이의 이러한 정책은 모두 중국의 정통왕조를 염두에 둔 것이었다. 쿠빌라이의 뇌리에는 당唐이라는 세계 제국이 깊게 각인되어 있었다. 즉 몽골 제국을 중국의 정통왕조로 만들고 아울러 세계제국으로 확립하려 했던 것이다. 당에 조공을 바치던 동아시아의 모든 국가는 이제 자신에게 조공을 바치고 사대 종속관계를 맺어야 한다고 생각했다. 이를 위해서는 무엇보다도 중요한 일이 중원을 차지하는 일이었다.

그런데 중원의 남방에는 미정복국 남송이 건재하고 있었다. 이 남송을 정복하지 않고서는 정통왕조로서의 위상을 확보할 수 없었다. 남송은 금金의 공격을 받은 송宋이 양자강 이남으로 옮겨 다시 그 명맥을 유지한 중국 정통왕조인데, 중국의 역대 왕조 중에서 가장 문약文弱한 왕조로도 유명하다.

몽골족이 그 문약한 남송을 정복하는 데 가장 애를 먹었다는 사실은 놀라운 일이다. 여기에는 남방 특유의 하천이나 호수 늪지대와 같은 지형에 몽골의 기마병이 적응하지 못한 탓이 컸다. 쿠빌라이는 황제에 오르기 전부터 남송 정벌을 위한 원정을 주도하고 있었다.

쿠빌라이가 황제위에 오르고 고려에 대해 제일 먼저 내린 조치는 서경(평양)에 주둔하고 있던 몽골의 군대를 철수시키겠다고 천명한 것이었다. 고려 태자(원종)가 친조를 마치고 환국하여 개경에 도착한 직후였다. 그리하여 몽골과 고려의 기나긴 전쟁은 여기서 끝이 난다. 전쟁은 끝났지만 어떻게 전개될지 알 수 없는 새로운 여원관계는 이제부터 시작이었다.

쿠빌라이가 고려에서 군대를 철수시키겠다고 표명한 것은 의외였다. 출륙과 환도가 아직도 실천에 옮겨지지 않았기 때문이다. 이것은 그에 앞선 황제 헌종이 서경에 군대를 장기 주둔시키고 고려의 출륙과 환도를 군사적으로 압박하던 정책과 사뭇 다른 것이었다. 여기에는 태자의 친조가 중요한 역할을 했다고 생각된다. 하지만 군대의 철수는 태자의 친조 때문만은 아니었고, 원의 내부 사정과 중요한 외교전략상의 변화도 한몫을 하고 있었다.

이 무렵 쿠빌라이는 아릭부케와의 내전에 매달려야 했다. 하지만 그런 내부 사정보다 더욱 중요한 문제는 양자강 이남에서 저항을 계속하고 있는 남송을 정복하는 일이었다. 원은 남송이 아직 정복되지 않은 상태에서 고려를 군사적으로 압박할 수 없었다. 원 세조의 첫 번째 목표는 고려가 아니라 중원의 정통왕조인 남송이었고, 동시에 두 지역에서 정복활동을 한다는 것은 군사력의 분산이 불가피했기 때문이다.

그런데 쿠빌라이가 군대 철수를 결정한 것은 고려와의 관계를 새롭게 모색하기 위한 중요한 전략의 변화를 의미하기도 했다. 고려를 군사적으로 정복하여 패망시키는 것이 아니라, 친조나 조공을 받아 사대종속관계를 유지하고 그들의 강력한 영향력 아래에 두기를 원했던 것이다. 이것은 지금까지의 군사력을 통한 정복이라는 강경책에서 회유를 통한 유화책으로 고려에 대한 외교정책이 크게 변화한다는 것을 의미했다. 이런 전략 변화는 세조가 고려에 보낸 조서에 잘 드러난다.

유화정책

쿠빌라이가 최초로 사신을 파견한 것은 태자(원종)가 친조를 마치고 환국한 직후인 1260년(원종 1) 4월 초였다. 이때 쿠빌라이가 사신을 통해 보내온 조서의 주요 내용은 다음과 같다.

⑴ 우리 태조께서 대업을 이루어 사해四海를 차지했고, 속국의 제후

에게는 분봉하는 것이 선대의 법이다. 이제 복종하지 않는 나라는 고려와 송뿐인데, 송의 복속은 조석에 달려 있다.

(2) 태자가 항복해오니 나라를 편안히 하도록 귀국시켰고, 옛 감정을 버리고 군사를 거두어 다시 명령을 기다리게 했다. 그런데 내란(김준의 정변)이 일어나 출륙의 약속을 어기고, 변방의 우리 장수가 계엄을 요청하니 어찌된 일인가.

(3) 태자는 어찌 본국에 돌아가지 않고 변경(서경)에서 머뭇거리는가. 환국의 기한을 넘겼다고 우리를 의심하는가. 변방의 우리 장수에게 명하여, 도망하여온 자들의 말로써 이간하지 못하게 했으며, 출륙 약속에 성의를 보이면 과거의 잘못을 묻지 않기로 했다.

(4) 김준 이하 정변을 주도한 세력들이나 그 밖의 관리들이 이 조서 이전에 국법을 어긴 것은 그 죄를 모두 용서하고 사면한다. 하루 속히 섬에서 나와 농경에 힘쓸 것이며, 강역을 바르게 하고 인심을 안심시킨다면 우리 군사가 다시는 국경을 넘지 않을 것이다.

(5) 신하로서 다시 난을 일으켜 왕을 범한 자는 나의 법을 어지럽히는 것이나 마찬가지다. 훈계를 받들어 길이 동방의 번병藩屛(울타리, 즉 제후국을 의미함)이 되라.

이 조서 내용에서 몇 가지 눈에 띄는 대목이 있다. 먼저, 고려를 송과 함께 미복속국으로 단정한 점이다. 이는 출륙환도가 아직 실행에 옮겨지지 않았기 때문인데, 다시 말해 원에서는 출륙환도를 해야만 자기들에게 복속되는 것으로 간주하고 있었다는 뜻이다. 이 점에서 쿠빌라이의 대고려 정책은 이전과 다름이 없었다.

또 한 가지, 김준의 이름을 정확히 거명하고 있다는 사실이다. 쿠빌라이는 김준의 쿠데타를 이미 알고 있으며, 그가 고려 국정의 핵심을 장악하고 있다는 것도 짐작하고 있는 듯하다. 출륙환도가 약속대로 지켜지지 못한 것에 대해서도 김준의 영향력이 미친 것은 아닌가 의혹의 눈길을 주고 있다. 또한 태자는 귀국 도중에 서경에서 며칠을 지체했는데, 이것도 김준에 의한 모종의 책동 때문이 아닌가 의심을 하고 있는 것이다.

이런 조서 내용을 가장 부담스러워 할 사람은 말할 필요도 없이 김준이었다. 쿠빌라이는 김준의 그런 심사까지 고려했는지 출륙환도만 성실히 이행하면 과거의 죄를 묻지 않겠다고 회유한다. 원에서는 김준이 배후에서 다시 출륙환도를 방해하고 지연시키지 않을까 염려한 것이다.

그런데 (4)에서 김준 이하 정변을 주도한 세력들의 죄를 모두 용서한다는 내용이 주목된다. 이것은 김준이 쿠데타를 일으킨 사실과, 그 이후 출륙환도를 지연시킨 것과 같은 원의 의도에 어긋난 행동을 용서한다는 뜻이다. 이 대목에서 김준은 한숨 돌릴 수도 있었을 것이다. 하지만 정확하게 김준의 이름을 지목하고 있다는 사실은 역시 부담스런 일이 아닐 수 없었다.

이 조서의 내용은 한마디로 말해서, 고려가 저항만 하지 않는다면 제후국이라는 국가 지위를 그대로 인정하겠다는 뜻이었다. 하지만 그 전제조건으로 출륙환도를 요구한 것은 이전과 변함없다. 다만 그것을 위해 군사적으로 압박한다든지, 시한을 정해놓고 밀어붙이려는 모습은 보이지 않는다. 구체적으로 명시되어 있지는 않지만, 출륙환도의 시기나 방법 등은 고려의 자율에 맡기겠다는 뜻으로도 읽힌다.

이 조서가 강도 정부에 전달된 것은 1260년(원종 1) 4월 9일이었다. 나흘 후 이에 대한 답서를 지닌 강도 정부의 사신이 원으로 출발했다.

그리고 이 직후 쿠빌라이가 황제위에 올랐음을 알리는 또 다른 사신이 도착했고, 더불어 황제의 명으로 서경의 군사를 곧 철수시킨다는 보고도 있었다. 그러니까 이 조서는 쿠빌라이가 황제위에 오르기 직전에 보낸 것이었는데, 여기에는 중요한 의미가 있다.

쿠빌라이는 황제위에 오르기 전부터 앞선 황제와는 다르게 대고려 정책을 펼치려는 의지를 품고 있었다. 아마 이것은 어렵게 남송을 정복하는 과정에서 체득한 경험의 소산이었을 것이다. 그는 유목민족이 군사적으로 농경국가를 정복하려 할 때 얼마나 큰 저항과 맞닥뜨려야 하는지 알고 있었다. 고려에 대한 회유나 유화정책은 그래서 필요했다고 할 수 있다.

전쟁포로 송환

쿠빌라이는 조서가 도착한 지 보름 후 황제가 되었고, 같은 해 4월 말경 다시 조서를 보내왔다. 비로소 황제의 자격으로 보낸 조서였는데, 앞서 보낸 조서를 보완하는 성격을 띤, 앞선 조서의 연장이었다. 아울러 고려의 답서에 대한 재답서의 성격도 띠고 있었다.

⑥ 섬에서 나와 백성들의 삶을 편안히 하겠다고 했는데, 농사철을 놓치지 않도록 시행하라.

⑦ 군사를 철수시킬 것을 요청한 것은 이미 명령을 내려 시행토록 했다.

⑧ 우리에게 포로가 되거나 도망쳐온 사람들을 방환하라고 했는데, 유사에 명령을 내려 찾아서 송환토록 할 것이다.

(9) 죄를 지은 자는 이전에 보낸 사면 문건에 의거하여 시행하고, 군인으로서 다시 죄를 지은 자는 알리면 죄를 묻도록 하겠다.

이번 조서는 특별할 것이 별로 없지만, (8)의 포로나 도망자에 대한 방환과 송환 문제가 거론된 점이 특기할 만하다. 전쟁이 끝났다면 당연히 거론할 수 있는 문제였고, 이것의 수용 여부에 따라 원의 진정한 의도도 파악할 수 있었다. 나아가 침략은 더 이상 없을 것이라는 확신도 갖게 할 수 있다. 그 실행 여부에 따라 원의 대고려 정책을 가늠할 수 있는 문제였다.

포로나 도망자를 송환하겠다는 쿠빌라이의 조서는 이제 확실하게 전쟁을 끝내겠다는 의지의 표현이었다. 아울러 출륙환도에 대한 강도 정부의 불안감이나 두려움을 해소시키려는 것이기도 했다. 그리고 그것은 효력이 있었다. 오히려 강도 정부에서 원에 대한 복속과 사대를 기정사실로 받아들이고 있었기 때문이다.

이 조서를 받은 지 닷새 후 그러니까 그해 4월 29일, 강도 정부는 종실인 영안공永安公 희僖를 보내 쿠빌라이의 황제 즉위를 축하하는 표문을 올린다. 그 내용 중 재미있는 대목이 하나 있다.

앞의 조서 (1)에서 쿠빌라이가 미복속국으로 송과 함께 고려를 거론했는데, 이에 대해 구구절절 반박한 것이다. 고려는 몽골을 이미 대국으로 섬긴 지 오래고 해마다 조빙朝聘도 빠뜨리지 않았는데 어찌 송과 같이 취급하냐는 항의였다. 복속을 자청하는 정도가 아니라 이미 복속되었음을 스스로 밝힌 것이다.

사실 최씨 정권은 몽골의 침략 초기부터 복속을 자청했다. 적어도 외교문서상으로는 그랬다. 강화 천도 이후에도 문서상으로는 몽골에 정면으로 맞서본 적이 한 번도 없었다. 그러니 송과 같이 취급한 것에 대해 항의할 만한 근거는 충분했다. 하지만 원에서는 출륙환도가 단행되지 않는 한 고려를 미복속국으로 규정했고, 쿠빌라이는 출륙환도를 유도하기 위해 새로운 유화정책을 쓰고 있는 것이다.

그런 유화정책으로 첫 번째 내려진 조치가 군대를 철수시킨 것이었는데, 이어서 두 번째의 가시적인 조치도 바로 뒤따랐다. 그해 (1260) 5월, 약속한 대로 전란 중 도망갔거나 포로가 된 사람들 440여 호를 돌려보낸 것이다. 역시 고려 측의 요구를 전적으로 수용한 조치였다.

전쟁 기간 동안 전체 도망자나 포로가 어느 정도였는지 알 수 없지만, 이때 송환된 자가 전부는 아닌 것으로 보인다. 게다가 원에 그대로 머무르기를 원하는 사람들은 송환 대상에서 제외되었을 것이다. 하지만 이것은 군대 철수와 함께 새로운 양국관계를 위한 변화의 조짐이 분명했다. 최소한 이제 전쟁은 더 이상 없을 것이라는 확신은 갖게 했다.

지연되는 출륙환도

원 세조의 정책 변화로 고려에 대한 회유와 유화정책이 추진되면서 고려는 군사적 압박에서 비로소 벗어날 수 있었다. 하지만 원은 복속의 가장 확실한 징표로써 이전과 변함없이 출륙환도를 요구했다. 그런데도 국왕 이하 문무관료들은 아직도 결단을 내리지 못하고 주저하고 있었다.

그런데 기약 없이 뒤로만 미루어지는 출륙환도를 원 세조에게 설명할 길이 막연했다. 게다가 원의 사신이 지켜보고 있었다. 속리대는 태자를 따라 강도까지 들어왔다가 출륙이 지체되는 것을 보고 강도를 나와, 이 무렵 개경에 머물고 있었다. 출륙환도에 별다른 진척이 없자 강도 정부를 압박하기 시작한 것이었다.

강도 정부는 1260년(원종 1) 6월, 김보정을 속리대의 주둔지에 보내 동정을 탐색토록 했다. 감독관인 그가 출륙 진척상황을 원에 어떻게 보고하느냐에 따라 강도 정부가 다시 궁지에 몰릴 수도 있었기 때문에 그의 동정은 민감한 문제였다. 이때 속리대는 작심하고 김보정에게 이런 말을 던진다.

"그대의 왕이 환국할 때, 돌아가면 곧 구도(개경)로 환도하겠다고 우리 황제에게 말했는데, 지금 수개월이 지났는데도 어찌 아무런 진척이 없는가. 그대들은 목숨이 몇 개인지 모르지만 나는 목숨이 하나다. 이제 무엇을 더 기다리겠는가, 나는 돌아가겠노라."

최후의 통첩이나 다름없었다. 같은 해 7월 속리대는 강도에 사람을 보내 돌아가겠다는 뜻을 다시 분명히 밝힌다.

"개경의 궁궐과 민가의 가옥이 거의 다 완성되었으니 나는 출륙환도를 믿고 돌아가겠다. 귀국 도중 혹시 영안공을 만나면 그와 함께 다시 돌아오겠지만, 그렇지 않으면 황제께 돌아갈 것이다. 황제께 진헌할 물품과 여정에 필요한 마필을 마련하여 보내라."

속리대가 진상품과 마필을 마련해달라고 요구한 것은 돌아가겠다는 뜻을 확실히 천명한 것이다. 영안공은 쿠빌라이의 황제 즉위를 축하하기 위해 그해 4월 말 원에 파견되었던 사신이다. 가는 도중에 영안공을 만나게 되면 다시 되돌아오겠다고 한 말은, 출륙환도에 대한 원 세조의 심중을 파악하고 그것에 따라 대응하겠다는 의미로 보인다. 속리대 역시 지연되고 있는 강도 정부의 출륙환도에 어떻게 대처할지 난감해하고 있었다는 것을 알 수 있다.

다음날 강도에서는 긴급 재상회의가 소집되었다. 정말로 속리대가 돌아간다면, 그는 출륙환도에 대한 강도 정부의 미온적인 모습을 원세조에게 그대로 보고할 것이고, 이는 또 어떤 사태를 불러올지 예측할 수 없다는 것이었다. 이 자리에서 재상들은 국왕이 직접 사태를 수습할 것을 주문했다. 국왕이 몸소 나서서 속리대의 귀국을 말려야 한다는 것이었다.

그 다음날 국왕 원종은 관료들의 요청에 따라 개경에 있는 속리대의 주둔지를 찾았다. 속리대를 대면한 자리에서 국왕은 술자리까지 마련하며 머물러 있기를 간절하게 요청했다. 하지만 속리대는 애초의 뜻을 조금도 굽히지 않고 그 자리에서 돌아갈 것을 선언한다. 며칠 후 그는 결국 개경을 뜨고 말았다. 이제 그가 돌아가 원 세조에게 출륙환도 문제를 어떻게 설명하느냐에 따라 강도 정부의 안위가 달려 있었다.

국왕과 대면하고 귀국을 선언한 보름 후, 속리대는 서경에 도착했다. 여기서 속리대는 환국하던 고려 사신에게서 원 세조의 뜻을 전달받게 된다. 그 내용은 속리대에게 강도 정부의 정확한 속사정을 물어온 것이었다.

원 세조는 고려 정부가 강도에 머물러 있기를 원하는지, 아니면 개경이 아닌 다른 장소를 택하여 가기를 원하는지 물었다. 아울러 국왕이나 문무관료들은 환도를 좋아하는지, 혹은 싫어하는지도 궁금해했다. 원 세조는 출륙환도가 지체되자 강도 정부의 진정한 의도를 알고 싶었던 모양이다.

이러한 세조의 태도는 뜻밖이 아닐 수 없다. 출륙환도를 다그치는 것이 아니라, 오히려 강도 정부의 처지를 살펴주려는 듯한 태도로 해석할 수 있기 때문이다. 이것은 다음에 전달된 세조의 조서에 분명하게 드러난다.

출륙환도는 알아서 하라

쿠빌라이의 황제 즉위를 축하하러 갔던 영안공이 1260년(원종 1) 8월 환국했다. 속리대 역시 애초의 약속대로 영안공과 함께 중도에서 다시 돌아온다. 영안공은 환국하면서 세 통의 황제 조서를 가지고 왔다.

> (1) 한漢 무제武帝 이후 창업 수성한 군주는 모두 즉위 초에 개원改元 (연호를 세움)했는데, 짐은 대업을 널리 개척하느라 겨를이 없었다. 짐 이 이제 황제위를 계승하여 금년 5월 19일에 연호를 세우고 '중통中 統' 원년으로 하였으니 널리 포고하라.
>
> (2) 의관衣冠은 고려의 풍속을 그대로 유지하고, 사신은 반드시 조정 에서만 보낼 것이며, 개경환도 문제는 완급을 잘 헤아려 하고, 군대 의 철수는 가을까지 완료하겠다. 그리고 다루가치는 모두 귀환하도 록 명령했으며, 도망해왔다가 아직 송환되지 않은 자들은 끝까지 추 적할 것이고, 앞으로는 도망해 머물기를 원해도 결코 들어주지 않겠 다. 짐은 천하를 하나의 법도 안에 두고 성의를 보이려 하는 것이니 의심하지 말라.
>
> (3) 요청한 바는 모두 조칙을 내려 시행토록 했으니, 진실로 백성을 풍족케 하고 나라를 이롭게 하는 것이라면 형편에 맞게 편의대로 하 라. 이제 경(국왕 원종)에게 호부국왕인虎符國王印을 주노라.

(1)은 새로이 연호年號를 세운 것을 알린 것이다. 과거 유교문화권에서는 황제체제의 국가에서만 연호를 제정하여 사용했다. 즉 중국에서 새로운 황제가 즉위하면 세계질서의 시작을 알리는 의미로 새로이 연호를 제정하고, 우리의 왕조는 대부분 그것을 차용하여 사용했다. 이는 중국의 황제체제에 순응하고 그 시간 질서를 따른다는 것을 의미한다.

(2)는 고려 측의 요청에 대한 답변인데, 고려의 요구를 전폭적으로 수용한 것으로 보인다. 여기에서 의관은 고려의 풍속을 그대로 유지하라는 것과, 출륙환도 문제를 고려의 재량에 맡긴 점에 주목할 필요가 있다. 고려의 풍속을 그대로 지키라는 것은 고려의 문화적 특수성을 인정하겠다는 뜻으로 읽힌다. 이를 좀 더 확대 해석하자면 고려 왕조의 독자성을 훼손하지 않겠다는 뜻으로도 받아들일 수 있다.

그런데 여기서 무엇보다도 중요한 점은, 당시 강도 정부의 초미의 관심사인 출륙환도 문제를 고려의 재량에 맡겼다는 사실이다. 앞서 원세조가 속리대를 시켜 출륙환도 문제에 대한 강도 정부의 진정한 속사정을 물어온 것이 빈말이 아니었음을 알 수 있다. 출륙환도 문제를 놓고 고심하던 강도 정부는 이런 조서를 받고 크게 안도했다.

원 세조는 강도 정부의 출륙환도를 강압적으로 밀어붙이려고 하지 않았다. 줄기차게 출륙환도를 요구했던 원이 왜 그런 판단을 하게 되었는지는 알 수 없다. 다만 아직 미정복국으로 남아 있는 남송 정벌과 관련된 문제 때문이 아니었을까 하는 짐작만 할 뿐이다.

(3)은 고려의 내정에 대한 자율성을 인정한 것이라 할 수 있다. 이것은 고려의 풍속을 그대로 유지하라는 것, 그리고 다루가치의 철수를 명령했다는 것과 함께 고려의 정치적 독자성이나 국가의 지위를 그대로 인정하겠다는 뜻으로 해석된다. 이러한 원 세조의 조서는, 이후 원

의 심한 정치적 간섭으로 인해 국가의 존립이 위태로워질 때마다 그것을 물리치기 위한 근거로 두고두고 거론된다.

하지만 호부국왕인을 고려 국왕에게 주었다는 내용을 보면 이런 고려의 자율성이나 독자성은 분명히 제한된 것이었음을 알 수 있다. 호부국왕인은 호랑이 문양을 한 국왕의 인장으로 생각되는데, 그것은 군통수권과 함께 왕권을 상징하는 부표이기도 했다. 원의 황제가 이 인장을 주었다는 것은 무엇을 의미할까? 그것은 고려 국왕의 권위를 인정하지만, 그 권위의 원천은 원의 황제에게 있다는 뜻이었다. 아울러 고려 국왕을 원 황제의 영향력 아래에 두겠다는 뜻이기도 했다.

세조의 유화정책과 김준

이 무렵 김준의 정치적 위상은 더욱 높아졌다. 1260년(원종 1) 6월 위사공신의 서열에서 유경을 밀어내고 1위에 오른 것이다. 이것은 김준의 권력 장악 과정의 시작이었다. 아울러 그는 우부승선(정3품)에서 추밀원부사(정3품)로 승진한다. 품계는 같지만 엄연한 승진이었다.

이어서 김준은 그해 12월 정기인사에서 동지추밀원사(종2품)와 어사대부(정3품)를 겸하여 재상급 반열에 오른다. 쿠데타 당시 별장(정7품)에서 쿠데타 직후 장군(정4품)으로, 1년 후에는 대장군(종3품)으로, 다시 1년 후에는 재상급에 오른 것이다. 지금으로 말하면 소령 정도에 해당하는 별장에 불과했던 그가, 쿠데타 이후 2년 만에 재상급에 오른 것이니 비약적인 승진이 아닐 수 없다.

그런데 김준의 이런 비약적인 승진에서 놓치지 말아야 할 점은 당시 여원관계가 그에게 결코 유리하지 않았는데도 이러한 결과를 낳았다는 사실이다. 쿠빌라이가 새로운 황제로 즉위하면서 원은 지금까지와는 다르게 유화정책을 썼다. 이것은 출륙환도를 지연시키면서 원과의 대결구도를 통해 권력을 장악하려는 김준에게 달갑지 않은 일이었다. 유화정책은 원의 요구대로 출륙환도 해야 한다는 여론을 불러일으킬 수 있기 때문이다. 원 세조가 노린 점도 바로 그런 것이었다.

그렇게 여원관계가 변화하는데도 김준의 정치적 위상이 더욱 높아진 것은, 역설적이지만 원의 유화정책에 힘입은 바 컸다. 이것은 그전에 있었던 일련의 사태를 살펴보면 짐작할 수 있다.

포로들이 송환된 지 한 달 후인 1260년(원종 1) 6월 1일, 국왕 원종은 대대적인 사면령을 내리고, 정사년(1257)까지의 모든 조세를 면제한다고 조치했다. 정사년은 최의를 제거하고 최씨 정권이 붕괴되기 1년 전이다. 정사년까지의 조세를 면제한다는 것은 최씨 집권기 동안의 모든 조세를 면제한다는 것으로, 최씨 정권의 통치를 부정한다는 의미를 담고 있다. 이런 조치는 분명히 원 세조의 즉위 조서에 근거한 것이었다.

이를 국왕 원종의 즉위를 축하하기 위한 조치였다고 생각할 수도 있다. 그러나 국왕이 즉위식을 가진 것이 4월 21일이었다는 것을 감안하면 이런 해석은 적절치 않다. 40여 일이나 지난 뒤에 즉위를 축하하는 사면령이 내려졌다는 것은 이해하기 어렵기 때문이다. 그래서 사면령이나 조세 면제조치가 원 세조의 즉위 조서에 근거했다고 볼 수밖에 없고, 이것은 원 세조의 영향력이 이제 고려의 내정에까지 미치고 있다는 것을 뜻한다.

그런데 사면령과 면세조치가 내려짐과 동시에, 위사공신의 서열도 재조정되어 김준이 1위로 올랐다는 점은 눈여겨볼 대목이다. 이것이 세조의 즉위 조서와 무관치 않다는 짐작을 할 수 있다. 사면령과 면세

조치 그리고 위사공신의 서열 조정이 모두 동시에 이루어졌기 때문이다. 세조의 즉위 조서에서 김준과 그 세력들의 과거 잘못을 모두 용서한다는 언급은, 김준의 위사공신 서열을 1위로 올려놓는 데 직접 작용했다고 보인다.

그렇다고 해서 원 세조의 즉위 조서가 김준의 정치적 부상을 목적으로 한 것이었다고 생각하면 전혀 엉뚱한 해석이다. 여러 차례 언급했지만, 세조의 즉위 조서는 지금까지의 대고려 정책에 변화를 모색하여 출륙환도를 거부감 없이 쉽게 이끌어내기 위한 유화책이었다. 그런 속에서 김준의 쿠데타를 불문에 붙인 것이었고, 김준은 이에 힘입어 위사공신 서열에서 1위를 차지한 것이었다.

만약 원 세조가 유화정책을 쓰지 않고 이전과 같이 군사적 침략을 감행하면서, 출륙환도를 지연시키고 있는 김준과 쿠데타 세력을 압박했다면 어떻게 되었을까? 그랬다면 김준의 정권 장악은 완전히 실패하든지, 아니면 더욱 신속하고 강력하게 이루어졌을 것이다.

그러니까 정확히 표현하자면, 원 세조의 유화정책이 뒤늦게 김준의 정치적 부상을 가능하게 한 것도 사실이지만, 김준의 정권 장악을 더디게 하는 효과가 있었다는 점도 부인할 수 없다. 쿠데타를 성공시키고 2년 이상 지난 뒤에야 김준이 위사공신 서열에서 1위를 차지했다는 것은 그 점을 잘 보여준다.

김준이 위사공신의 서열에서 1위에 오르고 쿠데타 세력의 핵심을 차지했지만 이후에도 그의 권력 장악은 매우 더디게 진행된다.

노비 출신의 최고집권자

대를 이은 최씨 집안의 노비 출신

김준이 정권을 장악하는 과정을 살펴보기 위해서 그의 성장 과정부터 알아보자.

김준이 최씨 정권과 관계를 맺게 된 것은 그의 아버지 김윤성金允成에서 시작된다. 김준의 아비 김윤성은 본래 천민이었다. 천민이었으니 그의 본관이나 가계를 정확히 알 수 없는 것은 당연하지만, 김준의 외향(외가)은 해양(광주광역시)으로 나타나 있다. 김윤성이 천민이었는데 성명이 분명한 것도 조금 뜻밖이다.

김윤성은 자신의 주인을 배반하고 최충헌에게 의탁했다. 주인을 배반했다는 것으로 보아 김윤성은 천민 중에서도 가장 천한 사노비였다고 생각된다. 사서에는 김윤성이 주인을 배반한 이유에 대해서 아무런 언급도 되어 있지 않다. 역사 기록에 없는 짐작일 뿐이지만, 김윤성은 최충헌 집권 초기 만적의 난과 같은 노비들의 동요가 있었을 때 주인을 배반하지 않았나 싶다.

만적의 난이 일어날 무렵 사노비들에게 중요한 기능은 노동력의 제공이 아니라 전투력이었다. 특히 최충헌과 같은 권력자의 노비들에게는 사병으로서 무사적 자질이 필수였고, 누구보다도 우선 권력자 자신이 그것을 필요로 했다. 권력자의 노비가 아니라도 힘깨나 쓰는 노비들은 그것을 알아차리고 무사적 자질을 키워 권력자의 사병으로 전환되기를 바랐다. 김윤성은 그런 무사적 자질을 인정받아 최충헌에게 선발된 노비였을 것으로 추측된다.

김윤성은 최충헌 집안의 노비로 봉사하면서 다른 가노들과 크게 다를 바 없는 존재였던 것 같다. 아마 노비들로 이루어진 가병집단의 한 구성원에 지나지 않았을 것이다. 김윤성이 최충헌의 눈에 들었다면 당장 하급 장교 정도로는 발탁되었을 것인데 그런 흔적은 없기 때문이다.

김윤성은 최충헌의 가노로 있으면서 아들 김준과 김승준 형제를 낳았다. 혹시 김준은 외가인 해양, 즉 광주에서 태어났거나 어린 시절을 그곳에서 보냈을지도 모르겠다. 김준이 정권을 장악한 후 외가인 해양과의 연고를 특별히 중요시했고, 후에 해양후海陽侯에 책봉되었다는 사실에서 그런 짐작을 해볼 수 있다.

이와 관련하여 《고려사》〈지리지〉 해양현 기록에 중요한 내용이 전한다. 고종 46년(1259)에, 공신 김준의 외향이므로 해양현海陽縣을 익주翼州로 승격하고, 후에 광주목光州牧으로 다시 승격한다는 기록이 나온다. 해양현일 때는 7품의 지방관인 현령이 주재하고, 익주가 되면 5품의 지방관인 주지사가, 광주목이 되면 3품 이상의 목사가 파견되니 이는 행정단위의 비약적인 승격이다. 이와 비슷한 내용이 《신증동국여지승람新增東國輿地勝覽》 전라도 광산현 조에도 나온다. 해양현의 행정 조직을 승격한 이유가 김준의 외가였기 때문이라면 해양, 즉 광주는 김준이 태어나고 어린 시절을 보낸 출신지(본관)로 보아도 크게 잘못은 없을 듯하다.

김준이 태어난 해는 정확히 모르겠지만 아비 김윤성이 최충헌에게 의탁한 이후가 아닌가 싶다. 그 무렵 만적의 난 등 노비들이 동요하던 시기를 감안하면, 대강 신종 대(1198~1203)에 태어났을 것으로 보인다. 신종 대 말년이나 그 직후로 계산하면 1258년(고종 45) 쿠데타를 일으켰을 때 김준은 이미 50세가 넘은 나이였다.

김준 역시 아비 김윤성을 이어 최씨 집안의 사노비였고 그 또한 아비와 크게 다를 바 없는 가병집단의 일원일 뿐이었다. 그 후 김준도 아비와 마찬가지로 최씨 집안에서 아들 3형제를 낳았다. 김대재·김용재·김식재가 바로 그들이다. 이 아들 3형제 역시 최씨 집안의 가노로 성장하여 가병집단의 구성원이 되었다. 그러니까 김준은 아비 대부터 자식 대까지 3대가 내리 최씨 집안의 가노로 봉사했던 것이다.

김준은 용모가 헌걸차고 체격이 장대하여 풍채가 매우 좋았다고《고려사》 그의 열전에 특기되어 있다. 여기에 성품도 너그럽고 후하여 아랫사람에게도 겸손하고 공손했으며, 그런 성품으로 남에게 베풀기를 좋아하여 여러 사람들에게 호감을 샀다고 한다. 또한 활쏘기를 잘하여 유협자제들과 무리를 지어 사냥하고 놀기를 즐겨했고 집안일에는 도무지 관심이 없었다니, 가노 출신치고는 제법 한량 행세를 했던 모양이다.

이런 김준의 행태는 가병집단 안에서 어느 정도 그의 위상이 제고된 다음의 일로 보인다. 일개 가노가 위와 같은 처신을 하는 것은 어울리지 않기 때문이다. 김준이 최이의 총애를 받으면서부터 가병집단 내에서 그의 위상이 높아지기 시작했고, 그랬기 때문에 유협자제들과 어울려 다닐 수 있었을 것이다.

최이의 눈에 든 김준

김준이 권력의 핵심에 접근할 수 있었던 계기는 의외로 쉽게 왔다. 박송비와 송길유가 그를 최이에게 추천했던 것이다. 최이 또한 가병들 가운데 군계일학의 뛰어난 풍채를 가진 김준이 진즉 눈에 들어왔을 것이지만, 박송비와 송길유의 추천은 큰 힘이 되었다.

후에 박송비는 김준의 쿠데타에 적극 동참하여 위사공신에 들었던 인물이다. 송길유는 탐학으로 유명한 인물이었는데, 김준이 그에 대한 탄핵을 막으려다 결국 유배당하고, 그 일로 김준마저 최의의 미움을 사게 만든 인물이다. 모두 김준과의 과거 인연 탓이었다.

최이의 신임을 받게 된 김준은 최이의 최측근 경호원으로 발탁된다. 최이가 외출할 때는 항상 김준에게 부축하도록 하고 그림자처럼 따르도록 했다니 이 당시 김준은 최이의 수족과 같은 존재였다고 생각된다. 이런 충성의 결과로 김준은 최이로부터 관직까지 제수받는다. 이름하여 전전승지殿前承旨라는 직책이었다.

전전승지는 국왕과 관련된 의례나 조회 등을 관장하는 합문閣門에 소속된 관직이다. 합문은 지금의 대통령 부속실 정도에 해당된다. 전전승지는 관품도 없는 말단 이속吏屬에 불과했지만 그 임무는 막중했다. 잘은 모르겠지만 최이가 국왕의 일거수일투족을 감시하기 위해 심어둔 것으로, 최이와 국왕 사이의 창구 역할도 하지 않았나 싶다.

정확한 시점은 모르겠지만, 이즈음에 김준은 후첩도 들였다. 노비 출신이 후첩을 들이는 것은 쉬운 일이 아니었을 테니, 그것이 가능하려면 그가 노비 신분을 조금이나마 벗어난 시점이라야 한다. 전전승지라는 관직은 김준이 노비 출신이라는 신분의 제약에서 확실하게 탈피할 수 있었던 계기가 되었을 것이고, 후첩은 그 덕택에 들일 수 있었다고 보인다.

김준은 이 후첩과의 사이에서 김애金啀·김기金棋·김정金靖이라는 세 아들을 두었다. 이 중 김애는 1261년(원종 2)에 당당히 과거에 합격한다. 당시 과거 시험관이 김애의 등수를 4등으로 매겼지만 국왕 원종의 배려로 3등으로 급제했다. 비록 이런 비리가 있었지만 김준의 자식이 과거에 급제했다는 것은 놀라운 일이 아닐 수 없다. 권력에 접근해가면서 제법 똑똑한 여성을 후첩으로 들인 탓일지 모르겠다. 이 후첩은 김준이 권력의 정상에 오른 후 자신의 소생인 김애를 김준의 후계자로 삼으려고 시도하기도 한다.

나머지 두 아들 김기와 김정은 무관의 길에 들어서서 장군의 계급에까지 오른다. 그리고 김준의 본처 소생 세 아들 중 김대재와 김식재는 아비 김준이 권력의 정상에 오를 무렵 젊은 나이에 죽고 만다. 그래서 본처 소생의 김용재와 후첩 소생의 세 아들이 김준 정권과 운명을 같이 한다.

후첩까지 들이고 이렇게 잘나가던 김준에게도 시련은 있었다. 김준이 최이의 애첩인 안심安心이라는 여자와 간통을 저지른 것이다. 아무리 배포가 좋은 사람이라도 최고권력자의 여자를 건드린다는 것은 쉽지 않은 일이었을 텐데, 김준의 걸출한 외모에 그 여자가 먼저 유혹했을 가능성이 많다. 최고권력자의 여자를 건드렸으니 목숨을 부지하기도 어려웠지만 김준의 벌은 직책을 빼앗기고 유배를 당하는 것으로 그친다. 그리고 몇 년 후에 유배에서 풀려났는데 아마도 정상 참작이 된 듯 싶다.

유배에서 풀려난 김준은 아무런 직책도 없이 다시 최씨 집안의 가병으로서 권력의 주변을 맴돌았다. 이런 그에게 다시 한번 절호의 기회가 찾아온다. 최이가 죽고 아들 최항이 권력을 세습하게 된 것이다. 이것이 김준에게 더욱 호기였던 것은 후계자 최항의 권력세습에 반대하는 세력들이 준동하여 가병들의 도움을 절실히 필요로 했기 때문이다.

이 권력승계 과정에서 김준은 최항 편에 서서 결정적인 공을 세운다. 앞장에서 언급한 가노 3인방과 함께 최항에게 누구보다도 먼저 충성 서약을 했던 것이다. 이후 최항 정권에서 그의 기세는 절정에 달하지만, 다시 최의에게 권력이 세습되는 과정에서 결국 소외되고 만다. 이로 인해 쿠데타에 뛰어들어 최씨 정권을 붕괴시키는 데 앞장서게 되었던 것이다.

쿠데타 성공 후의 군사권

김준 등 쿠데타를 주도한 세력들은 처음에 왕정복고를 내세웠다. 하지만 왕정복고는 시간이 흐를수록 요원한 일이 되어갔다. 쿠데타 주도 세력들이 처음에는 진정으로 왕정복고를 원했지만 시간이 흐르면서 생각이 바뀐 것인지, 아니면 처음부터 쿠데타의 구실로 내세운 것에 불과했는지는 명확치 않다. 하지만 분명한 것은, 당연한 일이기도 하지만 왕정복고가 무산되는 것과 반비례하여 김준의 정치적 부상이 이루어졌다는 사실이다.

왕정복고가 무산되는 과정과 김준이 정치적으로 부상하는 과정은 그 궤를 같이한다. 그래서 김준의 정치적 부상을 살펴보기 위해서는 왕정복고가 무산되는 과정을 되짚어보는 것도 의미 있는 일이 될 수 있다. 다시 말해서 김준의 정치적 부상이나 권력을 독점하는 과정을 다른 측면에서도 살펴보고 싶은 것이다.

왕정복고를 이룩하는 과정에서 가장 중요한 일은 국왕의 고유 권한인 군사권과 인사권을 확보하는 문제였다. 최씨 정권 60여 년 동안 최씨 집권자들이 국왕 위에 군림할 수 있었던 이유는 그들이 군사권과 인사권을 장악하고 있었기 때문이다. 이 두 가지 권력을 국왕이 다시 회수하여 실질적으로 장악하지 못한다면 왕정복고는 가망 없는 일이 될 터였다. 또한 이 두 가지는 국왕 스스로 확립해야지 누가 해결해줄 수 있는 일도 아니었다.

하지만 왕정복고를 내세운 쿠데타가 성공한 후에도 왕권을 뒷받침해줄 군사적 기반은 전혀 갖춰지지 않았다. 국가와 왕실에 충성하는 진정한 국가의 상비군 체제가 복원되지 않았기 때문이다. 이는 달리 표현하면 최씨 정권이 구축해둔 사병집단, 즉 도방都房이 해체되지 않고 그대로 온존되었다는 뜻이다.

최씨 집권기 동안 국왕의 신변을 호위할 친위군은 없는 것이나 마찬가지였다. 최씨 집권자들이 국왕의 친위군을 용인하지 않았기 때문이다. 친위군은 사병집단인 도방이 조직되면서 그것에 흡수되거나 잠식된 지 오래였다. 국왕을 가장 가까이에서 경호하는 견룡군이나 순검군은 그 실체도 드러나지 않았고, 상비군으로서 국왕의 호위를 담당했던 응양군 역시 이름만 남아 있을 뿐이었다. 그래서 국왕은 군통수권은 말할 필요도 없고, 자신의 신변경호마저 최씨 정권의 사병집단에 의존해야 하는 신세였던 것이다.

쿠데타가 성공한 후 국왕이 군통수권이나 친위군을 다시 확립하려면 무엇보다도 먼저 도방을 해체해야 했다. 하지만 도방은 그들이 충성을 바쳤던 주군이 사라졌을 뿐이지 해체되지 않고 있었다. 도방이 해체되려면 실질적인 국가의 공병체제인 상비군(중앙군)이 복원되어야 했는데, 그것이 어려운 일이었기 때문이다.

이런 상황에서 설사 도방이라는 사병집단이 해체된다 해도 그들을 명실상부한 국가의 상비군으로 흡수할 수 없었다. 그들에게 군역의 대가로 지급해줄 군인전을 확보할 수 없었기 때문이다. 게다가 강도가 몽골의 침략으로 고립되면서 재정파탄에 직면하여 군인전은커녕 군인들의 생계도 보장하기 어려웠다. 이제 중앙의 상비군은 직업군인제에서 의무병제로 전환하는 수밖에 없었다. 그 과도기에 등장한 것이 '별초'라는 군대였다.

도방이 해체되지 않고 중앙의 상비군 체제도 복원될 수 없다면 국왕의 신변을 호위할 친위군을 확보하는 일도 어려웠다. 이에 따라 국왕은 군통수권이나 무력 기반을 갖출 수 없었고, 왕정복고는 무산될 수밖에 없었다. 더구나 최씨 정권이 무너진 직후 원의 친조와 출륙 요구는, 국왕 고종에게 무력 기반을 확립하여 왕정복고를 추진할 수 있는 여유를 전혀 주지 않았다.

결국, 최씨 정권이 붕괴된 후에도 해체되지 않은 도방의 군사들은 김준이 정치적으로 부상하고 정권을 홀로 독점해가는 과정에서 자연스럽게 그의 휘하로 편입된 것으로 보인다. 도방의 군사들로서도 그 길을 택하는 것이 가장 순조로웠을 것이고, 이런 과정에서 김준의 권력이 더욱 확고해졌던 것이다.

인사권과 왕정복고

왕정복고를 단행하는 데 있어서 군사권과 함께 또 하나 중요한 문제는 국왕이 인사권을 되찾는 일이었다. '왕정복고王政復古'라는 어휘에서 '정政'은 인사권을 의미하는 것으로, 왕정복고는 국왕이 인사권을 다시 회복한다는 뜻이다. 그러니까 왕정복고의 진정한 의미는 군사권보다도 인사권의 확립에 있었다.

최씨 집권기 동안 인사권을 장악했던 곳은 최씨 사저에 설치했던 정방政房이었다. 국왕이 인사권을 되찾기 위해서는 역시 이 정방도 해체되어야만 했다. 그런데 최씨 정권이 무너진 뒤에도 정방은 그대로 존속되고 있었다. 다만 최씨가의 사저에 있던 정방이 국왕의 편전으로 옮겨졌는데, 쿠데타 직후 이곳에서 잠시 인사권을 행사했던 인물이 유경이었다. 유경은 김준과의 권력투쟁에서 실각하고 말지만 이후 인사권에서 김준이 크게 영향력을 행사한 것 같지는 않다. 여러 설명 필요 없이 쿠데타 직후의 인사발령 내용을 점검해보면 알 수 있다. 쿠데타가 성공한 그해 연말의 인사발령은 이러했다.

1258년(고종 45) 12월 인사발령
최 자: 동중서문하평장사(정2품)
김기손: 중서시랑평장사(정2품)
정 준: 참지정사(종2품)
이장용: 정당문학(종2품)
이세재: 지문하성사(종2품)
김보정: 추밀원사(종2품)

김지대: 동지추밀원사(종2품)

유 경: 추밀원부사(정3품)

박성재: 우복야(정2품)

정세재: 우부승선(정3품)

사서에 열거된 인물들을 일단 모두 나열했는데, 여기서 한 가지 주목할 점은 이들 중 쿠데타에 조금이라도 관계된 인물들은 유경과 박성재 두 사람뿐이라는 사실이다. 하지만 박성재는 쿠데타에 가담했다고 말하기도 어려울 정도다. 거사 막바지에 김준이 응양군상장군이라는 그의 직책을 고려하여 갑자기 끌어들인 인물에 불과하다. 즉 이 인사발령에서 쿠데타에 주동적이었던 인물은 유경뿐이라는 것을 알 수 있다.

그런데 이 인사발령은 유경이 김준 세력의 견제를 받아 인사권을 내놓고, 자신의 측근 무장들이 제거된 직후에 나온 것이다. 그렇게 유경은 김준에 의해 권력에서 밀렸는데도 승진을 했다. 이런 사실들은 김준이 유경보다 우위에 선 후에도 인사권을 장악하지 못했다는 것을 뜻한다. 뿐만 아니라 김준이 여기서 어떤 영향력을 행사한 것 같지도 않다.

그렇다면 이후의 인사발령은 어떻게 되었을까?

1260년(원종 1) 정월 인사발령

조 순: 참지정사(종2품)

최 온: 추밀원사(종2품)

박성재: 추밀원부사(정3품)

이 인사발령은 원종이 태자로서 친조를 위해 몽골로 향하고 왕위가 비어 있는 상태에서 태손이 단행한 것이다. 여기서도 김준이 인사권에 크게 개입한 흔적은 드러나지 않는다. 특히 최온이 등용된 것을 보면 알 수 있는데, 최온은 김준이 박성재와 함께 쿠데타 막바지에 끌어들였던 인물로, 쿠데타가 성공한 후 김준에 의해 그의 아들 최문본과 함께 유배당하게 된다.

그런 최온이 다시 발탁된 것은 김준이 이번 인사발령에서 영향력을 행사하지 않았다는 뜻이다. 하지만 여기에는 김준이 문벌귀족들의 호감을 사기 위해 의도적으로 최온을 다시 발탁했을 가능성도 없지 않다. 그렇다면 이 인사발령에는 김준의 입김이 어느 정도 작용했다고 볼 수도 있다.

그해 연말 다시 정식 관직 임명이 있었다. 이 인사발령은 원종이 국왕에 즉위하고 처음으로 행한 인사였는데, 재상급(2품 이상의 고위관료) 관료들만 나열해보면 다음과 같다.

1260년(원종 1) 12월 인사발령

김기손: 문하시랑평장사(정2품)·판이부사(종1품)

이세재: 중서시랑평장사(정2품)

김지대: 정당문학(종2품)·이부상서(정3품)

김 준: 동지추밀원사(종2품)·어사대부(정3품)

관직 서열 1위에 오른 김기손金起孫은, 한때 최이의 후계자로 내정되었다가 죽임을 당한 김약선金若先의 친동생이자, 최항에게 제거당한 김경손金慶孫의 친형이다. 그 때문에 김기손은 최항 정권에서 정치적으로 소외되고 핍박을 받았었다. 김준이 이 인사에 개입했다면 최항 정권에서 소외받던 고위관료들을 의도적으로 발탁했다고 볼 수 있다.

이세재는 국왕 원종이 태자로서 친조할 때 따라갔던 인물로 원과의 강화를 희망하는 쪽이었다. 그러니 김준과는 맞지 않는 인물이었다. 한편 김지대金之岱는, 최항이 출가하여 탐학과 행패를 일삼을 때 그것을 통제하려다 최항과 갈등을 빚은 일이 있었다. 이로 인해 그 역시 최항 정권에서 소외되었는데, 이는 김준이 김기손을 발탁한 것과 같은 맥락으로 이해할 수 있다.

이번 인사에서 주목할 점은 김준이 비로소 재상급으로 승진한 사실이다. 게다가 어사대부까지 겸직했다. 어사대부는 관리들에 대한 감찰과 탄핵을 맡은 어사대御史臺의 장관격으로 그 책임이 막중한 직책이다. 앞선 최씨 집권자들도 관료집단에 대한 감시를 위해 집권 초기에 항상 놓치지 않던 직책이었다. 이런 사실을 감안할 때 이 인사발령은 김준의 영향력이 확실하게 반영된 것이라 할 수 있다.

요컨대, 김준은 인사권에 대한 최소한의 개입이나 영향력 행사는 분명히 하고 있었다. 하지만 최씨 집권자들처럼 인사권을 홀로 독점하여 마음대로 하지는 않았다고 보인다. 인사권까지 장악하여 관료사회의 저항을 받기보다는, 최소한의 필요한 개입만을 하면서 방관을 위장하지 않았나 싶다. 그렇다면 왕정복고는 반의반은 성공한 셈이었다.

태자의 후원자, 김준

정치적으로 부상하고 있던 김준의 위상을 다시 제고할 수 있는 일이 생겼다. 그것은 태자 책봉 문제였다. 태자는 다음 왕위를 계승할 사람이니 왕실뿐만 아니라 정치권의 중대한 관심사였다.

그런데 그 태자 책봉 문제가 순조롭지 못했다. 그 이유는 원종의 적장자인 왕심王諶(후의 충렬왕)이라는 왕자가 최씨 정권과 혈연적으로 관계가 있었기 때문이다. 바로 김준이 이 문제에 개입하여 영향력을 행사한 것이다.

원종에게는 두 왕비가 있었다. 첫째 왕비는 정순왕후靜順王后 김씨였고, 둘째 왕비는 경창궁주慶昌宮主 유씨였다. 정순왕후는 한때 최이의 후계자로 지목된 김약선의 딸이었고, 경창궁주는 종실인 신안공 전新安公 佺의 딸이었다. 원종과 정순왕후와의 사이에는 아들이 하나, 경창궁주와의 사이에는 아들이 둘 있었는데, 적장자인 정순왕후 소생의 아들 심이 당연히 태자 책봉에서 우위에 있었다.

그런데 문제는 정순왕후의 아비 김약선이 최이의 사위였다는 점이다. 그러니까 정순왕후는 최이의 외손녀였고, 정순왕후 소생의 왕자 왕심은 최이의 외증손자였던 것이다. 이렇게 되면 적장자였던 왕자 왕심은 최씨 정권의 마지막 집권자인 최의의 조카뻘이 된다. 이는 최씨 정권이라면 치를 떨었을 왕실에서 적장자 심을 태자로 책봉하는 데 꺼려할 만한 충분한 이유가 될 수 있었다.

최씨 집권자들과 혈연적으로 관계가 있는 것 외에도, 적장자 왕심은 태자가 되기 어려운 또 하나의 약점이 있었다. 바로 모후인 정순왕후가 일찍 죽고 없었다는 점이다. 이것은 왕실 내에서 그를 후원해줄 배후세력이 없었다는 뜻으로, 그의 위치를 더욱 어렵게 만드는 요인이었다. 그래서 경창궁주 소생의 두 아들이 태자의 물망에 오르게 된다.

하지만 국왕을 비롯한 고위관료들은 적장자 왕심을 태자로 삼으려고 이미 작정하고 있었다. 1260년(원종 1) 5월, 관계기관에서 왕자 심을 책봉하여 태자로 삼아야 한다는 주장이 올라왔다. 그런데 여기에 가장 적극적으로 반발하고 나선 인물은 당연하겠지만 경창궁주였다.

경창궁주가 첫째 아들 왕심을 태자로 삼는 데 반대한 이유는 두 가지였다. 하나는 왕심이 최의의 생질이라는 사실과, 또 다른 하나는 국왕 원종이 태자로서 원에 들어갔다가 환국할 때 아들 심이 전혀 기뻐하지 않았다는 것이었다.

원종은 경창궁주의 말을 듣고 왕심을 태자로 삼는 데 주저한다. 아들 심이 최씨 집권자들과 혈연관계에 있다는 것은 두루 알고 있는 사실로 새삼스러울 것이 없었지만 후자의 문제는 그냥 듣고 넘어가기가 힘들었다. 물론 이것은 경창궁주의 음해일 가능성이 컸다. 그러나 국왕 원종은 아들을 의심하지 않을 수 없었다.

원종이 경창궁주의 말에 현혹되어 주저하고 있는 사이에, 김준이 이 문제에 개입한다. 김준은 원종에게 경창궁주의 말은 진실이 아니니 왕심을 태자로 책봉해도 문제가 없다고 말한다. 김준의 말을 들은 원종은 심에 대한 의구심을 일단 풀게 된다. 이 대목에서 김준이 왜 국왕의 의심을 사고 있는 첫째 아들 왕심을 지원하려 했는지 궁금해진다.

왕자 왕심은 원종이 태자의 신분으로 원에 들어갔을 때 태손의 자격으로 국왕의 역할을 잠시 대행한 적이 있었다. 이때 김준은 이미 태손과 손발을 맞추고 있었다. 정치 경험이 부족한 태손의 입장에서는, 실권자인 김준의 힘을 빌려 국왕 대리자로서 업무를 원만하게 수행하기를 원했고 김준도 그것이 싫지만은 않았다. 이러한 상호 협조적이었던 정치행보가 김준이 왕자 왕심을 구원하게 된 배경이었다고 보인다.

하지만 원종은 김준의 해명을 듣고도 심을 태자로 책봉하는 데 조심스러워 했다. 원종의 이러한 태도는 의심이 풀리지 않았기 때문이 아니고, 왕실의 안정을 너무 깊게 염려한 탓이었다. 그는 실질적인 왕비

역할을 하고 있는 경창궁주의 뜻을 거슬렀을 때, 후원세력이 없는 왕자 심의 왕위계승에 어떤 사단이 생길까 주저했던 것이다.

왕자 심을 태자로 삼아야 한다는 관료들의 주장이 올라온 지 3개월 후, 국왕은 결단을 내렸다. 그해 8월 경창궁주를 정식 왕후로 삼고 아들 심을 태자로 책봉했다. 대립하고 있던 양쪽 모두를 만족시키는 조치였다.

여기에는 김준의 힘이 크게 작용했다. 국왕은 김준을 장래 태자의 후원자로 여기고 그의 배후세력이 되어줄 것을 기대했는지도 모른다. 이로써 김준은 자연스레 태자의 후원자 역할까지 맡게 되었고 그의 정치적 영향력은 한층 강화되었다.

이 태자가 원종의 뒤를 이은 충렬왕忠烈王이다. 고려가 망할 때까지 이 충렬왕의 적통이 이어진다. 그의 외증조부가 최씨 정권을 꽃피운 최이라는 사실은 마땅히 주목할 만하다. 최이는 스스로 왕이 되지는 못했지만 고려 왕실에 피를 섞어 절반의 성공은 거둔 셈이었다. 또한 최씨 정권을 붕괴시킨 김준이 그 충렬왕의 후원자를 자임했다는 것도 재미있는 일이다.

정순왕후는 후에 아들 충렬왕에 의해 순경태후順敬太后로 추존된다. 그리고 경창궁주는 충렬왕이 즉위한 뒤 무고에 연좌되어 서인으로 폐출되고, 그녀 소생의 두 왕자는 심한 핍박을 받는다.

최이의 복권과 김준 정권

김준의 영향력이 강화되는 계기는 또 있었다. 1262년(원종 3) 10월, 강도에 공신당功臣堂을 다시 지었다. 공신당은 태조 왕건 이후 여러 공신들의 초상을 벽에 그려넣은 곳으로, 매년 10월 그들을 위해 미륵사에서 재齋를 올리고 명복을 빌었다. 그러나 강도로 천도하면서 오랫동안 폐지했었는데, 이제 미륵사와 함께 그 공신당을 다시 강도에 중창한 것이다.

중요한 사실은, 이때 공신당이 중창되면서 최씨 정권을 타도했던 김준을 비롯한 위사공신 13인의 초상이 비로소 벽상에 도형되었다는 점이다.

이 대목에서 조금 미심쩍은 것은 김준, 유경 등이 위사공신으로 책정되고, 이들 위사공신의 초상을 공신각에 도형한다는 조치가 최의를 제거한 직후 이미 내려졌다는 사실이다. 아울러 그때 최충헌과 최이의 초상을 철거한다는 결정도 함께 있었다. 이러한 조치는 1258년(고종 45) 7월에 있었던 일로, 김준의 쿠데타가 성공한 지 4개월 뒤였다. 여기서 강도에는 그때 이미 공신각이 세워져 있었다는 것을 알 수 있다.

아마 최충헌과 최이의 초상을 그려넣었던 공신각은 천도한 후 임시로 세워진 공신각이었을 것이다. 김준의 쿠데타가 성공한 후 최충헌과 최이의 초상이 철거되면서 공신각 자체도 훼철된 것이 아닌가 싶다. 그러다가 이때 와서야 정식으로 공신당이 다시 세워지고, 위사공신 13인의 초상도 벽상에 도형되었다고 보인다. 공신당을 중창했다는 것은 그것을 말해준다.

그렇다면 쿠데타 직후에 위사공신을 벽상공신으로 책정한다는 결정이 이미 내려졌는데, 왜 4년이나 지난 지금에 와서야 새삼스레 공신당을 중창하고 위사공신의 초상을 도형했는가 하는 의문이 들지 않을 수 없다. 우선, 위사공신을 책정하는 데 그 서열이나 범위가 유동적인 탓이었다고 볼 수 있다. 하지만 이렇게 보더라도 의문은 역시 남는다. 위사공신 13인과 그 서열이 확정된 것은 1260년(원종 1) 8월 무렵이었으니까, 역시 2년이나 경과한 너무 늦은 실행이라는 것은 마찬가지였다.

따라서 공신당을 중창하고 위사공신 13인의 벽상 도형이 뒤늦은 것은 다른 측면에서 살펴보아야만 한다. 그것은 공신세력의 범위나 서열이 유동적이었기 때문이 아니라, 원과의 관계가 경색되는 것과 관련이 있다고 보인다. 경색되는 원과의 관계는 다음 장에서 자세히 살펴보겠지만, 여기에는 매우 중대한 정치적 의미가 담겨 있다.

1262년(원종 3) 9월, 공물을 요구하는 원의 사신이 강도에 들이닥쳤다. 매와 놋쇠를 요구하는 사신이었는데, 어쩌면 사소한 요구로 가볍게 받아넘길 수도 있는 문제였다. 하지만 이것은 세조 쿠빌라이가 황제로 즉위한 이후 처음 있는 공물 요구로 강도의 고려 정부에 충분히 정치적 부담을 안겨줄 수 있었다.

게다가 세조의 유화정책으로 조금은 안일한 생각에 젖어 있던 강도 정부로서는 당황스럽고 충격적이기까지 한 일이었다. 바로 그 사신이 공물을 징수하여 돌아간 직후, 그해 10월 공신당이 다시 중건된 것이다.

이로써 위사공신은 명실상부한 공신으로 그 입지를 확실하게 굳혔고, 아울러 정치적 위상을 한껏 높일 수 있었다. 이것은 원의 갑작스런 공물 요구를 계기로 원과의 관계가 불편해지면서 위사공신의 정치적 영향력이 자연스럽게 높아진 것으로 해석할 수 있다. 강도의 고려 정부는 원의 갑작스런 공물 요구에 대한 거부감이 적지 않았을 테고, 위사공신들은 그 작은 틈을 이용한 것이었다.

그런 사실을 알려주는 또 다른 중요한 근거가 있다. 김준의 쿠데타로 철거되었던 최이의 초상을 '천도공신'으로 분명하게 명명하여 위사공신 13인과 함께 도형토록 한 것이다. 이것은 최이에 대한 정치적 복권을 의미하는 한편, 강화 천도에 대한 역사적 재평가를 의미한다. 이는 개경환도를 하지 않겠다는 선언과 다름없는 것이다.

원의 무리한 공물 요구는 강도로 천도하여 대몽항쟁을 이끌었던 최이의 공로를 다시 인정할 수밖에 없는 정치상황을 가져왔다. 최씨 정권을 붕괴시킨 위사공신들이 최씨 정권의 핵심이었던 최이를 다시 복권시켜 자신들과 동일한 공신으로서 그 정당성을 부여한 것이니, 생각할수록 아이러니한 일이 아닐 수 없다.

이제 김준을 비롯한 쿠데타 세력들은 원과의 관계를 대결국면으로 이끌어가면서 그 정치적 영향력을 더욱 확대시킬 것이다. 이것은 무리하게 천도를 단행하고 대몽항쟁으로 일관했던 최이 정권을 계승하겠다는 의도와 다를 바 없었다. 나아가 최이 정권이 그랬던 것처럼, 김준 정권도 정권 안보를 위한 대몽항쟁을 재현할 공산이 커졌다. 최씨 정권의 망령이 되살아날 기미를 보인 것이다.

평범한 관직 임명

위사공신 13인의 초상이 공신당에 도형되고, 김준의 정치적 위상이 한층 강화된 후의 관직 임명은 어떻게 되었을까. 예상과는 다르게 그해 1262년(원종 3) 12월 인사발령에는 특별한 징후가 보이지 않는다.

1262년(원종 3) 12월 인사발령
김기손: 문하시랑 동중서문하평장사(정2품)
이세재: 문하시랑평장사(정2품)
이장용: 중서시랑평장사(정2품)

유 경: 지문하성사(종2품)

김 준: 추밀원사(종2품)

박송비: 동지추밀원사(종2품)

이 인사발령에 굳이 의미를 부여하자면, 김준이 한 단계 승진하고, 위사공신 서열 5위인 박송비가 처음으로 재상급에 올랐다는 정도이다. 그리고 유경이 관직 서열로만 보면 여전히 김준을 앞서고 있다는 점도 눈에 띈다.

나머지 김기손·이세재·이장용李藏用의 경우는 평범한 승진이었다. 김기손과 이세재는 앞서 언급했던 인물이고, 이장용은 최씨 정권의 마지막 집권자 최의의 장인이었다. 최의가 김준의 쿠데타로 제거되고 최씨 정권이 무너졌는데도 그가 중용되고 있다는 사실은 매우 주목할 만한 일이다. 이후에도 이장용은 계속 중용되는데, 여원 간의 외교적 문제를 해결하는 과정에서 매우 중요한 역할을 하는 인물이니 꼭 기억해 둘 필요가 있다.

다음해의 인사에서는 조금 색다른 면을 엿볼 수 있다.

1263년(원종 4) 12월 인사발령

이장용: 중서시랑평장사(정2품)·판병부사(종1품)

유 경: 참지정사(정2품)

김 준: 참지정사(정2품)·판어사대사(정3품)

박송비: 좌복야(정2품)

김승준: 우부승선(정3품)

김방경: 지어사대사(종4품)

이 인사발령에서 가장 눈에 띄는 대목은 김준의 동생이자 쿠데타의 동지였던 김승준이 우부승선右副承宣이라는 국왕의 비서관에 발탁된 점이다. 유경이나 박송비도 김준과 함께 쿠데타에 참여한 인물이었지만 김준이 크게 의지할 만한 대상은 아니었다. 하지만 김승준의 부상은 분명 김준 정권의 강화로 해석된다.

게다가 쿠데타 당시 신의군의 장교로서 거사의 핵심 인물이었던 박희실과 이연소가 아직도 의미 있는 조정의 관직에 참여하지 못하고 있다는 점을 감안하면, 김승준의 등장은 그 정치적 의미가 더욱 크다고 할 수 있다. 위사공신 서열에서도 2, 3위를 차지한 박희실과 이연소가 4위였던 김승준에게 뒤처진 것을 보면 더욱 그렇다.

그러나 크게 보면 이번 관직 임명에서도 김준이 인사권을 홀로 장악했다고 보기는 어려울 듯하다. 아직도 김준은 이전의 최씨 집권자들과 같은 정치적 위상은 확립하지 못했던 것이다. 김준의 정치적 부상이 계속되고 있기는 하지만 국왕 위에 군림할 정도는 아니었다는 말이다. 김준의 좀 더 확실한 정권 장악은 원과의 관계가 경색되는 과정에서 이루어진다.

김준 정권과 여원관계

원의 공물 요구

김준이 정권을 장악해가는 과정에서 원과의 관계는 매우 중요한 배경이 된다.

김준의 정치적 위상이 한 단계씩 높아지는 동안에도 고려와 원 사이에는 수시로 사신이 왕래하고 있었다. 그중 가장 주목할 만한 고려의 사신 파견은 1261년(원종 2) 4월에 태자(후의 충렬왕)가 원에 들어간 일이었다. 이 사행의 목적은 쿠빌라이가 아릭부케의 난을 평정한 것을 축하하는 데 있었다.

그런데 원에서 아릭부케의 난이 평정되었다고 고려에 알려온 것은 전년 7월이었다. 난의 평정을 축하하기 위해 태자를 보낸 것이라면 너무 늦은 감이 있었다. 따라서 이때의 사행은 난의 평정을 축하한다는 명목을 띠었지만, 실제로는 원과의 관계를 고려하여 새로운 태자의 책봉을 승인받기 위한 것으로 보인다.

이러한 태자의 입조는 그 의미가 적지 않다. 원에서는 요구하지도 않았는데 고려 정부가 자진해서 태자를 보낸 것은 처음 있는 일이었기 때문이다. 이때 태자가 지니고 간 표문에는 구구절절 원의 비위를 맞추는 내용으로 가득 차 있었다. 아마 고려에서는 원과의 관계를 계속 유화적으로 이끌어가기 위한 실리적 판단을 했다고 할 수 있다.

고려 왕실에서는 태자를 보내놓고 그의 무사환국을 기원하는 대대적인 법회를 내전에서 열기도 했다. 출륙환도가 아직 단행되지 않은 상태였기 때문에, 태자가 억류될 수도 있다고 우려한 까닭이다. 하지만 태자는 그해 9월, 원 황제의 시위장군의 호위까지 받으며 무사히 환국한다.

이렇게 원만하게 진행되던 원과의 관계에 이상기류가 발생한다. 원의 대고려 정책이 갑자기 경색되기 시작한 것이다. 그 계기는 원에서 요구하는 사소한 공물 때문이었다.

1262년(원종 3) 9월, 원은 고려에 특별한 사신을 파견했다. 이때 원의 사신은 공물과 함께 원으로 도망친 육자양의 남은 가족을 돌려보내라고 요구했다. 육자양은 1260년(원종 1) 2월 도병마녹사로 있던 중 강도를 탈출하여 원으로 도망쳤던 인물이다. 그리고 그들이 요구한 공물은 요자鵰子와 호동好銅 2만 근이었다. 세조 쿠빌라이가 즉위하고 처음 있는 공물 요구였다.

요자는 매의 일종이고, 호동은 놋쇠를 말한다. 그런데 고려 측에서는 처음에 호동이 무엇을 가리키는지 모르고 있었다. 원의 사신에게 물어서야 그것이 유석鍮石(놋쇠)임을 알게 되었다. 원은 그 호동 2만 근을 환국하는 사신 편에 보내라고 요구했다.

원에서 놋쇠를 어디에 쓰려는 것인지는 잘 알 수 없지만, 돌아가는 사신 편에 보내려면 다급하게 서둘러야 했다. 그래서 재상들부터 6품 관료에 이르기까지 차등을 두어 갹출했는데, 그렇게 모아진 호동이 겨우 612근이었다. 2만 근에는 턱없이 부족한 양이었지만 일정이 촉박하여 그대로 보내는 수밖에 없었다. 원의 사신이 도착한 지 열흘 후, 돌아가는 사신 편에 예부랑중(정5품) 고예高汭를 동반시켜 매 20마리와 함께 징수한 호동을 보냈다.

그러나 별도로 요구한 육자양의 처자는 보내지 않았다. 그 이유는 문서에는 쓰여 있지 않은, 사신이 구두로 요구한 것이기 때문이었다. 명문화되지 않은 요구라서 대수롭지 않게 생각했겠지만 이것이 원과의 관계를 악화시키는 빌미가 되고 만다.

고려 측에서는 육자양의 가족을 보내지도 않은 데다, 놋쇠마저 요구한 것에 훨씬 미치지 못하는 양을 보내 불안하지 않을 수 없었다. 이에 고예에게 그에 대한 해명서를 딸려 보냈다. 매는 때에 맞춰 보내기 위해 잡아서 기르고 있고, 놋쇠는 고려에서 생산되지 않는 것이지만, 황제의 요구에 부응하기 위해 그 정도나마 겨우 갹출하여 보낸다는 내용이었다.

고려시대 놋쇠의 생산 여부는 정확히 알 수 없다. 고려 정부의 해명에 의하면 놋쇠는 중국에서 수입해 사용한다고 했다. 그것이 사실인지, 아니면 공물 요구를 회피하기 위한 수단이었는지는 정확히 알 수 없다. 어느 쪽으로 보든지 2만 근이나 되는 놋쇠를 갑작스레 징수한다는 것은 강도 정부에 큰 부담을 주었고, 이것은 원에서 새삼스레 정치적 압박을 가하기 시작했다는 분명한 표시였다.

앞서 언급했던 바와 같이, 최이가 천도공신으로 복권되고 그의 초상이 공신당에 도형된 것은 바로 이 무렵이었다. 원의 무리한 공물 요구는 고려를 다시 긴장시켰고 원에 대한 거부감을 불러왔다. 이것은 정치적으로 부상하던 김준을 핵심으로 한 새로운 무인정권이 자리를 잡아 가는 데 크게 일조하게 된다.

6사 문제

원의 사신을 따라갔던 고예가 그해 12월 환국하면서 원 황제의 조서를 가지고 왔다. 그런데 이 조서에 너무나 뜻밖의 내용이 담겨 있었다.

"우리는 고려의 요청을 거절한 적이 없었다. 고려의 풍속을 그대로 유지하게 했고, 군대를 철수시켰으며, 포로들을 송환하기도 했다. 그런데도 고려는 우리를 계속 속이고 있다. 이번에 매와 놋쇠를 조금 요구했는데 역시 다른 말로 꾸며대고 있다. 육자양의 가족을 찾아서 돌려보내라는 요구도 거역했다. 약속한 바를 기다릴 것이니 요구한 공물을 보내도록 하고, 본래의 마음을 게을리하지 말라."

고려에서는 이런 조서를 받고 당황하지 않을 수 없었다. 문제는 놋쇠였다. 원에서는 고려에서 놋쇠가 생산되지 않는다는 해명을 거짓으로 판단한 것이다. 그리고 육자양의 가족을 돌려보내라는 문제도 고려 측에서 너무 가볍게 처리하여 빌미를 주고 말았다. 그때 육자양의 처는 다른 남자에게 재가하여 임신 중이었고, 두 아들은 너무 어려 데리고 가기가 힘들었는데, 그런 사정을 자세하게 해명하지 않았던 것이다.

고예는 환국한 지 열흘 남짓 지난 후, 다시 원으로 향해야 했다. 황제의 오해를 하루빨리 풀어야 했으니 다급한 일이 아닐 수 없었다. 금은진보와 비단, 수뢰피 등 뇌물까지 준비하여, 육자양의 처자와 함께 해명하는 표문을 지니고 갔다. 이 표문에서 고려는 놋쇠 문제에 대해서는 아무런 변명도 하지 않고, 육자양의 문제만 상세하게 해명했다. 아울러 원에 대한 고려의 마음에는 전혀 변화가 없다는 것도 다시 상기시켰다.

사실 원의 공물 요구나 육자양의 처자를 보내라는 것은 사소한 문제일 수 있었다. 이보다 중대한 문제는 다시 원에서 고려를 압박하기 시작했다는 점이다. 고예가 환국하면서 지니고 온 황제의 조서에는 그것을 암시하는 좀 더 중요한 내용이 있었다. 그것은 여섯 가지의 또 다른 요구사항이었다. 이른바 6사六事라고 불리는 것이다.

하나, 볼모(인질)를 보낼 것[納質].

둘, 백성들의 호구를 조사하여 보고할 것[籍民].

셋, 역참驛站을 설치할 것[編置郵].

넷, 군사를 내어 보조할 것[出師旅].

다섯, 군량미를 보낼 것[轉輸糧餉].

여섯, 군비를 보조할 것[補助軍儲].

고예가 지니고 온 원 황제의 조서에는 이 여섯 가지가 새삼스럽게 언급되어 있었고, 원에 복속된 나라들은 모두 이 6사를 따르는 것이 몽골족의 전통 법제라고 못 박고 있었다. 그런데 원은 고려가 이 가운데 인질 보내는 것만 실천하고 나머지는 하나도 실행에 옮기지 않았다며 고려를 압박한 것이다.

원에서 6사를 거론하여 고려를 압박한 것은 이번이 처음은 아니었다. 몽골이 5차 침략을 시작하면서 이미 거론한 바 있었지만 그때 요구한 6사와 지금의 6사는 그 내용에 약간의 차이가 있다.

지금의 6사에는 다루가치를 설치하라는 것과 친조를 실천하라는 항목이 빠지고, 군비를 보조하라는 내용이 들어 있다. 아마 정치·군사적인 여러 사정에 따라 시의적절하게 조정되지 않았나 싶다. 다루가치의 설치는 고려의 요청으로 철수하여 빠진 듯하고, 친조는 원종이 태자 시절 국왕을 대신하여 이미 실행했으니 다시 언급할 필요가 없었을 것이다.

그런데 중요한 사실은 원의 요구대로 이 6사를 모두 실천한다면 완전히 원에 복속된다는 점이다. 이제 공물 요구는 중요한 문제가 아니었다. 당시 고려의 국내 사정으로 보아 이런 6사의 요구를 모두 들어 주기는 현실적으로 불가능했다. 원에서도 장기간 전쟁을 치른 고려의 사정을 모르지는 않았을 것이다. 그런데도 원에서 이렇게 갑작스레 6사를 요구한 이유는 무엇일까?

이번 6사에서는 군사 문제와 관련된 요구가 특히 많은데, 이는 원이 아직 남송을 정복하지 못한 탓으로 보인다. 이 무렵 원은 남송을 정벌하는 과정에서 기마병에 적합지 않은 남방 특유의 습한 날씨와 지형적인 특성으로 고전하고 있었다. 따라서 이번 6사의 요구에는 남송 정벌에 고려의 군사력을 이용하겠다는 의도가 들어 있다고 할 수 있다.

공물 요구에 대한 강경한 어조나, 육자양의 가족을 보내지 않은 것에 대한 괜한 트집은 이렇게 6사를 들어 고려를 다시 압박하기 위한 외교적 복선이 아니었을까 싶기도 하다. 아무튼 갑작스런 6사 요구는 다시 고려를 궁지에 몰아넣었고, 원과의 관계는 유화국면에서 경색국면으로 치달았다.

6사에 대한 대응

원으로부터 6사를 실천하라는 요구를 받은 고려는 그 대책을 놓고 고심하지 않을 수 없었다. 더구나 1262년(원종 3) 12월 육자양의 처자와 해명성의 표문을 지니고 원으로 갔던 고예는 이듬해 3월 황제의 답변 조서도 받지 못하고 돌아왔다. 고려에서 보낸 표문에 6사에 대한 실천 약속이 아무것도 없다는 것이 그 이유였다.

강도의 고려 정부는 큰 충격에 휩싸였다. 원의 요구대로 6사를 실천하든지, 할 수 없다면 그에 대한 해명이라도 신속히 해야 했다. 1263년 (원종 4) 4월, 또다시 고려의 사신은 6사에 대한 진정성 표문과 많은 선물을 가지고 원으로 향했다. 그 표문에는 6사를 당장 실천할 수 없는 이유가 하나하나 설명되어 있다.

⑴ 역참 설치 문제: 북계 지방을 중심으로 쇠잔한 백성을 모아 충분하지는 못하지만 이미 실천했으니, 왕래하는 사신에 의해 확인할 수 있을 것이다.

⑵ 호구조사 문제: 백성들이 오랜 전쟁으로 여기저기 산간에 흩어져 살고 있는데, 이런 때 호구를 조사한다면 다시 놀라 도망친다. 서서히 시간을 두고 실행할 것이다.

⑶ 군사와 군량 문제: 오랜 전쟁과 기근으로 백성의 생존자가 백에 2, 3명도 안 되고, 곡식 거둔 것도 십에 1, 2 정도이니 어찌 대국의 군사와 군량을 감당할 수 있겠는가.

여기에 덧붙여, 이러한 실정을 감안하지 않고 약속만 했다가 실천에 옮기지 못하면 더욱 견책만 받을 뿐이니, 실로 진퇴가 어렵다고 호소했다. 그리고 토지가 개간되고 백성들이 모여들면 명령에 따를 것이니 너무 조급하게 서둘지 말고 측은하게 굽어살피라는 간청도 빠뜨리지 않고 있다.

(1)의 역참 설치 문제는 북계 지방에 있던 우역郵驛으로 대신한 듯하다. 양국의 사신이 자주 왕래하는 연도에는 그 편의를 위해 이미 역참이 설치되어 있었기 때문이다. (2)의 호구조사 문제는 원에서 공물을 요구하는 근거로 활용하기 위한 것인데, 당시 고려의 실정을 그대로 설명한 것으로 보인다. (3)군사와 군량 문제는 가장 부담스런 요구였다. 백성의 생존자가 2~3퍼센트 정도이고, 거둔 곡식도 10~20퍼센트라는 것은 조금은 과장된 것으로 생각되지만 긴 전쟁을 감안하면 충분히 납득할 수 있는 부분이다.

하지만 원에서 고려의 이러한 실정을 이해해줄 것인가가 문제였다. 사신을 보내놓고 초조하게 원의 반응만을 기다릴 수밖에 없었는데 그해 8월, 원에 갔던 고려의 사신이 돌아온다. 그 사이 5월에는 이전에 공물로 요구했던 매를 가지고 또 다른 사신이 원으로 향하기도 했다. 공물 약속을 지키려는 것이었겠지만, 원의 환심을 사서 6사에 대한 강압적인 요구를 조금이라도 완화시키려는 의도가 있었던 것으로 보인다.

그런데 사신이 가지고 온 황제의 조서에는 뜻밖의 내용이 담겨 있었다. 고려의 사정을 이해하니 모든 것을 고려 국왕이 헤아려서 하라는 내용이었다. 게다가 양 5백 마리를 공물에 대한 사례품으로 받아왔으니 어찌 반갑지 않았겠는가.

원에서 그렇게 고려의 사정을 이해하고 순순히 요구를 들어준 것은 사실 조금 미심쩍다. 고려를 압박하던 강경한 태도가 갑자기 변한 것은 언뜻 이해가 되지 않기 때문이다. 고려의 실정을 알고 나서 스스로 무리한 요구라고 판단했던 것일까? 아니면, 또 다른 뭔가를 노린 외교 전략이었을까?

조금 섣부른 생각이지만, 이렇게 원이 급변한 이유는 고려의 내정에 대한 어떤 변화를 감지한 탓이 아닌가 싶다. 원의 무리하고 강압적인 요구는 강도 정부의 반감을 불러일으키고, 이러한 반감이 다시 원에 저항하는 새로운 무인정권의 성립을 부추길 수 있다는 것을 알아채지 않았을까.

고려에서 사신이 들어갈 때마다 원에서는 고려 내정에 대한 변화를 읽기 위해 촉각을 곤두세웠을 것이니, 변화의 기류를 알아차리지 못했다면 오히려 이상한 일이다. 원은 그 무렵 차츰 자리를 잡아가는 김준 정권에 대해 눈치채고, 고려에 대한 무리한 압박은 득이 될 게 없다고 판단했을 수도 있다.

국왕은 원의 조정으로 들어오라

우려했던 것과 달리 원의 강경한 태도가 누그러지자, 고려 조정에서는 1263년(원종 4) 10월 다가올 신년을 하례하기 위해 국자감의 대사성 한취韓就를 원에 파견했다. 이를 하정사賀正使라고 부르는데 하정사는 연말에 보내는 동지사冬至使와 함께 사대관계를 맺은 종주국에 매년 정기적으로 반드시 보내야 하는 사절단이다. 조선이 중국과 맺은 사대관계의 예를 보면 그러했다. 이때의 원과 고려는 사대관계에 있었지만 그것이 확실하게 정례화되지는 않았던 것 같다. 이번 하정사가 전쟁 기간을 포함하여 원과 관계를 맺은 후 처음 행하는 하정사였기 때문이다. 이때부터 하정사는 매년 거르지 않고 보냈다. 이제 고려는 원과의 사대관계 속에 깊이 발을 들여놓게 된 것이다.

이 정도의 사대관계는 고려 정부에서도 이미 충분히 감수할 각오를 하고 있었다. 이전부터 원에 보낸 그 많은 표문에 그것은 명백히 드러나 있다. 하지만 원에서는 사대관계 그 이상의 긴밀한 종속관계를 요구한다는 것이 문제였다. 6사의 요구는 그런 의도를 드러낸 것이었다.

하정사로 원에 들어갔던 한취는 이듬해인 1264년(원종 5) 2월 고려로 돌아오면서 원의 역서曆書 한 본을 가지고 왔다. 이 역서는 세조 쿠빌라이 치세에 완성된 유명한 《수시력授時曆》의 근간이 된다. 《수시력》은 수정을 거듭하여 1281년(충렬왕 7) 고려에 반포되어 공민왕 때까지 사용된다.

원의 새로운 역서 반포는 연호의 제정과 함께 원 제국 중심의 새로운 세계질서를 선언한 것이었다. 고려는 이 역시도 거부감 없이 받아들였는데, 이는 고려 왕조가 원 제국이 구축한 새로운 세계질서에 이미 편입되었다는 뜻이다. 하지만 원 제국 중심의 세계질서에 고려가 편입된다는 것은 단순히 사대관계를 맺는 정도로 끝날 일이 아니었다.

1264년(원종 5) 5월, 불안하게 예견하고 있던 일이 결국 일어나고야 만다. 원에서 파견한 사신이 가지고 온 황제의 조서에 깜짝 놀랄만한 내용이 들어 있었는데 그것은 다름 아닌 고려 국왕은 지체하지 말고 친조하라는 명령이었다. 친조는 국왕이 친히 원의 조정에 들어와 황제의 조회朝會에 참여하라는 것으로, 출륙환도와 함께 원에서 줄기차게 요구했던 것이다.

원종은 태자 시절 부왕 고종을 대신하여 친조를 했었다. 그때는 쿠빌라이가 황제에 즉위하기 직전이었지만, 고려 정부에서는 그것으로 국왕의 친조를 대신한 것으로 생각했다. 이제 쿠빌라이가 황제로 즉위하고 원의 내정도 안정을 찾아가면서 다시 새롭게 요구하는 것이었다.

"조회하는 것은 제후들이 지켜야 할 큰 법이다. 짐이 황위를 이은 지 5년이 되었지만 그동안 군사활동으로 여가를 얻지 못했다. 근래에 서북 지방의 여러 왕들이 귀부하니 금년에 왕공王公과 제후들의 조회를 상도上都에서 받고자 한다. 경(고려 국왕)은 역마로 달려와 지체하지 말고 세견지례世見之禮(제후국에서 황제가 즉위하면 조회하는 것)를 닦으라."

원에서는 고려를 제후국 쯤으로 생각했는데, 국왕이 직접 원 황제에게 친조를 한다는 것은 그것을 인정하는 것이었다. 원종이 태자 시절 국왕을 대신하여 친조를 했던 것도 고려 역사상 처음 있던 일로 범상한 일이 아니었다. 하물며 재위 중인 국왕이 몸소 친조를 한다는 것은 왕조의 자주성이나 주체성과 관련된 중대한 문제였다. 조선시대에도 사대관계에 있던 명이나 청에 대해서 그런 친조를 한 적이 없었고, 고려시대 이전에도 물론 없었으니 역사상 전무후무한 일이기도 했다.

고려에서는 친조의 명령을 받고, 돌아가는 사신 편에 다음과 같은 요지의 답서를 보냈다.

"신(고려 국왕)은 상조(원)의 비호로 동쪽 변방에 책봉을 받아 돌아오니 삼한이 특별히 그 보살핌을 입어 망극하였나이다. 돌아올 때에 다시 조회하라는 명령이 있기에 나라가 안정되면 다시 오겠다고 했습니다. 이에 소방(고려)의 실상을 보여드리건대, 전쟁과 기아와 역병이 서로 덮친 지 30년이나 되어 산천초목이 모두 황폐해졌고, 산과 바다에 흩어진 나머지 백성들을 어찌 4, 5년 동안에 다시 불러들일 수 있으리오. 이것은 왕래하는 사신들이 실제로 살핀 바입니다. 친조의 명령이 있으니 응당 등도해야 할 것이오나 소박한 예물이나 간단한 행장이나

마 어찌 쇠잔한 번국(변방)에서 쉽게 변출할 수 있으리오. 바라는 것은 서늘한 날을 잡아 조회하려고 하니 지극한 어짊으로 깊은 보살핌을 주소서."

신하가 왕에게 간청하는 것과 다름없는데, 고려 국왕이 황제에 대해 신하를 자칭한 것이 이번이 처음은 아니었다. 하지만 문제는 그런 친조의 명령을 정면으로 거부할 수 없었다는 점이다. 거부하면 원의 군사적 압박을 다시 받아야만 했기 때문이다. 그래서 전후의 피폐상을 들어 친조의 연기를 요청한 것인데 그런 강도 정부의 처신이 옹색하기 그지없다.

홀로 친조를 주장한 이장용

친조의 명령을 받은 고려 정부에서는 일단 연기해줄 것을 요청하는 표문을 올렸지만, 반대 여론이 들끓었다. 모두 원의 의도에 의심을 품고 친조를 위험하다고 판단한 것이다.

국왕 원종은 결단을 내리지 못하고 망설였다. 반대 여론도 문제였지만, 친조를 하기 위해 왕위를 장시간 비우고 국내를 떠나 있어야 하는 것도 위험한 일이었기 때문이다. 그렇다고 친조를 정면으로 거부할 수도 없는 노릇이었다.

이런 상황은 최항이 정권을 잡고 있던 전쟁 말기에 친조 명령을 받은 당시의 국왕 고종이 고심하던 모습과 같다. 그때 최항은 정권의 안위가 달린 문제라는 이유를 들어 친조를 반대했었는데, 군대의 철수를 선행 조건으로 내걸어 회피하기도 하고, 국왕의 연로함과 병세를 들어 미루기도 했다. 결국은 최씨 정권이 붕괴된 후에야 당시 태자였던 지금의 국왕 원종이 부왕의 친조를 대신하여 전쟁을 끝냈던 것이다.

하지만 이제는 미룰 만한 핑계도 마땅치 않았고, 회피할 만한 적당한 구실도 없었다. 원의 군대는 벌써 철수했고, 출륙환도 문제도 고려의 재량에 맡긴다는 황제의 조서가 이미 있었기 때문이다. 결단을 내리지 못하고 망설이던 국왕은 재상회의를 열어 의견을 물었다. 재상들이라고 무슨 뾰족한 수가 있을 리 없었다. 모두 다 망설이고 입을 다물고 있는데 유일하게 친조를 해야 한다고 주장하는 사람이 있었다. 바로 이장용이었다.

"국왕께서 조회하면 원과 화친하는 것이고, 그것을 거부하면 틈이 생겨 전쟁을 피할 수 없습니다."

이장용의 생각은 단순 명쾌했다. 어떻게든 전쟁만은 피해야 한다는 것이었다. 그러자 여기에 즉각 반대하고 나선 사람이 딱 한 사람 있었다. 그가 누구이겠는가, 바로 김준이었다.

"조회에 들어갔다가 만에 하나라도 변이 생기면 어찌하겠는가."

김준이 염려한 것은 국왕의 신변 문제였다. 국왕이 원의 조정에 들어갔다가 억류된다든지, 다른 신변상에 문제가 생길 것을 염려한 것이다. 이는 물론 국왕에 대한 충성심에서 나온 것이 아니었다. 이즈음 정권의 기반을 다져가던 그에게는 국왕의 친조가 자신의 정권에 어떤 영향을 미칠 것인가에 더 신경이 쓰였다. 이런 친조 문제에 대처하는 김준의 태도도 최씨 집권자들과 판에 박은 듯 똑같다.

김준의 반박에 이장용은 거침없이 말했다.

"나는 반드시 무사할 것이라 믿소. 만약 국왕의 신상에 조그마한 문제라도 생긴다면 죽음을 달게 받겠소."

이장용은 국왕이 원에 들어가더라도 무사할 것이라는 확신을 가지고 있었음이 분명하다. 또한 김준이 국왕 신변상의 안전을 이유로 친조를 반대한 데는 다른 의도가 있다는 것을 이미 간파한 것이다.

이장용이 그렇게 확신에 찬 주장을 하면서 목숨까지 거는데 김준도 더 이상 반대할 명분이 없었다. 그리하여 국왕의 친조는 실행하기로 결정되었다. 당연히 이장용은 국왕의 친조를 무사히 마칠 책임을 지고 그 행차에 따르기로 한다.

홀로 친조를 주장한 이장용은 고려시대 최고의 문벌 가문인 인주(인천, 경원) 이씨로, 유명한 이자연李子淵(이자겸의 조부)의 6세손이다. 그는 고종조에 과거에 급제한 이후 지금까지 중앙의 요직을 두루 거치며 승진을 거듭했다. 친조를 주장한 그때 이장용은 중서시랑평장사(정2품)로서 판병부사(종1품)를 겸하는 관직 서열 2위에 있었다. 이자겸의 난으로 인주 이씨 가문이 쇠퇴하다가 그의 대에 와서 다시 빛을 보게 된 것이다.

이장용의 이력에서 한 가지 주목할 만한 사실은, 그가 최씨 정권의 마지막 집권자 최의의 장인이었다는 점이다. 최씨 정권이 지속된 기간에는 이것이 그의 관직 승진에 보탬이 되었을 수도 있다. 하지만 이해가 되지 않는 점은, 최의가 김준에 의해 주살되고 최씨 정권이 붕괴된 후에도 그의 관직 승진은 거칠 것이 없었다는 사실이다. 이장용은 최의가 제거된 후에 최소한 실각을 하든지 정치적으로 후퇴해야 마땅할 터인데 그렇지 않았다. 아마 이장용은 최씨 정권과 혼인관계를 맺기는 했지만, 정권과 일정한 거리를 두고 비판적인 입장에 서지 않았을까 싶다.

그런데 김준 정권이 들어선 후에도 그가 계속 승진한 것은 역시 의문으로 남는다. 게다가 이장용은 김준의 의사에 반하는 친조를 주장한 사실로 보아, 김준 정권과는 정치적 노선이 맞지 않은 인물로 보인다는 점에서 더욱 그렇다. 이런 이장용의 건재는, 확실하지는 않지만 쿠빌라이가 황제로 즉위하고 원과 유화적인 관계가 조성되면서 가능했다고 보인다.

정권을 장악한 김준

왕조의 위기에서 비롯된 단군숭배

중랑장(정5품) 백승현白勝賢이라는 사람이 있었다. 그는 음양술과 풍수 도참설에 능한 술사였는데, 그가 마침 친조를 고심하고 있던 김준에게 솔깃한 말을 던졌다. 참성단塹城壇(塹星壇)에 천제天祭를 올리고, 삼랑성과 신니동에 가궐假闕을 조성하여 오성도량五星道場을 베풀면 원에 대한 친조를 그만둘 수 있다는 것이었다. 또한 그렇게 하면 우리 삼한이 변하여 진단震旦(동방의 대국을 뜻함)이 되고, 큰나라가 도리어 우리에게 조회할 것이라고 했다. 1264년(원종 5) 5월, 친조를 연기해달라는 표문을 보낸 직후의 일이었다.

참성단은 현재 강화도 마니산 정상에 남아 있는데, 아래는 둥근 원형이고 위는 네모난 방형의 석축 제단이다. 《고려사》〈지리지〉와 《신증동국여지승람》에, '단군이 하늘에 제사지내던 곳으로 세상에 전해

내려오고 있다'는 막연한 기록만 남아 있고, 이 제단이 만들어진 시기에 대해서는 아무런 언급이 없다. 아마 강화도로 천도한 이후, 단군숭배 사상의 태동을 배경으로 만들어진 것이 아닌가 추측된다.

그런데 백승현이 참성단에 천제를 올리자고 주장한 기록이 사서에 등장한 참성단에 대한 최초의 기록이라는 사실을 주목할 필요가 있다. 백승현이 천제를 올리자고 주장한 그때 참성단은 이미 만들어져 있었다고 보인다. 이런 주장이 원으로부터 친조를 강요받고, 고려 왕실이 위기를 맞은 시점에 나왔다는 사실은 참성단의 조성 시기를 가늠하는 데 시사하는 바가 많다.

이 대목에서, 1259년(고종 46) 2월 마니산 남쪽에 이궁離宮을 창건했던 사실을 상기할 필요가 있다. 그것도 풍수도참설에 근거한 왕업의 연장책으로써 이때도 친조를 둘러싸고 왕조의 위기의식이 퍼지던 무렵이었다. 그렇다면 마니산에 참성단이 조성된 것도 바로 이즈음이 아니었을까. 즉 마니산 남쪽에 이궁을 창건하면서 산의 정상에는 천제를 지낼 수 있는 제단을 조성하지 않았을까 하는 것이다.

참성단과 관련해서 또 하나 언급하지 않을 수 없는 문제는 단군숭배 사상이다. 참성단을 분명히 단군숭배 사상과 관련시키고 있기 때문이다. 궁금한 점은, 처음부터 단군숭배를 위한 제단으로 참성단이 조성되었는가, 아니면 단순히 하늘에 제사를 올리는 제단이었는데 시간이 흐르면서 단군숭배와 관련된 제단으로 발전했는가 하는 것이다.

이것은 사소한 것 같지만 매우 중요하고 흥미로운 문제이다. 왜냐하면, 언제부터 우리 역사가 단군을 건국의 시조로 여기고, 단군숭배를 시작했는가 하는 문제를 해명해볼 수 있기 때문이다.

단군왕검檀君王儉의 건국 사실이 맨 처음 문자로 기록된 것은 충렬왕

때 편찬된 일연—然의 《삼국유사》와, 거의 비슷한 시기에 편찬된 이승휴李承休의 《제왕운기》이다. 그러나 이는 단군 관련 사실의 최초 문자 기록을 말하는 것이지, 단군숭배 사상의 시작을 의미하는 것은 아니다. 단군숭배 사상은 충렬왕 이전부터 널리 퍼져 있다가 이때에 와서야 문자로 기록된 것으로 보인다. 그렇다면 그 시기가 언제부터였는가 하는 문제가 대두된다.

학계에서는 단군숭배 사상의 형성을 보통 대몽항쟁기로 보고 있다. 대몽항쟁기 이전에는 평양이나 경주 등 옛 삼국의 왕도가 있던 지역에서 고구려나 신라의 건국신앙이 그 지역의 토착신앙과 결부되어 남아 있었다. 장기간의 대몽항쟁은 이런 지역 토착적인 건국신앙을 극복하는 계기가 되었고, 단군왕검이라는 삼국통합의 유일한 시조신을 필요로 했다. 따라서 단군숭배 사상의 형성을 대몽항쟁기로 보는 것은 크게 무리가 없을 듯하다.

그런데 강화도로 천도한 이후 최씨 정권이 벌인 대몽항쟁은 내륙의 인민들과는 동떨어진 것이었다. 따라서 강도의 최씨 정권은 전 인민을 성공적으로 대몽항쟁에 참여시킬 수 없었고 이런 현상은 최씨 정권 말기로 갈수록 더욱 심해졌다. 몽골의 군대가 쳐들어오는 것을 백성들이 환영했다는 기록 하나만 가지고도 그것을 증명할 수 있지만, 최씨 정권이 무너진 직후에 강압적이었던 대몽항쟁에 반발한 집단적이고 지역적인 투항과 이반 현상이 속출했다는 사실을 대하면 더 말할 필요도 없어진다. 이는 최씨 정권이 전 인민을 일치단결시키는 항쟁을 하지 못했다는 명백한 증거였다.

그렇다면 그런 시기에 민족의 유일한 시조신으로서 단군숭배 사상이 형성되었다고 보는 것은 어딘가 조금 어색하다. 그래서 단군숭배 사상은 대몽항쟁기가 아니라 최씨 정권이 붕괴된 이후, 지금 살펴보고 있는 친조를 둘러싼 왕조의 위기의식에서 비롯된 것으로 보고싶다. 그 위기의식은 고려 왕조의 사직이 위협받고 있다는 증거였다.

단군숭배 사상이 태동된 좀 더 정확한 시기는 고종 재위 말년 참성단이 조성된 이후로 보인다. 처음에 참성단은 단군신앙과 무관하게 단순히 하늘에 제사를 올리는 천제단이었는데, 국왕 원종의 친조를 둘러싼 위기의식으로 인해 하늘에 제사를 올리면서 단군신앙과 연결을 맺게 되었다고 보인다. 결국 단군숭배 사상은 친조를 둘러싼 왕조의 위기의식이 고조되면서 왕실에 의해 그 필요성이 대두되었다고 할 수 있다. 위기 극복의 한 수단으로 고려 왕조의 정체성이나 주체성을 다시 확인하기 위해서 말이다.

친조를 막기 위한 궁궐 창건

백승현은 김준에게 친조를 하지 않으려면 참성단에 천제를 지내고, 아울러 삼랑성과 신니동에 가궐假闕을 완성하여 오성도량五星道場을 베풀라고 했다. 또한 그렇게 하면 우리 삼한도 동방의 대국이 되어 큰 나라가 우리에게 조회할 것이라고 했다.

가궐은 풍수도참설에 근거하여 길지吉地에 세우는 임시 대궐쯤으로 생각된다. 이것은 1259년(고종 46) 2월 마니산 남쪽에 왕업을 연장하기 위해 세웠다는 '이궁離宮'과 그 목적이나 성격이 같은 것이었다.

오성도량은 '대불정大佛頂오성도량'을 줄인 말인데, 큰 지혜를 상징하는 다섯 개의 별인 금·목·수·화·토성과 관련된 법회라고 한다. 별의 변화가 인간의 길흉화복과 관계있다는 불교사상에 근거한 것이다.

별자리에 변화가 있을 때, 그것을 인간 세상에 대한 경고로 받아들이고 재난을 없애달라고 기원하는 법회 정도로 해석된다.

백승현이 친조를 막기 위해서 가궐을 창건하고 오성도량을 베풀자고 주장한 것은, 친조를 고려 왕조에 대한 위기나 환란으로 생각했다는 것을 말해준다. 큰 나라가 고려에 조회할 것이라는 말도 허황되긴 했지만 이런 백승현의 말을 국가적인 위기 극복의 수단으로 여겼음을 알 수 있다. 이 대목에서 풍수지리설이나 불교가 고려시대 중요한 통치 이데올로기였다는 점도 새삼 깨우쳐준다.

백승현의 생각은 김준에게 그대로 먹혀들었다. 친조를 고심하던 김준은 백승현의 말을 바로 원종에게 전한다. 국왕 역시 친조를 주저하고 있던 터라 이 말에 쉽게 현혹되고 만다. 친조를 하기로 결정은 했지만 막상 실행한다는 것은 조심스러운 일이었기 때문이다. 원종도 친조를 왕조의 위기나 환란으로 생각하고 있었고, 이 점은 국왕이나 김준이나 마찬가지였다. 친조를 주저하는 속마음이야 서로 달랐지만 위기로 받아들였다는 점에서는 같은 입장이었다고 할 수 있다.

김준의 전언에 현혹된 국왕은 바로 백승현을 불러 비책을 확인하고, 몇몇 실무자를 임명하여 삼랑성과 신니동에 즉시 가궐을 창건하도록 했다. 백승현의 말은 친조를 그만둘 수 있는 특별한 제안으로 받아들여지고, 일종의 정치적 이벤트로써 실천에 옮겨진 것이다.

삼랑성은 정족산성으로 지금의 길상면 전등사 구내 후원에 남아 있다. 《고려사》〈지리지〉에는 '세상에 전하기를 단군이 세 아들을 시켜 쌓게 했다'라는 삼랑성과 관련된 기록이 있는데, 참성단과 마찬가지로 단군과 관련시키고 있다는 점이 눈길을 끈다. 신니동은 지금의 선원면 지산리(신지동) 북쪽 송림 일대에 해당한다. 인근에는 혈구산穴口山이 있고 당시 이곳에는 혈구사穴口寺가 있었는데, 백승현은 고종 때 왕업의 연장책으로 이 혈구사에 국왕의 거둥과 법회를 열 것을 주문한 적도 있었다.

그런데 가궐을 창건하는 데 제동을 걸고 나선 사람이 있었다. 예부 시랑(정4품)으로 있는 김궤金軌라는 자가 우복야(정2품) 박송비에게 그 부당함을 지적한 것이다.

"혈구산은 흉한 산인데 일찍이 고종께 아뢰어 크게 불사를 일으키고 임금의 의대를 봉안하였소. 하지만 얼마 안 되어 고종께서 승하하셨습니다. 이제 또 감히 유언비어를 퍼뜨려 가궐을 창건케 하고 오성도량을 베풀자고 하니 이는 믿을 수 없는 일입니다. 청컨대 공은 못하게 막아야 합니다."

백승현의 말을 유언비어 정도로 생각했다는 것을 알 수 있다. 김궤가 박송비에게 백승현의 제안을 금지하도록 요청한 것은, 박송비와 김준의 관계를 감안한 것이었다. 즉 박송비는 김준을 설득하는 데 가장 적절한 위치에 있는 사람이었다.

박송비는 김궤의 말을 그대로 김준에게 전했다. 김궤의 말을 전한다고는 했지만 박송비 자신의 생각도 김궤와 다르지 않았을 것이다. 박송비로부터 김궤의 말을 전해들은 김준은 두 사람에 대한 분노를 숨기지 않았다. 박송비는 손을 대지 못하더라도 김궤는 살려두지 않겠다고 작정했다.

하지만 김준이 정작 위험하다고 느낀 사람은 박송비였다. 김궤가 김준의 생각에 반발하기는 했지만 그 정도의 인물은 큰 위협이 아니었다. 그러나 김궤의 생각을 빙자하여 자신의 앞길을 막고 있는 박송비는 차원이 달랐다. 위사공신 서열 5위라는 정치적 위상으로 보나, 그 영향력으로 보나 자신과 맞설 수 있는 위협적인 인물로 다가왔다. 결국 김궤는 죽음을 모면할 수 있었고, 박송비는 이 사건 3개월 후인 1264년(원종 5) 8월, 김준에 의해 파면당하고 만다.

김준은 가궐의 창건에 반대한 자들을 제압하고, 친조를 그만둘 수 있다는 명분에서 정치적 사업을 계획대로 진행한다. 물론 국왕도 여기에 동조했다. 그리하여 언제인지는 모르지만 삼랑성과 신니동에 가궐이 완성되었다고 보인다. 지금도 해당 지역에는 그 궁궐터의 잔해가 미미하게 남아 있다.

친조 정국과 김준 정권

가궐을 창건하기 시작한 지 보름쯤 후에 삼랑성의 가궐에서 오성도량을 무려 4개월 동안이나 열었다. 도량이 시작되고 사흘 후에는 국왕이 직접 행차하여 행향行香까지 했다. 한 달가량 뒤에는 국왕이 신니동의 가궐로 거처를 옮기고 또다시 오성도량을 개최했다. 1264년(원종 5) 6월의 일인데, 이때쯤 가궐이 완성되었다고 보인다.

국왕의 법회에 대한 열정은 이것으로 끝나지 않았다. 신니동 가궐로 이어한 다음날, 혈구사에서는 대일왕도량大日王道場을 열었고 사흘 후 국왕은 여기에도 행차하여 행향했다. '대일왕도량'이 무슨 의미의 법회인지는 확실하지 않지만, '오성도량과 마찬가지로 역시 친조를 둘러싼 위기의식에서 왕실의 안녕을 빌기 위해 나온 것임이 분명하다.

고려시대 불교의례에 관한 한 연구에 의하면 이 시기 원종 대에 소재도량逍災道場이 가장 빈번하게 개최되었음을 밝히고 있다. 소재도량은 말 그대로 재난이나 환난을 없애달라고 기원하는 법회를 말한다.

몽골과 기나긴 전쟁으로 재난이 계속되었던 고종 대보다도 오히려 전쟁이 끝난 원종 대에 소재도량이 더 빈번하게 개최되었다는 것은 무엇을 의미할까?

전쟁이 끝난 원종 대는 원과의 관계를 어떻게 정립해나가느냐에 따라 고려 왕조의 운명이 바뀔 수 있는 매우 중대한 시기였다. 자칫 잘못하면 고려의 자주성이나 정체성에 심각한 위기를 초래할 수도 있었기 때문이다. 원에서 6사를 요구한 것이나 국왕의 친조를 명령한 것은 고려의 자주성이나 정체성을 건드리는 문제였다. 다행히 6사 요구는 철회되었지만, 이제 친조 문제가 다시 국가적 위기를 불러온 것이다.

친조를 요구한 황제의 조서를 가지고 왔던 원의 사신들 중 일부는, 연기를 요청하는 고려 측의 답서를 가지고 돌아갔다. 하지만 나머지 일부 사신은 국왕의 친조 행차를 기다리며 강도에 남아 있었다. 기어이 친조를 받아내겠다는 원의 의지였다.

이런 상황 속에서 술사 백승현의 제안대로 가궐을 창건하고 도량을 개최하면 실제로 친조를 그만둘 수 있다고 생각하는 사람은 아무도 없었다. 이는 위기 정국에서 풍수지리설이나 불교의 힘을 빌려 국가적인 위기를 모면해보려는 막연한 바람을 드러낸 것에 불과했다. 그것으로 심리적 위안은 받을 수 있을지 모르지만 어차피 친조는 거부할 수 없는 상황이었다. 이는 국왕 원종이나 김준도 모르는 바가 아니었다.

그런데도 김준은 가궐을 창건하고 도량을 베푸는 데 매우 적극적이었다. 게다가 백승현의 참설이 부당하다고 주장한 김궤나 박송비를 축출하면서까지 가궐의 창건을 주도하고 여러 법회를 개최했다. 김준이 이 일에 그렇게 매달린 이유는 무엇이었을까? 김준의 입장에서는 그것을 통해 현실적으로 뭔가 분명히 노리는 바가 있었을 법하다.

그것은 역설적이지만 위기의식을 더욱 확대하려는 의도였다고 보인다. 실제로 삼랑성이나 신니동에 가궐을 창건하는 과정에서 왕조의 위기의식은 더욱 고조되었다. 가궐을 창건하면 친조를 그만둘 수 있다는 참설은 일종의 정략적인 것으로 위기의식에 대한 여론의 확산을 조장한 측면이 있었다. 김준은 그런 위기상황을 더욱 확대하고 그 속에서 자신의 정치적 입지를 강화하려는 계산을 했던 것이다.

이러한 김준에게 백승현의 참설은 자신의 의도에 딱 들어맞는 기발한 제안이었다. 마침 국왕 원종도 친조를 꺼려하고 있었으니 더욱 안성맞춤이었다. 김준의 속셈과 국왕의 처지, 그리고 사상적 근거 등 3박자가 절묘하게 맞아떨어진 셈이다. 김준의 그런 정치적 의도를 맨 먼저 간파한 사람이 친조를 해야 한다고 홀로 주장한 이장용이었고, 백승현의 제안을 거부해야 한다고 주장한 박송비였다.

김준이 친조 정국에서 주도했던 일은 가궐의 창건만이 아니었다. 법회 개최를 통해서도 그런 의도를 엿볼 수 있다.

불교의 경전 중에《인왕경仁王經》(인왕호국반야바라밀다경)이 있는데, 이 경전은 전통적으로 호국 경전으로 잘 알려져 있다. 그래서 호국안민을 기원할 때는 인왕도량을 반드시 개최했다. 인왕도량을 개최하려면 백 개의 사자상과 경전이 필요했는데, 강화로 천도할 때 그것을 미처 옮겨오지 못했다. 이에 김준은 자신의 수족들을 동원하고 사비를 들여 이 사자상 백 개와 경전 백여 부를 인쇄하는 등, 인왕도량의 의례물을 치밀하게 준비했다. 그리고 국왕이 친조를 위해 강도를 떠나기 직전 김준은 자신이 준비한 인왕도량을 성대하게 개최한다.

김준이 친조라는 위기의 국면에서 얼마나 적극적으로 정국을 주도해나갔는지 알 수 있는 일이다. 더불어 그의 정치적 위상은 그만큼 높아졌으리라.

최고집권자에 오른 김준

1264년(원종 5) 7월 1일, 친조를 기다리며 잔류하고 있던 원의 사신들
이 돌아갔다. 친조 받는 것을 포기해서가 아니라, 중도에서 국왕의 친
조 행차를 기다리기 위한 것이었다. 너무 압박하면 무리가 따를 것으
로 판단하고 친조를 준비할 조금의 여유를 준 것으로 생각된다.

7월 20일, 마침내 국왕은 친조를 하겠다는 교서를 반포하고 대사면
령을 내린다. 26일에는 국왕의 친조를 위해 애써준 김준을 치하하고
그 수족들에게는 관직과 함께 후한 포상까지 내린다. 왕위를 비우고
멀리 떠나 있어야 할 국왕으로서는 김준의 비위를 맞출 필요가 있었던
것이다.

다음날 27일, 김준은 자신이 미리 준비했던 인왕도량을 궁궐의 대관
전에서 성대하게 열었다. 이 법회는 국왕이 왕위를 비운 동안 국태민
안을 기원하는 것이었지만 그 이면에는 장도에 오르는 국왕에게 안심
하고 떠나라는 정치적 메시지가 들어 있지 않았을까.

그리고 8월 2일, 국왕 원종은 김준을 교정별감敎定別監으로 삼아 국
가의 비위를 규찰하라는 명령을 내렸다. 교정별감은 최충헌이 무인정
권의 최고집정부로 만든 교정도감敎定都監의 장관격이다. 교정별감은
최씨 무인집권자들이 반드시 차지했던 직책으로서 최고집권자임을 증
명하는 것이나 다름없었다. 이 자리를 마침내 김준이 차지한 것이다.

1258년(고종 45) 3월, 최의를 제거한 쿠데타 이후부터 김준의 권력은
정상을 향해 한 걸음 한 걸음 나아가고 있었다. 김준이 교정별감을 차

지했다는 것은 이제 그 등정이 끝났음을 말해주는 것이다. 최의가 제거된 지 6년 만의 일이니, 거사 이후 정권 장악까지 이렇게 긴 시간이 걸린 쿠데타도 없을 듯하다.

김준이 교정별감을 차지하고 제일 먼저 했던 일은, 백승현의 제안을 가로막았던 박송비를 파면시킨 것이었다. 이장용 역시 김준의 손길을 피해갈 수 없었지만, 그는 국왕의 친조 행차를 수행할 사신으로 따라 가게 되어 다행히 위험에서 벗어날 수 있었다.

1264년(원종 5) 8월 10일, 국왕 원종은 여러 종친과 문무백관의 전송을 받으며 강도를 출발했다. 강화도에서 바다를 건너 육지로 나가는 관문인 제포관에는 국왕을 전송하는 문무관리들과 그것을 구경나온 백성들로 발 디딜 틈이 없었다. 우리 역사상 국왕의 친조는 처음 있는 일이었으니 그럴 만도 했을 것이다. 그 무리들 속에서 문무관리들은 국왕보다는 국왕의 바로 곁에 자리하고 있는 김준을 주시하고 있었다.

국왕은 강을 건너기 전에 김준에게 감국監國을 부탁했다. 감국은 국왕이 자리를 비운 동안 태자가 국정을 대신 처리하는 것을 말하는데, 이때는 태자(후의 충렬왕)가 있음에도 불구하고 김준이 그 감국을 맡게 된 것이다. 국왕은 원으로 떠나고 왕위가 공석이니, 이제 국내에서 김준보다 우위에 설 자는 아무도 없었다.

국왕은 그해 9월 하순경 연도(북경)에 도착하여 원 세조 쿠빌라이를 대면했다. 쿠빌라이와 국왕 원종의 만남은 이것이 두 번째였다. 이때 국왕은 황제가 베푸는 두 차례의 연회와, 중서성의 연회를 대접받고 국왕을 시종하던 사신들까지 모두 비단을 하사받는 등 후한 대접을 받았다. 뜻밖의 환대였다.

김준이 친조를 반대하며 내세웠던 이유처럼, 국왕의 신변에 무슨 일이 일어날 수 있다는 우려는 기우에 불과했다. 하지만 원에서 고려 국왕을 환대했던 것을 우호적으로 볼 일만은 아니다. 그들 나름대로 고려를 원 제국의 질서 안에 끌어들이기 위한 전략이 있었다. 그것은 단순한 사대관계가 아니라 좀 더 긴밀한 종속관계로 가는 과정이었다.

국왕이 원에 체류한 동안 원에서는 '중통'에서 '지원至元'으로 연호를 고치고 대사면령을 내렸다. 이것은 원 제국 중심의 새로운 세계질서를 다시 선언한 것으로 보인다. 즉 고려는 원 제국 중심의 세계질서 안의 일원이 되는 것이었고, 원은 어려움을 무릅쓰고 친조를 실천한 고려 국왕을 환대해 보내야만 했다. 국왕을 억압한다거나 신변에 위협을 가한다는 것은 원의 입장에서도 전혀 득이 되지 않는 일이었다.

앞서 이장용이 홀로 친조를 주장했던 것은 그런 양국관계를 이미 꿰뚫어보고 있었다는 뜻이다. 김준이 그때 친조를 반대했던 것은 다른 이유 때문이 아니었다. 국왕 원종이 친조하여 황제와 대면하게 되면 두 사람의 관계는 가까워질 수밖에 없었다. 고려 국왕과 원의 황제 사이가 가까워진다는 것은 양국관계가 긴밀해지는 것이고, 이는 김준 자신의 정치적 입지를 그만큼 어렵게 만드는 일이었다. 아니면 김준은 국왕이 원에 들어가 원의 세력을 등에 업고 자신에게 위해를 가할 것을 염려했을 수도 있다.

국왕은 그해 10월 중순에 북경을 출발하여 귀국길에 올랐다. 같은 해 12월에는 의주에 도착하여 야별초의 호위를 받고, 보름 후에는 강도에 무사히 도착했다. 강도를 출발해서 다시 강도로 돌아올 때까지 4개월 남짓 소요된 여정인데, 왕복하는 시간을 감안하면 원에 머무른 기간은 매우 짧았다는 것을 알 수 있다. 이는 귀국 일정을 매우 촉박하게 잡았다는 뜻인데, 무엇이 그토록 국왕의 귀국을 서두르게 했을까.

봉후입부, 해양후 책봉

친조를 위해 조정을 떠나 있는 동안이나, 귀국해서 조정에 복귀한 후에도 국왕의 제일 큰 관심사는 김준이라는 인물과의 관계를 어떻게 풀어나가느냐였다. 국왕이 귀국한 후 제일 먼저 했던 일은 김준에 대한 포상이었다.

"김준은 권신(최의)을 제거하고 정사를 왕실에 복귀시켜 과인에게 사직을 잇도록 했다. 또한 금년 여름, 원의 사신이 와서 친히 조회하기를 독촉할 때 김준은 원의 사신을 머물게 하고 여비를 마련하여 친조하는 데 공을 세웠다. 과인이 황제의 총애를 받고 돌아와 사직을 다시 편안케 했으니 그 공이 무겁고 크다. 특별한 은전을 내려 보답하려고 하니 유사에서는 김준의 봉후입부封候立府(제후로 책봉하고 그 관부를 세움)를 의논하라."

김준에 대한 이러한 포상계획이 국왕의 순수한 자발적 의지였는지, 아니면 어쩔 수 없이 내려진 조치였는지 얼른 판단이 서지 않는다. 아마 국왕이 친조를 위해 조정을 떠나 있는 동안, 김준이 국왕의 대행으로 정국을 주도하면서 계획된 것이 아닐까 싶다. 국왕은 김준에 의해 짜인 정국의 틀에서 벗어날 수 없었다. 이것은 친조를 전후하여 정국을 주도하던 김준이 드디어 정권 장악에 성공했음을 말해준다. 아울러 김준의 권력 장악을 국왕 자신이 공식적으로 인정해준 셈이다.

1265년(원종 6) 정월, 김준은 수상직인 문하시중의 자리도 차지했다. 이미 권력의 정상에 올라 수상직은 실질적으로 별 의미가 없는 것이었지만 그것이 가진 상징적인 의미는 컸다. 이에 대한 보답이었는지 김준은 그해 3월 측근을 시켜 국왕의 생일에 화려한 선물과 술, 과일을 진상했다. 김준과 국왕은 서로 적대적인 긴장관계였지만, 동시에 우호적인 선린관계도 필요했기 때문이다.

그리고 그해 10월 김준은 마침내 해양후海陽侯로 책봉되고 그에 속한 관부를 설치했다. 이름하여 봉후입부라는 것이다. 해양은 김준의 외향이 해양(광주)이었던 인연으로 붙여졌다. 이것은 최이를 진양후晉陽侯로 책봉했던 전례를 그대로 따른 것이었으니, 이제 김준은 비로소 최씨 집권자와 같은 정치적 위상을 갖게 된 것이다.

그런데 여기서 한 가지 미심쩍은 일은, 국왕이 김준에 대한 봉후입부를 논의하라고 한 때가 1264년(원종 5) 12월인데, 거의 1년이나 지난 시점에 그것이 실행되었다는 점이다. 이것은 김준에 대한 봉후입부를 반대하는 여론이 잠재했던 탓이 아니었나 생각된다. 반대 여론을 누르고 봉후입부를 단행하려다 보니 그렇게 지체된 것으로 보인다.

이것은 김준에 대한 봉후입부가 조금 무리한 일이었음을 시사한다. 아울러 김준이 최씨 집권자와 같은 정치적 위상을 차지하기는 했지만, 실제의 권력은 그에 미치지 못했을 것이라는 점도 충분히 짐작할 수 있다.

김준은 해양후 책봉을 자신의 사저에서 받았다. 김준을 해양후로 책봉한다는 국왕의 명령을 전달한 사람은 재미있게도 이장용이었다. 이장용이 국왕의 명령을 수행한 것을 보면, 그가 여러 반대 여론과는 달리 김준의 해양후 책봉을 주장했을 것으로 보인다. 정권을 장악한 김준의 힘을 인정하는 것이, 앞으로의 정국을 안정시키는 데 이로울 것이라는 이장용의 현실적인 판단이 작용했던 것이다.

김준은 이제 거칠 것이 없었다. 자신의 부탁을 거절하는 관리는 파직을 감수해야 했다. 김준은 또한 여러 가신들을 동원하여 전국에 걸친 대규모의 농장을 관리하기도 했다. 전라도 일대의 토지는 문성주文成柱, 충청도 일대의 토지는 지준池濬이라는 가신을 시켜 가렴주구를 일삼았다. 김준의 아들들 역시 이에 편승하여 무뢰배들을 끌어모아 백성들의 토지를 빼앗고 마음껏 횡포를 부렸다. 김준이 최씨 집권자의 전철을 그대로 밟고 있다는 사실이 흥미롭다.

또한 김준은 자신의 사저를 확장하기 위해 이웃한 집들을 헐고 주야로 공사를 벌이기도 했다. 그렇게 완성된 사저는 정원의 넓이가 수백 보에 이르고, 집의 높이가 여러 길이나 되었다. 권력을 장악하고 자신의 사저를 확장하는 이런 모습도 최씨 집권자들의 행태를 그대로 모방한 것이었다. 김준의 처는 이것도 좁다고 남편에게 앙탈을 부렸다니, 이것도 최씨 정권의 부패상을 한 점 착오 없이 따르고 있는 셈이었다.

김준은 사병도 따로 모집했다. 은병을 세워놓고 활을 쏘게 하여 이를 맞히면 갖게 하고, 그 자리에서 하급 무관직을 수여했다. 재물과 관직으로 사람들을 유혹하여 사병을 양성하는 방법인데, 이러한 행태 역시 최씨 집권자들에게 배운 수법에 지나지 않았다.

최씨 정권을 붕괴시키고 정권을 장악한 김준이었지만, 이전 최씨 정권의 테두리를 조금도 벗어나지 못했다. 아니, '못했다'고 하기보다는 '그럴 수 없었다'고 보는 것이 옳을 것이다. 원과의 관계에서 나타난 정권의 대외적 성향이나, 사소한 권력의 운용, 국왕과의 관계 등 모든 면에서 최씨 정권의 전철을 그대로 밟았다. 그것이 권력을 유지하고 장악하는 최선의 방법이었기 때문이다. 김준에게 다른 길은 없었다.

뜨거운 감자, 일본

달변의 이재상

이장용은 국왕이 원에 친조할 때 국왕을 수행한 공으로 한 계급 특진하면서 개국백開國伯이라는 작위를 받는다. 이러한 포상은 단순히 국왕을 잘 모시고 무사히 환국한 것에 대한 보답만은 아니었다. 이장용은 원에 체류하고 있는 동안 원의 고관과 양국의 현안을 놓고 논쟁을 벌였다. 여기서 명쾌한 논리로 원의 관리를 물리치고 고려의 국익을 지켜냈는데, 포상은 이에 대한 보답의 성격이 강했다.

이 무렵 원에서는 고려 전체 상비군 수에 대해 지대한 관심을 가지고, 그것을 정확히 파악하기 위해 고심하고 있었다. 그때 고려의 전체 상비군 수에 대한 정보를 원의 황제에게 알려준 인물이 고려 왕족 출신인 영녕공 준이었다.

영녕공은 1241년(고종 28년) 4월, 국왕의 친아들처럼 가장하여 원에 인질로 들어갔었다. 나중에 친아들이 아니라는 사실이 폭로되지만, 이후 그는 황제의 비호를 받으며 원 황실의 여성과 결혼까지 하게 된다. 그리고 20여 년 동안 원에 거주하고 있었으니 거의 귀화한 것이나 다름없는 인물이었다. 그는 그보다 먼저 원에 귀화하여 세력을 떨치던 홍복원 일족과 요양 지방에 사는 고려 유민의 관할을 놓고 갈등을 일으키기도 했는데, 그런 과정에서 결국 홍복원이 제거되었다는 얘기는 앞서 했었다.

그 사건 이후 홍복원의 아들 홍다구는 앙심을 품고 고려를 끈질기게 괴롭혔는데, 1263년(원종 4) 3월에는 홍다구의 반격으로 다시 영녕공이 실각하는 일이 일어난다. 홍다구는 영녕공이 "진금태자眞金太子(쿠빌라이의 아들)는 중서령이고 나도 본국에서는 상서령이니 둘의 품계가 같다"고 과시한다면서 황제에게 그를 모함했다. 이에 분노한 황제는 영녕공이 거느린 군사를 빼앗고, 고려 유민을 관할하는 직책인 고려군민총관의 직위를 홍다구에게 넘겨주고 말았다. 이후 영녕공은 황제의 신임을 만회하고자, 원에 적극 협조하는 자세를 취한다. 홍다구와 영녕공은 원의 황제에게 서로 잘 보이려고 경쟁을 벌였던 것이다.

영녕공은 황제에게, 고려에는 38령의 군사가 있으니 만약 자신을 보내주면 모두 거느리고 와서 원 조정을 돕겠다고 제안했다. 1령은 1천 명 단위의 군사를 말하니까, 영녕공의 말대로라면 고려의 상비군은 3만 8천 명인 것이다. 하지만 이 군사 수는 충분히 검증이 안 된 것이어서 원에서도 미심쩍어 했다.

원은 마침 입조하는 국왕을 따라 원에 들어갔던 이장용에게 고려의 상비군 수에 대한 정확한 실상을 말하라고 강요한다. 승상직에 있던 원의 고위관리가 영녕공이 말한 내용의 진위 여부를 확인하기 위해 이장용과 영녕공을 동석시켜 대질 신문을 한 것이다. 이에 이장용은 영녕공의 말은 사실과 다르다면서 다음과 같이 답변했다.

"원래의 법제대로 한다면 그와 같지만, 오랜 전쟁과 흉년으로 사망자가 많아 실제 상비군의 법정 액수가 1령이라고 해도 법정 정원을 다 채우지 못한 실정이오. 청컨대 영녕공과 함께 환국하여 군사를 점검해 보게 해주시오. 내 말이 옳으면 영녕공을 베고 영녕공의 말이 옳으면 나를 베어도 좋소."

이장용의 단호한 답변에 영녕공은 더 이상 대꾸를 하지 못했다. 원의 관리는 민망했던지 이장용에게 다시 고려의 전체 호구 수를 물었다. 이장용은 알 수 없다고 답했다. 이에 원의 관리는 이장용에게 핀잔을 주면서 책망한다.

"일국의 재상이 그것을 어찌 모른다고 할 수 있소."

이에 이장용이 창살을 가리키며 물었다.

"승상께서는 저기 보이는 창살이 모두 몇 개나 된다고 생각하오."

원의 관리가 "잘 모르겠소"라고 대답하니, 이장용이 고개를 끄덕이며 말을 이었다.

"우리나라 주현의 호구 수는 그것을 관장하는 관청이 따로 있는데, 내가 비록 재상이지만 어찌 모두 알겠소."

원의 관리는 다시 묻지 못하고 입을 다물고 말았다.

이후 원에서는 이장용의 논변이 소문나면서 그의 이름이 알려지고, 원의 고관들이 그를 자택으로 초대하여 융숭하게 대접하는 일도 생겼다. 가끔 갖는 술자리를 통해서 음악이나 고전에 대한 조예도 깊다는 것이 드러나면서 이장용의 명성은 황제의 귀에까지 들어갔다.

황제 쿠빌라이는 이장용을 '달변의 이재상李宰相'이라 부르며 감탄했다고 한다. 이장용을 만나본 사람들은 그를 해동현인海東賢人이라 칭하면서 그의 초상을 그려놓고 예배드리기도 했다니, 그가 원 조정에 일대 선풍을 일으켰음을 알 수 있다.

이장용의 열전에 의하면, 그는 매우 총명하고 신중한 인물이었다고한다. 고전과 역사에 정통했고, 음양·의약·역학 등 통하지 않는 바가없었다. 문장력이 뛰어나고 불교에도 심취하여 《선가종파도》라는 저술을 남기기도 했다. 그런 박학다식함에 명쾌한 논변과 인품이 더해져원의 관리들에게까지 존경의 대상이 되었던가보다. 하지만 그런 그에게도 무인정권에 대해 정면으로 맞서지 못하고 굴욕적으로 타협한 일도 있었으니, 이 부분은 다음에 살펴보겠다.

그런데 원에서는 왜 그렇게 고려 상비군의 규모에 대해 관심을 가지고 있었을까? 이 문제를 머릿속에 남겨두고 다음 이야기를 계속해보자.

일본과 통교하라

1266년(원종 7) 11월, 원에서 특별한 임무를 띠고 흑적黑的과 은홍殷弘이라는 두 명의 사신이 도착했다. 두 사신은 황제의 조서를 가지고 왔는데, 이 조서가 앞으로 양국관계에 중대한 문제를 가져온다. 조서의 내용을 간추려보면 이렇다.

> 일본은 그대의 나라와 가까이 있고 법제나 정치도 갖추어져 있어,
> 한·당 이래로 간혹 중국과 통교하였다는 말을 들었다. 이제 사신을
> 보내 그들과 통교하고자 하니, 경(고려 국왕)은 가는 사신을 잘 인도
> 하여 도착케 하고 그들을 깨우쳐 대의를 따르도록 힘써야 할 것이다

《고려사》 26, 원종 7년 11월 계축).

더 이상 부언 설명할 것도 없이, 일본과 통교하는 데 고려가 책임을 지라는 내용이었다. 문제는 평등한 국가관계에서 통교하는 것이 아니라 일본에게 원에 대한 복속을 강요하고 있다는 점이다. 다시 말해서 황제 쿠빌라이는 원 제국 중심의 세계질서에 일본도 복속시키겠다는 의도를 가지고 있었다.

여기에는 고려에서 도망쳐 원으로 들어간 조이趙彝란 자가 황제에게 일본은 고려와 친하게 지낸다고 귀띔한 것이 중요한 계기로 작용했다. 조이는 함안(경남) 출신으로 진사에까지 합격했는데, 고려를 배반하고 원으로 도망친 인물이다.

그가 고려를 배반한 이유는 잘 드러나 있지 않지만, 당시 그런 배반자들이 한두 사람이 아니었으므로 특별한 사례라고 여겨지지 않는다. 조이는 여러 나라 말에 능통하여 황제의 처소에까지 출입할 수 있었는데, 그의 말 한 마디는 황제를 자극하기에 충분했다. 조이가 황제에게 새삼 일본이라는 국가의 존재를 일깨워준 것이다.

당시 일본은 교토 지방에 수도를 두고 있는 왕정보다는 가마쿠라[鎌倉] 지방에 근거를 두고 있는, 바쿠후[幕府]라 불리는 무사정권에 의해 통치되고 있었다. 가마쿠라 바쿠후는 내전을 승리로 이끈 요리토모[賴朝]가 1192년 황실로부터 정이대장군征夷大將軍으로 임명되면서 성립한 무사정권이다. 이후 가마쿠라 바쿠후는 요리토모의 장인인 토키마사 時政, 그의 아들 요시토키義時, 다시 그의 아들 야스토키泰時로 이어진 호조北條 가문에서 정권을 장악하여 1세기 이상 지속된다.

가마쿠라 바쿠후의 무사정권은 최씨 무인정권과 거의 같은 시기에 성립하여 조금 더 길게 지속되는데, 양국의 무인정권이 동시대에 성립하여 전개되었다는 것은 우리의 호기심을 자극한다. 하지만 당장 여기서 이 문제를 상론하기는 부적절하다. 양국의 정치상황이 비슷하게 전개되었지만 특별한 외교관계도 없었고, 무인정권 성립 이전과 비교해서 별다른 변화도 없었다.

최씨 무인집권기 동안 고려와 일본 사이에는 사신왕래가 거의 없었다. 적대적인 관계는 아니었지만 특별히 우호적인 관계도 아니었다. 극히 제한적인 교역을 허용했을 뿐이고, 가끔 대마도에 근거를 둔 왜구들이 해안가 촌락이나 선박을 약탈하면 그에 대한 항의나 침략의 근절을 약속받기 위해 사신이 파견되는 경우가 고작이었다. 그런 사신 파견도 일본의 가마쿠라 바쿠후를 상대로 한 것이라기보다는 대부분 대마도의 도주를 상대로 한 것이었다.

가장 가까운 예를 하나 들자면, 1263년(원종 4) 2월에 왜적이 웅신현(경남 창원)의 물도勿島를 침략하여 세미 운반선을 약탈한 사건이 있었다. 웅신현은 인근에 고려시대 13조창의 하나인 석두창이 있어 조운로상의 요충지였다. 이 약탈 사건은 조운로가 침략에 노출된 것으로 중대한 문제였다.

고려에서는 그대로 묵과할 수 없어 같은 해 4월 사신을 일본에 보내 노략질을 금하도록 했고, 아울러 약탈한 물품을 찾아 돌려보낼 것도 요구했다. 이때의 사신도 일본의 바쿠후 정권이 아니라 대마도주에게 보낸 것이었다. 이 사신들은 대마도의 왜인들을 추궁하여 쌀 20여 석과 잡곡 30석 등을 회수받아 같은 해 8월 돌아왔다.

일본과의 관계는 대부분 이런 식이었다. 중앙의 가마쿠라 정권과는 별다른 통교가 없는 소원한 관계였고 대마도의 왜인들과 약간의 교역이 있을 뿐이었다. 가끔 일본 상선이 표류하다가 고려 해안가에 표착하면 양식을 주어 돌려보내는 것이 우호관계의 전부였다. 일본이 교역을 원하면 받아들이고, 멀어지면 그대로 방치하는, 서로가 별로 아쉬울 것이 없는 그런 관계였다.

이러한 상황에서 갑자기 막부 정권과 통교를 한다는 것은 쉬운 일이 아니었다. 게다가 그것이 원의 강압에 의한 복속을 의미하는 것이라면 외교적 마찰은 피할 수 없었다. 우선 당장 발등에 떨어진 불은 원의 두 사신을 일본까지 안내해야 하는 문제였는데, 가마쿠라의 막부 정권과 원의 사신을 대면시키는 일이 고려의 처지에서는 골치 아픈 일이 아닐 수 없었다. 그렇다고 회피하기도 어려운 일이었다.

원의 두 사신 흑적과 은홍이 도착한 지 사흘 후, 고려에서는 추밀원 부사(정3품) 송군비宋君斐와 시어사(종5품) 김찬金贊을 원의 사신에 동반시켜 일본으로 출발시켰다. 사안의 중대성을 감안한 매우 신속한 조치였다.

그런데 1267년(원종 8) 정월, 원의 사신을 대동하고 일본으로 향한 고려 사신들은 거제도까지 갔다가 풍랑이 험하다는 이유로 다시 돌아오고 만다. 되돌아온 원과 고려의 사신들은 바다를 건널 수 없었던 사실을 황제에게 직접 설명하기 위해 바로 원으로 보내진다. 하지만 돌아올 수밖에 없었던 이유가 어쩐지 궁색했다.

조서에 유시한 바대로, 사신을 인도하여 거제현에 이르러 대마도를 바라보매 대양만리의 풍파가 하늘을 찌를 듯하여 상국의 사신을 받들어 경솔하게 움직일 수 없었습니다. 비록 대마도까지 간다 해도, 그들은 완고한 풍속으로 예의가 없으니 불측한 변을 염려하지 않을 수 없습니다. 또한 일본은 본래 우리와 통교한 적도 없고, 교역을 위해 대마도인들이 금주(김해)에 가끔 왕래했을 뿐입니다(《고려사》 26, 원종 8년 정월).

앞뒤가 전혀 맞지 않는 말이다. 풍랑이 험하여 가지 못했다는 말인지, 갈 수는 있었지만 불측한 변을 염려하여 가지 않았다는 뜻인지, 아니면 지금까지 통교한 적이 없기 때문에 갈 필요가 없었다는 뜻인지 아리송할 뿐이다. 이런 변명을 원에서 수긍할 리가 없었다. 하지만 강도의 고려 정부가 일본과의 통교 문제를 달갑게 생각하고 있지 않다는 점만은 확실하게 읽을 수 있다.

뜨거운 감자, 일본

고려 정부에서 원과 일본의 통교를 꺼린 것은 그럴 만한 중대한 이유가 있었다. 고려에서는 원과 일본의 통교가 성공할 수 없다는 것을 이미 알고 있었다. 일본이 원에 복속되는 것을 막부 정권이 수용하지 않으리라는 것은 충분히 예측할 수 있는 일이었기 때문이다. 그래서 고려 정부는 원과 일본의 통교 문제에 개입하는 것을 어떻게든 회피하고 싶었다.

하지만 원에서는 일본의 복속을 반드시 성사시켜야 했다. 그들은 일본이 한·당 이후로 중국과 통교했다면 이제는 원 제국에 복속되는 것이 당연하다고 생각했다. 원 세조 쿠빌라이의 세계전략 목표가 원 제국을 당과 같은 위상으로 만드는 것이었기 때문이다. 쿠빌라이는 중국과 직접이든 간접이든 교류가 있었던 국가들은 이제 모두 원에 복속되어야 한다고 생각했다. 게다가 일본은 아직 잔존하고 있는 남송과도 교역을 하고 있었는데 그것을 말해주는 기록이 있다.

1263년(원종 4) 6월, 일본 상인 560여 명이 남송에서 돌아오다가 태풍을 만나 군산 앞바다에 표류한 일이 있었다. 고려 정부에서는 전라도 안찰사에게 명하여 선박과 양식을 주어 일본으로 돌려보내게 했다. 또한 그해 7월에는 일본 상선이 평안도 앞바다 애도에까지 표류해오기도 했는데, 역시 구호 양식을 주어 그들을 돌려보냈다. 이러한 역사 기록은 당시 일본과 중국 남방 사이에 교류가 있었음을 보여준다.

당시 일본과 중국 남방의 교역로는 규슈 지방에서 제주도 남쪽 바다를 지나 동중국해를 따라 내려오는 항로였다. 이 항로에서 태풍을 만나 표류하면 해류의 흐름으로 보아 제주도나 한반도 서해안에 표착하게 된다. 일본 상선이 군산 앞바다나 평안도 앞바다에까지 표류해온 것은 바로 그 때문이었다.

그런데 원에서는 일본과 남송과의 이런 교역 사실을 눈치채고 있었다. 그것은 원이 제주도에 깊은 관심을 나타낸 것에서 드러난다. 고려의 사신이 원의 두 사신을 대동하고 일본으로 향한 직후인 1266년(원종 7) 11월, 제주도의 성주가 강도의 고려 정부를 찾아왔다. 이 제주도의 성주는 며칠 후 고려 사신과 함께 바로 원으로 보내지는데 그 이유가 과연 무엇이었을까?

이 무렵 제주도는 고려 중앙 정부에서 지방관이 가끔 파견되기는 했지만 완전히 고려의 지방행정 조직으로 편입된 상태가 아니었다. 그래서 제주 성주가 독립된 정치 주체로서 고려 국왕을 찾아 조공의 예를 표시하는 경우가 더러 있었다.

하지만 이번 제주 성주의 고려 방문은 원의 요구에 따른 것으로 보인다. 추측에 불과하지만, 아마 원에서는 제주도의 지정학적인 위치를 감안하여, 제주도와 그 주변 해역의 사정을 자세히 파악하기 위해 그 성주를 데려가지 않았나 싶다. 그것은 일본과 남송이 교류하는 데 제주도가 항로 상의 중요한 길목에 위치한 탓이었다.

제주 해역은 일본뿐만 아니라 고려와 남송이 교류하는 데도 중요한 곳이었다. 몽골과의 전쟁 전부터 고려와 남송 간에는 교역이 있었는데, 주로 벽란도에서 서해안을 따라 내려와 흑산도에서 출발하여 중국 강남을 향하는 남방항로를 이용했다. 이런 남방항로 상에서도 제주 해역은 지정학적으로 중요한 위치에 있었던 것이다.

결국, 당시 원에서는 일본과 남송이 교류하고 있다는 것을 이미 알고 있었다는 뜻이다. 남송을 아직 완전히 정복하지 못한 원의 처지에서는 양국의 교류가 미묘한 자극이 되었다. 남송 정복을 확실하고 신속하게 마무리하기 위해서라도 일본은 원에 복속되어야 했고, 만약 일본이 그것을 거부한다면 정복 전쟁이 벌어질 수밖에 없는 상황이었다. 그럴 경우 이러한 전쟁 준비는 모두 고려의 부담으로 떨어질 수밖에 없었다.

고려에서 이러한 상황을 예측하고 있던 인물이 바로 이장용이었다. 이장용은 국왕 원종을 모시고 입조했을 때 고려의 상비군 수에 대한 논쟁을 벌이면서, 원에서 일본원정을 생각하고 있다는 사실을 알아차렸다. 원에서는 일본이 순순히 복속되지 않을 것에 대비하여, 고려의 상비군을 일본원정에 동원하기 위해 그 수를 정확히 파악하려고 애썼던 것이다. 이장용은 그 점을 읽은 것이다.

이장용이 그렇게 판단하고 있었다면 고려 정부에서도 그러한 상황을 모를 리 없었다. 앞서 흑적과 은홍이 바다를 건너려다 실패하고 원으로 돌아갈 때, 고려 정부는 그에 대한 변명을 딸려 보냈는데, 그 내용을 보면 그런 정황을 읽을 수 있다. 그것은 일본의 막부 정권이 통교나 복속을 거부할 것이라는 우려 때문만이 아니고, 결국은 이 문제가 전쟁으로 이어질 수밖에 없다는 판단을 하고 있었다는 뜻이다.

그래서 일본은 고려 정부에 뜨거운 감자 같은 존재였다. 통교를 하자니 복속을 거부할 것이 뻔했고, 원정을 하자니 전쟁 부담을 감당하기 어려웠다. 그냥 놔둘 수도 없고 어떻게 해볼 수도 없는 골치 아픈 존재가 아닐 수 없었다. 또한 통교든 원정이든, 원의 강압으로 움직인다는 것이 더욱 고려를 불편하게 만들었다.

이장용의 부상과 김준의 후퇴

바다를 건너는 것에 실패하고 원으로 들어갔던 흑적, 은홍 두 사신과 함께 송군비 등 고려의 사신이 1267년(원종 8) 8월에 돌아왔다. 그들이 다시 가지고 온 조서에는, 고려의 변명에 대한 원 황제의 불쾌한 심사와 함께, 앞으로 일본 문제는 모두 고려 국왕에게 위임할 테니 그들을 회유하고 통교하는 일에 반드시 계책을 얻어 성과를 내라는 단호한 내용이 들어 있었다.

원에서 고려 정부에 일본과의 통교 문제를 책임지우고 사신을 일본에 보냈던 것은, 통교가 목적이 아니라 원정을 위한 수순 밟기라고 볼 수 있다. 그것이 실패했을 때 원정 문제까지 고려 정부가 책임지라는 명분 축적에 지나지 않았다. 원의 사신이 다시 가지고 온 황제의 조서에는 그 점이 분명히 드러나 있었다.

이장용은 이러한 원의 전략까지 알아차리고 있었는데 그것은 다음 사실에서 잘 드러난다. 일본과 통교를 하기 위해 바다를 건너려다 되돌아온 두 사신이 원으로 돌아가기 직전에, 이장용은 자신의 개인적인 생각을 진술한 서찰을 비밀리에 그 사신에게 전달했다. 일본은 미개한 나라여서 시간이 흐르면 스스로 복속될 것이고, 그렇지 않더라도 회유하거나 통교하는 데 군이 공을 들일 필요가 없다는 내용이었다.

이것은 일본이 순순히 복속하지 않을 것이라고 판단한 이장용이 전쟁으로 치닫는 것을 미연에 막기 위해 원의 사신을 개인적으로 설득한 것이었다. 그리고 이러한 자신의 생각이 원의 황제에게도 전달되어 일본에 대한 회유를 포기하도록 적극적으로 유도하려는 뜻도 있었다. 앞서 흑적과 은홍 등이 일본으로 가려다 거제도에서 되돌아온 것도 이런 이장용의 생각이 은밀하게 전달된 것이 분명했다.

그런데 이장용은 이런 자신의 복안을 국왕에게 먼저 알리지 않았고, 국왕이 나중에 이를 알게 되면서 일이 묘하게 꼬여갔다. 이 사실을 알게 된 국왕이 이장용에게 다른 마음이 있는가 의심했고, 사신을 접대할 접반사 반부潘阜도 그 사실을 미리 알리지 않았다고 하여 이장용과 함께 국왕의 의심을 샀던 것이다.

마침내 두 사람을 섬으로 유배 보내기로 결정하고 군사들을 보내 체포하려는데, 원의 사신 흑적이 나서 이들을 구해준다. 흑적은 이장용의 개인 서찰을 내보이며 그에게 다른 마음이 있어 그런 것이 아니었음을 알리고 두 사람의 유배를 중지시킨다. 아마 원의 사신은 이장용과 통하는 면이 있었던 모양이다.

이때 이장용을 의심하여 유배 보낼 것을 결심한 사람은 실은 국왕이 아니라 김준이었다. 이장용은 김준의 반대를 누르고 친조를 주장했고, 국왕을 모시고 친조를 성공적으로 마치고 돌아오면서 그 위상이 갈수록 높아졌다. 더구나 이장용은 원의 조정에서 뿐만 아니라 황제까지도 그 이름을 알고 있었으니, 앞으로 원과의 관계를 주도해나갈 수 있는 입장에 있었다. 이것을 가장 꺼려할 사람은 바로 김준이었다.

이장용이 원 사신 흑적에게 개인적으로 서찰을 전달할 정도라면 고려와 원 사이에서 그의 정치적 행보는 심상치 않은 것이었다. 다만 그것이 고려 국익을 지키기 위한 내용이어서 별 문제가 없었지만, 만에 하나라도 원과 결탁하여 김준 정권에 위해를 가하려고 한다면 김준에게는 큰 위협이 될 수 있었다. 김준은 바로 이를 꺼려하여 이장용을 축출하려 했지만 원 사신의 비호로 미수에 그치고 만 것이다.

김준은 고민되었다. 자신이 정권은 장악하고 있었지만 점점 정치의 주도권을 놓치고 있다는 불안감을 떨칠 수 없었다. 이는 일본과 통교 문제가 대두되면서 이장용이 정치적으로 부상하는 것과 밀접한 관련이 있었다. 김준은 자신의 정치적 위상에 왠지 모를 불길한 그림자가 다가오는 것을 느꼈다.

이로 인해 김준은 자신의 말을 듣지 않는다고 애먼 관리들을 트집 잡아 유배 보내기도 했다. 하지만 그럴수록 불안감만 더해갔다. 충청도 안찰사로 있던 변보邊保가 1267년(원종 8) 9월 갑자기 김준에 의해 유배된 것은 그런 이유에서였다. 권력은 확고할 때보다 위태로울 때 그 폐해가 더 큰 법이다.

1267년(원종 8) 10월에는 여러 섬으로 유배된 자들이 모두 방면되는 조치가 내려졌다. 민심을 회유하려는 김준의 유화정책이었지만, 오히려 김준 정권의 허약성만을 드러낼 뿐이었다. 그러다가 1268년(원종 9) 정월에 김준은 수상직인 문하시중을 이장용에게 양보하고 만다. 이제 이장용은 수상으로서 정치의 주도권을 장악할 수 있는 확실한 근거를 마련하게 된 것이다.

그렇다고 이장용이 권력을 잡고 김준은 실각했다고 판단한다면 오해다. 정권은 여전히 김준이 장악하고 있었다. 수상직이 이장용에게 넘어간 것은 빼앗긴 것이 아니라 김준이 자발적으로 양보했다고 보는 편이 옳다. 일본의 복속 문제를 놓고 앞으로 전개될 여원관계에서는 김준이 차지하고 있는 수상직은 오히려 정치적 부담만 안겨줄 수 있었다. 원의 직접적인 압박을 피하고, 골치 아픈 일본 문제는 수상인 이장용에게 미루면서, 김준 자신은 뒷전에서 강도의 정권만 지키겠다는 속셈이었다.

그래도 이장용의 정치적 부상은 너무나 분명했다. 그에 꼭 반비례하지는 않겠지만, 김준의 퇴조 또한 피할 수 없는 분명한 일이었다.

문전박대 당한 일본 행 사신

이야기를 조금 앞으로 되돌려보겠다. 원으로 들어갔던 흑적·은홍 두 사신과 송군비 등 고려 사신이 가지고 온 황제의 조서를 다시 받은 고려 정부는, 이제 더 이상 일본을 회유하는 일을 회피만 할 수 없었다. 이들 사신은 원 황제가 일본 정부에 보내는 국서를 가지고 왔는데, 우선 이 국서를 어떻게든 일본 정부에 전달해야 했다. 아울러 고려 정부에서도 일본을 회유하는 국서를 별도로 작성했다. 양국의 국서 내용을 간략히 요약하여 제시하면 이렇다.

원의 국서

대몽고 황제는 국서를 일본 국왕에게 전하노라. 짐이 생각건대 소국의 왕은 신의를 구하고 친목 다지기에 힘써야 하는 것이다. 우리가 하늘의 밝은 명을 받아 중국 전역을 차지하니 그 위엄을 두려워하고 덕을 사모하는 자가 헤아릴 수 없었다. 짐이 즉위하여 고려에서 군대를 철수시키고 포로들을 돌려보냈는데, 이에 고려가 감읍하여 입조하니 그 의리는 군신관계지만 기쁨은 부자관계와 같았다. 일본은 우리의 동번東藩(동족 울타리)인 고려와 가깝고, 중국과도 한때 통교했으면서 아직도 사신을 우리에게 파견하고 있지 않다. 이에 글월을 가지고 짐의 뜻을 포고케 하노니 이에 통교를 하여 서로 친목할지어다. 군사를 일으키는 것을 누가 좋아하겠는가(《고려사》 26, 원종 8년 8월 정축)

고려의 국서

우리가 몽고 대국에 신사하여 그 연호를 받은 지 몇 해가 되었고, 황제가 어질고 밝아 천하로 한 집을 삼아 먼 곳 보기를 가까운 곳과 같이 하시니 해와 달이 비치는 곳은 모두 그 덕을 받들고 있다. 이제 한·당 이후로 중국과 통했던 귀국에 통호通好하고자 하여, 과인에게 그 엄하고 간절한 뜻을 내려 할 수 없이 황제의 조서를 받들어 가노라. 지금 황제가 귀국과 통호하고자 하는 것은 공물의 이득을 보려는 것이 아니라 온 천하가 복종하였다는 명성을 천하에 높이고자 하는 것이다. 귀국이 통호를 얻으면 반드시 이득을 얻을 것이니, 사신이라도 한 번쯤 보내는 것이 어떠하겠는가. 귀국은 잘 헤아려 생각하라(위와 같음).

원의 국서에는 일본과 통교하려는 단호한 의지가 담겨 있고, 그 통교는 일본을 확실하게 복속시키려는 것이었다. 원에서는 군사까지 들먹이면서 은근히 협박을 하고 있다. 이에 반해 고려의 국서는 소극적이다. 일본의 심기를 건드리지 않으려는 조심성마저 엿보인다. 일본을 원의 의도대로 회유하려면 그들을 자극하기보다는 조심스럽게 의사를 타진하는 쪽이 더 낫다고 판단했을 것이다.

1267년(원종 8) 8월, 원의 사신이 다시 온 지 20여 일 만에 기거사인(종5품) 반부는 위와 같은 양국의 국서를 들고 일본으로 향한다. 한 달쯤 후에 이들 사신은 거제도에 도착하여 배를 타고 일본으로 향했다. 그러나 고려의 조심스러운 접근에도 불구하고 이번 사신은 일본을 회유하는 데 실패하고 만다. 실패로만 끝난 정도가 아니라 심한 냉대를 받고 돌아온다.

규슈의 다자이후太宰府에 도착한 사신 일행은 수도인 교토로 안내되지 못하고 그곳에서 한 발자국도 벗어나지 못했다. 다자이후에서 무려 5개월이나 머물며 양국의 국서에 대한 답서를 기다렸으나 답서를 받기는커녕 푸접대만 받는다. 그들은 가지고 간 선물까지 낭비하며 다방면으로 힘을 쏟다가 1268년(원종 9) 7월 빈손으로 돌아오고 만다.

일본의 태도는 말할 것도 없이 고려와 원의 요구를 정면으로 거부한 것이었다. 사신의 대표로 갔던 반부는 환국하자마자 다시 원으로 들어가 위와 같은 전말을 자세히 보고했다. 원 황제가 이를 어떻게 받아들일지는 뻔한 일이었으니 이제 길은 외길뿐이었다.

기울어가는 김준 정권

원의 압박

양국의 국서를 지니고 간 사신이 일본에서 돌아올 때까지, 그동안에도 고려와 원 사이에는 수차례의 사신왕래가 있었다. 1267년(원종 8) 11월에는 국왕의 친동생인 안경공安慶公 창淐을 원에 보내어 다가올 신년을 하례하고 반부를 일본에 파견한 사실을 보고했다. 안경공은 국왕 원종이 여러 차례 원에 왕래할 때마다 왕을 보필하여 사신으로서 경험이 많은 인물이었다.

안경공은 이듬해 2월 환국했는데, 그는 돌아오면서 황제로부터 심한 질책을 받았다. 지금까지 고려의 태도에 대한 황제의 불만이 한꺼번에 쏟아진 것이다. 황제의 불만은 이런 것이었다.

⑴ 왜 아직도 6사를 실천에 옮기지 않고 있는가.

(2) 처음 약속한 것과 같이 출륙환도하라.

(3) 우리 사신이 도착하면 왜 경계하는가.

(4) 바치는 공물의 품질과 액수가 형편없다.

(5) 일본과 통교한 바가 없다고 왜 거짓말했는가.

(1)의 6사 문제는 전쟁 후의 고려 실정을 이해하여 전후 복구사업이 끝나면 실천하라는 원의 양해가 있었다. 1263년(원종 4)의 일이다. 하지만 원은 그로부터 4년 정도 지난 지금 다시 6사 문제를 거론하여 고려를 압박하고 있었다. 6사에서 가장 중요한 사항은 군사와 군량의 지원이었는데, 이는 만약 일본을 원정하게 되면 고려의 군사와 군량을 동원하기 위한 것이었다.

(2)의 출륙환도 문제는 고려의 재량에 맡긴다는 황제의 양해가 있어 그동안 지체되고 있었다. 1260년(원종 1) 쿠빌라이가 황제로 즉위한 직후에 고려의 재량에 맡긴다는 조치가 내려졌었다. 이 문제를 다시 거론한 것은 고려 정부의 출륙환도에 대한 지연전술에 제동을 건 것으로 보인다. 출륙환도를 지금까지 지연시킨 데는 김준 정권의 반대가 가장 크게 작용하고 있었다.

(3) 원의 사신에 대한 문제는 김준이 수상직에 오르고 해양후에 책봉되어 권력을 장악한 1265년(원종 6)경부터 있었던 일로 보인다. 원과의 관계가 긴밀해지고 사신왕래가 빈번해지면 김준에게 이로울 것이 없었다. 그래서 김준은 원에서 사신이 도착하면 군사를 동원하여 경계하고 그들의 행동을 억압하지 않았나 생각된다.

(4)의 공물 문제는 원의 괜한 트집일 수도 있지만, 당시 고려의 실정으로 보아 양과 질을 충분히 맞추지는 못했을 것으로 보인다. 어쩌면

김준이 권력을 장악한 후 고의로 그랬을 가능성도 있다. 이것은 (3)에서 사신을 경계했다는 문제와 함께 당시 김준 정권이 원에 저항하기 위한 나름대로의 실력행사였는지도 모른다.

(5)의 고려와 일본이 이미 통교하고서도 거짓말했다는 것은 단순한 교역을 통교로 판단한 듯하다. 고려와 일본의 교역은 고려에서 도망간 자에 의해 이미 알려져 있었다. 그럼에도 새삼스럽게 다시 거론한 것은 일본과 관련된 모든 문제를 고려에 떠넘기려는 술책으로 보인다.

안경공은 황제의 답서도 받지 못하고 위와 같은 질책만 듣고서 환국했다. 안경공으로부터 황제의 질책을 전해들은 고려 정부는 난감했다. 게다가 원에서는 고려와 다시 전쟁을 하는 것도 불사하겠다는 결연한 의지를 보였다. 고려 정부의 처지에서는 도저히 다시 전쟁을 할 수는 없었고, 그렇다고 원의 요구를 모두 수용하기도 곤란했다. 하지만 누구보다도 어려운 처지에 놓인 사람은 다름 아닌 김준이었다.

강도의 고려 정부는 지금까지 원의 요구를 묵살하거나 혹은 전후의 어려운 사정을 들어 지연시키는 전술로 나갔다. 김준의 눈치를 살피지 않을 수 없는 처지에서 당연한 일이었고, 원의 무리한 요구를 모두 수용할 수도 없는 실정이었다. 그동안 김준은 어려운 문제를 왕실이나 정부에 떠넘기면서 배후에 숨어 있었다. 하지만 전쟁까지 불사하겠다는 원의 압박 속에서 그것이 언제까지나 통할 수 없었다. 그래서 원의 압박이 커지면 커질수록 고려 정부의 처지는 옹색해져갔다.

1268년(원종 9) 3월, 그러니까 안경공이 환국하고 20일도 지나지 않아 고려 정부는 다급하게 개경에 출배도감出排都을 설치했다. 출배도감은 개경으로의 환도를 준비할 임시 특별기구를 말한다. 출배도감은 1260년(원종 1)에도 설치한 적이 있었다. 그 무렵 원의 출륙환도 요구가 거세지자 환도를 준비하고 있다는 것을 보여주기 위해 설치했는데, 지금의 출배도감 역시 그랬다. 하지만 김준 정권은 출륙환도를 전혀 고려하고 있지 않았다.

김준의 반대에도 불구하고 출배도감이 설치된 것에는 이장용의 주장이 크게 작용했다. 출륙환도 문제를 논의하는 조회 석상에서 이장용은 이런 주장을 했다.

"종묘사직을 걱정 없게 하고 안팎으로 편하게 하려면 개경으로 환도하는 수밖에 없습니다."

이에 김준 일당이 완강하게 반대하자, 이장용은 다시 대안을 제시했다.

"만약에 완전한 출륙환도가 어렵다면 개경에 임시 궁궐이라도 지어 여름에는 개경으로 옮기고 겨울에는 다시 강도로 돌아와, 상국(원)의 양도를 경영하는 것과 같이 함이 좋겠소."

당시 원에서는 연경(북경)을 대도大都라 하고, 그 위쪽에 상도上都를 정하여 양도兩都 제도를 운영하고 있었는데 그것을 모방하자는 것이었다. 원의 출륙환도 요구와 김준 정권의 반대를 모두 감안한 지극히 현실적인 대안이었다. 이장용의 독특한 아이디어가 돋보이는 대목이다. 그렇게 해서 개경에 출배도감이 설치되었던 것이다.

하지만 김준 정권이 이런 중재안에 얼마나 적극적인 반응을 보였는지는 의문이다. 6사를 비롯한 원의 어떤 요구도 김준 정권으로서는 수용하기 힘든 것이었지만, 출륙환도는 특히 어려운 일이었다. 이런 점에서도 김준 정권은 최씨 정권의 처지와 조금도 다르지 않았다.

김준 소환령

개경에 출배도감을 설치하고 10여 일 후, 김준에게 결국 올 것이 오고 야 말았다. 원에서 저승사자와 같은 두 사신이 도착했는데, 이들이 가 지고 온 황제의 조서에는 김준에게 치명적인 내용이 들어 있었다.

황제의 조서에는, 출륙환도와 6사를 아직까지 실행에 옮기지 않은 까닭을 묻고, 혹시 정치가 좌우의 측근에 의해 농락당하는 것이 아닌 가 의심하는 내용이 들어 있었다. 그리고 앞으로 남송을 정벌하는 데 고려가 지원할 수 있는 군사와 전함, 군량미 등을 준비해두고, 아울러 다루가치를 파견하여 고려의 호구도 조사하겠다는 것이었다.

하지만 김준에게 더 절망적이었던 것은, 이와 같은 사항을 자세히 갖추어 김준과 이장용이 직접 원으로 들어와 보고하라는 황제의 명령 이었다. 원의 황제가 김준과 이장용의 이름을 정확히 거명하여 들어오 라고 명령한 것은 보통 일이 아니었다. 특히 김준에게는 그의 동생인 김승준과 그 아들들 모두 원 조정으로 들어오라는 명령을 내렸다.

이것은 김준 일족을 소환한 것으로, 단순히 황제의 지시사항을 보고 하라는 뜻이 아니라는 것은 삼척동자도 알 수 있었다. 그것을 알면서도 황제의 명령대로 순진하게 원으로 들어갈 바보도 또한 없을 것이다.

황제의 소환을 받은 김준은 원의 사신을 제거하려는 생각까지 품었 다. 저승사자는 잡아 죽이는 것이 상책이라고 생각했는지도 모른다. 김준이 원의 사신을 죽이려고 했던 것에는 장군 차송우의 조언이 크게 작용했다. 차송우가 김준에게 그런 극단적인 주문을 했던 배경은 잘 드러나 있지 않다.

그런데 고려에 온 황제의 사신을 제거한다는 것은 원에 대한 선전

포고나 다름없었다. 그래서 김준은 사신을 제거한 후 먼 바다에 있는 섬으로 도망칠 계획을 생각해두고 있었다. 사신을 제거하고 나서 강화도에 그대로 머무를 수는 없다고 판단했던 모양이다. 그렇게 무모한 생각을 할 수밖에 없었던 것은 황제의 소환이 정권의 사활과 김준 자신의 생사까지 좌우하는 문제였기 때문이다. 김준에게 닥친 위기감이 어느 정도였는지 짐작할 수 있다.

김준이 정권을 장악하고 있다지만 사신을 제거하는 일은 혼자서 저지를 수 있는 일이 아니었다. 국왕의 승인 또는 최소한의 묵인이 필요했다. 김준은 사신이 머무르고 있는 동안 두 번이나 국왕을 설득했지만 국왕은 이를 완강히 거절했다. 아무리 실권이 없는 국왕이라지만 그런 극단적인 생각에 동조할 수는 없었을 것이다.

국왕의 동조를 얻지 못한 김준은 차송우를 불러 다시 자문을 구하는데, 이에 대한 차송우의 생각은 더욱 무모하고 극단적이었다.

"주상이 굳게 거절하니 어찌하면 좋겠는가?"

"용의 자손은 금상뿐이 아니고, 여러 왕씨들이 있습니다. 또한 태조(왕건)도 장군으로서 왕이 되었는데 무슨 걱정이 있습니까?"

차송우는 사신을 제거하는 데 국왕이 반대한다면 국왕을 갈아치울 생각까지 하고 있었던 것이다. 한걸음 더 나아가, 김준 스스로 왕위에 오르는 것도 생각해보라는 암시를 주고 있다. 왕건이 장군으로서 왕위에 올랐다는 말은, 장군 출신인 김준도 그렇게 못할 것이 없다는 뜻이었다. 김준의 측근인 차송우 역시 이러한 사태를 김준 정권의 심각한 위기로 받아들이고 무모한 생각을 한 것이다.

차송우의 자신에 찬 조언을 들은 김준은 다시 확신을 갖고 원의 사신을 제거하기로 마음을 굳힌다. 하지만 국왕의 동조를 얻지 못한 상태였기 때문에 불안하지 않을 수 없었다. 이에 관료집단의 동의가 필요함을 느끼고, 도병마사의 녹사로 있던 엄수안嚴守安을 시켜 재상급 관료들에게 자신의 뜻을 전달하도록 했다. 재상급 관료들은 국가의 중대사를 결정하는 최고 의결기구인 도병마사의 구성원이다. 김준은 그런 도병마사의 동조를 얻고자 했던 것이다. 그리고 엄수안을 시켜 동생인 김승준에게도 그 계획을 알렸다.

엄수안으로부터 김준의 계획을 전해들은 고위관료들은 사색이 되어 아무도 입을 열지 못했다. 너무나 무모한 일이라 생각하여 말할 엄두를 내지 못한 것이다. 동생인 김승준도 그 일을 무모하게 생각하기는 마찬가지였고, 김준의 뜻을 전달하는 엄수안조차도 역시 그렇게 생각했다. 그때 병석에 누워 있던 김승준을 찾은 엄수안은 김준의 생각을 전하면서, 넌지시 반대 의견을 피력했다.

"예로부터 전쟁 중에도 사신은 그 사이를 왕래할 수 있는 법인데, 지금 황제의 사신을 죽이면 장차 어디로 가겠다는 것인지 알 수 없습니다. 이것은 우리 스스로를 보전하는 좋은 계책이 아닙니다."

엄수안은 김준의 계획을 막을 수 있는 가장 가까운 사람은 그의 동생밖에 없다고 판단했을 것이다. 김승준은 엄수안의 생각에 동감을 표시했다. 결국 원의 사신을 제거하고 먼 바다의 섬으로 들어간다는 계획은 국왕 이하 어느 누구로부터도 동조를 얻지 못했다. 김준과 차송우 단 두 사람만의 무모한 생각이었다. 동생 김승준은 그 일을 저지하는 데 앞장서고, 김준도 마침내 그 계획을 포기하고 만다.

이 사건 이후 김준은 국왕과 틈이 벌어지고 그의 정치적 입지는 더욱 좁아지게 되었다. 하지만 아직도 정권은 그의 수중에 있었다. 원의 압박이 심해지면서 점차 궁지에 몰린 그가 이 옹색한 처지를 어떻게 벗어날 수 있을지 궁금해진다.

1268년(원종 9) 4월, 김준을 소환하기 위해 온 원의 사신이 돌아가는데, 당연히 김준은 따르지 않고 이장용만 따라갔다. 문제는 김준이 가지 못한 것에 대한 변명을 어떻게 할 것인가였다. 이장용이 가지고 간 표문을 살펴보자.

> 육지로 나오는 일은 고읍(개경)에 거처를 복구하기 위해 경영하고 있으며, 군사를 도우라는 명령은 비록 남아 있는 백성일지라도 있는 대로 준비할 것이고, 전함을 만들고 군량을 수송하라는 일은 힘이 닿는 대로 제공할 것을 기약합니다. 다만 다루가치를 청하여 호구를 조사하는 일은 바야흐로 출륙을 준비하느라 여가가 없으므로 그것을 마친 후에 다시 보고하겠습니다. 그리고 해양공 김준과 시중 이장용을 불러들인 일은, 이장용은 표문을 갖추어 사신과 함께 보내지만 김준은 출륙 준비를 지휘하고 있으니 그것을 마치면 보내겠습니다《고려사》 26, 원종 9년 4월 무술).

다루가치에 의한 호구조사만 정중하게 거절하고 나머지 요구는 모두 수용하고 있다. 반드시 실행하겠다는 의지의 표현이라기보다는 형식적인 수사로 보인다. 하지만 다루가치는 고려에 주둔할 원의 감독관이어서 사정이 달랐다. 다루가치의 주둔은 고려에 대한 실질적인 내정간섭으로 자주권을 침해하는 중대한 일이었다.

아울러 김준이 원으로 들어갈 수 없는 이유를 출륙환도에 대한 준비 때문이라고 했다. 이는 물론 사실이 아니다. 김준은 원의 요구대로 출륙환도를 할 생각이 추호도 없었다. 하지만 앞으로 무슨 수로 출륙환도를 미루고 버텨나갈지 난감한 일이었다. 우선 당장 황제의 소환에 응하지 않은 것에 대해 원에서 어떤 조치가 내려질지 두려웠다.

이장용을 대동하고 원의 사신이 돌아간 그해 5월, 김준은 엉뚱한 일을 벌인다. 불교의 5교 종파를 대표하는 승려들을 자신의 집으로 불러들여 불공을 드리고 복을 빌게 한 것이다. 원 황제의 처벌을 두려워한 나머지 생각해낸 위안책이겠지만, 불자들까지 끌어들인 것으로 보아 그의 처지가 얼마나 절박했는지 짐작하고도 남음이 있다.

이장용과 쿠빌라이의 논쟁

사신을 따라 원에 들어간 이장용은 황제 쿠빌라이와 양국의 중요한 현안 문제를 놓고 논쟁을 벌였다. 김준이 함께 오지 못한 것에 대해서는 의외로 크게 문제 삼지 않았지만, 고려의 상비군 수에 대해서는 격렬한 논쟁이 벌어졌다. 쿠빌라이의 명령으로 영녕공까지 논쟁에 참여했다.

> 쿠빌라이: (이장용을 보며) 짐이 그대 나라에 군사 지원을 명했는데 그대들은 군사 수를 정확히 말하고 있지 않다. 영녕공이 일찍이 고려의 상비군은 5만이 있다고 해서 1만은 그대로 두고 4만은 와서 우리의 전쟁을 돕도록 했다. 그런데 그대는 영녕공의 말이 사실과 다르다고 하면서, 만일 믿을 수 없다면 사신과 영녕공이 함께 고려의 군사 수를 점검하여, 사실과 다르면 영녕공이 죄를 받고 그것이 사실이면 그대가 죄를 받겠다고 했다. (영녕공을 가리키며) 그렇게 할 수 있는지 이 자리에서 이장용과 직접 논변해보라.
>
> 영녕공: 고려에는 4만의 군사가 있습니다.

쿠빌라이: (이장용을 보며) 그대는 본국으로 돌아가 지체 없이 군사 수를 사실대로 보고하라. 그렇지 않으면 토벌하겠다. 그대들이 군사를 보내주면 남송과 일본을 칠 것이다. 그대는 돌아가 전함 1천 척을 건조하도록 국왕에게 전하되, 큰 배는 쌀 3, 4천 석을 실을 수 있게 하라.

이장용: 전함을 건조하는 일은 감히 명을 받들지 않겠습니까마는, 급히 군사를 보내라고 독촉한다면 재목이 있는데도 인부가 부족하여 건조 시기를 맞추지 못할까 염려됩니다.

쿠빌라이: 태조 칭기즈 칸 때 하서왕河西王이 딸을 바치고 화친을 청하면서 여진과 회회回回(이슬람)를 치면 군사로써 돕겠다고 한 적이 있었다. 그런데 후에 칭기즈 칸이 정벌을 도우라고 명령했지만 응하지 않아 그들을 멸망시켰다는 말을 그대도 들었을 것이다. 그대들이 군사로써 돕는 일은 반드시 지켜야 한다.

이장용: 우리나라는 옛날에는 4만의 군사가 있었으나 30년 동안의 전쟁과 역질로 많은 군사가 죽어 비록 군대 편성은 법제대로 있지만 편제상의 이름만 남아 있을 뿐입니다.

쿠빌라이: 죽은 사람이 있다면 어찌 태어나는 사람이 없겠는가. 그대는 나이 들어 사리에 맞지 않는 허망한 말을 하는구나.

이장용: 성은을 입어 군대가 철수한 이후, 태어나서 자란 사람들이 있지만 겨우 아홉 살, 열 살 정도입니다. 아직 어리고 약하여 군사에 충당하기는 어렵습니다. 4만의 군사를 동원하는 일은 쉬운 일이 아닙니다.

쿠빌라이: 그대 나라에서 순풍을 만나면 송나라는 2, 3일 만에 도착하고 일본은 아침에 출발하여 저녁에 도착한다고 들었다. 그대들은

어찌 이들을 토벌하자고 먼저 주장하지 않는가.

영녕공: 고려의 군사는 저의 생각대로 4만 정도를 동원할 수 있습니다.

이장용: (영녕공의 말을 막으며) 지존 앞에서 다투면서 대질할 수 없으니 사람을 보내어 점검해보면 곧 알 수 있을 것입니다.

쿠빌라이: 그대는 속히 돌아가 자세하게 군사 수를 보고하라.

위 논쟁에서 이장용은 어떻게든 고려의 전쟁 부담을 최소화하려고 애썼다는 것을 알 수 있다. 이장용이 고려의 군사 수를 정확히 언급하지 않은 것도 그 때문이었다. 어차피 전쟁을 피할 수 없다면 부담을 줄이는 쪽으로 나갈 수밖에 없었을 것이다.

이장용은 원에 들어간 지 두 달 후인 1268년(원종 9) 6월 오도지吿都止라는 원의 사신을 대동하고 돌아왔다. 이렇게 두 달 만에 신속히 환국한 이유는 황제의 명으로 고려의 상비군 수를 정확하게 파악하기 위해서였다. 황제의 특명을 받고 고려에 들어온 원의 사신 오도지는 도착하자마자 고려의 군사 수와 전함 건조상황을 점검했다.

원의 사신이 고려의 군사와 전함을 점검하고 있는 동안, 앞서 언급했던 양국의 국서를 가지고 일본으로 출발했던 반부가 일본을 회유하는 데 실패하고 돌아온다. 그리고 반부는 일본을 회유하는 데 실패한 전말을 보고하기 위해 바로 원으로 보내진다.

그러니까 일본행 사신이 돌아오기도 전에 원에서는 남송과 일본을 정벌하기 위한 군사적 준비를 하고 있었던 것이다. 그리고 그해 8월 오도지는 고려 사신을 대동하고 고려의 군사 지원상황을 보고하기 위해 원으로 돌아갔다. 고려에서 보낸 보고문의 내용은 이러했다.

"우리나라는 전성기에도 백성이 적었는데 신묘년(1231년, 몽골의 침략이 있던 해) 이후로 30년 동안 전쟁과 역질로 죽은 자가 너무 많습니다. 얼마 남지 않은 백성들이 생업에 돌아왔지만 병적에 올라 있는 자들 중 날쌔고 용맹한 장정들이 적습니다. 황제의 칙명을 어기기 어려워 백방으로 조발하여 겨우 1만 명을 얻었고, 전함은 재목을 갖추어 준비하고 있습니다."

고려가 지원할 수 있는 군사를 1만으로 보고한 것은 이장용의 힘이 컸다. 이 사실만 놓고 보면 4만을 동원할 수 있다고 했던 영녕공의 말은 거짓이었음이 드러났다. 하지만 꼭 그렇게만 볼 수도 없었다. 영녕공은 법정 상비군 수를 말한 것이고, 이장용은 실제 동원할 수 있는 군사 수를 말한 것이니 두 사람 모두 옳다고 볼 수도 있다.

이렇게 두 사람의 논쟁은 무승부로 끝났다. 이제 고려가 동원할 수 있다고 한 1만 군사는 더할 수도, 덜 수도 없는 것이 되었다.

김준과 국왕의 반목

1268년(원종 9) 11월, 김준과 국왕 사이에 메울 수 없는 틈을 만드는 사건이 터진다. 용산별감 이석李碩이라는 인물이 있었다. 용산별감은 왕실에 필요한 공물을 징수하고 운반하는 특별한 직책으로, 전쟁 후의 어려운 경제난 속에서 왕실의 수요품을 특별히 조달하기 위해 만든 임시 관직이었다.

용산별감 이석은 국왕께 바칠 선물을 여러 척의 배에 싣고 강도에 도착했다. 남도의 여러 군현에서 진상받은 공물이었다. 그런데 이를 김준의 아들 김애가 알고 있었다. 김애는 당시 국왕의 비서관인 승선

(정3품)직에 있었다. 김준은 김애를 자신의 후계자로 생각하여 총애가 남달랐고, 김애 또한 권력의 2인자 행세를 했다.

김애는 왕실의 진상품을 실은 배가 도착했다는 사실을 아비 김준에게 알리고 김준의 이름으로 야별초의 군사를 동원하여 그 배들을 약탈하고 만다. 진상품들은 대부분 김애의 집으로 옮겨졌고, 일부는 야별초의 군사들에게 분배되었다. 김준은 이 일을 알고서도 모르는 척 묵인했다. 하지만 이것은 왕실과 국왕을 능멸하는 것이나 마찬가지였다. 왕실에 바칠 진상품이라는 것을 뻔히 알고서도 저지른 일이었기 때문이다.

국왕의 진상품을 약탈한 것은 김준 정권이 재정적으로 어려움을 겪고 있었다는 뜻으로도 읽힌다. 약탈한 진상품을 야별초의 군사들에게 나누어주었다는 것은 정권을 수호하는 야별초마저도 정규적인 보수가 부족했다는 뜻이다. 그러니 약탈품을 분배받을 수밖에 없었다.

정권의 사병 역할을 하는 야별초가 그런 처지였다면 일반 상비군은 더 말할 나위가 없었을 것이고, 이런 상황에서 정권의 사병 역할을 하던 무력집단의 충성심이나 결집력도 점차 약화되었을 것이다.

김준 정권뿐 아니라 강도 정부나 왕실도 마찬가지로 재정난을 겪고 있었다. 왕실의 진상품을 용산별감이라는 특별관리를 임명하여 징수 조달했다는 것은 정규적인 공납 징수가 원활하지 못했다는 뜻이다. 왕실의 이러한 특별관리는 최씨 정권에서 전쟁 중에 내륙의 조세를 징수하게 한 특별관리를 연상시킨다. 이것은 전쟁이 끝난 후에도 내륙에 대한 수취체제가 아직도 제대로 작동되지 않고 있었다는 뜻으로 해석된다.

이런 재정난은 몽골의 강도 봉쇄작전으로 최항 정권에서 이미 시작된 것이었다. 경제상황이나 재정이 무너질 때는 쉽게 무너지지만 그것을 복구하는 데는 더욱 어렵고 긴 시간이 필요한 법이다. 더구나 농경사회의 재정은 경작지의 개간과 확보 없이는 마련되기 어려운 일이었으니, 30년 동안의 전쟁이 남긴 황폐상은 하루아침에 복구될 성질의 것이 결코 아니었다.

그런데 김준 정권이 국왕의 진상품을 약탈했던 것에는 국왕과 소원해진 관계도 중요한 배경으로 작용하고 있었다. 국왕에 대한 앙심을 품지 않고서는 할 수 없는 계획적인 일이었기 때문이다. 이는 후계자로서 김애의 안하무인격인 횡포이기도 했고, 막다른 길에 접어든 김준 정권의 마지막 발악일 수도 있었다.

국왕 원종이 이 사건을 모를 리 없었다. 사건의 보고를 받고 국왕은 김준을 불러들였다. 보통 때 같으면 김준의 위세가 조심스러워 모르는 체 그냥 넘어갈 수도 있었지만 이번 일은 묵과할 수 없다고 판단했던 가보다. 김준의 정치적 입지가 어려워지면서 그를 몰아붙일 좋은 계기가 왔다고 생각했는지도 모르겠다.

국왕은 김준에게 진상품의 목록을 보이면서 사건의 전말을 캐물었다. 진상품의 목록을 김준의 코앞에 들이민 국왕의 의도는 잘못을 인정하라는 뜻이었다. 김준은 국왕이 이렇게까지 강하게 나올 줄 미처 몰랐다. 국왕의 의지를 알아차린 김준은 당황한 기색이 역력했다. 어쩔 수 없이 약탈한 물품을 회수하여 다시 국왕에게 바쳤다. 하지만 국왕은 이를 받아들이지 않고 물리치면서 김준을 심하게 질책했다.

"이미 빼앗아간 물품을 다시 바치는 것이 과연 의리에 맞는 일인가. 이석이 진상할 물품들은 모두 왕실의 제사에 쓰려는 것이었다. 이석이 내 명령을 받은 지가 오래되었는데 일을 지체하다가 그리되었으니 이것은 이석의 죄다."

그리하여 애꿎은 이석만 유배에 처해졌다. 김준이 다시 회수한 진상품들을 국왕이 받아들였다면 그것은 김준의 입장을 살려주는 꼴이 되고 말았을 것이다. 이 사건 이후 국왕과 김준의 관계는 더욱 악화되었는데, 국왕은 노골적으로 김준을 미워했고, 김준은 김준대로 국왕에 대한 반감을 키워갔다.

궁지에 몰린 김준

한편, 1만의 군사를 동원할 수 있다는 고려 정부의 보고를 받은 원에서는 다시 그해(1268) 10월 사신을 보내왔다. 이번 사신은 무장들로만 구성된 군사 전문가들이었다. 전쟁 준비상황을 점검하기 위한 시찰단이었는데, 이들은 오자마자 1만의 군사를 사열하고 전함을 건조하는 진척상황을 점검했다. 그리고 선박 건조는 원에서 파견한 관리들의 지휘를 받도록 했고, 탐라(제주도)에 따로 배 1백 척을 건조하라고 지시했다.

또한 그들은 흑산도를 시찰하기도 했다. 이들이 제주도에 배의 건조를 따로 지시한 것이나 흑산도를 시찰한 것은 의미심장한 일이다. 아마 남송을 정벌하는 데 고려와 남송 사이의 남방항로를 이용하기 위한 사전 답사가 아니었을까 추측된다. 남송을 수륙 양면작전으로 공격하기 위한 준비였음이 분명했다.

이번 사신단의 목적은 이것만이 아니었다. 일본에 사람을 보내 일본의 도로까지 정탐해두라는 황제의 지시도 있었다. 그리고 군사 준비나 선박 건조가 끝나면 남송을 치고, 일본이 복속을 거부했을 때는 일본도 정벌할 것이니 만반의 출정 준비를 갖추도록 했다. 이제 고려는 느

닷없는 전쟁을 준비하지 않으면 안 되게 되었다.

그런데 이렇게 원과 고려 사이에 사신왕래가 빈번해지고, 강도의 고려 정부가 원의 강력한 압박으로 전쟁 준비를 하게 되자 김준의 정치적 입지는 더욱 어려워졌다. 정권은 잡고 있다지만 긴밀해진 여원관계에서 김준이 개입할 여지는 갈수록 줄어들었고, 그렇다고 방관만 할 수도 없는 옹색한 처지가 이어졌다. 원의 사신을 제거하려다 그만둔 사건은 국왕이나 관료집단과의 관계마저 소원하게 만들었다. 이럴 때 궁지에 몰린 권력자는 무리수를 두게 된다.

이후 김준은 원에서 사신이 와도 나가 맞이하지 않았다. 가끔 사신들이 그런 김준의 행동을 문제 삼으면 주변 사람들에게 죽여버리겠다는 말도 서슴지 않고 했다. 국왕과의 관계만이 아니라, 원과의 관계에서도 그의 처지가 얼마나 옹색해졌는지 알 수 있다.

원에서 군사 전문 사신단이 오고 한 달 후, 이전에 사신으로 왔었던 흑적과 은홍 두 사신이 고려로 왔다. 반부가 양국의 국서를 가지고 일본을 회유하러 갔다가 실패했다는 보고를 받고 파견된 사신이었다. 이들이 가지고 온 황제의 조서에는 다시 일본으로 사신을 파견하여 그들을 회유하라는 내용이 있었다. 이들은 도착한 지 보름 만인 1268년(원종9) 12월 다시 반부를 대동하고 일본으로 향했다. 일본을 복속시키려는 세조 쿠빌라이의 의지가 얼마나 강렬했는지 알 수 있다.

이때 온 원의 사신단에는 고려인이 몇 명 끼어 있었는데, 이들은 김준에게 중요한 사실을 알려주었다. 고려 사신단이 원에 들어왔을 때 그들 중 일부가 김준과 관련된 일을 황제에게 고자질했다는 것이었다. 그렇게 해서 김준에게 죽임을 당한 사람이 앞서 오도지를 따라 서장관으로 원에 들어갔던 국자감 학유(종9품) 홍유서洪惟叙였다.

이번에 온 원의 사신단에 끼어 있던 고려인들은 홍유서가 원에 사신으로 왔을 때 그에게 핍박을 받은 적이 있었다. 그들 고려인들은 이것에 앙심을 품고 김준에게 홍유서를 일러바친 것일 수도 있었다. 하지만 그것이 괜한 무고라 해도 여원관계가 긴밀해지면서 가장 신경이 곤두서는 문제였기 때문에 김준은 그냥 지나칠 수 없었다.

　홍유서를 죽인 며칠 후, 김준은 자신과 같이 최의를 제거하는 쿠데타에 참여했던 임연林衍에게 제거되고 만다. 남송과 일본을 정벌하는 문제로 여원 간에 사신왕래가 빈번해지면서 일어난 사건이었다.

3 진퇴양난의 강도에 갇힌 마지막 무인정권

—임연(1220?~1270)·
임유무(?~1270)

林衍
林惟茂

임연은 최씨 정권을 붕괴시키는 데 김준과 함께했지만
그의 견제를 받아 권력의 핵심에서 소외되었다. 이에 불만을 품은 임연과 왕정복고 의도를 지닌
국왕이 연합하여 김준을 제거했다. 그래서 임연 정권은 출발부터 왕정복고를 목표로 한
국왕과 양립할 수 없는 적대적인 관계에 놓였고, 이것은 임연에 의한 국왕의 폐위로 이어졌다.
폐위는 원의 압력으로 곧 무산되었지만, 국왕을 더욱 원에 의탁하게 만들고,
마침내 원의 군사적 압력까지 가져와 임연 정권은 몰락하게 된다.

임연의 쿠데타

쿠데타의 단서

국왕과 김준의 반목은 시간이 흐를수록 커졌고 좀처럼 화해의 기미를 보이지 않았다. 국왕은 국왕대로 아쉬울 것이 없었고, 김준은 아직도 권력을 쥐고 있어 크게 두려울 것이 없었다. 김준이 두려운 것은 원의 세력이지 국왕이 아니었다. 국왕 역시 원에 입조하여 세조 쿠빌라이를 두 번이나 직접 대면하면서 믿을 만한 구석이 생겼다고 여겼는지도 모른다.

이즈음 국왕은 암암리에 심복이 될 만한 인물들을 모으고 있었다. 원과의 관계가 긴박하게 돌아가고 사신왕래가 빈번해지면서 김준의 입지가 좁아진 걸 노린 것이었다. 상대적으로 국왕의 운신 폭이 좀 더 넓어지고 어깨를 펼 수 있었던 정치 환경도 심복들을 끌어모으는 데 보탬이 되었다.

국왕의 총애를 받으며 측근에 모여든 인물들은 대부분 환관들이었다. 무인이 집권하는 왜곡된 정치상황 속에서 힘없는 국왕이 가까이 할 수 있는 인물은 그들밖에 없었다. 그런 환관들 가운데 국왕의 총애를 가장 많이 받은 인물이 강윤소康允紹였다.

강윤소는 본디 종실인 신안공新安公의 가노였다. 신안공은 국왕의 친조를 대신하여 전쟁 기간에 두 차례나 몽골에 들어갔었는데, 강윤소는 신안공을 따라 원에 왕래하면서 몽골어를 익혔다. 그런데 전쟁이 끝나고 원과의 교섭이 빈번해지면서 몽골어를 통역할 수 있는 사람들이 요긴해졌다. 원종이 태자 시절 부왕 고종의 친조를 대신하여 원에 들어갔을 때 강윤소는 처음으로 태자를 모시는 사신단에 들어 통역관으로 따라가게 된다. 원종은 두뇌 회전이 빠르고 아부를 잘하는 강윤소가 마음에 들었던 모양이다. 그 후 강윤소는 원종이 왕으로서 다시 원에 입조할 때도 따르게 되어 국왕의 총애를 한몸에 받게 되었는데, 그 공으로 환관으로 발탁되어 국왕을 최측근에서 모시게 되고, 나중에는 무관직으로 진출하여 장군직까지 제수받는다.

강윤소는 국왕을 가까이 모시면서 김준에게 반감을 갖고 있는 국왕의 속마음을 읽을 수 있었다. 그런데 이 강윤소가 임연과 가까운 사이였다. 임연과 친하게 지내면서 강윤소는 김준을 적대하는 임연의 마음도 감지할 수 있었다. 자연스럽게 강윤소는 국왕과 임연 사이에서 그들의 속마음을 전달하는 다리 구실을 했다. 강윤소는 여러 차례 국왕에게 임연의 존재를 알렸다.

"여러 공신들이 모두 김준을 따르고 좋아지내는데, 임연만이 그에 붙지 않고 있습니다."

또한 강윤소는 임연을 부추기는 말을 서슴없이 했고, 임연 역시 그에 부응했다.

"나라의 형세가 위태로운데 장차 어떻게 하려는 것이오."

"국왕께서 명령만 내리시면 내 어찌 목숨을 아끼겠는가."

임연의 확고한 의지를 확인한 강윤소는 바로 그 말을 국왕께 전했다. 거사를 실행에 옮기기 위해서는 국왕의 뜻을 다시 확인할 필요가 있었던 것이다. 국왕은 "참으로 충신이 있구나"라고 말하면서 넌지시 찬동의 뜻을 밝혔다. 이렇게 거사의 단서가 마련된다.

그런데 임연은 강윤소의 제의를 받기 전에 이미 나름대로 거사를 생각하고 있었다. 주로 국왕 주변의 환관들과 통하면서 분위기를 탐색하는 정도였지만, 김준을 제거하겠다는 의지만큼은 분명했다. 그런 가운데 임연과 선이 닿은 환관이 최은崔㥉·김경金鏡·김자정金子廷 등이었다. 임연은 추밀원부사(정3품)로서 대궐에서 자주 숙직을 하며 환관들에게 자연스럽게 접근할 수 있었다.

임연이 거사를 생각하면서 누구보다도 먼저 환관과 접선을 시도했던 것은 조금 뜻밖이다. 거사를 하려면 군대의 동원이 가장 우선되어야 했고, 군대의 지휘관들과 연결을 시도하는 것이 가장 중요한 일이었을 텐데 말이다. 이것은 임연이 국왕과 김준의 반목을 알아채고, 환관을 통해 국왕과의 연결을 시도하려고 했기 때문에 이루어진 일이었다. 국왕 한 사람의 후원과 지지는 수천 군사보다도 더 큰 힘이 될 것이 분명했다. 임연이 환관들과 접촉하기 이전에 벌써 국왕의 속마음을 파악하고 있었다는 뜻이다.

임연과 강윤소가 가까워졌던 것은 임연이 그런 의도를 가지고 계획적으로 접근했던 결과였다. 강윤소는 거사를 이야기할 당시 환관의 우두머리 격이었으니 임연을 국왕과 연결시켜줄 수 있는 적격의 인물이었다.

암살계획

국왕 주변의 환관들과 내통하고 강윤소로부터 국왕의 속마음을 전달받은 임연은 국왕의 은밀한 명령을 기다렸다. 거사에 대한 자신의 뜻은 이미 충분히 전달된 상태였으니까 국왕의 마지막 승낙만 떨어지면 바로 실행에 옮겨질 일이었다. 그런데 아무리 기다려도 거사에 대한 국왕의 지시는 내려오지 않았다.

임연과 국왕이 서로 같은 생각을 품고 있음을 확인했다고 쳐도, 국왕의 위치에서는 직접 거사를 지시하기 어려웠다. 거사가 실패로 돌아갔을 때를 대비하지 않을 수 없고, 그것이 아니라 해도 지존의 위치에서 신하를 사주하여 직접적인 언명을 내린다는 것은 곤란했을 것이다. 국왕은 이럴 때 은유적인 말로 둘러 표현하는 것이 보통이다.

불안하게 국왕의 지시를 기다리던 임연은, 어느 날 숙직일을 이용하여 환관 최은에게 자신의 뜻이 국왕께 분명히 전달되었는지를 다시 확인했다. 강윤소는 이때 환관을 그만두고 장군직에 있었기 때문에 최은을 통한 것이다.

"나라의 형편이 이에 이르렀으니 이제 결단을 내리는 것은 순간이다. 그대는 어찌하여 국왕께 고하지 않는가."

임연의 다그침을 받은 최은은 응답은 했으나 두려움에 망설였다. 자신의 말 한 마디로 피바람을 일으킬 살육이 벌어진다고 생각하면 어찌 두렵지 않겠는가. 최은은 주저하면서 또 여러 날을 허비했다. 임연 역시 초조하게 기다렸지만 국왕으로부터 아무런 언질도 받지 못했다. 그리고 임연의 숙직일이 다시 돌아왔다. 임연은 최은을 앞에 놓고 몰아 붙였다.

"지난번에 한 말은 내 입에서 나와 그대의 귀로 들어갔다. 만에 하나 누설된다면 우리 두 사람의 목숨은 조석에 달려 있다. 어째서 그렇게 망설이는가."

거의 협박에 가까운 말이었다. 자칫 잘못되어 국왕이 이 일에서 발을 빼버리면 그 결과를 예측할 수 없었다. 임연은 더 이상 지체하다가는 일이 결국 들통나고, 자신만 무고하게 죽을지도 모른다는 판단을 했음직하다. 임연이 던진 말은 그리되면 같이 죽게 된다고 최은을 은근히 협박한 것이다. 과연 그 말은 효과가 있었다.

최은은 동료 환관인 김경을 끌어들여 함께 국왕의 편전으로 들어가 임연의 뜻을 전했다. 국왕은 의외로 반색을 하며 기다렸다는 듯이 말했다.

"과연 그렇다면 얼마나 다행한 일인가."

국왕의 이런 태도를 보면 김준을 제거하려는 의지가 확고했다는 것을 알 수 있다. 그런데도 여러 날을 지체했던 것은, 국왕으로서는 임연의 확실한 최후 의사를 확인하고자 했던 것이고, 임연은 임연대로 국왕의 직접적인 지시를 기다린 때문이었다. 그러니까 결국은 임연과 국왕 사이에서 환관들이 주저했던 탓이었다.

국왕의 결연한 의지를 전해들은 임연은 여러 환관들과 의논하여 거사일을 불과 며칠 후인 병신일(1268. 12)로 잡았다. 임연은 미리 준비한 박달나무로 만든 큰 몽둥이를 상자에 넣고 선물 상자인 것처럼 꾸몄다. 그리고 김경을 시켜 그 상자를 대궐의 편전에 숨겨두게 하고 거사일을 기다렸다. 김준을 대궐로 유인하여 국왕이 거처하는 편전에서 몽둥이로 타살하려는 계획이었다.

대궐의 편전으로 거사 장소를 잡은 것은 그만한 이유가 있었다. 김준은 대궐에 들어올 때 항상 사병들을 거느리고 입궐을 했다. 김준뿐만 아니라 무인집권시대의 모든 집권자들은 대궐 출입을 그런 식으로 했다. 무인집권자에게는 대궐이 가장 위험한 곳이었으니 당연한 일이었다. 그런데 국왕을 대면하는 편전에서까지 사병들의 호위를 받을 수는 없었다. 임연은 바로 그 허점을 이용하려는 것이었다.

또한 거사일을 병신일로 잡은 것은, 그날 원의 사신이 환국하는 송별연이 편전에서 열릴 예정이었기 때문이다. 추측에 불과하지만, 이는 김준을 제거하는 데 원의 사신을 이용하기 위한 계책이 아니었나 싶다.

김준은 이 무렵 원과 그 사신에 대해 적대적인 감정을 노골적으로 드러냈고, 원의 사신들도 김준의 존재를 달갑게 여기지 않았기 때문에 그럴 개연성이 충분히 있다. 국왕은 김준을 제거한 후 그에 대한 반발이나 변란이 있더라도 원의 사신을 이용하여 제압할 수 있다는 계산을 했을 법하다.

그러니까 거사는 처음부터 군대를 동원하는 군사쿠데타가 아니라, 환관들을 이용하여 편전에서 김준을 암살하려는 것이었다. 군사를 동원하여 거사하는 것은 비밀유지가 힘들고, 김준의 사병집단에 맞서 성사시키기도 어렵다고 판단했던 것 같다. 또한 거사가 애초에 국왕과 환관들을 중심으로 이루어졌으니 군사를 동원하는 문제가 쉬운 일도 아니었을 것이다. 아마 국왕은 군사 동원 문제를 임연에게 일임한 것으로 보인다.

하지만 편전에서 암살한다는 것도 쉬운 일은 아니었다. 실패할 경우 국왕의 개입이 변명의 여지없이 그대로 드러날 수 있었으니 더욱 위험한 모험이기도 했다. 이에 치밀한 준비를 했는데, 내통한 환관들은 모두 단검을 소지하도록 했고, 편전에서 몽둥이로 김준을 타살할 자객한 명 외에 또 다른 저격조를 배치했다. 이들 저격조는 '후벽後壁'이라고 하여 편전이 있는 전각의 벽 뒤에서 활을 소지하고 대기하도록 했다. 김준을 타살하는 데 실패했을 경우, 2차 시도를 하기 위한 것이기도 했고 김준의 저항에 대비하려는 것이기도 했다.

저격조는 모두 명사수들로서 대여섯 명 정도였는데, 여기에는 임연의 사위 최종소崔宗紹와 큰아들 임유무林惟茂가 가담하고 있었다.

편전에서의 살육

그런데 거사일로 잡은 그날, 김준을 암살하려던 계획이 그만 빗나가고만다. 원의 사신이 송별연도 받지 않고 바로 환국길에 오른 것이다. 탈타아脫朶兒라는 이 사신은 군사 전문 사신단의 일원으로, 일본 정벌을 위한 고려의 전쟁 준비를 시찰하기 위해 강도에 들어왔었다. 사신단은 대부분 그대로 체류하고 탈타아만이 환국하게 된 것이다. 그래서 송별연도 생략되었다.

그렇다고 거사일을 다시 뒤로 미루기는 곤란했다. 그래서 김준이 나타나기만 하면 언제, 어디서라도 거사를 실행한다는 방침으로 계획이 변경되었다. 마침 국왕은 원의 사신 탈타아를 전송하기 위해 대궐 밖으로 나섰다. 무인집권시대 국왕이 대궐 밖으로 행차할 때 집권자들은 특별한 일이 없다면 어가를 호종하는 것이 관례였다.

하지만 이날 김준은 어가 행차가 있는데도 나타나지 않았다. 이는 다름이 아니라 원의 사신에 대한 적대감 때문이었다. 이 무렵 김준은 원의 사신이 와도 맞이하지 않았고, 전송에도 참여하지 않고 있었다. 거사 주최 측에서는 단순히 사신을 전송하는 일이라면 김준이 나타나지 않겠지만 국왕의 어가 행차가 있기 때문에 반드시 나타날 것으로 믿었다.

국왕은 다른 나라의 사신이 돌아갈 때 대궐 밖까지 나서서 전송하는 일이 결코 없었다. 그런데도 대궐 밖 행차를 한 이유는 원의 사신을 전송하기 위해서가 아니라 김준을 유인하기 위해서였다. 하지만 그것은 김준의 불참으로 인해 성사되지 못했다.

결국 거사일로 정한 그날은 아무 일도 일어나지 않은 채 지나갔다. 문제는 기밀 누설이었다. 임연이나 국왕 모두 초조했지만 특히 국왕은 잠을 이루지 못할 정도의 큰 불안에 시달렸다. 국왕은 바로 다음날 다시 거사를 결행하기로 작정한다. 거사가 뒤로 미뤄지면 실패하게 될 것이라는 불안감이 빠른 결단을 내리게 한 것이다. 국왕은 밤중에 병이 났다는 말을 퍼뜨리고, 환관들을 여러 신사와 사찰로 보내 기도하게 했다. 다음날에 있을 거사에 대한 불안을 씻고 성공을 기원한다는 것이 이유였지만, 일종의 복선이기도 했다. 즉 김준을 대궐로 유인하기 위한 계략이었던 것이다.

하지만 다음날 아침 김준은 평상시와 다르게 조회에도 참석하지 않았다. 별수 없이 국왕의 병환을 핑계로 김준을 불러들이는 수밖에 없었다. 국왕의 부름을 받은 김준은 사병들의 호위를 받으며 대궐로 향했다. 이것이 마지막 길이 될 줄은 미처 몰랐으리라.

환관 중에는 김준의 측근도 있었다. 무인집권시대 집권자들은 국왕을 지근에서 감시하는 심복 한두 명쯤을 대궐에 상주시키고 있었다. 그런 환관 중 한 명이 김준의 처족에서 발탁된 박문기朴文琪였다. 대궐에서 일어나고 있는 음모를 환관인 그가 까맣게 모르고 있었다면 오히려 이상한 일일 것이다. 그의 가장 중요한 소임이 그것을 감시하는 것이었으니까. 게다가 거사가 두 번이나 뒤로 미루어졌으니 음모를 눈치챌 가능성이 컸다. 박문기가 정확한 음모의 계획은 모른다 해도 뭔가 심상치 않은 분위기 정도는 느꼈을 것이다.

이상한 낌새를 눈치챈 박문기가 김준의 입궐을 막으려고 김준 일행에게 달려갔다. 사병들의 호위를 받으며 광화문을 막 들어서는 김준에 대한 경호는 그날따라 삼엄하기 이를 데 없었다. 아마 김준도 막연하지만 어떤 불길한 예감을 했는지도 모른다.

그런데 김준에게 불행이 닥치려고 그랬는지, 박문기는 삼엄한 경호를 받고 있는 김준 일행에게 접근도 못하고 만다. 박문기가 김준에 대한 암살계획을 정확히 알고 있었다면 무슨 수를 써서라도 알렸을 텐데 확실한 정보가 아니어서 포기했을 가능성이 많다.

김준은 사병들을 광화문 안에 도열시켜놓고 혼자서 국왕이 거처하는 편전의 아문(일종의 부속실)으로 들어갔다. 김준의 일행 속에는 동생인 김승준도 있었는데, 그는 김준과 함께 편전으로 들어가려다 생각을 바꾸고 도당으로 향했다. 아문에 들어선 김준은 국왕의 호출을 기다리며 잠시 대기하다가 환관 최은의 안내를 받아 편전으로 향했다. 편전 앞에 이른 최은은 국왕이 편찮으시니 편전 옆 정당政堂의 방에서 잠시만 기다리라는 말을 남기고 사라졌다.

김준이 편전 옆방에서 잠시 기다리고 있을 때, 갑자기 복면을 한 괴한이 나타나 홍두깨만한 몽둥이로 그의 뒤통수를 내리쳤다. 이 괴한은 국왕이 특별히 매수한 김상金尙이라는 인물로 힘이 장사였다. 김준은 그 자리서 비명을 지르며 쓰러졌고, 김상은 칼을 빼어 쓰러진 김준의 목을 베었다. 그렇게 김준은 구중궁궐 깊은 방에서 암살되었다. 편전 밖에서는 이런 사실을 아무도 눈치채지 못하고 있었다.

남은 일은 도당 건물로 들어간 김승준을 제거하는 것이었다. 환관 김자정은 국왕의 명으로 김승준을 편전으로 유인했다. 그런데 편전 앞에 이른 김승준은 갑자기 섬뜩한 느낌을 받는다. 살육의 현장이니 충분히 살기를 느꼈을 법하다. 막 뒤돌아 달아나려 하는데, 환관 김자정과 그 동생 김자후金子厚가 앞뒤에서 길을 막고 단검을 빼어 찔렀다. 꼼짝없이 김승준도 당하고 만 것이다.

야별초를 동원한 임연

이때쯤 대궐의 뜰에 도열하고 있던 김준의 사병들에게도 정변 소식이 전해졌다. 김준이 심어둔 환관 박문기가 달려가 알린 것이다. 그 소식을 듣자마자 사병들은 반사적으로 편전이 있는 전각으로 몰려갔다. 신속한 행동이었지만 참변 소식에 당황하여 대열은 이미 흐트러지고 있었다. 전각의 출입문으로 한꺼번에 몰려드는 사병들을 환관 김자정이 막아서며 소리쳤다.

"지금 왕명으로 김준 형제를 제거했는데 너희들이 편전으로 들어가 무엇을 하겠다는 것인가. 이제 모두 마음을 함께하여 사직을 호위해야 할 것이다."

김자정은 왕명을 앞세워 홀로 김준의 사병들과 맞선 것이다. 대열 속에서 작은 파문이 일어나면서 잠시 멈칫했다. 왕명이 무서워서가 아니라 김준 형제가 이미 주살되었다는 소식에 어찌할 바를 모르고 주저했던 것이다. 짧은 순간이지만, 각자 현명하게 살 길을 찾는 계산을 해야 했다. 사병들이 전의를 상실하는 데는 많은 시간이 필요치 않았다.

김자정은 전의를 상실한 사병들을 손으로 밀쳐내며 마지막으로 쐐기를 박았다.

"주상께서 너희들의 죄는 추호도 묻지 않을 것이다."

사병들의 마음을 돌리는 데 이 말 한 마디면 충분했다. 확실한 리더라도 있었다면 대열을 가다듬고 다시 저항할 자세를 갖췄겠지만 그렇지도 못했던가보다. 거사의 가장 위험한 고비를 넘긴 순간이었다.

한편, 임연은 대궐의 거사가 성공했다는 기별을 받고 미리 포섭해둔 야별초 지휘관들에게 각자 휘하의 군사를 소집하여 거병하도록 했다. 그들은 사전에 분담한 대로 표적으로 삼은 인물들을 찾아 신속하게 제거하는 데 성공한다. 김준의 아들과 정권의 핵심 인물들이 우선 제거 대상이었다.

야별초는 앞서 김준이 최의를 제거하는 쿠데타에도 동원됐었다. 왜 야별초는 정변 때마다 이렇게 이용되었을까?

야별초는 무인정권을 지탱하는 사병과 같은 역할을 했지만 또한 분명히 국가의 군대인 공병이기도 했다. 순수한 사병이 아니라, 공병이면서도 사병 역할을 하는 야별초의 이중적인 속성은 정변에 이용하기에 아주 편리했다. 더구나 야별초는 최씨 정권 말기부터 보수와 관련된 불만에 쌓여 있었다.

야별초는 국가의 군대인 공병으로서도 별 의미를 갖지 못했고, 정권의 사병 역할을 하면서도 충분한 보수를 받지 못했다. 누구든 정변으로 이끌기만 하면 유혹에 넘어갈 소지가 다분했다. 아니, 어쩌면 야별초는 정변에 참여하여 죽인 죄인들의 적몰재산을 분배받는 것에 재미를 붙였는지도 모른다. 임연이 야별초를 쉽게 끌어들인 데는 이런 배경이 작용했다.

그런데 야별초를 동원한 임연이 김준 일족들을 제거하면서 김준의 둘째 아들 김용재를 놓치고 말았다. 이 김용재가 흩어진 도방의 군사들을 끌어모아 반격에 나섰다. 김용재는 야별초의 지휘관들 가운데 임연의 거사에 가담하지 않은 자들을 소집했다. 하지만 이 소집에 응한 사람은 야별초 지유(지휘관) 고여림高汝霖뿐이었다.

김용재는 고여림을 보고 반가워하며 임연의 거사에 함께 맞설 것을 설득했지만, 그는 선뜻 나서지 않았다. 야별초의 지휘관 가운데 소집에 응한 자가 자신 혼자라는 사실을 알고 망설였던 것이다. 고여림 말고도 몇몇 장군이 김용재의 소집에 응하기는 했지만 모두 쿠데타 군에 맞서기를 주저하고 있었다. 김준과 동생 김승준이 이미 제거되었다는 소문을 듣고 대세가 기울었다고 판단한 탓이었다.

김용재가 도방의 군사들만 가지고 임연의 쿠데타 군에 맞선다는 것은 무리였다. 게다가 그마저도 김준이 제거되었다는 소식에 의기소침해져 필사적인 저항을 하지 못했다. 불가항력이라고 판단한 김용재는 도망치다가 쿠데타 군에 잡혀 주살되고 만다. 이제 쿠데타 군에 목숨 걸고 저항할 만한 인물은 거의 없었다.

한 고비를 넘긴 임연은 차분하게 김준 정권의 핵심 인사들을 선별하여 제거해나갔다. 김준의 핵심 측근이었던 장군 차송우를 비롯하여, 김준의 농장 관리를 맡았던 지준과 문성주 등 10여 명을 즉시 잡아 죽였다. 이때 김준의 사병집단에 들었던 가노들은 거의 모두 죽임을 당했는데, 그 수를 헤아릴 수 없었다고 한다. 김준의 처와 상장군 김홍취 등은 유배에 처해졌다. 이런 과정에서 김준의 측근 장군 몇몇은 스스로 목숨을 끊기도 했다.

이제 쿠데타는 확실하게 성공단계로 접어들었다. 거사 당일 하루의 일이다. 이후에도 임연은 위험한 기색을 드러내는 인물들을 하나하나 빠짐없이 제거해나갔다. 임연과 사적인 원한이나 감정이 있는 자들은 그의 표적에서 벗어날 수 없었다.

김준을 제거한 이때 임연은 40대 후반이었고, 죽은 김준은 60대 중반이었다. 최의를 제거한 지 정확히 10년 만에 김준 자신도 역시 쿠데타의 희생물이 되고 만 것이다.

임연은 왜 김준을 제거했을까? 함께 최의를 제거하는 쿠데타에 적극 가담한 동지의 처지에서 어느새 적으로 변했는지 의문이 아니 들수 없다. 무인집권시대에는 쿠데타의 동지가 적이 되는 일이 다반사였으니 권력투쟁의 속성상 어쩌면 이상할 것도 없지만, 그 동기가 무엇이었는지는 궁금하다.

향리에서 최고집권자까지

호족의 후예

임연은 진주(충북 진천)를 본관으로 하는 그 지역의 토착 향리 출신이었다. 《고려사》〈임연 열전〉에는 그의 아버지가 누구였는지 알 수 없고, 향리의 딸에게 장가들어 임연을 낳았다고만 기록하고 있다. 이런 내용으로 보면 임연은 진천의 향리 출신이었다는 것을 알 수 있다.

그런데 진천(상산) 임씨 족보에 의하면, 임연의 선조로 임희林曦를 들고 있다. 임희는 왕건이 왕위에 오른 직후 단행된 인사에서 병부령에 오른 인물이다. 병부령은 군정과 군령을 장악한 병부의 장관으로 후삼국의 통일전쟁기에 막중한 직책이었다. 임희가 병부령에 임명되었다는 것은 태조 왕건의 신임이 매우 두터웠다는 것을 말해준다.

이것만이 아니라, 임희는 태조 왕건의 태자로 책봉된 무武(후의 혜종)에게 딸을 바치기도 했다. 이는 임희가 진천 지역의 유력한 호족이었기 때문에 가능한 일이었다. 태자 무는 왕건과 나주 출신의 장화왕후 사이에서 태어난 왕자로 외가의 힘이 미약하여 많은 후원세력을 필요로 했다. 임희의 딸이 이런 태자 무와 정략결혼을 했다는 것은 임희의 호족세력이 강력했다는 것을 보여준다. 임연은 그런 임희의 직계 후손이었다. 태조 왕건이 죽고 태자 무가 왕위에 오르면서 임희는 왕실의 외척으로서 중앙 정계에 굳건한 기반을 마련한다.

진천의 지방 기록인《상산지》를 보면, '장척(혹은 동호)'이라는 저수지를 임연과 관련시켜 설명하고 있다. 이 저수지는 "고려 고종 때 권신 임연이 그 기초를 닦은 것인데 그는 바로 흥화부원군 임희의 후손이다"라는 기록이 그것이다. 또한《상산지》에는 '농다리[籠橋]'에 대해서도 언급하고 있다. '군 남쪽 1리의 세금천과 가리천이 합류하는 굴티[屈峙]에 있는 다리이다. 고려 초기에 임씨의 선조인 임 장군이 처음 건축한 것이다'라는 기록이다. 여기에 나타난 임씨와 임 장군은 임연과 임희를 가리키는 것이 분명하다.

지금도 농다리가 있는 충북 진천군 문백면 구곡리 구산동 굴티 마을에는 진천 임씨들이 집성촌을 이루며 대대로 거주하고 있다고 한다. 이러한 사실을 보아도 임연의 선대가 진천의 토착세력이었음은 분명하다.

이상과 같은 여러 기록과 이야기는 임연의 출신 가문인 진천 임씨가 고려 초에 그 지역의 강력한 호족이었다는 사실을 반영하고 있다. 그러나 이후 진천 임씨는 중앙 정계에서 크게 두각을 나타내지 못했다. 그들은 중앙의 문벌귀족으로 계속 성장하지 못하고 광종 대의 왕권 강화정책과 성종 대의 중앙집권화 과정에서 점차 소외되어 지방 향리로 토착화한 듯하다.

하지만 이것을 가지고 진천 임씨 가문이 완전히 몰락했다고 보면 오산이다. 고려시대에는 지방 향리세력과 중앙의 문벌귀족이 전혀 별개의 신분계층이 아니었다. 향리도 과거에 합격하여 중앙의 관직을 역임하면 문벌귀족이 될 수 있었고, 문벌귀족도 중앙의 관직에서 소외되면 향리로 전락했다.

그러니까 임연의 선조는 태조 왕건에게 중용된 진천의 유력한 호족이었지만, 그 호족의 위세를 지속적인 문벌귀족세력으로 융성시키지 못했다고 볼 수 있다. 그래도 임연은 선대의 융성에 비할 바는 아니지만, 진천 지역에서 토착세력 정도의 명맥은 유지하고 있었다.

호족의 후예라는 임연의 출신 신분이 김준을 제거하는 데 직접적인 동기로 작용했다고 보기는 어렵다. 하지만 임연의 이러한 출신 배경은 그가 정치적으로 성장하는 데 중요한 기반이 되었고, 노비 출신인 김준과 좋은 대조가 된 것은 분명하다.

임연의 대몽항쟁

임연이 태어난 연도에 대해서는 정확한 기록이 없지만, 여러 주변 정황으로 보아 1220년을 전후한 시기로 추정하고 있다.

성인이 된 임연은 벌의 눈매에 표범과 같은 음성을 지녔으며, 몸이 매우 날쌔고 완력이 좋아 물구나무를 하고서도 얼마든지 걸을 수 있었다고 한다. 그런 외모와 체력 때문이었는지 그는 20세가 채 되지 않은 나이에 대장군 송언상宋彦祥의 사병으로 들어간다. 이것이 그의 첫 군대 경험이었다.

송언상은 임연과 같이 진천을 본관으로 하는 진천 송씨였는데, 그런

동향의 인연이 송언상의 사병으로 들어간 하나의 계기가 되었을 것이다. 송언상의 아버지는 재상급에까지 오른 송순宋恂이며, 그의 형 송언기宋彥琦는 1239년(고종 26) 몽골의 침략군을 삭주와 귀주(평북)에서 물리친 경력이 있었다. 송언상 역시 1236년(고종 23) 죽주(경기 안성)의 방호별감으로 있으면서 몽골과의 전투에서 공을 세운 인물이었다.

그러니까 진천 송씨 가문은 임연이 사병으로 들어갈 당시 대몽항쟁에 공을 세우면서 임연의 가문보다는 좀 더 현달했던 모양이다. 임연이 이러한 송언상의 사병으로 발탁된 것은 그에게 좋은 기회였다. 몽골의 침략기에 임연은 대몽항쟁의 경험도 더불어 할 수 있었고, 그런 속에서 어떤 자극도 받았을 것이기 때문이다.

그 후 언제인가 임연은 송언상의 사병을 그만두고 고향 진천으로 돌아온다. 송언상의 사병으로 계속 있다가는 자신의 앞날에 대한 큰 기대를 할 수 없다고 판단했거나 혹은 송언상의 죽음으로 더 이상 그의 사병으로 남아 있을 이유가 없어졌기 때문인지도 모른다.

고향 진천으로 돌아온 임연은 여기서 일생일대의 중요한 사건을 겪는다. 지역 주민들과 함께 몽골의 침략을 물리친 것이다. 이것을 보면 임연이 송언상의 사병을 그만두고 고향으로 돌아온 이유가, 고향 진천을 몽골의 침략으로부터 지켜내기 위해서가 아닐까 하는 생각도 든다. 물론 임연의 충성심이나 애향심이 강해서가 아니라, 자신의 인생에서 어떤 전기를 마련하고 싶은 욕망 같은 것이 발휘되었기 때문으로 보인다.

임연이 고향에서 자발적으로 대몽항쟁을 벌인 시기는 최항이 집권하던 1254년(고종 41) 8월 무렵이었다. 당시 진천은 청주에 예속된 속현이었기 때문에 수령이 파견되지 않아 임연과 같은 토착 향리들이 항전의 선봉에 서기에 적절한 여건이었다. 당시 임연의 의병은 2백 명 안팎의 소규모였는데, 주둔하고 있던 몽골의 군대를 야간에 공격하여 패퇴시켰다.

동원한 주민의 수가 많지도 않았는데 전쟁을 승리로 이끌 수 있었던 이유는 임연이 그 지역 향리라는 신분과 익숙한 지리를 적절히 이용했기 때문이다. 특히 그 지역 토착 향리라는 신분은 임연이 주민들을 동원하고 결집시키는 데 결정적인 요인으로 작용했다. 또한 임연이 송언상의 사병으로 활동하면서 얻은 직접적인 전투 경험도 보탬이 되었을 것이고, 진천 송씨 가문의 대몽항쟁 경력이 자극으로 작용했을 수도 있다.

임연이 진천 전투를 승리로 이끈 것은 대단한 승첩은 아니었지만 지방관리나 군인, 중앙군 등 국가의 도움 없이 향촌의 지방민들에 의해 이루어진 자발적인 항전이라는 것에 큰 의미가 있었다. 이러한 지방민에 의한 자발적인 항전은 전쟁 기간 동안 전국 어디에서나 일어나고 있었다. 승전한 경우에는 그에 대한 포상으로 무관직이 주어졌는데, 1232년(고종 19) 처인성(경기 용인) 전투에서 적장 살리타이를 죽이고 상장군(정3품)을 제수받은 승려 출신 김윤후가 좋은 예이다. 임연 또한 진천 전투를 승리로 이끈 공으로 대정(종9품)으로 발탁된다.

이때 임연의 나이 30대 중반이었다. 너무 늦은 나이였고 대정은 가장 말단의 무관직으로 큰 포상도 아니었지만, 마침내 임연은 중앙군의 장교가 된 것이다.

김준과 맺은 부자 인연

중앙군의 말단 장교가 된 임연에게 또 한 번 결정적인 출세의 기회가 찾아온다. 묘한 불륜 사건이 계기가 되어 김준과 인연을 맺게 되었던 것이다.

임효후林孝候란 자가 있었다. 어떤 인물인지 자세한 경력은 알 수 없지만 아마 임연과 같은 말단 장교의 신분이 아니었나 싶다. 그런 그가 임연의 아내와 간통을 저질렀다. 임연은 그에 대한 분풀이로 임효후의 아내를 유인하여 똑같이 간통을 저지른다. 이에 임효후가 해당 관청에 임연을 고소했고, 임연은 꼼짝없이 법관의 치죄를 당할 위기에 처하게 된다. 이때 임연을 구해준 인물이 바로 김준이다.

김준은 최의에게 임연의 사면을 요청했다.

"임연은 쓸 만한 장사인데 지금 의심스런 죄로 혹독한 형벌을 받는다면 병신이 되어 쓸 수 없게 됩니다. 구제해주신다면 영공께 충성을 바칠 것입니다."

최의는 김준의 말을 듣고 임연을 석방시켜준다. 김준이 임연을 구해준 이유는 그를 자신의 측근으로 만들기 위함이었다. 궁지에 처한 임연에게 김준은 가장 큰 은인이었을 테니, 심복이 되는 것도 마다하지 않았을 것이다. 그리고 김준은 임연의 무사적 자질을 알아보고 그를 천거하여 낭장(정6품)으로 발탁했다. 엄청난 군공을 세우거나 쿠데타적인 상황이 아니고서는 불가능한 비약적인 승진이었으니 임연에게는 전화위복이 된 셈이다.

임연은 자신의 죄를 면제해주고 승진까지 시켜준 김준이 얼마나 고마웠겠는가. 이후 임연은 김준을 아버지라 부르고 김준의 동생 김승준을 작은아버지라고 불렀다. 심복을 넘어 아예 김준 가문의 일원이 된 것이다. 이때는 최의가 제거되기 불과 수개 월 전인 1257년(고종 44) 말이나 1258년 초로 보인다. 김준은 그렇게 임연을 자신의 심복으로 만들어, 나중에 최의를 제거하는 쿠데타에 끌어들인다.

김준이 부자관계를 맺어 쿠데타에 끌어들인 인물은 임연 말고도 또 있었다. 바로 이종기李宗器였다. 이종기는 김준이 최이의 애첩과 간통한 죄로 귀양 갔을 때 유배지에서 김준을 도운 자인데, 김준은 이에 대한 보답으로 그를 아들로 삼았다. 역시 임연과 같은 부자 인연을 맺어 심복으로 만들었던 것이다.

이종기는 김준이 제거되었다는 소식을 듣고 식사도 하지 않은 채 울기만 했다고 한다. 이 소문을 들은 임연은 즉시 이종기를 잡아들여 죽였다. 이종기는 죽음에 임하여 임연을 죽이지 못한 것을 한탄했다고 한다. 김준을 중심으로 똑같은 부자관계를 맺었던 두 사람이 이렇게 상반된 길을 선택한 것도 재미있는 일이다. 이종기와 달리 임연은 왜 김준을 제거했을까?

그 의문을 풀기 위해 계속 임연의 행적을 따라가보자.

도령 임연

김준이 최의를 제거하는 쿠데타에 임연은 조금도 망설이지 않고 적극 가담했다. 최의를 제거하는 쿠데타는 앞서 자세히 언급했으니 생략하지만, 이때 임연이 동원한 군사들의 성격에 대해서는 조금 더 살펴볼 필요가 있다.

임연은 말단 장교 시절부터 야별초 소속이었고 김준에 의해 낭장으로 발탁된 후에도 역시 야별초 소속이었다. 최의를 제거하는 쿠데타에 가담했을 때 임연의 계급은 낭장이었다. 낭장은 2백 명 단위부대의 지휘관을 맡는다. 따라서 임연 휘하의 군사는 2백 명 정도였고, 임연은 이 군사를 이끌고 쿠데타에 참여했다.

그런데 쿠데타 당시 임연의 계급인 낭장 앞에는 '도령都領'이라는 직함이 붙어 있었다. 도령은 보통 양계 지방(북계와 동계)에 주둔하는 지방군(주진군)의 지휘관을 부르는 명칭으로, 대부분 그 지역의 향리나 토착 세력들이 맡았다. 그리고 그 도령 휘하의 군사들도 대부분 해당 지역의 토착민들로 구성되었다. 그러니까 도령은 자기 휘하 군사들과 출신 지역이 같거나, 혹은 또 다른 연고로 인해 휘하 군사들을 독자적으로 보유한 지휘관에게 붙여주는 직함이라고 할 수 있다. 양계 주진군의 도령은 변방이라는 지역 특성상 휘하 군사들과 특별한 연고로 맺어진 군대 지휘관이었다.

그런데 임연처럼 중앙군의 지휘관 중에도 도령이라는 직함이 붙어 있는 자가 더러 있었다. 이런 경우도 주진군의 도령처럼 휘하 군사들과의 특별한 연고 때문에 붙여진 것으로 해석할 수 있다. 쉽게 말하면, 중앙군이건 지방군이건 도령 휘하의 군사는 다른 군대보다 지휘관(도령)과 유대관계가 깊다고 할 수 있다.

그래서 낭장으로서 '도령'의 직함을 지닌 임연 휘하의 군사 2백 명은 임연의 고향 진천 출신이거나, 아니면 임연이 독자적으로 결집한 군사였을 것이다. 임연이 고향 진천에서 몽골의 군대를 물리칠 때 함께했던 의병들이 임연 휘하의 군사로 편제되지 않았을까 싶다. 임연이 대정에서 낭장으로 몇 계급을 단숨에 뛰어 승진할 수 있었던 이유도 그런 독자적인 군사 기반이 있었기 때문으로 보인다.

그렇다면 임연이 김준과 함께 최의를 제거하는 쿠데타에 참여하여 기여한 공로는 쿠데타에 가담한 어느 지휘관보다도 컸을 것이다. 도령 소속의 군사들은 동원하기도 쉬웠고, 그 강한 유대감으로 인해 지휘관에 대한 충성도가 남달랐을 것이기 때문이다. 이들은 이후에도 임연이 정치적으로 성장하는 데 중요한 힘이 되었다.

최의를 제거한 쿠데타가 성공한 이후 언제인가, 임연은 무반직을 떠나 문반직으로 옮겼다. 그러면서도 옛 도령 시절에 맺은 군사들과의 유대관계는 유지하고 있었다고 생각된다. 그 군사들은 임연의 후원으로 점차 성장하여 말단 장교직으로 진출했을 가능성이 많다. 그래서 임연이 다시 김준을 제거할 때, 이미 무반직을 떠나 추밀원부사로 있었음에도 야별초를 쉽게 동원할 수 있었던 것이다.

그런데 최의를 제거하는 쿠데타에 가담한 군 지휘관 중에는 임연 외에도 도령의 직함을 지닌 사람이 또 있었다. 바로 신의군의 '도령' 낭장 박희실이었다. 이 박희실 역시 임연과 마찬가지로 자기 휘하의 군사를 독자적으로 보유한 지휘관이었으나, 야별초와는 그 성격이 조금 다른 신의군의 도령이었다.

신의군은 몽골의 군대에서 도망쳐온 사람들로 구성된 부대이기 때문에 박희실과 그 휘하 군사들의 출신 지역이 모두 같다고는 보기 힘들다. 박희실이 독자적으로 그런 자들을 소집하고 결집시켜 신의군으로 편제한 것이 아닌가 싶다.

그래서 도령이었던 박희실은 임연과 마찬가지로 자기 휘하의 군사들과 특별히 유대관계가 깊었다. 박희실이 제일 먼저 최의 제거를 제안했던 것도 그런 독자적인 군사 기반이 있었기 때문이고, 쿠데타에서도 임연처럼 그 기여가 다른 지휘관보다 컸다. 하지만 과연 이러한 임연과 박희실의 공로가 어떤 결과로 나타났는지 최의를 제거한 후의 공신 책정을 살펴보자. 이것은 임연이 김준을 제거하기로 결심한 동기를 찾기 위해서 꼭 필요한 일이다.

공신 서열에 대한 임연의 불만

최의를 제거하는 쿠데타가 성공한 후 임연은 위사공신에 책정되었다. 이것으로 보아 그가 단순 가담이 아니라 적극적인 주동자였음을 알 수 있다.

임연과 김준의 사이가 벌어진 계기는 우선 위사공신의 서열 변화를 통해서 짐작해볼 수 있다. 김준의 쿠데타가 성공한 직후인 1258년(고종 45) 4월, 처음으로 위사공신 8인이 책정될 때 임연은 공신 서열 7위에 있었다. 비록 위사공신 8인 가운데 하위이긴 하지만 임연은 이 서열에 대해 큰 불만은 없었다(46쪽 위사공신 서열 참조).

그런데 쿠데타가 성공하고 4개월 정도 지난 1258년(고종 45) 7월, 위사공신 8인에 보좌공신 19인이 추가되면서 위사공신의 서열에 미묘한 변화가 일어난다. 임연의 서열에는 변화가 없었지만 5위와 6위인 박송비와 김승준의 서열이 역전되었던 것이다. 문제는 김승준이 김준의 동생이라는 점이었다. 이것은 사소한 일 같아 보이지만 동생이라는 이유만으로 서열이 높아지고 김준을 아버지처럼 따랐던 임연은 그대로였다는 사실이 그에게 불만으로 작용했을지도 모른다(55쪽 위사공신 서열 참조).

1260년(원종 1) 6월, 마침내 위사공신들의 권력관계에 결정적인 변화가 온다. 위사공신이 12인으로 확대되면서 김준이 1위가 되고 유경이 5위로 밀려난 것이다. 그런데 재미있는 사실은 임연이 여전히 7위에 변함없이 머물고 있다는 점이다. 그리고 박송비와 김승준의 서열에서 다시 박송비가 앞선 것도 눈에 띈다(62쪽 참조).

그런데 이 위사공신 서열에서 무엇보다도 주목할 점은 김준의 세 아들인 김대재, 김용재, 김식재가 모두 위사공신에 포함된 점이다. 이러한 김준 일가의 득세에 임연은 충분히 불만을 품을 수 있었다. 임연 자신의 공신 서열에는 변화가 없었지만 상대적 박탈감은 작용했을 것이기 때문이다. 혹은 두 차례의 공신 서열 변화에도 임연 자신의 서열은 아무런 변동이 없었다는 사실 자체가 불만일 수 있었다.

1260년(원종 1) 8월에는 최종적으로 위사공신의 서열이 확정된다. 이 위사공신의 확정은 임연에게 결정적인 불만을 안겨준다(63쪽 참조).

위사공신에 김홍취가 추가되어 13인으로 늘면서, 임연은 서열 11위로 밀려나고 말았다. 그뿐만이 아니라 애초 8인의 위사공신에는 끼지도 못했던 김준의 세 아들과 차송우가 이제 임연보다 서열에서 앞서게된 것이다.

1262년(원종 3) 10월, 확정된 위사공신 13인의 초상이 공신당의 벽상에 도형되면서 위사공신 서열에 더 이상의 변동은 없었다. 이것이 임연과 김준의 틈이 벌어지게 된 결정적인 계기로 보인다.

김준의 견제

몇 차례에 걸쳐 계속된 위사공신의 서열 변화를 통해서 가장 눈부시게 부상한 자는 물론 김준 일족이다. 김준 일족이 결집하여 위사공신을 독차지한 것이나 다름없으니 말이다.

김준 일족 다음으로 크게 부상한 자는 차송우와 김홍취였다. 차송우는 이후 김준의 측근으로 활약하는데, 앞서 원의 사신을 죽여야 한다고 김준을 사주한 인물이다. 김홍취는 무관 최고계급인 상장군까지 승진하고, 차송우와 더불어 김준 정권과 끝까지 함께한다.

위사공신의 세력 변동에서 가장 크게 추락한 자는 유경과 임연, 그리고 이공주였다. 여기서 떨칠 수 없는 의문은, 임연이 왜 그렇게 추락했는가 하는 점이다. 이공주는 노쇠하여 이용가치가 없어졌고, 유경은 김준과의 권력투쟁에서 이미 패배하여 그렇다 치더라도, 임연의 추락은 언뜻 이해가 되지 않는다. 임연이 유경과 가깝게 지내기 때문이 아니었을까 하는 생각도 들지만, 단정할 수는 없다.

그런데 더욱 의문인 것은, 임연이 위사공신의 서열에서는 추락했지만, 관직 승진에서는 결코 소외되지 않았다는 사실이다. 임연은 최의를 제거할 당시 낭장(정6품)계급에 있다가 4년 후인 1262년(원종 3) 10월에 무관의 최고계급인 상장군(정3품)이 되었다. 같은 낭장계급으로 쿠데타에 참여했던 김홍취가 이때 대장군(종3품)이었던 것이나 공신 서열에서 임연보다 앞섰던 차송우가 장군(정4품)에 불과했던 것을 보면 임연이 관직 승진에서 소외된 것은 분명 아니었다. 오히려 우대를 받았다고 볼 수도 있었다.

1268년(원종 9) 김준을 제거할 당시 임연은 추밀원부사(정3품)로 있었다. 이 또한 상장군과 품계는 같지만 문반직으로 영전된 것이니 분명 승진이었다. 이 무렵까지도 차송우는 장군에 머물고 있었다는 점을 감안하면 역시 승진에서까지 차별받은 것이 아님은 분명하다.

위사공신의 서열에서는 급격하게 추락한 임연이 이렇게 순조롭게 관직 승진을 했다는 점은 조금 미심쩍다. 어쩌면 임연의 관직 승진은 별 의미가 없는 것일 수도 있다. 중요한 것은 권력의 실세인가 아닌가 하는 점이었다. 김준이 임연의 관직 승진 욕구를 충족시켜주면서 권력의 핵심에서는 밀어냈을 수도 있다.

임연이 공신 서열에서 추락한 이유는 그에 대한 김준의 견제 때문이었다. 김준은 임연을 자신의 잠재적인 라이벌로 여기고 있었다. 김준이 임연을 견제했던 이유는 임연이 독자적인 군사 기반을 갖고 있었기 때문이다. 임연이 도령으로서 자기 휘하의 군사들과 깊은 유대관계를 맺고 있었던 것이 김준에게는 부담이 되었던 것이다.

이런 이야기는 임연과 같은 도령 직함을 지녔고, 최의를 제거하는 쿠데타에 함께 가담했던 박희실을 살펴보면 더욱 확실해진다. 위사공신의 서열 변화에서 박희실은 큰 변동이 없었다. 김준이 유경을 제치고 서열 1위가 되면서 박희실은 오히려 3위에서 2위로 상승했다. 여기까지는 그의 세력이나 공로에 걸맞은 일이었다.

위사공신 서열 2위로 벽상에 도형되었던 박희실은 그때 임연과 같은 상장군에 있었다. 그런데 그 이후로 박희실은 사서에 이름이 전혀 등장하지 않는다. 어떤 활동을 했으며 언제 죽었는지도 나타나지 않고 있다.

이것은 박희실이 실각했음을 보여준다. 박희실은 임연처럼 도령으로서 독자적인 군사적 기반을 갖고 있었기 때문에 김준에게 견제당한 것으로 보인다.

사실은 임연도 이 무렵 사서에 아무런 행적이 없기는 마찬가지다. 그가 김준을 제거한 쿠데타를 성공시켰기 때문에 이후에도 계속 사서에 언급된 것이지, 그 거사 이전에는 임연도 전혀 언급되지 않고 있다. 그 공백 기간을 정확히 말하자면 1262년(원종 3) 10월부터 1268년(원종 9) 12월 김준을 제거하기까지 무려 6년 동안이다. 이것은 임연이 김준의 견제를 받아 정권의 핵심에서 확실히 밀려나 있었다는 것을 보여주기에 충분하다.

이렇듯 김준에게 강력한 견제를 받던 임연은 김준 아들들과의 갈등으로 인해 김준과 완전히 등을 돌리게 된다.

토지 다툼, 혹은 세력 다툼

김준은 최의를 제거하고 빼앗은 곡식을 굶주린 사람들에게 분배하는
데 인색하지 않았다. 최씨 정권 말기는 장기간의 전쟁으로 인해 강도
의 재정난이 심각한 상태였고, 최의가 제거된 그해 무오년(1258)은 흉
년까지 겹쳐 굶어죽는 사람들이 속출하고 있었다. 김준은 최의가 이런
재난을 보고도 구제하지 않는다는 것을 쿠데타의 명분으로 삼았기 때
문에 쿠데타의 정당성을 얻기 위해서라도 아사자들을 구제할 필요가
있었다.

김준의 이런 조치를 사람들은 환영했고, 김준 스스로도 만족하고 있
었다. 김준은 이러한 만족감에 취해서 그랬는지 자신을 해칠 자가 없
을 것이라고 장담했다. 권력 장악에 대한 긴장감이 없어지고 권력에
대한 자만심이 생겨난 것이다. 아마 김준이 교정별감을 차지하고 확실
하게 최고집권자의 위치에 오른 1264년(원종 5)경부터의 일이 아닌가
싶다.

이때부터 김준은 재산증식에 대한 욕심을 드러내기 시작했다. 재산
증식의 가장 좋은 방법은 토지를 확대하는 것으로, 물론 남의 토지를
약탈하거나 탈점하는 불법적인 방법이었다. 그런데 한 가지 언급할 점
은 온전히 불법적인 방법만 동원된 것은 아니라는 사실이다. 그렇다고
합법적인 방법은 아니었지만, 이 무렵 남의 토지를 탈점하여 확대하는
데 좋은 여건이 조성되어 있었다.

전란으로 인한 농민들의 죽음이나 장기간의 원거리 피란은 기존의

경작지를 방치케 하여 황무지로 만들었다. 깊은 산성이나 섬으로 주민을 강제 이주시키는 산성입보나 해도입보 때문이었다.

장기간 방치되어 황무지가 된 토지는 그 주인이 누구인지 불분명했고, 설사 주인이 나선다 해도 짧은 기간에 다시 토지를 개간하는 일이 쉽지만은 않았다. 바로 이러한 토지가 권력자의 탈점 대상이 되었다. 이 시기, 권력자들의 대토지 소유가 시작되었던 이유가 바로 여기에 있다.

그런 속에서 김준은 가신家臣을 각 지방에 파견하여 토지 소유를 확대했다. 전라도에 파견된 문성주, 충청도에 파견된 지준이 그들이다. 이들은 탈점한 토지를 경작하는 농민들에게 각각 볍씨를 한 말씩 주고 쌀을 한 섬씩 거두어들였다. 농민들이 김준의 농노와 같은 신세로 전락해버린 것이다.

김준의 아들들 또한 최고집권자의 아들이라는 신분을 이용하여 무뢰배들을 끌어모아 남의 토지를 약탈하고, 이런 토지를 농민들에게 경작시켜 과다한 소작료를 받아냈다. 이것은 최이의 아들인 만종과 만전이 자행하던 바로 그 수법이었다.

김준 부자가 이렇게 관리·소유한 토지는 최씨 집권자들이 소유한 토지를 능가했다. 최씨 집권기는 전쟁 동안이라 내륙에서 토지를 크게 확대하기도 곤란했고 그 관리도 어려웠다. 김준 일가는 전란이 끝난 후의 평온을 악용하여 제일 먼저 소유 토지 확대에 앞장선 것이다. 충청도와 전라도 일대의 쓸 만한 경지는 이런 식으로 김준 일가에 의해 탈점되었다.

토지를 탈점하여 확대하는 데 이렇게 좋은 기회를 다른 힘 있는 자들이 놓칠 리 없었다. 그리하여 임연도 이 일에 뛰어들게 된다. 김준의 견제를 받아 정치권력에서 소외된 것에 대한 만회나 보상심리가 작용했을지도 모를 일이다. 이렇게 정치권에서 소외될수록 임연은 토지 확대에 더욱 열을 올렸다.

그런데 임연이 토지를 탈점하여 확대하는 과정에서 김준의 아들과 다투는 일이 벌어졌다. 토지 다툼이 일어난 곳은 임연의 고향인 충청도 진천 부근으로 추정된다. 일반적으로 토지의 탈점이나 확대는 본관(출신 지역)이나 연고가 있는 지역에서부터 이루어졌기 때문이다. 임연의 출신지에서 토지 다툼이 일어났다면 이는 임연에게 물러설 수 없는 일이었다.

하지만 김준의 아들도 최고집권자의 아들이라는 위세 때문에 밀릴 수 없었다. 양자의 다툼은 김준의 귀에까지 들어갔다. 이제 이것은 단순한 토지 다툼을 넘어 두 가문 사이의 세력 다툼이나 권력 다툼의 양상을 띠었다.

임연은 결국 자기 영역의 토지를 탈점하려는 김준의 아들을 막아내는 데 성공한다. 이것은 두 가문의 세력 다툼에서 김준 일족이 밀린 것이나 다름없다. 임연이 이렇게 김준 가문과 맞설 수 있었다는 것은 지역에서 그의 세력 기반이 만만치 않았음을 보여준다.

김준의 상처는 컸다. 빼앗긴 것은 없지만 최고집권자의 위상에 심한 손상을 입은 것이다. 김준은 임연이 자신의 권력에 도전한다고 생각했다. 사건이 조용해진 후 김준은 일족을 불러놓고 이런 말을 했다.

"내가 살아 있음에도 이런 일이 일어나는데, 내가 죽은 뒤에는 더 말해 무엇하겠느냐. 임연을 더 이상 그냥 둘 수 없다."

임연에 대한 어떤 극단적인 조치를 암시한 것으로, 김준의 최후 결심을 드러낸 말이다. 임연이 김준을 제거하기 수개월 전쯤의 일이었다.

이 사건 이후 김준은 임연을 드러내놓고 적대시했다. 여기에 두 사람 사이를 더욱 악화시키는 일이 일어났으니, 임연의 아내가 종을 죽인 사건이었다. 이를 안 김준은 임연 일가를 공격할 좋은 기회라 생각하고 임연의 아내를 멀리 귀양 보내려 한다. 임연은 김준의 칼끝이 바로 턱밑에까지 다가왔음을 느꼈다.

그러니까 임연이 거사를 결심한 직접적인 동기는 생명을 위협하는 김준으로부터 자신을 방어하기 위한 것이었다. 최선의 방어로써 공격을 선택했던 것이다. 마침 김준과 반목하고 있던 국왕은 임연에게 가장 큰 후원자였다. 김준을 제거하려는 국왕에게는 임연의 군사력이 필요했고, 임연은 국왕의 명에 따른다는 대의명분이 필요했다. 둘의 이해관계가 보기 좋게 부합했던 것이다.

임연 정권과 국왕

논공행상

김준을 제거한 쿠데타가 성공한 이틀 후, 문무백관들은 국왕에게 축하 하례를 올렸다. 최의를 제거할 때도 그랬듯이 말이다. 바야흐로 왕정 복고를 축하한다는 의미였겠지만, 김준 정권에서도 그것은 물거품이 되고 말았다. 이번에는 국왕이 직접 김준을 제거하는 데 앞장섰으니 이전과는 사정이 다를지 모르겠다.

곧이어 1269년(원종 10) 정월, 국왕은 측근인 장군 강윤소를 원에 보 내어 김준의 제거 소식을 알렸다. 이때 임연은 아직도 김준의 잔여세 력들을 소탕하는 중이었다. 매우 신속한 보고였다는 것을 알 수 있는 데, 여기에는 국왕의 계획적인 어떤 의도가 담기지 않았나 생각된다. 이를테면, 원과 긴밀한 연락을 유지할 필요성 같은 것 말이다.

그리고 한 달 후, 거사에 가담한 공신들의 고향을 승격시켜주는 조치가 내려진다. 임연의 고향인 진주(충북 진천)는 본래 지방관이 파견되지 못한 청주의 속현이었다. 임연이 최의를 제거하는 쿠데타에 가담하여 공을 세우면서 진주는 창의현彰義縣으로 승격되어 현령(7품)이 파견되어 있었다. 이제 창의현은 다시 의령군義寧郡으로 승격되어 지사(5품)가 파견되는 파격적인 조치가 뒤따랐다. 지금의 행정단위로 말하면 면에서 군으로, 군에서 다시 시로 승격된 것과 같다.

또한 임연의 아들 임유무의 외가인 원주(강원도)도 정원도호부로 승격되어 도호부사(3품)가 파견되었다. 지금으로 말하면 시에서 광역시로 승격된 것이다. 거사 당시 임유무는 대궐 편전의 저격조에 포함되어 있었는데 그에 대한 포상이었다.

그 저격조에는 임유무 외에도 김보의金保宜·조윤번趙允蕃·최종소 등 세 명이 더 있었다. 김보의와 조윤번이 어떤 인물이었는지는 확실하지 않지만 최종소는 임연의 사위였다. 1269년(원종 10) 2월, 이들에게 모두 홍정紅鞓이 하사되고 직함도 높아졌다. 홍정은 붉은색의 가죽 허리띠를 말하는데, 국왕이 특별한 신하에게만 하사하는 물품이다.

이밖에 거사에 참여한 공로로 포상을 받은 인물은 이분희李汾禧·조오趙璈·강윤소·김자정 등이 있었다. 강윤소와 김자정은 환관으로 거사에서 그 공로가 분명하게 드러나지만 이분희와 조오는 어떤 역할을 했는지 잘 나타나 있지 않다.

이분희는 그의 동생 이분성李汾成과 함께 처음에 김준의 심복이었다가 후에 국왕의 총애를 받았던 사람으로 권력을 쥐고 있거나 자신에게 득이 되는 사람을 따라 이리 갔다 저리 갔다 하는 인물이었다. 이분희는 거사 후 장군에서 대장군으로, 곧이어 다시 상장군으로 승진한다.

조오는 저격조에 들었던 조윤번의 아버지였다. 이를 보면 조오는 김준을 제거했던 거사와 전혀 무관한 인물이 아닌 것만큼은 확실하다. 이들 부자는 후에 임연 제거 모의에 연루되어 제거되고 만다.

포상이 이루어지고 일주일 후, 대궐 내전에서는 정변의 성공을 자축하기 위한 연회가 열렸다. 재상급 관료들과 국왕의 가까운 근신들이 주축이 되어 성대한 잔치를 연 것이다. 국왕에게 있어 김준의 제거는 매우 만족스러운 일이었으나 이제는 임연이 새로운 눈엣가시 같은 존재로 떠올랐다. 임연은 그 연회에서 술에 만취하여 휘파람을 불고 내전의 대들보에 매달려 턱걸이를 하는 등 방자한 행동을 서슴지 않았다. 그 연회는 국왕에게 임연의 존재를 다시 생각하게 한 자리였다.

임연의 혼인관계

임연의 혼인관계는 어떠했을까? 이 문제는 거사 이후 임연 정권의 향방이나 그의 정치성향을 이해하는 데 많은 도움이 되므로 잠시 짚고 넘어가도록 하자.

임연의 부모가 모두 진천의 향리였다는 것은, 임연의 아버지가 진천 향리의 딸을 취하여 임연을 낳았다는 사실에서 알 수 있다. 그런데 임연의 부인 역시 향리 출신이었다. 임연의 부인은 원주 이씨로 원주(강원) 토착 향리의 딸이었다. 따라서 임연 본인과 그 부인은 사회적 신분이 같았다.

임연은 그가 고향 진천에서 주민들을 결집하여 대몽항쟁을 승리로 이끌기 이전에 결혼한 것으로 보인다. 그러니 결혼할 당시 임연은 아무런 직분이 없는 별볼 일 없던 시절을 보내고 있었다. 하지만 임연의 부인인 원주 이씨는 임연 가문보다 조금 우위에 있었다. 원주 이씨는 무인정권 초기에 벌써 중앙 관직에 진출한 인물들이 있었기 때문이다. 임연은 이 원주 이씨 부인과의 사이에 5남 2녀를 두었는데, 이 자녀들의 혼인이 범상치 않았다.

장남은 임유무인데, 김준을 암살할 때 저격조에 포함되어 있었다. 임유무는 이응렬李應烈의 딸과 혼인했다. 이응렬은 최항 집권기 때 이미 상서(정3품)직에 오른 상당한 실력자였다. 임연이 이런 이응렬과 사돈을 맺은 시기는 김준을 제거한 직후였지만, 두 집안의 결합은 임연이 가문의 격상을 위해 여러모로 계산했다는 것을 시사한다. 그 점을 더욱 잘 보여주는 것이, 임연은 처음에 아들 임유무를 허공許珙의 딸과 맺어주려고 애썼다는 사실이다.

허공은 공암(서울 양천구) 허씨로 과거에 급제까지 한 정통 문벌 가문 출신이었고, 최항 정권에서 인사권을 행사하던 정방에도 참여한 적이 있어 임연 가문과의 혼인은 어울리지 않았다. 허공 집안과 사돈을 맺으려던 임연의 계획은 결국 허공의 완강한 반대로 인해 실패하는데, 이를 보면 자식의 혼인에 임연이 얼마나 신경썼는지 알 수 있다. 임연은 허공 가문과 혼인하여 무언가를 얻기 위해 정략적으로 접근했던 것이다.

2남은 임유간林惟幹인데, 그의 결혼관계는 전혀 알 수 없다. 임연의 3남은 임유인林惟栶으로, 그는 채인규蔡仁揆의 셋째 딸과 결혼했다. 채인규는 평강 채씨로 무인집권기에 크게 성장한 유력 가문 출신이었다. 채인규의 조부 채송년蔡松年과 부 채정蔡楨은 최씨 정권기 때 부자가 계속 재상직에 올라, 임연 가문보다는 훨씬 우위에 있었다. 더구나 채인규는 최영崔瑛의 딸을 부인으로 맞았다. 최영은 임유인의 처 외조부가 되는데, 고려시대의 명문거족 철원 최씨로 최이 정권에서 수상직에 오른 최종준崔宗峻의 아들이었다.

4남 임유거林惟岠와 5남 임유제林惟提의 결혼관계도 불명이다. 아마 결혼 적령기에 이르기 전에 임씨 정권이 붕괴된 탓이 아닌가 싶다. 그리고 임연의 두 딸 가운데 장녀는 최종소崔宗紹의 부인이 된다. 최종소는 거사 당시 장남 임유무와 함께 저격조에 속해 있었는데, 이것으로 보면 임연의 거사 이전에 이 결혼이 이루어졌던 것 같다. 최종소는 어떤 집안의 출신인지 드러나 있지 않지만 권세가의 자제였음은 사서에 분명히 언급되어 있다.

임연의 차녀는 홍규洪奎의 부인이 된다. 그런데 이 결혼은 임연이 홍규에게 간절하게 요청하여 성사된 것으로, 이 역시 홍규의 가문을 의식한 결혼이었다. 홍규는 남양 홍씨로 무신란 이전부터 중앙 정계에 등장한 문벌 가문 출신이었다. 홍규의 아버지 홍진洪縉은 최항이 권력을 세습한 직후 몽골에 사신으로 파견된 일이 있었으며, 원종 대에 재상에까지 오른 인물이었다. 이 결혼이 임연의 거사 이전인지 이후인지는 잘 짐작되지 않는데, 이후로 보는 것이 옳을 듯하다.

이렇게 보면, 임연의 5남 2녀 중 장녀만 거사 이전에 결혼을 했고, 나머지 자녀는 모두 거사 이후에 결혼했다. 이러한 임연 가계의 혼인관계를 통해서 알 수 있는 사실은, 임연이 문벌 가문과의 혼인을 매우 열망했고 그것을 어느 정도 성공시켰다는 사실이다.

이런 혼인관계는 김준 정권과 좋은 대조가 된다. 김준은 천민 출신이었으니 문벌 가문과의 혼인이 거의 불가능했다. 임연은 김준의 경우를 반면교사로 여겼을지도 모른다. 그는 혼인을 이용하여 자신의 가문을 격상시키려 했거나 아니면 거사 이후 정권을 유지하는 수단으로 활용하려는 뜻을 가지고 있었을 것이다.

최씨 정권의 유산

그런데 주목할 점은, 임연이 혼인관계로 맺은 가문이나 인물들이 대부분 최씨 정권에 철저히 봉사했다는 사실이다. 임연의 사돈이 된 이응렬과 채인규도 그랬고, 사위가 된 홍규 역시 최씨 무인집권기 동안 현달하고 득세한 가문 출신이었다.

　더욱 유력한 증거로는 허공을 들 수 있다. 임연은 허공 집안과 사돈을 맺는 데 적극적이었다. 그는 왜 그렇게 허공과 사돈을 맺으려고 했을까? 이것은 허공의 경력에서 그 단서를 찾아볼 수 있다.

　허공은 어려서 과거에 합격하고, 유경의 천거를 받아 관리 초년 시절부터 인사 부서인 정방에 참여했었다. 그의 행정능력이 뛰어났다는

■ 임연 가계의 혼인관계

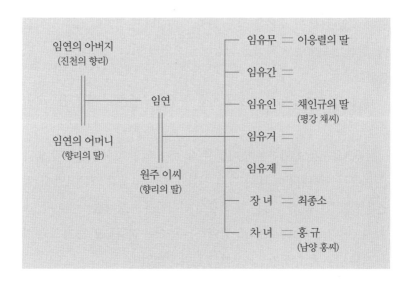

뜻이기도 하고, 최씨 정권에 철저히 봉사했다는 의미이기도 하다. 유경의 천거를 받은 것으로 보아 그가 정방에 참여한 때는, 최항 집권기 무렵으로 생각된다. 최씨 정권이 무너진 후에도 그는 김준 정권에서 그런대로 순탄한 관직생활을 했다.

허공은 김준이 제거되고 임연이 정권을 잡은 후에도, 임연에게 꼭 필요한 인물이 되었다. 그것을 알려주는 일화가 《고려사》 〈허공 열전〉에 남아 있다.

임연이 정권을 잡았을 때 허공은 부인상을 당하여 고향 양천(서울 양천구)에 내려가 있었다. 그는 상을 마치고 강도로 돌아오는 도중에 통진(경기 김포)에서 정변 소식을 듣는다. 허공은 강도로 들어가면 죽음을 당할까 두려워 강에 투신할 생각까지 하게 된다. 이것을 보면 그는 김준 정권에도 철저히 봉사했음이 분명하다. 생사는 하늘에 달려있다는 생각에 허공은 마음을 고쳐먹고 강도로 돌아온다.

이때 임연은 정권을 장악한 후 인사행정을 맡을 적임자가 없어 고민하고 있었다. 이 소문을 들은 허공은 대담하게 임연의 집을 찾아갔다. 임연은 뜻밖에도 허공을 반갑게 맞으면서 이런 사과의 말까지 덧붙였다.

"내가 일이 있어 처의 장례에 가보지 못했는데 크게 허물치는 마시오."

허공으로서는 천만다행이 아닐 수 없었다. 임연이 허공을 반갑게 맞은 이유는 인사행정에 대한 그의 경험을 활용할 생각 때문이었다. 임연은 관료집단을 회유하는 데 허공이 적격이라고 생각했을 것이다. 그후 허공은 전선銓選(인사행정)을 담당하는 중요한 직책을 맡아 그의 능력을 십분 발휘했고, 국왕으로부터도 신임을 얻었다.

그런데 이렇게 임연에게 협조적이었던 허공이 왜 임연과 사돈 맺기는 거부했을까? 이것은 조금 뒤의 일이지만 임연과 국왕 사이에 반목이 생기면서 임연의 전횡을 부당하게 여긴 때문으로 보인다. 어쩌면 임연 정권이 오래 갈 수 없다는 현실적인 판단을 했을지도 모른다.

허공이 임연의 핍박을 받으면서도 계속 사돈 맺기를 거부하자, 임연은 국왕 원종의 지원까지 요청하기에 이른다. 그러자 국왕은 허공을 불러 이런 말을 던진다.

"임연은 간흉이니 원한을 사지 않도록 경은 깊이 생각하라."

임연과 사돈관계를 맺으라는 얘기인지, 그래서는 안 된다는 얘기인지 알쏭달쏭하다. 국왕의 속마음은 거절하라는 것이었겠지만, 정면으로 그런 의사를 밝히지는 못한 것 같다. 임연이 이미 권력을 장악한 때였고, 국왕과의 관계도 적대적으로 돌아선 때였으니 충분히 그럴 만했다.

그런데 임연이 권력을 장악한 후에도, 허공처럼 최씨 정권에 봉사했던 인물들과 혼인관계를 맺으려 했던 이유는 무엇이었을까? 물론 인사권의 행사와 같은 정권 장악과 유지에 절실히 필요한 문제 때문이었겠지만, 다른 한편으로 이것은 김준 정권처럼 임연 정권도 최씨 정권이 수십 년 동안 구축해온 통치 기반이나 권력구조로부터 전혀 벗어나지 못했다는 뜻을 담고 있는 것은 아닐까.

사실 최씨 정권에 참여했던 가문이나 관료가, 어찌 임연과 혼인관계를 맺은 이응렬이나 채인규, 홍규, 혹은 허공뿐이겠는가. 조금이라도 현달한 인물치고 최씨 정권에 봉사하지 않았거나 물들지 않은 관료는 없었다. 임연은 그런 관료집단에서 도저히 벗어날 수 없었다. 임연이 허공과 같이 현달한 가문과 혼인관계를 원했다는 것은 그것을 잘 보여준다. 임연은 혼인을 통해 최씨 정권에 안주하는 쪽을 선택한 것이다.

수십 년 동안 유지된 최씨 정권의 통치 기반이나 권력구조는 변화시키기 힘든 것이었다. 이것은 달리 표현하면, 최씨 정권이 남긴 정치적 유산이 그만큼 강력했다는 뜻도 된다. 그 유산이라는 것은 관료집단이나 군대와 같은 인적 기반에서, 인사권을 장악한 정방과 같은 통치기구, 나아가서는 토지와 같은 물적 기반 등 광범위한 것이었다.

그런 최씨 정권의 유산을 청산한다는 것은 고려 정부가 강도에 머물러 있는 한 불가능했다. 최씨 정권이 붕괴되고 두 번이나 새로운 정권이 등장했지만 최씨 정권과의 단절을 실천할 수 없었던 것은 그 때문이었다. 아니, 최씨 정권이 붕괴된 이후, 무인집권자들이 정권을 유지하는 방법은 최씨 정권을 계승하는 수밖에 없었다고 말해야 옳다. 김준 정권이 그랬고, 임연 정권도 마찬가지였다.

이것은 결국 대외적으로 말하자면, 개경환도를 거부하고 끝까지 강도를 고수하는 것을 의미했다. 하지만 왕정복고를 노리는 국왕에게는 최씨 정권의 유산이 살아 있는 강도가 가장 큰 장애물이었다. 그래서 국왕은 개경환도를 추진해야 했고, 반면에 임연 정권은 김준 정권과 마찬가지로 그것에 저항해야 했다. 다만 관료집단은 아직 개경환도에 적극적이지 않았기 때문에 그들의 선택이 양쪽 모두에게 중요한 변수로 남아 있었다.

왕정복고의 걸림돌을 제거하다

국왕 원종과 임연이 연합하여 김준 정권을 붕괴시켰지만, 각자의 의도는 전혀 달랐다. 임연의 의도는 김준의 위협에 대해 자신을 방어하기 위한, 적극적으로 표현하자면 김준을 타도하기 위한 것이었다. 그것이 성공한 후에 임연 자신이 다시 정권을 장악하겠다는 뜻을 가졌었는지는 불확실하지만, 권력의 유혹을 떨칠 수는 없었을 것이다. 하지만 국왕의 의도는 두말할 필요도 없이 김준 정권을 타도하고 왕정복고를 이룩하는 것이었다.

그래서 임연의 정권 장악과 국왕의 왕정복고는 도저히 양립할 수 없는 것이었다. 그런데 재미있게도 왕정을 복고하려는 국왕의 의도에 가장 먼저 걸림돌이 된 인물은 유경이었다. 김준이 제거된 뒤 어느 날 유경은 가까운 동료들과 술잔을 나누면서 이런 말을 했다.

"지난번 내가 처의 상을 당하여 오랫동안 등청하지 못했는데, 나중에야 사직을 위한 정변 소식을 듣고 정말인가 했다. 그러나 정변에 가담한 사람들을 보니 모두 소인배들이다. 그게 어찌 사직을 위한 길인가. 조정을 농락하는 환관들이 될까 두렵다."

유경은 환관들을 동원한 김준 제거를 냉소적으로 바라보고 있었던 것이다. 환관을 동원한 것은 국왕이므로, 이는 곧 환관을 중심으로 한 국왕의 왕정복고 의도를 비난한 것과 다름없었다. 유경이 김준 제거 자체를 부정적으로 생각한 것은 아니었지만, 환관이 주축이 된 거사를 우호적으로 보지 않았다는 것은 분명하다.

유경이 했던 그 말은 환관 김경을 통해 국왕의 귀에 들어가고 말았다. 국왕은 분노를 숨기지 않으며 이렇게 말했다.

"유경은 지난번 최의를 주살하고 권세를 잡아보려다 김준의 무리에게 배척을 받아 뜻을 이루지 못한 자이다. 어제 내전의 잔치에서도 김준 주살을 모두 즐거워하는데 유경만이 홀로 기뻐하지 않았다. 이것은 유경에게 다른 마음이 있다는 말이다."

국왕은 바로 유경을 흑산도로 귀양 보내고 그의 재산을 몰수했다.

이뿐만 아니라, 유경의 아들 3형제도 아비와 같이 모두 귀양 보냈고, 유경과 대화를 나누었던 관료도 처벌했다. 유경은 김준에게 배척되어 권력의 핵심에는 근접하지 못했지만 그런대로 현달하더니 엉뚱하게도 국왕에 의해 축출되고 만 것이다. 1269년(원종 10) 4월의 일이었다.

유경은 후에 개경으로 환도하는 과정에서 삼별초의 무리에 휩쓸리지 않았다고 하여 국왕 원종에 의해 다시 재상으로 발탁된다. 이것을 보면 유경이 왕정복고에 정면으로 맞선 인물은 아니라는 사실을 알 수 있다.

그런데 국왕이 유경의 말 한 마디에 그렇게 민감하게 반응한 것은 조금 뜻밖이다. 유경이 환관들을 거론하여 비난한 것에 대해 그렇게 심한 처벌을 한 것은 조금 지나쳤다고 생각되기 때문이다. 국왕은 유경을 미리부터 왕권강화의 걸림돌로 지목했을 가능성이 많다. 그렇지 않다면 모반을 했던 것도 아닌데 재산까지 몰수한 일이나, 아들 3형제마저 귀양 보낸 일은 납득하기 어렵다.

여기에는 유경과 임연의 우호적 관계가 작용했다는 생각을 떨칠 수 없다. 국왕은 유경을 임연의 후원세력쯤으로 미리 예단하고 있었던 것은 아닐까 하는 것이다. 임연과 유경은 최의를 제거하는 쿠데타에 동참했음에도 김준 정권의 핵심에서 모두 소외된 인물들이기 때문에, 두 사람이 제휴할 가능성은 얼마든지 있었다. 그것을 뒷받침할 수 있는 방증이 하나 있다.

임연이 국왕의 지원까지 요청하며 사돈관계를 맺고자 했던 허공은 바로 유경의 추천으로 최항 정권에서 정방에 참여했던 인물이다. 유경 역시 정방에 참여했던 인물이니, 유경과 허공은 최씨 정권에 안주하면서 성장한 긴밀한 직속 선후배 관계였다. 그러한 허공을 임연이 사돈으로 끌어들이려 했다는 것은, 허공과 연결되어 있는 유경도 임연의 포섭 대상에서 멀리 있지 않다는 뜻이다.

왕정복고에 강한 의지를 품고 있던 국왕은 그 점을 알아채고 미리 위험한 싹을 제거했던 것으로 보인다. 하지만 왕정복고의 진정한 걸림돌은 따로 있었다.

태자, 원으로 간 까닭

유경과 그 일족을 축출한 국왕은, 사흘 후 태자(후의 충렬왕)를 원에 파견했다. 원에서 태자의 입조를 요구한 것도 아닌데 보낸 것이다. 무엇 때문에 국왕은 태자를 원에 보냈을까?

이번 태자의 입조는 태자 자신의 결혼 문제 때문에 이루어졌다. 다음에 자세히 언급하겠지만, 태자비를 원의 황실에서 얻고자 하는 부왕의 뜻을 전하기 위한 것이었다. 결혼에 대한 구체적인 계획이 있었던 것은 아니고 막연히 황제의 의사를 타진하려는 정도였지만, 국왕은 이 일이 왕정복고를 추진하는 데 꼭 필요하다고 생각했던 것 같다.

임연은 벌써 군사권을 장악하여 왕정복고의 가장 큰 장애물로 성장해 있었지만 그를 극복할 수 있는 힘이 국내에는 없었다. 두 차례나 원에 들어가 황제 쿠빌라이를 대면한 국왕에게 왕정복고를 이룩하는 데 원을 이용하겠다는 생각은 자연스런 것이었다. 군사권이 없는 국왕으로서는 다른 선택의 여지가 없었기 때문이다.

김준이 제거된 후, 군사권은 자연스럽게 임연에게 넘어왔다. 최씨 정권 때부터 무인정권을 지탱하는 군사적 기반의 핵심은 도방과 야별초였다. 야별초는 국가상비군이면서도 사병인 이중적인 성향을 가지고 있어 쿠데타에 동원되기 딱 좋은 군대였다. 김준이 최의를 제거할 때도, 다시 임연이 김준을 제거할 때도 그랬다. 그래서 야별초에 대한 지휘권은 김준에서 임연으로 자연스레 이양된 것으로 보인다.

하지만 도방은 야별초와 조금 달랐다. 순수 사병집단이기 때문에 거사에 동원하기가 쉽지 않았다. 자신들이 충성을 바치고 있는 집권자를 제거하는 쿠데타에 앞장선다는 것은 당연히 어려운 일이기 때문이다. 따라서 실제 도방의 군사들은 김준이 최의를 제거할 때나, 임연이 김준을 제거할 때도 동원되지 않았다.

그런데 재미있는 사실은, 쿠데타가 성공한 후 그 도방 군사들이 새로운 무인집권자에게 별 저항 없이 귀속되었다는 점이다. 김준은 쿠데타를 성공시킨 후 최의의 도방을 그대로 물려받았고, 임연도 김준을 제거한 후 그의 도방을 그대로 물려받았다. 즉 순수 사병집단인 도방도 새로운 주군主君(무인집권자)을 모시는 데 주저하지 않았다는 말이다. 이런 점에서 도방은 야별초와 크게 다르지 않았다.

순수 사병집단인 도방에게 있어, 충성을 바쳤던 기존의 주군이 제거되면 새로운 주군을 찾아 충성을 맹세하는 것은 당연한 일이었다. 그것이 사병집단의 생리였고, 최씨 정권이 붕괴된 후에도 도방의 군사들이 살아남는 비결이었다. 쿠데타가 성공한 후 도방이 해체된다든지, 국가의 상비군으로 전환되지 않은 이유는 그 때문이다.

도방이나 야별초 덕분에 무인정권이 장기간 존속할 수 있었지만, 여러 차례의 쿠데타가 성공하여 새로운 무인정권이 다시 성립할 수 있었던 것도 도방이나 야별초 덕분이었다. 도방이나 야별초는 항상 권력이 머무는 곳을 좇아 자리를 옮기며 머물렀고, 또한 항상 승리한 집권자의 편에 섰다. 그래서 김준이 제거된 후에도 도방이나 야별초는 다시 임연을 주군으로 모시는 사병적 기능을 전혀 탈피하지 못했던 것이다. 최씨 정권의 무력 기반이 주군만 바뀐 채 그대로 존속했다고 할 수 있다.

국왕이 김준을 제거하는 데 주동적 역할을 했음에도, 결국 도방이나 야별초는 국왕에게 복속되지 않았다. 그런 점에서 국왕의 왕정복고는 가망 없는 일이었다. 하지만 전혀 불가능한 일도 아니었다. 그 한 가지 방법이 바로 원의 힘을 이용하는 것이었다. 태자를 원에 파견했던 것은 이를 위하여 국왕이 원의 황제에게 보내는 정치적 메시지였다고 할 수 있다.

임연도 이번 태자의 입조가 심상치 않다고 여겼는지 자신의 둘째 아들 임유간을 승선으로 임명하여 사신단에 딸려 보냈다. 왕정복고를 노린 국왕의 의도를 눈치챈 것이 아니라 할지라도 원에 파견되는 사신은 집권자에게 가장 민감한 문제였다. 그래서 최씨 정권 때부터 원에 파견되는 사신단에는 반드시 집권자의 심복이 끼어 있었다. 태자의 입조에 그런 국왕의 의도가 개입된 것을 임연이 눈치챘다면 더욱 감시의 눈초리를 소홀히 할 수 없었을 것이다.

국왕과 환관 그리고 임연

왕정복고를 추진하는 데 원을 이용하는 방법 외에, 국왕이 국내에서 할 수 있는 일로는 환관을 이용하는 방법이 있었다. 물론 환관들은 실질적인 힘이 없다는 점에서 한계가 있었지만, 국왕의 정치적 입지를 넓혀갈 수 있다는 점에서 전혀 의미가 없는 것도 아니었다.

김준을 제거하면서 환관들을 동원했던 국왕이 왕정복고를 추진하면서 또다시 환관들을 앞세우리라는 것은 충분히 예상할 수 있는 일이었다. 유경이 거사에 참여한 환관들을 거론하며 비난했던 이유는 환관들이 국왕을 도와 왕정복고에 참여하여 권력을 잡고 득세할 것을 우려했기 때문이다. 유경은 국왕의 심중을 꿰뚫어본 것이고, 국왕은 자신의 약점을 간파한 유경을 유배 보냈던 것이다.

그런데 왕정복고를 이루는 데 있어 가장 큰 장애물은 바로 임연이었다. 임연이 거사 후 정권을 장악할 의도가 전혀 없었다 해도 그가 가장 큰 장애물이었다는 사실에는 변함이 없었다. 김준이 제거된 후 국왕을 위협할 수 있는 세력은 임연밖에 없었기 때문이다. 이로써 국왕의 친위세력인 환관들과 임연의 충돌은 불가피해졌다.

유경이 국왕에 의해 축출되고 두 달 후인 1269년(원종 10) 6월, 임연은 마침내 거사에 참여했던 환관 김경과 최은을 제거하고 만다. 이것만이 아니라, 국왕의 측근에서 활동하던 어사대부(정3품) 장계열張季烈과 대장군(종3품) 기온奇蘊을 섬으로 유배하여 축출해버린다. 모두 야별초를 동원한 전광석화와 같은 조치였다.

장계열은 내전 출입을 무상으로 할 만큼 국왕의 신임이 두터운 인물이었고, 기온은 국왕 누이의 사위가 되는 인물로 이 무렵 국왕으로부터 은밀한 특명을 받고 모종의 작업을 진행하고 있었다. 이들은 또한 김준 제거 후에 그의 재산을 몰수하여 분배하는 책임을 맡고 있었는데, 주로 환관들에게 재산을 분배했다. 장계열과 기온, 환관들은 모두 국왕의 왕정복고를 뒷받침해주는 핵심 측근 인물이었다고 할 수 있다.

임연이 이들을 제거한 것은 국왕에 대한 적극적인 선제공격일 수도 있고, 국왕의 선제공격에 대한 차후의 방어일 수도 있다. 그 선후관계가 분명치는 않지만, 사서에는 이들이 먼저 임연을 해치려는 기색을 보이자 제거했다는 기록이 남아 있는 것으로 보아, 국왕이 먼저 임연을 공격했을 가능성이 많다. 이것은 국왕의 왕정복고 의지가 매우 적극적이고 강렬했다는 뜻이다.

국왕은 환관을 동원하여 김준을 제거했듯이, 그와 같은 수단으로 임연을 제거하려 했다고 보인다. 김준 제거에 성공하여 자신감을 얻었을지도 모를 일이다. 이제 임연과 국왕의 정면대결은 피할 수 없게 되었다.

김준을 제거하는 핵심 역할은 국왕과 환관들이 수행했다. 실제 김준과 동생 김승준을 편전에서 살해한 것도 국왕이 동원한 사람들이었다. 임연은 단지 군사를 동원하여 거사 후에 김준의 잔여세력을 정리했을 뿐이다. 하지만 임연이 거사 후 군사권을 장악했다는 점에서 권력의 중심은 이미 임연 쪽으로 기울어 있었다.

국왕이 왕정을 복고하려는 의도를 포기하지 않는 한, 임연과 국왕은 반드시 승패를 갈라야 했고, 그 결과 누군가는 물러서야 했다. 국왕의 배후에는 원이 있고, 임연에게는 군사력이 있었다. 국왕이 이기려면 원을 이용하여 임연의 군사력을 제압하는 수밖에 없었고, 임연이 이기려면 군사력을 이용하여 원과의 관계를 단절시켜야 했다.

그런데 어느 쪽이 승리하건 그 후유증은 심각한 문제를 야기할 수 있었다. 국왕이 이기면 원의 정치적 간섭은 더욱 심해질 것이 뻔했고, 임연이 이기면 원과의 대결을 피할 수 없었다. 국가나 인민들에게는 어느 쪽도 바람직한 일이 아니었으니, 그것이 안타까울 따름이었다.

임연, 국왕 시해를 기도하다

전격적으로 국왕 측근의 환관들을 제거한 바로 다음날, 임연은 마침내 최후의 수단을 사용하려 한다. 군대를 동원하여 극단적인 조치를 취하려는 것이었다. 임연은 삼별초와 도방의 군사들을 대궐 뜰에 도열시켜 놓고 재상회의를 소집했다. 숨소리도 크게 낼 수 없는 강압적인 분위기 속에서 임연은 재상들을 향해 선언하듯 말했다.

"나는 왕실을 위하여 죽음을 무릅쓰고 권신을 제거했소. 그런데 국왕은 환관들을 동원하여 나를 죽이려 하고 있으니 앉아서 당할 수만은 없소. 내가 '큰일'을 도모하고자 하는데 그대들의 생각은 어떠하오. 그것이 안 되면 국왕을 섬으로 유배라도 보내고 말 것이오."

보통 '큰일[大事]'이라면 국왕을 시해하는 것을 말한다. 임연이 국왕의 시해까지 거론했다는 것은 그가 얼마나 무모하고 대담한 집권자였는가를 보여준다. 하지만 다른 한편으로는 국왕이 임연을 제거하려는 뜻을 분명히 드러냈다는 것을 암시한다. 그렇지 않고서야 어떻게 그런 극단적인 방법까지 생각했겠는가. 그러니까 국왕이 환관들을 동원하여 자신을 죽이려고 했다는 임연의 말은 국왕을 시해하려는 단순한 구실이 아니라 사실이었던 것이다.

'큰일'까지 거론한 임연의 말에 재상들은 아연실색하여 말문을 열지 못했다. 그의 단호한 태도로 보아 정말 '큰일'을 저지르고 말 것 같았기 때문이다. 하지만 임연이 '큰일'을 거론한 것은 그것을 꼭 실행하려는 것이 아니라 국왕을 폐위시키는 쪽으로 의견을 몰아가려는 압박이었다. 임연의 뜻이 시해가 아니라 폐위라 하더라도 재상들에게는 엄청난 일이 아닐 수 없었다.

임연의 말에 대답하는 사람이 아무도 없자, 임연은 재상들을 하나하나 지목하여 다시 물었다. 재상들은 임연의 폭압적인 태도에 더욱 주눅이 들어 안절부절못했다. 이때 시중(수상)인 이장용과 참지정사(종2품)

로 있는 유천우兪千遇가 입을 열었다. 먼저 이장용의 말을 들어보자.

"이것은 중대한 문제이니 지금 이 자리에서 결정할 일이 아닌 것 같소. 시간을 두고 주상께 청하여 양위하도록 하는 것이 어떻겠소."

이장용의 말은 임연의 뜻을 거스르기 힘들다는 것을 알아채고 내놓은 일종의 중재안이었다. 협상의 귀재다운 발상이라고 할 수 있다. 국왕 시해와 같은 불측한 변을 피하기 위해 내놓은 지극히 현실적인 타협책이겠지만, 임연의 권력 앞에 굴복했다는 혐의 또한 지울 수 없다. 이장용의 의견은 어차피 폐위를 생각하고 있던 임연에게는 반가운 발언이었고 충분히 수용할 수 있는 대안이었다.

하지만 유천우의 생각은 이장용과 미묘한 차이가 있었다. 그의 말도 들어보자.

"이것은 중차대한 일이니 공은 더 신중하고 깊이 생각하오. 더구나 지금은 태자가 원에 들어가 있으니 돌아오는 것을 기다려 결정해도 늦지 않을 것이오."

유천우의 말은 조금 애매하다. 임연의 뜻에 반대한다는 것인지 찬성한다는 것인지 분명치 않다. 태자가 원에 들어가 있다는 것을 상기시키고 있는 점은 임연의 생각을 되돌리려는 것처럼 보이기도 하고, 태자가 돌아오는 것을 기다려 결정하라는 얘기는 결국 임연의 뜻에 따르겠다는 의도로도 읽힌다. 후자로 해석하면 유천우의 생각은 이장용보다 한 술 더 뜬 것이었다. 임연이 미처 생각지 못한 위험, 태자가 원에 들어가 있다는 사실을 깨우쳐 착오 없이 일을 실행하라는 뜻으로 들리기 때문이다.

유천우는 최이·최항 집권기 동안 정방에 참여했던 사람으로, 김준 정권에서도 득세하여 인사권에 간여했던 경험이 있었다. 그는 관직에

있으면서 사소한 우여곡절을 많이 겪지만 여러 차례 정권교체 속에서
도 건재하여 현달한 독특한 인물이다. 그는 유경과 비슷한 관직 경력
을 가졌으나 또 다른 성향을 띤 인물로, 유경과 라이벌 관계에 있었다.

이장용이나 유천우 두 사람 모두 임연의 뜻을 정면으로 반대하지는
못했다. 이런 점에서 임연이 거론한 '큰일'이나 폐위 문제는 아직도 불
씨가 살아 있었다. 하지만 두 사람이 모두 당장 결정하는 것을 반대했
다는 점에서는 임연에게 아무런 득이 없었다. 결국 임연은 자신의 속
마음만 드러내놓고 그날 재상회의에서는 아무것도 결정을 보지 못한
채 물러서고 만다.

국왕 폐위

이제 임연은 벼랑 끝에 몰렸다. 자신을 해치려는 국왕의 의도를 분명
하게 깨달은 데다가 국왕 시해라는 너무나 엄청난 발언을 한 탓이었
다. 임연은 여기서 한 발만 물러서면 자신은 끝장이라는 생각을 했다.
이렇듯 초조한 임연의 마음을 그의 장인인 이응렬은 더욱 부추긴다.

"용의 자손이 한 사람뿐이 아닌데 반드시 지금의 임금일 필요가 있
겠는가."

이응렬은 왕위의 교체를 들고 나선 것이다. 김준도 한때 원의 황제
가 자신을 소환하자 왕위교체를 생각했다. 하지만 중론이 따라주지 않
아 무위로 그쳤었다. 임연이 다시 그 전철을 밟고 있는데, 이는 임연이
거사 후 수개월이라는 짧은 기간 동안 완전히 권력 장악에 성공했다는
것을 보여준다. 하지만 이것은 반대로 운신의 폭이 좁은 임연의 어려
운 처지를 동시에 드러낸 것이었다.

재상회의가 무위로 끝난 이튿날 밤 임연은 다시 일을 벌였다. 국왕 측근의 장군인 권수균權守鈞을 비롯한 관료 서너 명을 엉뚱한 죄를 뒤집어씌워 처단해버린 것이다. 자신의 뜻에 반대하는 자 누구라도 살아남지 못한다는 공포 분위기를 조성하여 기어이 일을 추진하려는 의도였다.

그 이틀 후, 갑옷까지 갖춰 입은 임연은 완전무장을 한 삼별초와 도방의 군사들을 다시 대궐에 도열시켜놓고 문무백관들을 소집했다. 임연이 무슨 일을 저지를지 모르는 사람은 아무도 없었지만 공포 분위기에 눌려 누구도 입을 열지 못했다. 수십 년 동안 무인집권자들에게 휘둘린 관료들인지라 조용히 지켜보는 것이 상책이라는 안일한 생각도 작용했다.

임연은 국왕 폐위에 대한 가부를 묻지도 않았다. 바로 자신이 앞장서서 문무백관을 이끌고, 군사들을 뒤따르게 하여 안경공 창의 집으로 향했다. 임연은 국왕 원종의 바로 밑 동생인 안경공을 새로운 왕으로 추대하려 했던 것이다.

임연은 안경공을 받들고 대궐로 돌아와 즉시 즉위식을 거행했다. 마지못해 한 일이긴 하지만 문무백관들은 만세를 불렀고, 종실들의 축하 행렬도 뒤따라 여느 국왕의 즉위식과 다름없었다.

임연은 새로운 국왕의 즉위식이 끝나자 무거운 침묵 속에 도열해 있던 재상들 앞으로 나와 이장용에게 큰절을 올렸다. 자신의 뜻에 따라준 이장용에게 고마움을 표시하는 것이었지만, 절을 받는 이장용의 마음은 무겁기만 했다.

임연이 이런 엉뚱한 행동을 한 이유는 수상인 이장용과 국왕 폐위의 책임을 분담하자는 의도가 아니었을까 싶다. '당신과 나는 이제 한 배를 탔다'는 일종의 물귀신 작전이었다. 이장용은 개경환도가 이루어진 뒤인 1271년(원종 12) 1월, 임연과 국왕 폐위를 공모했다고 하여 수상직에서 파직당하고 만다.

안경공이 새 국왕으로 추대되어 입궐했다는 것을 대궐에 있던 국왕 원종이 모를 리 없었다. 알았다고 한들 저항할 방법도 없었겠지만, 문제는 현 국왕을 그대로 놔두고 새로운 국왕을 즉위시켰으니 국왕이 두 명인 꼴이 되고 말았다.

임연은 승선(정3품) 이창경李昌慶을 시켜 원종과 왕비를 즉시 별궁으로 옮기게 했다. 이것은 바로 폐위를 뜻했다. 김준이 제거된 지 6개월 만인 1269년(원종 10) 6월 22일의 일이다. 거의 쿠데타와 다름없는 행동이었다.

국왕이 폐위된 지 열흘 후에 새로운 국왕 안경공은 임연을 교정별감으로 임명했다. 교정별감은 무인집권자들이 전임 집권자를 제거한 후, 최고집권자의 위치에 올랐다는 것을 보여주는 직책이었다. 김준이 그랬듯이 임연도 그 직책을 놓치지 않고 차지하여 최고집권자임을 내외에 과시했다.

임연이 교정별감을 차지한 다음날, 원종은 김애(김준의 아들)의 집으로 내쫓김을 당해야 했다. 폐위된 국왕을 대궐에 그대로 머무르게 할 수는 없었기 때문이다. 국왕을 축출한 임연은 이에 그치지 않고 내탕(왕실의 금고)의 금은진보까지 약탈하고 김준의 집까지 차지했다.

안경공이 새로운 국왕으로 즉위했지만 그가 국왕으로서 통치권을 행사할 수 없다는 것은 충분히 짐작할 수 있는 일이다. 누구도 진정한 왕으로 인정하지 않았고, 안경공 스스로도 그렇게 생각했다. 또한 이것이 끝이 아니라 새로운 문제의 시작이라는 것도 누구나 알 수 있었다. 관료들은 좌불안석으로 권력의 흐름만 지켜볼 뿐이었다.

안경공이 왕위에 있던 기간은 불과 수개월이었다. 하지만 이때부터 개경환도가 단행되기까지의 1년 동안은 무인정권 1백 년 역사에서 고려 왕조의 운명을 좌우하는 가장 절박한 순간이었다.

임연 정권과 원

폐위에 대한 변명

국왕을 폐위시킨 후 임연이 당장 신경 쓴 부분은 원의 반응이었다. 임연은 교정별감에 오른 직후 중서사인(종4품) 곽여필郭汝弼을 원에 보내 왕위교체에 대한 해명을 시도한다. 곽여필은 이전에 두 번이나 원에 사신으로 다녀왔던 인물이다. 그 표문을 잠깐 살펴보자.

> 국왕의 표문
> 신(원종)이 황제의 뜻을 받아 봉직한 이후, 재변이 여러 번 나타나고 신병까지 생겨 언제 죽을지 모르는데 갑자기 불행한 일이라도 닥치면 누구에게 왕위를 부탁하겠습니까. 또한 원자가 입조하여 아직 돌아오지 않았으니 소방(고려)을 다스리는 일을 비워두기 어렵습니다. 신의 아우 안경공 창은 세 번이나 입조하여 황제의 사랑을 입었고,

백성들의 여망도 그쪽으로 돌아가고 있으니 제후의 책봉을 받을 만합니다. 이에 6월 22일로 국사를 대리하게 하였습니다(《고려사》 26, 원종 10년 7월 신해).

안경공의 표문

신(안경공)의 형 왕식王植(원종의 이름)이 섭생하지 못하고 평소에도 항상 병을 앓아 조석으로 걱정이 많았습니다. 이에 중책을 신에게 부탁하거늘 굳이 사양하였으나, 서부(고종)의 뜻을 어길 수 없다 하여 신에게 임시로 국사를 맡게 하였습니다. 신의 거취가 또한 어렵고, 비록 부득이 장자의 이름을 외람되게 가지게 되었으나, 감히 편안히 있을 수 없어 깊은 연못에 임한 듯한 두려운 생각이 듭니다(《고려사》 26, 원종 10년 7월 신해).

병을 핑계로 든 상투적인 변명이다. 한 가지 주목할 것은, 안경공을 왕위교체에 의한 정식 국왕으로 설명한 것이 아니라 임시로 국사를 담당하게 했다고 변명한 점이다. 고려 정부에서도 안경공을 정식 국왕이라고 해명하기가 난감했던 모양이다.

원에서 이런 표문을 받고 고려의 왕위교체를 그대로 인정하기는 어려웠다. 임연 정권도 그것까지 기대하지는 않았을 것이다. 임연이 국왕을 폐위시킬 때는 최소한 원과의 관계가 악화되거나 더 나아가 전쟁까지도 치를 수 있다는 각오를 했을 테니, 우선 미봉책으로 변명한 것에 불과했다. 이제 원의 대응을 기다려보는 수밖에 없었다.

표문을 보낸 며칠 후, 안경공은 국왕 원종을 높여 태상왕으로 삼고 따로 관부를 설치하여 체면을 세워주었다. 원에서 왕위교체에 대한 강력한 추궁이나 압박이 있을 때, 국왕이 건재하고 있음을 보여주기 위한 것으로, 최소한의 빠져나갈 구멍을 만든 것이다. 폐위시킬 때는 임연이 국왕에 대한 적대감으로 무모하게 일을 저질렀지만, 시간이 지나면서 그 일에 대한 수습을 생각했다고 보인다.

그리고 최영을 어사대부(정3품)로, 이창경을 우복야(정2품), 조오를 동지추밀원사(종2품)로 승진시켰다. 최영은 임연의 3남인 임유인의 처 외조부가 되는 인물로, 국왕 폐위를 거론했을 때 임연에게 협조한 공을 인정받은 것이었다. 이창경 역시 국왕 폐위 때 국왕 비서관(승선)으로 있으면서 임연의 명을 충실히 따른 사람이었다.

그런데 임연의 뜻을 따르지 않았는데도 이때 조오가 승진한 것은 조금 이상하다. 그가 관료들의 신망을 받았다는 기록이 있는 것으로 보아, 아마 관료집단의 반발을 무마하기 위한 회유용이 아니었나 싶다.

다시, 일본 문제

앞서 일본에 대한 정복 문제를 이야기하다가 임연의 쿠데타로 잠시 끊겼다. 일본 문제로 여원 간에 빈번한 사신왕래가 있던 중, 1268년(원종 9) 12월 김준이 제거되는 정변이 일어났다. 그러니까 정변은 고려와 원의 관계가 긴박하게 돌아가는 상황에서 갑자기 벌어진 일이었고, 정변이 일어난 순간에도 고려에는 원의 사신이 체류하고 있었다.

1268년(원종 9) 10월에 왔던 사신단이 그들이다. 이들은 전함 건조와 군대 징발 등 일본원정 준비를 점검할 군사 전문 사신단이었다. 정변 당시 이들 사신단은 특별한 대응을 하지 않았다. 정변의 추이를 예의 주시하면서, 혹시 자신들에게 미칠지도 모를 화를 염려하여 두드러진

행동은 하지 않았다. 하지만 국왕은 이렇게 양국관계가 긴박하게 돌아가는 때를 김준을 제거할 최적기로 생각했을 것이다.

같은 해 11월에는 이전에 사신으로 왔던 흑적과 은홍 두 사신이 황제 쿠빌라이의 명령을 받고 다시 일본으로 가기 위해 고려에 왔다. 원정을 준비하면서도 마지막까지 일본을 회유하여 그들을 복속시키려는 시도였다.

흑적과 은홍은 고려에 도착한 후 지체 없이 일본으로 향했다. 고려 측에서는 신사전中思全이 이들을 안내하는 향도를 맡았다. 이들이 일본으로 떠난 이틀 후에는, 군사 전문 사신단의 일원이었던 탈타아가 고려의 군대를 사열했다. 이것은 이장용이 일본원정을 위해 고려 측에서 동원할 수 있다고 제시한 1만의 군사를 확인하고 점검하는 일이었다. 그리고 군대 사열이 있은 지 10여 일 후에는 전함 건조를 점검하기 위해 강도에서 서해도(황해도)로 원의 사신이 파견되기도 했다.

1269년(원종 10) 3월, 일본으로 떠났던 원의 사신과 신사전은 대마도에서 일본인 두 명을 붙잡아 돌아온다. 다음날 이들은 붙잡아온 일본인들을 데리고 바로 원으로 향했다. 원으로 들어간 일본인은 고려 사신 신사전과 함께 황제 쿠빌라이와 직접 대면했다. 황제는 매우 기뻐하며 신사전에게 칭송의 말을 아끼지 않았다. 일본인 두 명을 붙잡아온 것에 만족했던가보다. 황제는 일본인에게 타이르듯 말했다.

"너희 나라가 중국과 친근한 것은 그 역사가 깊다. 짐이 너희 나라의 내조來朝를 바라는 것은 너희를 핍박하고자 함이 아니고, 다만 이름을 후세에 드리우고자 함이다."

세조 쿠빌라이가 일본인을 직접 대면한 것은 이번이 처음이었다. 쿠빌라이의 말을 들어보면 일본의 내조를 받으려고 한 이유는 어떤 현실적인 이득을 보려는 데 있는 것이 아니라, 세계제국으로서의 명예를 세우기 위한 것에 있다는 점을 분명히 알 수 있다.

쿠빌라이는 원이 일본인을 데리고 화려한 대궐이며 거대한 천당불찰天堂佛刹, 연경(북경)의 만수산 궁전, 장대한 성곽 등을 관람시켰다. 거대한 중국의 모습을 본 일본인이 놀란 표정을 짓자 쿠빌라이는 흡족하여 후한 선물까지 내렸다. 제국의 위대한 면모를 보게 하여 변방인을 겁주려는 수법이고, 일본을 회유하여 복속시키려는 지극한 노력이기도 했다. 전쟁을 하지 않고 복속된다면 그보다 좋은 방법은 없을 테니까 말이다.

원 제국의 처지에서는 일본을 한 번 건드린 이상 반드시 굴복시켜야 했다. 회유를 통하든지 전쟁을 통하든지 그 수단은 중요하지 않다. 그것이 세계제국의 생리이고 존재방식이며, 체면과 위상을 지키는 길이다.

그렇다면 일본이 원 제국의 정복 야욕에 버틸 수 있는 방법은 무엇일까. 그것은 바다였다. 쿠빌라이를 대면한 일본인은 그해 1269년(원종 10) 7월 고려에 돌아와 일본으로 보내졌다. 이들이 돌아가 원 제국의 위대한 면모를 보고하면 막부 정권이 복속을 할지, 아니면 가로막힌 바다를 장벽 삼아 저항을 할지 결정할 것이었다.

그런데 이 무렵 일본에서는 벌써 전쟁 준비를 하고 있었다. 1269년(원종 10) 5월, 경상도안찰사의 보고에 그런 조짐이 나타나 있다.

"제주 사람이 태풍을 만나 일본까지 갔다가 돌아와서 말하는데, 일본이 장차 전함을 갖추어 우리의 해변을 침공하려 한다고 합니다."

심상치 않은 보고였다. 강도 정부에서는 이 보고를 받은 후 삼별초를 남방의 해변에 파견하여 방비케 하고, 연해 지방민을 동원하여 성곽을 쌓도록 했다. 일본이 전함을 준비한다는 것은 고려를 침공하기 위해서라기보다는 원과의 전쟁에 대비하려는 것으로 생각된다. 그렇다면 일본의 막부 정권은 원에 대한 복속을 거부하고 이미 일전결사를 준비하고 있었다는 얘기다.

태자, 원으로 되돌아가다

임연은 국왕 원종을 폐위시키고 곽여필을 원에 보내어 왕위교체를 변명했었다. 그런데 그때 태자는 입조하여 원에 체류하고 있었다. 문제는 그 태자였다. 태자가 환국하다가 파사부婆娑府에서 부왕의 폐위 소식을 접한 것이다. 1269년(원종 10) 7월 말의 일이다.

파사부는 고려와 중국의 접경 지역에 위치한 어느 지점으로 보인다. 아마 압록강 바로 북쪽에 위치한 국경의 관문쯤일 것이다.

태자가 파사부에 도착한 때는 곽여필이 고려의 국경을 넘기 직전이었다. 파사부에 도착한 태자에게 국왕의 폐위 소식을 맨 먼저 전한 사람은 정오부丁伍孚였다. 의주(평북)의 관노인 정오부는 의주를 통해 중국으로 들어가는 사신단의 뒷수발을 담당하고 있었다. 그는 원으로 들어가려던 곽여필 일행을 맞이한 후, 압록강을 몰래 건너 그 소식을 태자에게 전한 것이다. 정오부가 전한 말은 이러했다.

"임연은 국왕을 폐립하였습니다. 태자께서 그 사실을 알면 입국하지 않을까 두려워하여 야별초 수십 명을 국경에 매복시켜놓고 기다리고 있으니 들어가지 마소서."

태자는 이 소식을 듣고 충격에 휩싸여 어찌할 바를 몰랐다. 호종하던 무관들도 태자를 어떻게 인도해야 할지 몰라 갈팡질팡하기는 마찬가지였다. 일개 관노의 말을 어떻게 믿을 수 있겠느냐는 사람도 있었고, 일을 알 수 없으니 조금 더 기다려보자는 사람도 있었다.

사건의 진상을 알아보는 것이 급선무였다. 마침 태자의 수행원 중에 인주(평북) 수령의 아들이 있었다. 태자는 그에게 몰래 강을 건너게 하여 자신의 아비를 통해 사건의 진상을 탐문하도록 지시했다. 그가 돌아와 보고한 내용은 정오부가 말한 그대로였다. 하지만 미심쩍은 점은 아직도 남아 있었다. 이때 정오부가 다시 태자에게 방안을 제시했다.

"왕위교체를 알리기 위해 원으로 들어가려던 곽여필이 지금 의주에 도착해 있으니 사람을 보내 만나보소서."

이에 태자는 자신을 따르고 있던 원의 사신들에게 부탁하여 의주에 머물고 있던 곽여필과 통역관을 붙잡아오게 했다. 고려 사신을 붙잡는 데는 원의 사신을 이용하는 것이 효과적이었을 것이다. 태자는 붙잡혀온 곽여필의 진술을 통해 사건의 진상을 소상하게 알 수 있었다.

이제 남은 문제는 어떻게 대응하느냐는 것이었다. 국왕을 폐위시킨 것도 문제였지만, 임연이 환국하는 태자를 붙잡기 위해 군사까지 매복시켜놓았다는 사실을 안 이상 그대로 입국할 수는 없었다. 어쩔 수 없이 태자는 원으로 다시 들어갈 것을 결정했다.

그런데 태자를 수행하던 무관들이 그런 태자의 결정을 따르려 하지 않았다. 태자의 사신단에는 임연의 둘째 아들 임유간이 있었기 때문이다. 처음에 정오부의 전언을 듣고 수행 무관들이 갈팡질팡했던 것도 그 때문이었다.

태자는 약간의 수행원만을 대동하고 원으로 들어갔다. 무관들이 태자를 따르려 하지 않으니 별 수 없는 일이었다. 임유간과 이들 무관들은 태자를 뒤로하고 환국길에 올랐다. 무관들과 헤어져 다시 원으로 발길을 돌리는 태자는 어떤 생각을 했을까?

임유간을 비롯한 무관들은 그해 8월 초 강도에 도착했다. 임연은 태자가 국왕 폐위의 진상을 알았으며, 그 소식을 듣고 다시 원으로 돌아갔다는 말을 듣고 근심이 쌓였다. 원으로 들어간 태자가 어떤 일을 꾸밀지 알 수 없었기 때문이다. 임연은 간발의 차이로 태자를 놓친 것이 분하기도 하고 억울하기도 했다. 태자를 잡아두어야 국왕과 태자를 앞세워 원의 압력에 버틸 수 있었을 텐데 말이다.

태자를 놓친 임연은 즉시 수상인 이장용을 원으로 파견했다. 그에게는 태자를 설득하여 속히 환국시키라는 임무가 주어졌다. 이장용은 국왕을 폐위시킬 때 임연에게 동조했던 사람이니 그 사건에 대한 진상을 해명하는 데도 적격이었다. 하지만 여기에는 국왕 폐위에 대한 책임을 같이 지자는 임연의 속셈이 작용했을 수도 있다.

그리고 1269년(원종 10) 8월 말, 원에서 국왕 폐위에 대한 진상을 캐묻는 사신이 도착했다. 환국하다가 다시 원으로 들어간 태자에 의해 고려에서 국왕이 폐위되었다는 소식을 접했던 것이다. 이전에 왕위교체를 해명하기 위해 원으로 들어갔던 곽여필 일행은 아무 역할도 못하게 된 것이다.

원의 사신이 가지고 온 황제의 조서에는 사건의 진상을 정확히 보고할 것과, 국왕과 태자 및 왕가 일족에게 조그만 상해라도 입힌다면 용서치 않겠다는 단호한 의지가 담겨 있었다. 할 수 없이 그해 9월 임연은 왕위교체를 해명하는 표문을 갖추어 다시 원에 사신을 파견했다. 이번 사신으로는 추밀원부사(정3품) 김방경金方慶과 대장군 최동수가 선발되었다. 그 표문 내용은 이전에 곽여필이 가지고 간 표문과 대동소이했다.

사신으로 선발된 김방경은 곧은 성품의 강직한 인물이었지만 임연 정권에 이용되었다. 최동수는 1년 전에도 원에 들어가 고려의 군사 수를 보고했던 사람이었다. 원의 황제가 믿을 만한 인물로 선택했다고 보인다. 이제 다시 원의 조치를 기다려 대응하는 수밖에 없었는데, 그 사이 북방에서는 중요한 변란이 터지고 만다.

서북면의 반란

1269년(원종 10) 10월, 서북면(북계, 평안남북도 지방)에서 반란이 일어났다. 서북면병마사의 본영이 있는 도호부에서 말단 서기 일을 맡고 있던 최탄崔坦과 한신韓愼이 반란을 일으킨 중심 인물이었다. 두 사람은 이 지역 토착세력이었다. 이들이 일으킨 반란의 명분은 국왕을 폐위시킨 임연을 주살하겠다는 것이었으니 임연에게는 엎친 데 덮친 격이었다.

서북면은 몽골 군대의 침략로에 위치한 까닭에 몽골과의 전쟁 기간 동안 가장 많은 피해를 본 지역이었다. 그래서 몽골의 군대가 침략해 오면 미리 투항해버리거나, 중앙에서 파견된 고려의 군대에 저항하는 경우가 허다하게 발생했다. 전쟁의 피해에서 벗어나기 위한 그곳 주민들의 생존방법이었다. 따라서 이 지역을 바라보는 중앙 정부의 시선은 곱지 않았고, 이곳 주민들 역시 중앙 정부를 외면했다.

전쟁을 지긋지긋하게 여긴 이곳 주민들은 몽골과 화친하기를 바랐다. 몽골과의 화친은 사실상 항복이었지만, 이곳 주민들은 그마저도 개의치 않았다. 김준이 최씨 정권을 무너뜨리자 제일 먼저 환영한 쪽도 이들이었다. 최씨 정권의 붕괴로 대몽항쟁이 끝났다고 생각했기 때문이다.

그러나 김준은 정권을 유지하기 위해 개경환도를 미루고 다시 원과 대결구도로 나갔다. 여원 간에 긴장이 다시 고조되면서 이 지역은 불안에 휩싸였는데, 다행히 전쟁이 일어나지 않고 김준 정권이 무너지자 안도했다. 김준이 제거된 직후인, 1269년(원종 10) 2월, 북계의 여러 성에서 사람을 보내 김준 제거를 축하했던 것은 그런 민심의 반영이었다.

그런데 임연이 국왕을 폐위시키면서 또다시 원과의 관계가 악화될 기미를 보이자 반란을 일으킨 것이었다. 최탄과 한신이 임연을 주살하겠다고 반란의 명분을 내세운 것은 그 때문이다. 최탄과 한신은 병마사의 본영이 있는 안주(평남)에서 서북면의 여러 하급 장교들을 선동하여 반란을 일으켰다.

당시 중앙 정부에서는 서북면의 반란 기미를 이미 알고 있었던 것 같다. 그래서 새로이 서북면병마사로 파견된 인물이 홍록준洪祿遵이었다. 홍록준의 아버지 홍균洪鈞은 이전에 서북면병마사를 두 번이나 맡은 인물로 민심을 잘 수습하여 이곳 주민들에게 존경을 받고 있었다. 그러한 홍균의 아들 홍록준을 서북면병마사로 파견한 것은 정부가 주민들의 심상치 않은 낌새를 알고 있었기 때문이다.

그런데 홍록준이 병마사로 부임한 지 10일 만에 반란이 일어나고 만다. 반란이 일어나자 홍록준은 자살까지 생각했다. 그런데 그는 아버지의 음덕 때문에 다행히 죽음을 면하고 반란의 우두머리 최탄과 대화를 나눌 수 있었다. 최탄은 병마사를 죽이지 말 것을 군사들에게 명하고, 병마사에게 자신의 뜻을 전했다.

"왕은 상국(원)에 두 번이나 조회하여 동방을 편안케 했는데, 임연이 무슨 공덕이 있어 권력을 부리고 왕을 폐립한단 말입니까? 조정에 충신이 없으니 우리들이 분노하여 악의 우두머리를 베고 다시 왕을 추대하고자 하는 것입니다. 그대의 아버지는 두 번이나 북방에 와서 백성들의 생명을 살렸으니 우리가 어찌 그 은덕을 배반하겠습니까?"

두 번이나 원에 친조하여 전쟁을 종식시킨 국왕을 임연이 폐립했다는 것이다. 이 말에서 임연의 국왕 폐립이 다시 침략을 불러들일 수 있다는 그들의 불안을 읽을 수 있으며, 또한 국왕을 폐립한 것에 저항하여 반란을 일으켰다는 것을 알 수 있다. 홍록준은 자신을 죽이려는 것이 아님을 알고 최탄에게 이런 요구를 했다.

"그대들이 나의 아비를 잊지 않고 나에게까지 그 은덕을 미치게 하니 이 같은 감격이 어디 있겠는가. 청하건대 억류된 자들을 석방시켜달라."

최탄은 홍록준의 청을 즉시 들어주었고, 홍록준은 석방된 자들을 이끌고 강도로 돌아왔다. 이에 임시 왕위에 있던 안경공은 안무사에게 군사 150을 주어 반란을 진압케 하고, 서북면병마사 대행으로 장일張鎰을 새로이 임명했다. 이럴 때 임연은 전면에 나서지 않고 왕을 앞세웠는데 이것도 전임 무인집권자들과 수법이 같았다.

그런데 서북면으로 파견된 안무사는 반란세력이 두려워 접근도 못하고 돌아와버렸다. 다시 새로운 인물을 임명하여 파견했지만 역시 대동강을 넘지 못했다. 대동강에서 반란세력과 대화를 시도했지만, 국왕이 아닌 안경공이 파견한 안무사를 인정할 수 없다는 최탄의 주장에 가로막혔다. 그러면서 최탄은 서경(평양)을 거점으로 하여 서북면 전역으로 그 세력을 확대해나갔다.

반란과 임연 정권

사태의 심각성을 깨달은 강도 정부는 최탄의 반란 사실을 원에 알렸다. 1269년(원종 10) 10월 말, 반란이 일어난 지 25일 만의 일이었다. 반란 사실을 원에 신속히 알렸던 것은 그럴 만한 몇 가지 분명한 이유가 있었다.

첫째, 강도 정부에서 최탄·한신 등 반란의 주모자들이 장차 원이 침략해올 것이라는 말로 백성들을 선동했다고 보고한 점을 주목해야 한다. 사실 그러한 면이 없지 않아 있었다. 임연이 국왕을 폐립한 것은 원의 침략으로 이어질 가능성은 얼마든지 있었고, 서북면에서는 바로 그것을 불안하게 생각하고 있었기 때문이다.

그런데 그런 불안은 마찬가지 이유로 임연 정권도 똑같이 느끼고 있었다. 강도 정부에서 원에 사건을 보고하면서 원의 침략 위협 때문에 반란이 일어났다는 사실을 힘주어 강조한 것은, 서북면의 반란을 내세워 원의 군사적 위협을 모면해보려는 속셈이었다. 반란의 원인을 임연 정권 스스로 만들었는데도 말이다.

둘째, 반란 사실을 원에 신속하게 보고한 데는 반란세력들이 장차 원에 영합하려는 기미를 보였기 때문이다. 이것은 반란세력들이 혹시 고려 정부의 흠을 잡아 이간질하거나 음해를 하더라도 수용하지 말라는 뜻이었다. 원에 보고한 사건 내용에도 그런 우려가 표명되어 있다.

그러는 동안에도 최탄과 한신 등 반란의 주모자들은 세력을 더욱 확대했다. 서경 유수(평양의 시장 격)를 비롯한 부속 관리와 인근 군현의 수령들을 모조리 죽이고 서북면 일대의 여러 성을 함락시켰다. 반란세력은 이에 그치지 않고 점차 북상하여 의주(평북)까지 점령해나갔다. 대동강을 경계로 그 이북 지역이 모두 반란세력에 함락되고 말았던 것이다. 반란이 일어난 지 한 달도 채 안 된 때였으니, 그 세력이 얼마나 빠르게 확산되었는지 짐작할 수 있다.

이렇게 반란세력이 폭발하듯 팽창하면서 새로운 전기를 맞게 된다. 원의 사신 탈타아가 반란세력에 개입하게 된 것이다. 탈타아는 일본원 정 준비를 점검하기 위한 군사 전문 사신단의 대표로 왔다가 김준이 제거되기 하루 전에 귀국 길에 올랐었다.

그런 탈타아가 10개월이나 지난 지금 서북면에 등장하고 있는 것이 다. 귀국했다가 다시 왔는지, 아니면 그동안 계속 고려 영내에 머물면 서 특별한 목적을 수행 중이었는지는 알 수 없다. 하지만 그의 임무가 일본원정 준비라는 사실을 감안할 때 후자 쪽으로 판단하는 것이 옳을 듯하다. 탈타아는 서북면 일대에 체류하면서 자신의 임무를 수행하고 있었을 것이다.

최탄은 반란세력을 이끌고 계속 북상하던 중 의주(평북) 부근에서 탈 타아를 만나게 되었다. 아니, 탈타아가 반란의 우두머리 최탄을 찾았 다고 하는 것이 더 적절하겠다. 탈타아가 최탄에게 반란을 일으킨 이 유를 묻자 최탄은 이렇게 대답한다.

"고려가 장차 바다 깊은 섬으로 도망치려 하므로 여러 성의 수령을 죽이고 상국(원)에 들어가 알리고자 하였소."

강도의 고려 정부가 깊은 섬으로 들어간다는 것은 이전에도 여러 차 례 나온 말이었다. 강도 정부를 음해하려는 세력들이 만든 근거 없는 유언비어일 수도 있었고, 원과의 관계가 악화될 때 실제 무인정권이 그런 작업을 계획한 경우도 있었다. 김준 정권 역시 그랬었고, 임연 정 권도 원의 군사적 위협이 커지면 그런 생각을 품을 개연성이 많았다.

최탄의 말은 반란을 합리화하기 위한 것이거나, 실제 그럴 가능성을 언급한 것일 수도 있었다. 아마 최탄은 원에 접근하기 위한 명분을 그 런 쪽에서 찾았다고 보인다. 중요한 점은 최탄 등 반란의 주모자들이

탈타아를 매개로 최초로 원과 선이 닿았다는 사실이다.

탈타아는 반란세력에 억류된 인근의 수령들을 풀어주게 하고 몇몇은 원으로 보냈다. 그러면서도 반란세력에는 깊게 개입하지 않았다. 반란세력 자체가 워낙 확대되어 자신도 어떻게 손 쓸 수 없었을 테지만, 원에 접근하려는 그들의 태도를 보고 크게 해롭지 않다고 판단하여 방관했다고 보인다.

임연 정권은 최탄과 한신의 서북면 반란에 대해서 거의 손을 쓰지 못했다. 강도 정부에서 회유를 목적으로 파견한 안무사가 반란세력과 접촉도 할 수 없었으니 당연한 일이었다. 그렇다고 대대적으로 군사를 일으켜 반란을 진압할 상황도 아니었다. 임연 정권에 대한 반감과 불신이 크기도 했지만, 국왕 폐립 사건으로 임연 정권 스스로 궁지에 몰려 있었기 때문이다.

하지만 탈타아의 개입으로 반란세력이 확대되거나 대규모 살상이 벌어지는 일은 더 이상 없었다. 반면에 반란세력이 원에 접근할 수 있는 길이 열렸고, 이후 최탄은 반란을 확대시키기보다는 원과 접촉하는 그런 쪽으로 문제를 풀어갔다.

국왕, 원에 의해 다시 복위하다

1269년(원종 10) 11월, 서북면에서 반란이 일어난 지 한 달 후쯤 원에서 드디어 사신이 도착했다. 국왕이 폐위되고 그 사실을 원에 해명한 후 최초로 들어온 사신이니, 원에서 어떤 조치가 떨어질지 임연에게는 초미의 관심사였다. 이때의 사신단에는 여러 차례 고려에 온 흑적도 포함되어 있었다.

사신이 가지고 온 황제의 조서는 다음과 같은 내용을 핵심으로 하고 있었다.

하나, 고려 사신들의 설명에 의하면 국왕 폐립은 임연이 한 짓이 아니라고 하는데 그 말을 믿을 수 없다. 이것은 이전에 사신으로 보낸 자들 중에서 임연의 심복들이 임연을 두둔하기 위해 했던 말로 보인다.

둘, 국왕이 무사하다고 하나 믿을 수 없으니, 국왕과 임연 그리고 안경공은 속히 입조하여 그 진상을 명백하게 밝혀라. 이것은 임연을 소환한 것이나 다름없는데, 임연에게는 가장 난감한 문제였다.

셋, 두연가頭輦哥 국왕에게 군사를 주어 이미 출동시켰으니, 만약 기한을 넘기고 오지 않으면 군사를 보내 국왕 폐립의 수괴는 물론이고 모두 섬멸할 것이다. 두연가 국왕은 원의 황제체제 아래에 있는 여러 왕들 중에서 요양 지방을 책임지는 자로 서열이 제일 높다. 이런 사람을 책임자로 하여 군사를 출동시켰다는 것은 사태가 얼마나 심각한지를 보여준다.

이제 선택의 여지가 없었다. 원의 요구를 수용하든가, 아니면 거부하고 다시 전쟁을 해야만 했다. 임연이 굳이 선택을 해야 한다면 전쟁 쪽이겠지만, 당장 중요한 문제는 자신의 신상이나 거취 문제였다. 임연은 재상들을 자신의 사저로 소집하여 대책을 논의했지만 뾰족한 답을 찾을 수 없었다. 얼마나 답답했던지 임연은 눈물을 흘리며 탄식하면서 이런 넋두리를 하고 만다.

"나라를 바로 잡은 뒤에 황제께 조회하려고 했는데 질책이 이처럼 다급하니 장차 어찌하랴."

임연의 이 말은 자신의 처지가 얼마나 옹색한가를 드러내는 공허한 말에 불과했다. 이 대목에서 임연의 국왕 폐위가 얼마나 무모한 일이었는지 알 수 있다. 이런 지경에까지 올 것을 미처 예상하지 못했을 수도 있지만, 임연에게는 선택의 여지가 없었다고 보는 편이 맞을 것이다.

재상회의에서 아무런 대책이 나오지 않자, 며칠 후 3, 4품 관리들을 다시 소집했다. 이번에는 무기명으로 각자 그 대책을 기술하도록 했다. 솔직한 의견을 듣고 싶었던 모양이다. 하지만 여기서도 쓸 만한 의견은 나오지 않았다.

임연이 마지막으로 기댈 곳은 원의 사신밖에 없었다. 임연은 원의 사신 흑적을 자신의 사저로 초청하여 성대한 잔치를 베풀어주고 많은 뇌물도 건넸다. 하지만 흑적도 뾰족한 수가 없기는 마찬가지였다. 임연은 다음날 다시 흑적을 초청하여 잔치를 베풀었다. 임연은 흑적에게 모든 것을 맡기고 매달릴 작정이었다.

융숭한 대접을 받은 흑적은 이에 보답해야겠다는 생각을 했는지 넌지시 국왕의 복위를 건의한다. 하지만 중요한 것은 그것이 아니었다. 황제의 명령은 국왕을 복위시키라는 것이 아니고 임연을 소환한 것이었기 때문이다. 즉 국왕을 복위시킨다 해도 임연에 대한 황제의 소환은 유효했던 것이다.

하지만 다급해진 임연은 그 건의를 수용하지 않을 수 없었다. 그렇게 해서라도 원이 가하는 위협을 줄일 수 있다면 그렇게 할 수밖에 없었던 것이다. 임연은 다시 재상들을 소집하여 안경공을 폐립하고 원종의 복위를 논의했다. 국왕을 폐위할 때도 그랬지만 복위에도 특별한 반대가 없었다. 국왕 복위가 결정된 바로 다음날 국왕 원종은 원의 사신단을 위하여 잔치를 베풀었다. 원의 사신 덕에 다시 왕위에 오르게 되었으니 감사한 마음이 들었던 모양이다.

그런데 이 자리에서 국왕과 사신의 좌석을 배치하던 중 흑적에 의해 중요한 사실이 알려진다. 황제의 사신은 국왕과 동등하게 좌석을 배치받는 게 관례였는데, 흑적은 태자와 황제의 딸이 결혼하게 되었으니이제 태자는 황제의 부마가 되고 국왕은 그 부마의 부친이 되어 그럴수 없다며 그것을 사양했던 것이다. 흑적은 장차 태자가 황제의 딸과결혼할 것이라는 사실을 언급한 것이었다.

연회가 있은 다음날, 국왕은 문무백관을 거느리고 입궐하여 다시 왕위에 오르고 안경공은 사저로 돌아갔다. 1269년(원종 10) 11월, 원종이폐위된 지 5개월 만의 일이었다. 폐위도 쉬웠지만 복위도 그렇게 간단했다. 안타깝지만 이것이 바로 고려 국왕의 현실적인 위상이었다.

위축되는 임연 정권

국왕을 복위시키고 강도 정부는 즉시 그 사실을 원에 알렸다. 그렇다고 문제가 해결된 것은 아니었다. 우선 원의 압력에 쉽게 굴복하고만임연 정권의 체면이 말이 아니었다. 문무관료들로서는 진짜 강력한 힘이 국외에 따로 있다는 것을 실감했으니, 이제 권력을 쫓는 자들이 어디로 향할 것인지는 불을 보듯 뻔했다. 이런 상황에서 임연 정권의 힘도 현저히 약해질 수밖에 없었다.

그런 결과였는지 임연을 제거하려는 움직임이 생기기 시작했다.1269년(원종 10) 12월, 임연은 동지추밀원사(종2품)로 있던 조오를 흑산도로 귀양 보내고, 그의 큰아들 조윤번과 사위 등 7인을 잡아들여 즉시 처단했다. 아울러 가산을 모두 몰수하고 조오의 막내아들마저 귀양보내고 말았다. 이것은 임연을 제거하려는 모의 때문이었는데 그 내막은 이러했다.

장군으로 있던 김문비金文庇란 사람이 있었다. 가문은 내세울 것이 없었으나 힘이 좋아 야별초의 지휘관으로 발탁되어 출세한 인물이었다. 국왕의 복위를 논의할 무렵, 김문비는 임연을 제거할 생각을 품었다. 임연 정권이 어려운 처지에 몰린 때를 이용하자는 것이었다. 여기에 조오의 아들 조윤번과 조문주趙文柱를 끌어들여 거사를 약속했다.

조윤번은 김준을 제거할 때 임연의 큰아들 임유무와 임연의 사위 최종소와 함께 대궐의 저격조에 들었던 인물이다. 그러니 임연 정권의 성립에 어떻게든 일조를 한 셈이었다. 그리고 조문주는 김준이 최의를 제거할 때 야별초의 지휘관으로 쿠데타에 참여했던 인물로, 역시 한때 임연과 함께 행동했었다. 이러한 조윤번과 조문주가 임연을 제거할 거사에 가담했다는 것은 임연 정권 내부의 분열을 엿볼 수 있게 한다.

그런데 김문비는 조윤번의 아버지 조오까지 거사에 참여시키려고 했다. 조오는 김준을 제거한 후 공신으로 책정되었으니, 그 역시 아들과 함께 임연 정권의 성립에 일조를 했다. 다만 임연이 국왕을 폐립할 때는 반대 입장을 보여, 이후 많은 사람의 신망을 받고 있었다. 아마도 김문비는 거사를 하는 데 조오의 그런 신망이 필요했던 모양이다.

하지만 조오는 김문비의 거사계획에 처음에는 참여했다가 실행단계에서 물러서고 만다. 이에 거사는 벽에 부딪히고 말았다. 문제는 거사계획이 누설되는 것이었다. 김문비는 그것을 모면하고자 반대로 조오가 음모를 꾸몄다고 임연에게 고해바쳤다. 조오 일족이 화를 당한 것은 그 때문이었다.

이런 일들은 이후에도 수없이 일어난다. 음모와 그 음모를 반전시키려는 모함, 이간질이 만연했다. 임연 정권이 궁지에 몰리면서 정권의 내부 분열일 수도 있었다. 조오는 이런 때 거사의 중심 인물로 거론된 탓에 화를 입은 것이다. 정권이 궁지에 몰리면 여러 사람의 신망을 받는 인물이 가장 경계의 대상이었을 테니까.

임연을 제거한다는 거사는 무위로 그쳤지만, 그렇다고 임연의 어려운 처지가 반전된 것은 아니었다. 국왕 폐립에 대한 책임자로서 국왕과 함께 원으로 불려 들어갈 처지였기 때문이다. 하지만 임연이 원으로 들어간다는 것은 스스로 호랑이 굴로 들어가는 것과 다름없으니 도저히 그렇게 할 수는 없었다.

1269년(원종 10) 12월 19일, 황제의 소환을 받았던 임연과 안경공을 제외한 채 국왕만 흑적을 대동하고 원으로 향했다. 국왕의 행차이니 어느 때보다도 수행 인원이 많았고 중신들도 많이 포함되어 있었다. 이번 국왕 원종의 행차는 태자 시절까지 포함하면 벌써 세 번째의 입조였다. 하지만 이전의 행차 때와 달리 그 의미가 컸다.

폐위되었다가 원의 도움으로 복위된 국왕의 처지에서는 이제 좀 더 적극적으로 원에 접근할 가능성이 많았다. 국왕은 거듭된 쿠데타를 통해 무인정권이 바뀔 때마다 자신이나 고려 왕실을 지켜줄 힘은 결국 원의 황제밖에 없다고 판단했을 것이다.

반면에 임연은 원에서 어떤 일이 벌어질지 몰라 더욱 초조했다. 그래서 국왕의 수행단에 아들 임유간을 비롯한 자신의 심복들도 동반시켰다. 이제 국왕 폐위 사건은 원이 처리해야 할 문제가 되었고, 임연은 황제의 처분만을 기다리는 신세가 되고 말았다.

국왕이 원으로 행차하면 왕위가 잠시 비게 된다. 이럴 때 국왕은 대리자를 임명하는데 이를 '감국監國'이라고 한다. 그런데 국왕은 그 감국의 책임을 종실인 순안후順安候 종悰에게 맡겼다. 교정별감을 차지하고 있는 임연에게 돌아가지 않은 것이다. 앞선 김준 정권에서 국왕이 원으로 행차할 때 그 감국의 책임을 김준에게 맡긴 것과 비교하면 의외의 결정이었지만, 이것은 임연 정권이 내리막을 걷고 있다는 확실한 증거였다.

아니면 감국의 책임을 임연이 스스로 사양했을 수도 있다. 궁지에 몰려 있는 그가 국왕의 대리자가 되어 정치의 전면에 나선다는 것은 오히려 부담이 될 수도 있었을 테니까. 하지만 어느 쪽으로 해석하더라도 임연 정권이 위축되고 있다는 것은 분명했다.

임연의 죽음

국왕의 북행 길에서 생긴 일

국왕 일행이 강도를 출발한 지 하루 만인 12월 20일(1269년), 황제의 특별한 조서가 전달되었다. 조서는 뜻밖에 최탄과 한신 등 서북면의 반란세력과 그곳의 여러 성에 거주하는 주민들에게 보낸 것이었다. 이 조서는 원의 사신이 가져온 것이 아니라 변경의 한 고려 장교가 들고 왔는데, 그 내용은 더욱 뜻밖이었다.

"고려의 역신 임연이 (서북면의) 여러 사람들을 협박하여 동으로 이주하도록 했다는데 그대들은(서북면의 군민들) 이에 따르지 않고 순역順逆을 살펴 그들을(임연이 반란 회유를 위해 파견한 관리) 주살하였으니 그 뜻이 가상하다. 이제 최탄과 그 군민들을 보호하도록 칙명을 내렸으니 짐의 마음을 받들어 더욱 충절을 다하라."

황제는 서북면의 주민들이 임연과 같은 역신에게 휩쓸리지 않고 반란을 일으킨 것을 칭송한 것이다. 임연을 이미 역신으로 규정한 사실이 눈에 띈다. 임연이 실제 서북면의 주민들을 강제로 이주시키려 했는지는 사서에 분명히 드러나 있지 않다. 여기서는 그 사실 여부보다 최탄이 벌써 원에 영합했다는 점에 주목해야 한다. 황제가 반란세력을 두호하고 있다는 것은 최탄의 무리가 원과 내통하고 있음을 드러낸 것이기 때문이다.

출발 이틀째인 12월 21일, 국왕은 원의 재상들에게 서신을 보냈다. 글의 내용은, 반란세력들이 그 죄를 면하려고 공교하게 말을 만들어 상국(원)을 모독하고 있는데, 그 실상과 곡직을 잘 변별하여 우리의 백성을 잃지 않도록 해달라는 것이었다. 국왕을 수행하던 좌사간(정3품) 박항朴恒을 흑적과 함께 미리 보내 원의 실무 관리들에게 호소한 것이었다.

국왕이 염려한 점은 반란세력이 원에 영합하여 투항하면 고려의 영토를 상실할지도 모른다는 우려였다. 지난 1258년(고종 45) 동북면에서 반란이 일어나 그 세력들이 원에 투항하면서 쌍성총관부(함남 영흥)가 설치되고, 철령 이북의 땅이 원에 편입되어버린 뼈아픈 경험이 있었다. 그러니 그만큼 다급했던 것이다. 국왕은 지금 자신의 폐위 사건 때문에 원으로 향하고 있는데, 이제 서북면의 반란 사건까지 겹쳐 난감하기 이를 데 없었다.

엿새째인 12월 25일, 국왕은 절령(자비령)에 도착했다. 그런데 이곳에서 앞서 보냈던 흑적을 다시 만났다. 아마 흑적은 국왕의 서신을 자기 나라의 재상들에게 전달하기 곤란하여 지체했던 것 같다. 국왕은 흑적에게 후한 선물까지 주고 다시 부탁한다.

26일, 동선역(황해도 서흥)에 도착한 국왕은 관리들을 보내 여러 지역을 순찰하는데 여러 역참의 향리들이 모두 도망하여 최탄에게 투항하는 일이 일어났다. 최탄의 무리에 휩싸이지 않도록 회유하려는 것이었는데 오히려 지역민들이 놀라 달아났던 것이다.

이어서 27일, 탄령(평양 부근)에서는 최탄이 술과 안주를 준비하여 어가 앞에 바친 일도 있었다. 국왕은 최탄이 원과 내통한 기미를 이미 알아채고 있었기 때문에 이를 물리치고 바로 서경(평양)으로 들어갔다. 해가 바뀌어, 1270년(원종 11년) 1월 1일, 국왕 일행은 박주(평북 박천)에 도착했다. 이곳에서 국왕은 최동수를 먼저 출발시켜 원의 중서성에 다시 서신을 보냈다. 그 내용은 지난번의 서신보다 더욱 절박했다.

"최탄 등 반란세력들이 고려 군대가 진압해온다는 말을 만들어, 원의 군사 2천을 파견해서 보호해달라고 요청했다. 이에 황제의 결재가 떨어졌다고 하는데, 진압한다는 말은 사실이 아니다. 내가 이미 북행길에 올랐으니 조금만 더 기다려 황제를 직접 대면한 후에 처결해도 늦지 않을 것이다."

서신 내용을 간략하게 요약했지만, 사서의 원문을 보면 국왕의 간절한 요청이 안타까울 정도이다. 만약 최탄의 요청대로 원의 군사가 고려에 주둔하게 된다면 이는 보통 문제가 아니었다. 국왕이 이런 정보를 얻을 수 있었던 것은 북행하면서 직접 반란세력의 근거지를 통과한 덕이었다. 마치 반란세력의 주동자인 최탄과 국왕이 원의 조정을 사이에 두고 외교전을 펼치는 듯한 느낌을 받는다.

1월 9일, 국왕은 압록강을 넘어 중국 땅으로 들어섰다. 마음이 다급했는지 매우 빠른 일정이었다. 여기서 국왕은 이전에 사신으로 파견되어 환국하다가 동경(요양)에 머무르고 있던 이장용과 김방경, 그리고 곽여필을 대면했다. 국왕의 북행 소식을 듣고 요양에서 달려와 마중

나온 것이었다. 요양은 고려의 교민들이 많이 거주하여 여원 간에 사신이 왕래하는 데 중간 기착지 같은 곳이었다.

이틀 후인 1월 11일, 국왕은 이장용 일행과 함께 요양에 도착한다. 요양에는 황제 쿠빌라이의 명령을 받은 두연가 국왕이 군사를 거느리고 대기하고 있었다. 여기서 국왕 원종은 두연가 국왕으로부터 폐위의 실상을 심문받는다. 통역관마저 물리치고 요양행성의 관리들이 함께 배석한 자리에서 필답으로 진행되었다.

그런데 이상하게도 국왕은 풍기가 심하여 글을 쓸 수 없다는 핑계를 대며 답변을 회피해버린다. 다시 통역관을 불러들여 폐위의 경위를 구두로 묻자, 국왕은 이미 임연이 표문으로 올린 내용과 같다고 말한다. 원의 관리들은 실상이 아님을 알고 다시 묻지 않았다. 국왕 원종은 왜 그런 태도를 보였을까?

이는 국왕의 사신단에 임연의 아들 임유간과 임연의 심복들이 포진하고 있었기 때문이다. 국왕을 수행하고 있던 허공, 이분희, 강윤소 등은 반드시 임연의 심복은 아니었지만 임연의 뜻을 거스를 수 없었던 것이다. 나머지 수행원들도 임연이 두려워 입을 열지 못했다. 임연의 힘이 아직은 살아 있음을 보여준다.

혹은 이런 생각도 해볼 수 있다. 만일 국왕이 사실대로 진술했을 때, 당장 대기하고 있는 원의 군대가 고려를 향해 출동할 수도 있었다. 더구나 폐위의 주범인 임연은 황제의 명령을 따르지 않고 고려에 남아 있었으니 그럴 위험이 충분했다. 원의 군대가 고려로 출동한다면 이는 전쟁과 다름없으니 그 자체도 문제였지만, 임연 정권의 입지를 강화시켜주는 결과가 된다. 국왕은 그 점도 고려했을 것이다.

세조 쿠빌라이와의 세 번째 대면

강도를 출발한 지 40여 일 만인 2월 1일, 국왕은 드디어 연경(북경)에 도착하여 황제를 대면할 수 있었다. 도착한 첫날 국왕은 여장도 풀기 전에 황제가 마련한 성대한 연회에 초청받았다. 벌써 황제 쿠빌라이와의 세 번째 만남이었다. 이것을 가장 위협적으로 받아들일 사람은 수행원에 끼어 있던 임연의 아들 임유간과 그 심복들이었다.

이들은 황제가 있는 연경에 도착한 후, 요양에서와는 달리 국왕 폐위 사건에 대해 임연을 두둔하거나 국왕을 억압하기 힘들게 되었다. 황제를 직접 대면할 수 있는 연경에서는 국왕의 입지가 다르기 때문이다. 하지만 아들인 임유간은 어떻게든 아비 임연을 보호해야 했다.

임유간은 황제의 측근에게 사건을 조작한 서신을 은밀히 전하기도 하고, 이장용을 끌어들이기도 했다. 하지만 이미 황제는 태자나 이장용을 통해 폐위 사건의 진상을 어느 정도 파악하고 있었기 때문에 임유간의 말을 들어주지 않았다. 오히려 임유간은 황제를 속였다 하여 감금되고 만다. 그리고 황제는 임연에게 즉시 원으로 들어와 진상을 밝히라는 통첩을 보냈다.

그런데 이때 국왕은 가히 역사적 사건이라 할 만큼 중요한 문제를 두 가지 요청한다. 하나는 태자의 청혼이었고, 다른 하나는 군대의 요청이었다.

국왕은 태자의 청혼과 군대의 요청을 황제께 말하지 않고 원의 중서성에 글로 올렸다. 원의 중서성은 재상들이 참여하는 국정을 총괄하는 기구이다. 국왕이 중서성에 청혼과 파병을 요청한 것은, 원의 실무 관료를 직접 상대하여 어떻게든 일을 성사시키려는 의도였다. 하지만 이는 앞으로 고려의 중요한 내정 문제가 이곳에서 처결되리라는 것을 예고한다.

먼저, 청혼한 내용을 살펴보자.

> 기미년(1259) 세자로서 친조하니 황제께서 어여삐 여겨 번직藩職(제후직을 의미하는데 고려 왕위를 말함)을 잇게 하셨고, 갑자년(1264)에 친조하니 총애가 남달라 그 감명을 형언할 수 없었다. 권신 임연이 폐립을 마음대로 하여 왕위를 잃었는데 여러 번 사신을 보내고 조서를 내려 복위하게 되었으니 감읍하고 있다. 소방(고려)이 대조(원)에 청혼하는 것은 길이 화호의 인연을 맺으려는 것인데, 마침 세자가 들어와 있으니 공주를 세자에게 내려주시면 소방은 만세토록 의탁하고 번직을 삼갈 것이다《고려사》 26, 원종 11년 2월 갑술).

국왕은 지금 자신의 폐위 문제로 여기까지 오게 되었는데, 오직 태자의 청혼만을 일념으로 천 리 길을 달려온 듯하다. 국왕은 원의 황실과 혼인관계를 맺는 것만이 고려 왕실이 사는 길이라고 판단했을 법하다. 최씨 정권 때부터 무인집권자들이 왕실을 농락하는 것을 보고 내린 결론이었으리라.

청혼하는 내용에서 한 가지 눈에 띄는 대목은, 임연이 폐립을 자행했다고 분명히 언급한 점이다. 이제는 사실을 그대로 진술해도 두려울 것이 없었던가보다. 국왕은 뭔가를 작심하고 있는 듯한데, 군대를 요청하는 내용을 마저 살펴보자.

> 갑자년(1264) 친조 때 구경(개경)에 출륙하겠다고 약속한 후 환국하여

천도할 공역을 시작했다. 그런데 권신(김준)이 막아서 공역을 다 마치지 못했다. 바라건대 군사를 약간만 허용해주면 함께 가서 섬 안(강화도)의 신하와 백성들을 전부 나오게 하고, 권신(임연)을 제거하여 모두 편안케 할 것이다(《고려사》 26, 원종 11년 2월 갑술).

국왕은 군사를 요청한 이유가 출륙환도와 임연 제거를 위한 것이라고 밝히고 있다. 여기서 국왕은 김준이나 임연 등 무인집권자들이 출륙환도를 방해했다는 점도 분명히 하고 있다. 처음으로 고려의 실정을 그대로 드러냈으며, 더욱이 임연에 대해서는 제거할 뜻을 분명히 천명하고 있으니 놀라운 일이다.

국왕은 김준 정권 때부터 출륙환도를 생각하고 있었지만 관료집단의 소극적인 태도와 김준의 저지로 실행에 옮길 수 없었다. 임연과 연합하여 김준을 제거했지만, 다시 임연이 정권을 잡으면서 같은 상황이 반복되었다. 국왕은 왕정복고를 추진하려면 무인정권의 아성인 강도를 떠나 출륙환도하는 수밖에 없다고 판단했음이 분명하다.

그런데 원에서는 이미 고려에 군대를 파견한 상황이었다. 국왕이 요양에서 연경을 향해 떠난 직후 원의 군대가 출발했고, 국왕이 연경에 닿기 전에 벌써 서경(평양)에 도착하여 주둔해 있었다. 이는 국왕 폐립 소식을 듣고 다시 원으로 들어간 태자의 요청에 의한 것이었다.

그렇게 태자의 요청으로 원의 군대가 이미 서경에 주둔하고 있는데, 국왕이 다시 원의 군대를 요청했던 것이다. 국왕은 태자가 군대를 요청한 사실을 모르고 다시 군사 요청을 한 것이지만, 원에서는 국왕의 청을 듣고 후속군의 파병을 논의하게 된다. 뭔가 일이 복잡하게 꼬여가고 있었다.

그리고 국왕이 요청한 태자의 청혼 문제는 국왕이 환국한 후 사신을 보내 청혼하면 그때 허락하겠다는 답변을 받았다. 지금은 폐위 사건으로 들어왔는데 갑자기 청혼을 하는 것은 적절치 않다는 말도 덧붙였다. 앞서 원의 사신 흑적이 말한 바를 그대로 믿고 너무 서두르다 벽에 부딪힌 꼴이었다. 국왕으로서는 조금 서운했겠지만, 진짜 국왕을 낙심하게 만든 일은 따로 있었다.

동녕부 설치

국왕이 중서성에 청혼과 파병을 요청한 지 사흘 후에 원에서는 고려 내정에 관한 중요한 조치를 내렸다. 황제가 최탄과 한신 등 서북면 반란의 주모자들에게 금패金牌와 은패銀牌를 하사한 것이다. 이것은 최탄이 원의 군대 2천을 서경(평양)에 진주하도록 요청한 것에 대한 황제의 조치였다.

금패와 은패는 원에서 군사 지휘권을 상징하는 패용으로, 최탄 등 반란의 주모자들에게 그것을 하사했다는 것은 그들이 원의 군대에 편제되었다는 뜻과 다름없었다. 쉽게 말하자면 고려의 관리에서 황제가 임명하는 원나라의 무관으로 변신한 것이다. 이런 일은 앞으로 수없이 발생한다.

그것만이 아니었다. 원은 황제의 명령으로, 서경에 동녕부東寧府를 설치하고 자비령 이북의 땅을 원에 내속시켜버렸다. 1270년(원종 11) 2월의 일이다. 자비령은 절령岊嶺이라고도 하는데 지금의 황해도와 평안남도의 경계에 있다. 고려시대 자비령은 서북면(북계)의 남방 한계로 보통 '북방'이라고 하면 자비령 이북의 땅을 의미했다.

서경에 설치한 동녕부는 원의 관청이고 이제 이곳에서 고려 북방을 관할하게 된 것이다. 이 지역을 관할하는 책임은 황제가 총관總管으로 임명한 최탄과 한신 등에게 맡겨졌다. 이것은 실질적인 영토의 상실을 의미했다. 국왕이 걱정했던 부분은 바로 이 점이었는데, 그러한 국왕의 염려를 비웃듯 고려의 영토는 상실되고 말았던 것이다.

이대로 방관할 수만은 없었다. 국왕은 즉시 황제에게 표문을 올려 그 부당함을 말하고 자비령 이북의 땅을 돌려줄 것을 요청한다. 이 표문에서, 최탄 등이 서북면에서 반란을 일으킨 것은 임연의 폐립 사건에서 연유한 것이기 때문에 국왕이 환국하여 임연을 제거하면 서북면의 반란도 진정될 것이라고 했다. 더불어 최탄 등이 애초에 국왕에 대한 의리를 내세운 것과 달리 영토를 분할하여 자신들의 사리사욕을 채우고 있다는 점도 분명히 밝혔다.

하지만 황제는 원종의 간절한 요청을 받아들이지 않았다. 서경에 이미 군대까지 진주한 마당에 돌이키기도 어려웠다. 원에서 일개 반란 주동자의 말만 듣고 동녕부를 설치한 것은 아니라고 여겨진다. 장차 여러 가지 대고려 전략을 숙고하여 내린 결론이라고 보는 것이 옳다. 앞으로 고려에 대한 통제나 일본원정을 추진하는 문제도 동녕부 설치에 고려되었을 것이다.

원의 파병

앞서 태자가 파병을 요청한 군대는 요양에 대기하고 있다가 출발한 듯 보이는데, 몽가독蒙哥篤이라는 자가 이끄는 군사였다. 이들이 서경(평양)에 주둔한 것은 1270년(원종 11) 1월경이었다.

태자의 요청으로 군대가 파견될 때 원의 중서성에서는 군량미 조달을 문제 삼았다. 원의 처지에서는 당연한 일이었다. 그런데 그것을 해결하는 일이 간단치 않았다. 왜냐하면 국왕과 태자는 원에 머물러 있는 상태였고, 임연이 정권을 장악하고 있는 강도의 고려 정부가 원의 군대에 군량미를 지원할 리 만무했기 때문이다.

원 중서성에서 군량미 조달 문제를 제기하자, 이장용은 태자에게 그 것을 해결할 인물로 김방경을 추천했다. 김방경은 몽골과의 전쟁 중에 주민들의 생업을 잘 보존해주고, 후에 서북면병마사를 지내면서도 백성들을 잘 보호하여 그곳 주민들에게 존경받는 인물이었다. 그는 임연 정권을 견제하면서도 군량미를 조달할 수 있는 적임자로 선발되어 원의 군대와 함께 서경에 들어왔다.

김방경은 출발하기 전에 서경에 주둔할 원의 군대가 대동강을 넘지 않도록 해야 한다고 황제에게 건의하여 허락받고, 이것을 끝까지 지키기 위해 최선을 다한다. 백성들이 놀라 흩어지는 것을 염려했던 것으로, 오랜 전쟁으로 몽골의 군대에 대해 느끼는 주민들의 피해의식을 감안한 조치였다.

원의 군대가 서경에 주둔하자 깜짝 놀란 임연은 군대를 동원하여 황주(황해도)에 방어선을 구축한다. 그러자 최탄이 이끄는 반란세력은 서경에 주둔한 원의 군대와 연합하여 강도를 직접 공략할 계획까지 세운다. 원의 군대가 최탄의 유혹에 빠져 반란세력과 영합해버린 것이다. 하지만 김방경이 황제의 명령을 근거로 들며 원의 군대는 절대 대동강을 넘을 수 없다고 저지하여 강도 공략은 무산되었다.

한편 원에서는 국왕이 요청한 동녕부 철회 문제는 거절하면서 후속군의 파견만을 논의한다. 이는 군사를 딸려 보내주면 임연을 제거하겠다는 국왕의 요청에 고무된 원이 직접 임연 정권을 토벌하겠다는 강한 의지를 내보인 것이었다.

만일 그렇게 된다면 임연 정권과 원 사이에 전쟁이나 다름없는 일이 벌어질 터였다. 이것은 출륙환도를 추진하려는 국왕의 의도에도 전혀 보탬이 되지 않는 일이었다. 더구나 국왕이 요청한 군대라는 것은 자신의 신변 정도를 지켜줄 약간의 군사였다. 대규모 군대가 파견되어 전쟁과 같은 양상으로 발전한다는 것은 결코 국왕의 뜻이 아니었다.

국왕은 다시 후속군의 파병 논의를 중지해줄 것과 이미 진주한 군대도 서경을 넘어 남하하지 못하도록 남진 한계를 요청했다. 더불어 다루가치(원의 행정 감독관)를 임명하여 함께 환국할 수 있도록 해달라고 주문했다.

후속군의 파병에 대한 정지 요청은 거절당했지만, 군사 주둔의 남방 한계와 다루가치의 동반 환국은 요청한 대로 수용되었다. 동반할 다루가치로는 이전에 군사 전문 사신단의 대표로 고려에 왔었던 탈타아가 내정되었고, 파병할 군대로는 동경(요양)에 대기하고 있던 두연가 국왕의 군대로 정해졌다. 서경에 이미 주둔한 군사까지 합해서 최소한 수천 명에 달하는 원의 군사가 고려에 주둔하게 된 셈이었다.

국왕은 연경에 도착한 지 정확히 보름 만인, 1270년(원종 11) 2월 16일 다시 연경을 출발하여 귀국길에 올랐다. 이전에 환국하려다 다시 원으로 들어가 머물고 있던 태자와 함께였다.

이번 북행길에서 국왕이 고심했던 부분은 어떻게 하면 원의 군대를 빌어서 임연 정권을 타도하고 동시에 고려의 자주성도 지킬 수 있느냐 하는 것이었다. 하지만 그 양쪽을 모두 만족시킨다는 것은 거의 불가능했다. 귀국 길에 오르면서 국왕은 그것을 실감했을 것이다. 확실하게 얻은 것은, 임연 정권을 타도하고 출륙환도할 수 있는 길이 트였다는 것뿐이었다.

여기서 한 가지 짚고 넘어갈 문제는 고려 국왕이 갈수록 원의 황제에게 의탁하는 정도가 심해지고, 더불어 원에 대한 복속도 더욱 심화되었다는 점이다. 폐위된 국왕이 원에 의해 복위된 것이나, 태자와 황제의 딸이 결혼한다는 것, 그리고 국왕의 요청으로 원의 군대가 진주하는 것은 그 점을 여실히 보여준다. 이는 임연 정권이 국왕을 무리하게 압박한 결과였다.

최씨 정권이 무너진 뒤의 무인정권은 왕실을 더욱 압박하는 쪽으로 치달았다. 국왕의 왕정복고와 무인정권은 양립할 수 없었고, 갈수록 무인정권의 입지가 좁아졌기 때문이다. 입지가 좁아진 무인정권은 고려 국왕만 몰아붙였고, 힘없는 국왕은 원에 의탁하려는 경향을 점점 강하게 드러냈다. 따라서 역설적이지만 무인정권은 원에 대한 복속을 가속화시키고 심화시켰다고 할 수 있다.

임연의 죽음

국왕이 원의 군대를 이끌고 환국한다는 소식은 임연에게 거의 절망적이었다. 방법은 전쟁밖에 없었다. 임연은 야별초를 동원하여 백성들을 섬으로 피난시켰다. 최씨 정권 시절의 해도입보책을 그대로 이용하여 원의 군대에 저항하려는 것이었다. 원의 군대를 이끌고 환국하는 국왕과 그에 맞서 야별초를 동원한 임연과의 전쟁, 이런 일이 왜 일어났을까?

원의 군대에 맞서는 임연 정권을 민족적·자주적이라고 평가하기에는, 이 지경까지 올 것을 예측하지 못했다는 점에서 너무나 무모했다.

이국의 군대를 이끌고 들어오는 국왕을 사대적·종속적이라고 비난하기에는, 그것 외에 다른 방법이 없었다는 점에서 연민의 정이 앞선다.

국왕의 처지에서는 왕정복고가 지상과제였겠지만 그 방법은 원에 대한 복속을 더욱 가속화시키는 결과를 낳았다. 반면에, 임연 정권이 내세운 자주적 항몽정신은 최씨 정권과 마찬가지로 정권유지의 수단일 뿐이었다.

그런데 임연은 원의 군대에 저항도 못해보고 죽고 만다. 사서에는 걱정과 번민으로 등창이 나서 죽었다고 기록되어 있는데, 아마 울분으로 인한 화병으로 죽은 것이 아닌가 싶다. 국왕이 연경을 출발한 지 9일째인 1270년(원종 11) 2월 25일이었다. 김준을 제거하고 1년 남짓 집권했을 때였고, 그의 나이 50을 눈앞에 두고 있는 시점이었다.

임연이 죽었다고 해서 모든 일이 해결될 것은 아니었다. 임연의 큰아들인 임유무가 바로 교정별감에 올라 아비의 뒤를 계승했다. 이렇게 쉽게 권력이 계승된 것은 당시 강도에는 그를 견제할 만한 세력이 거의 없었기 때문이다. 군대는 이미 임연 일족이 장악하고 있었고, 국왕을 비롯한 여러 중신들은 환국 도중에 있었으니 강도 정부는 임연의 손아귀에 있는 것이나 다름없었다. 어쩌면 강도에 남아 있던 문무관리들은 장차 강도에 밀어닥칠 문제로 임유무의 권력계승 같은 것에는 관심을 두지 않았을 수도 있다.

임유무가 권력을 계승했지만 이미 무인정권의 위력은 사라지고 없었다. 게다가 국왕과 태자가 부재 중이었으니 강도에 남아 있는 관료들을 붙잡을 명분도 없었다. 믿을 것이라고는 군사들밖에 없었다.

임유무는 도방의 군사들을 소집하여 자신의 집을 호위하도록 하고, 말단 관리들까지 끌어들여 아우 임유간과 임유인의 집까지 지키도록 했다. 아예 수세적인 자세로 돌아선 것이다. 사면이 포위된 상태에서 힘없이 칼자루만 쥐고 있는 꼴이었다.

4월 10일, 국왕이 요양에 도착했다. 이때 국왕을 수행하던 무관과 말단 관리 몇 명이 홍다구에게 투항하고 만다. 국왕을 따라 환국하더라도 위험하기만 하지 기대할 것이 없다는 약삭빠른 계산을 한 것이었다. 이런 일은 앞으로도 수없이 일어난다. 사실 국왕을 수행하여 환국하던 나머지 사람들도 앞으로 전개될 일을 예측할 수 없어 불안해 하기는 마찬가지였다.

4월 28일, 국왕은 압록강에 도착했다. 이제 강만 넘으면 고려 영내에 들어서는 것이다. 연경에서 압록강까지 오는 데 2개월이 넘게 소요된 것은 고려를 둘러싼 다급한 정치상황을 고려하면 너무 느린 여정이었다. 남의 나라 군대의 호위를 받으며 자신의 나라에 들어서는 국왕의 심정, 복잡하고 긴장도 되었으리라.

원의 군대를 지휘하며 동행하던 두연가도 긴장이 되었는지 국왕에게 말을 붙였다.

"임유간을 굳게 잘 지키고 있습니까?"

"어찌 조금이라도 소홀히 하리오."

임유간은 국왕 폐위 사건에 대해 황제를 속였다 하여 연경의 감옥에 갇혔다가, 국왕 일행에게 억류되어 압송되는 중이었다. 이제 국왕 일행과 원의 군대가 고려 영내에 들어서면 어떤 일이 벌어질지 그 귀추가 주목된다.

4 이름도 없이 사라진 별들을 위하여

—삼별초 항쟁(1270~1273)

三別抄

삼별초의 군사들이 강화도에서 봉기했다.
겉으로 드러난 이유는 개경환도에 반발한 것이었지만, 진짜 이유는 고려 왕조의 배신 때문이었다.
그들은 사직을 호위하라는 국왕의 명령을 받들어 임유무를 주살하고
무인정권을 무너뜨렸지만 국왕에게 외면당하고 국가의 군대로서 인정을 받지 못했다.
게다가 군대는 해산되고 장차 원의 일본원정에까지 동원될 처지였다.
이것이 강화도에서 삼별초 군사들이 봉기한 진정한 이유였다.

개경환도

개경으로 환도하라

1270년(원종 11) 2월에 연경을 출발한 국왕은 그해 5월 11일 서경 근처에 도착했다. 강도를 떠난 후 5개월 만의 환국이었다. 국왕은 서경에 당도하자마자 강도의 문무관리들에게 비장한 내용의 통첩을 보냈다.

> 황제께서 요양행성의 두연가 국왕으로 하여금 군사를 거느리고 과인을 호위하게 하여 귀국시키면서 "경이 돌아가 나라 사람들을 모두 구경(개경)으로 옮겨 옛날과 같이 하면 아군이 곧 돌아올 것이다. 하지만 만일 명령을 거역하는 자가 있으면 그 자신뿐만 아니라 처자에 이르기까지 모두 포로로 할 것이다"라고 하셨다. 지금의 출륙은 옛날과 같이 하지 말고 문무관리부터 거리의 백성에 이르기까지 모두 가족을 거느리고 나오라. 또 신흥창의 쌀 1만 석을 조운하여 군량과

출륙의 비용으로 지출하라. 어리석은 백성들이 대군이 진주하는 것을 보고 놀랄까 염려되니 속히 깨우침을 전하여 안심하고 생업에 전념할 수 있도록 하라. 사직의 안위가 이 일거에 달려 있으니 마땅히 각자 마음을 다하라(《고려사》26, 원종 11년 5월 경술).

국왕은 출륙환도를 명령하면서 황제의 권위를 앞세웠다. 세 번이나 원에 입조하여 국왕이 가장 확실하게 얻은 것은 바로 그것이었다. 이제 국왕의 명령을 거부하는 것은 원의 황제를 거역하는 일이 되었다.

여기서 한 가지 주목할 만한 사실은, 출륙환도를 옛날과 같이 하지 말라고 유시한 점이다. 이전에도 출배도감出排都監을 설치하여 출륙환도를 시도한 적이 있었다. 최씨 정권이 무너진 후 1260년(원종 1) 3월과, 이장용의 건의에 따라 1268년(원종 9) 3월 두 차례에 걸쳐 시도했는데 이는 모두 원의 강압에 못 이겨 출륙을 가장한 것이었다. 국왕의 처지에서는 진심으로 출륙환도를 추진하려는 것일 수도 있었지만 무인집권자들과 뜻이 달라 결국 흐지부지되고 말았다.

그때 시도했던 출륙환도는 출배도감이라는 임시 관청을 설치하고, 개경에 궁궐이나 관아 등을 조영한 후에 환도하는 방법이었다. 국왕이 옛날과 같이 하지 말라는 것은 그것을 말한 것이다. 즉 개경의 환도 준비가 끝난 후에 사람이 들어가는 것이 아니라, 사람을 먼저 옮기고 부족한 기반 시설은 그 다음에 조성하라는 뜻이었다. 국왕이 유시한 내용에서 '문무양반으로부터 거리의 백성에 이르기까지 모두 가족을 거느리고 나오라'는 말은 그것을 의미했다. 그렇게 하지 않고서는 출륙환도를 실행하기 어렵다고 판단했던 것 같다.

이런 출륙환도는 최이 정권 때 강화도로 천도하던 방법과 유사하다.

그때도 아무런 기반 시설이 없는 강화도에 일단 사람부터 이주시키고 나서 제반 시설을 마련했다. 강화 천도는 그래서 폭력적이고 전격적이었는데, 이번 출륙환도 역시 그런 양상이었다.

대세는 국왕에게로

국왕의 통첩을 받고 가장 놀란 사람은 임연의 권력을 계승한 임유무였다. 놀라기는 임유무뿐만 아니라 강도에 있던 문무관리들 모두 마찬가지였지만, 국왕의 명령을 거부해야 한다는 여론은 결코 일어나지 않았다.

하지만 임유무는 국왕의 명령을 무시하고 출륙환도를 거부하면서, 일단 자신과 가까운 관료들을 소집하여 출륙환도 문제를 회의에 붙였다. 그런데 모두의 의견이 황제의 명령이니 따르지 않을 수 없다는 것이었다. 임유무와 가까운 관리들까지 이 지경이었으니 황제의 권위를 앞세운 국왕의 통첩이 얼마나 큰 위력을 가지고 있었는지 짐작하고도 남음이 있다.

이러한 여론을 감지한 임유무는 분노했다. 그는 출륙환도를 도저히 수용할 수 없었다. 강압적인 방법을 쓰더라도 저항하는 수밖에 없었다. 이에 임유무는 수로방호사水路防護使와 산성별감山城別監을 각 지방으로 파견하여 백성들을 동원하도록 했다. 수로방호사는 백성들을 섬으로 피신시키거나 조세 운반을 위한 조운로를 확보하는 관리였고, 산성별감은 깊은 산성으로 백성들을 피신시키는 관리였다. 모두 최씨 정권 시절의 지역 계엄사령관과 같은 존재로 백성들에게 악명을 떨쳤던 직책이었다. 이름하여 산성입보나 해도입보와 같은 대몽항쟁 시절의 수법이 다시 등장한 것이다.

그리고 장군 김문비를 시켜 야별초를 거느리고 교동(강화도의 부속 섬)에서 원의 군대를 방어하도록 했다. 김문비는 앞서 임연을 제거하려다 일이 어렵게 되자 조오 일가를 모함하여 화를 입힌 인물이다. 그 일로 임연의 신임을 받았던 모양인데, 이제는 임유무를 위해 앞장서서 뛰고 있었다.

각 지방에 파견된 수로방호사와 산성별감들은 야별초를 거느리고 백성들을 강제로 산성이나 섬으로 피신시키려 했다. 이런 일들을 추진하려면 현지 지방관이나 안찰사의 도움이 필수적이었는데, 현지 지방관들이 이에 반발하고 국왕의 명령을 따랐기 때문에 임유무의 의도대로 원활하게 이루어지지 못했다. 몇 가지 사례를 살펴보자.

사례 하나. 경상도에 파견된 야별초가 금주(김해) 백성들을 섬으로 강제 피신시키려 하자, 동경(경주) 유수 주열朱悅과 판관 엄수안은 경상도 안찰사와 함께 꾀를 내어 야별초를 사로잡아버렸다. 그리고 국왕이 돌아오기를 기다렸다가 행재소行在所(국왕의 어가가 임시 머무는 곳)로 달려갔다. 임연의 강압적인 전쟁 동원에 반발하고 국왕의 뜻을 따른 것이다.

주열은 능성(전남 화순)의 향리 출신으로 과거에 합격하여 청렴결백한 관리로 이름이 높았다. 그는 한때 임연의 눈 밖에 나서 섬으로 귀양을 갔다가, 임연이 죽자 동경 유수(시장)를 맡고 있었다. 엄수안은 영월(강원)의 향리 출신으로 역시 과거에 합격했고, 김준이 황제의 소환을 받아 국왕을 폐위시키고 섬으로 도망치려 할 때 그 음모를 막기도 했었다. 이번 일도 엄수안이 주동한 것이었다.

사례 둘. 전라도 안찰사 권단權㫜과 충청도 안찰사 최유엄은 국왕의 포고문을 보고 감동하여 눈물을 흘리고 여러 고을에 국왕의 뜻을 그대로 전했다. 그리고 서해도 안찰사 변양邊亮은 국왕이 환국한다는 말을 듣고 바로 국왕이 있는 행재소로 달려가버렸다. 모두 임유무가 아닌 국왕을 따른 것이다.

권단은 안동(경상)의 한미한 가문 출신으로 역시 과거에 합격하여 유능한 지방관으로 이름을 날린 인물이다. 최유엄은 《보한집》의 저자로 유명한 최자崔滋의 아들이다. 변양은 그 경력이 잘 드러나 있지 않다.

이와 같은 몇 가지 사례를 볼 때, 문무관리들이 국왕의 명령을 따른 것은 당시 대세였다고 보인다. 특히 강도에 있는 중앙의 고위관료보다는 지방에 주재하는 관리들에게서 그 성향이 더욱 뚜렷이 나타났다. 임유무가 국왕의 명령을 거부하는 것이나, 출륙환도에 저항하면서 강압적으로 백성들을 전쟁에 몰아넣으려 하는 것은 이제 무모한 일처럼 보였다. 이전의 무인정권에서는 찾아보기 힘든, 격세지감을 느끼게 하는 일이었다.

임유무 정권의 고립

임유무는 아비 임연의 권력을 계승했지만 그 지지 기반이 매우 취약했다. 이렇게 된 데에는 임연 정권 시절 국왕 폐위와 그것을 번복한 복위 사건이 결정적인 영향을 끼쳤다. 특히 국왕 복위 이후 지지세력이 크게 이탈하면서 임연 정권은 급속히 약화되어갔다. 게다가 국왕이 원의 군대를 이끌고 환국하게 되면서 임연 정권은 거의 고립무원의 상태에 빠졌다. 임유무는 이렇게 몰락해가는 정권을 계승했던 것이다.

임유무가 아비의 권력을 계승한 때 그의 나이는 많아야 20대 후반이었다. 그런 임유무를 가장 크게 후원한 사람은 이응렬·송군비·최종소

등이었다. 이응렬은 장인이고, 최종소는 누이의 남편이니 그의 곁에 남은 사람은 모두 인척들뿐이었다.

송군비만 인척이 아닌데, 그가 임유무 정권에 가담한 내력은 잘 드러나 있지 않다. 송군비는 대몽항쟁에서도 공을 세운 바 있었고, 일본으로 원의 사신이 파견될 때 동행하기도 했던 인물인데, 임유무 정권 때는 추밀원부사(정3품)로 있었다. 그가 이 정권에 봉사한 이유는 아마 이응렬과 가까운 사이였기 때문이 아니었는가 싶다. 장인인 이응렬은 이때 명예직인 사공(정1품)의 벼슬에 있었고, 매부 최종소는 대장군(종3품)에 있었다.

한편 임유무의 또 다른 매부로 어사중승(종4품) 홍규가 있었으나, 어쩐 일인지 그는 임유무 정권에서 소외된다. 사서에는 임유무가 매사를 이응렬, 송군비하고만 의논했다고 기록되어 있다. 하지만 임유무가 왜 그러했는지에 대해서는 잘 드러나 있지 않다. 임연이 그를 사위로 맞이할 때, 억지로 간청하여 결혼이 이루어졌다는 것으로 보아 애초부터 그가 임연 정권을 달갑게 생각하지 않은 결과가 아닌가 한다.

이밖에 임유무의 세력으로는 그의 동생들과 외가쪽 인척들이 있었다. 하지만 임유간을 제외한 동생들은 나이가 어려 큰 힘이 되지 못했던 것 같다. 첫째 동생 임유간은 국왕이 원으로 행차할 때 동행했다가 연경에서 억류되어 압송되는 중이었다. 임유무의 외가쪽 인척들도 크게 두각을 나타내지는 못했는데, 그 인척 중에서 이황수李黃秀는 조금 달랐다.

이황수는 원주 이씨로 임연의 처조카였으니 임유무의 외사촌이 되었다. 그는 임연이 국왕을 폐위시킬 때 동참했던 인물이다. 이를 통해 이황수는 임유무의 외가쪽 인척 중에서 가장 활발하게 정권에 참여했다고 볼 수 있다. 그는 출륙환도하라는 국왕의 명령을 거부하여 임유무의 뜻에 적극 동참했다.

이렇게 권력의 핵심이 친인척만으로 구성된다는 것은 정권의 고립을 의미하는 것으로, 최씨 정권의 마지막 집권자인 최의의 상황과 비슷했다. 하지만 이런 임유무 정권의 성향은 당시 그가 처한 상황으로 볼 때 어쩔 수 없는 일이었다. 임유무가 아비 임연의 뒤를 이어 집권한 기간은 불과 수개월이었으니, 권력 기반을 다질 시간적 여유도 없었다. 국왕과 태자 그리고 수상인 이장용을 비롯한 많은 중신들이 부재 중인 탓에 강도 안에서 그의 집권을 가로막을 큰 걸림돌은 없었지만, 출륙환도하라는 국왕의 명령에 저항하는 방법 외에 임유무가 할 수 있는 것은 아무것도 없었다.

무인정권, 막을 내리다

출륙환도하라는 국왕의 명령이 강도에 접수된 지 사흘 후, 1270년(원종 11) 5월 14일 임유무는 강도에서 일어난 정변으로 제거되고 만다. 환국하던 국왕 일행이 아직 강도에 도착하기 전이었다.

임유무 제거를 주도한 인물은 임유무 정권에서 소외되었던 그의 매부 홍규였다. 국왕은 서경을 출발하면서 강도에 남아 있던 홍규에게 편지를 보내 임유무를 제거하도록 주문했다. 홍규에게 전한 국왕의 서신 내용은 이러했다.

"경(홍규)은 여러 대를 벼슬한 명문의 후손이니, 마땅히 의리를 따지고 일의 대세를 잘 헤아려야 할 것이다. 반드시 사직을 이롭게 하여 선대 조상들의 명예를 더럽히지 말라."

국왕은 홍규 가문(남양 홍씨)의 명예를 거론하며 은근하게 설득하고 있다. '사직을 이롭게 하라'는 얘기는 임유무를 제거하라는 말과 같았다. 홍규는 국왕의 서신을 받고 감읍하여 두 번이나 절을 했다고 한다. 국왕은 강도에 남아 있는 관료들 중에서 임유무를 제거할 가장 적격의 인물을 잘 선택했던 것이다.

국왕의 비밀 서신을 받은 홍규는 바로 송송례宋松禮에게 달려갔다. 송송례는 김준이 최의를 제거할 때 낭장(정6품) 계급으로 참여한 일이 있었다. 그의 아들 송담宋淡은 대궐을 수비하는 위사장으로 있었고, 또 다른 아들 송분宋汾은 신의군을 지휘하는 장군이었다. 따라서 병력 동원을 고려한 홍규가 송송례를 선택한 것이었다. 홍규가 국왕의 비밀 서신 내용을 말하자 송송례는 그 자리에서 홍규의 뜻에 따르기로 결심한다.

5월 14일 밤, 홍규와 송송례는 송분이 있는 신의군의 지휘소로 달려갔다. 송분은 홍규와 함께 신의군의 일부를 거느리고 좌우별초(야별초)의 지휘소로 갔다. 야별초의 협조 없이는 거사를 성공시키기 힘들었기 때문에 야별초를 끌어들이려 한 것이었다.

홍규는 사직을 호위해야 한다는 대의大義를 내세워 야별초의 군사들을 설득했다. 이 무렵 강도는 임유무가 출륙환도하라는 국왕의 명령을 거역하면서 뒤숭숭한 분위기에 휩싸여 있었다. 야별초의 군사들은 임유무의 명령을 면전에서 거부할 수는 없었지만 죽음을 무릅쓰고 임유무 정권의 호위에 나설 분위기는 아니었다.

야별초를 설득하는 데는 오히려 사직을 호위하라는 국왕의 명령이 더 효과적이었고, 그래서 야별초의 군사들은 큰 반발 없이 소집에 응했다. 이렇게 삼별초(신의군과 좌·우별초)는 어렵지 않게 거사에 동원된다.

이때 임유무는 벌써 정변이 일어난 것을 알고 있었다. 드러내놓고 삼별초를 소집했으니 정변 소식을 몰랐다면 오히려 그것이 더 이상한 일이었다. 올 것이 오고야 말았다는 생각에서였는지, 정변이 일어난 줄 알고 있으면서도 임유무 진영은 적극적인 공격 태세를 취하지 못하고 사저만을 지키는 소극적인 방어에 그친다. 주로 사병들을 동원한 방어였다. 이때 이미 대세는 기울었는지도 모른다. 이런 임유무의 소극적인 수세는 삼별초의 군사들을 더욱 결집시키고 공격에 확신을 갖게 했다.

5월 15일, 날이 새자 삼별초의 군사들은 임유무의 사저 동쪽 대문을 부수고 쳐들어가 활을 난사했다. 사저를 방어하던 사병들은 수적으로 열세였던 데다가 사기마저 떨어져 있어 큰 대항을 하지 못했다.

사저를 장악한 삼별초는 임유무와 최종소를 사로잡았다. 홍규는 임유무와의 관계를 생각해서 이들을 죽이지 않고 유배 보내려고 했다. 하지만 강도에 머무르고 있던 원의 사신을 의식하지 않을 수 없어 거리에서 참수하고 만다.

이어서 홍규 등 주도세력들은 이응렬과 송군비, 이황수 등을 잡아들여 바로 귀양 보냈다. 임유무의 동생 임유인은 자살을 기도했으나 실패하고, 원의 사신에 의해 죽임을 당한다. 원의 사신들은 쿠데타 당시 강도에서 임유무 정권의 붕괴를 지켜보고 있었던 것이다. 나머지 임유무의 동생들, 임유간, 임유거, 임유제도 모두 붙잡혔다가 후에 원으로 압송되었다.

이들 형제들은 그 후 어떻게 되었는지 행적이 묘연한데, 그중 임유간은 죽음을 면하고 황제에게 아부하여 다시 고려를 괴롭히기도 한다. 그리고 임유무의 외사촌 이황수는 진도로 귀양 갔다가 삼별초의 난으로 인해 다시 나주로 옮겨졌다. 후에 그는 원으로 도망쳐 들어가 역시 황제에게 아부하여 변신을 꾀한다.

임유무의 어머니, 그러니까 임연의 처 이씨는 그 와중에도 금은보화와 재물을 가지고 도망치려다 그녀에게 원한을 품은 자들에 의해 더욱 험한 꼴을 당하고 말았다. 임연에 의해 일가가 화를 입은 조오의 처자들이 임연의 처에게 보복을 한 것이다. 머리털을 끌어 잡고 뺨을 때리고, 옷을 찢어 발가벗기는 등의 수모를 가했다. 후에 그녀도 사로잡힌 아들들과 함께 원으로 압송된다.

그렇게 쉽게 임유무 정권은 무너졌다. 무엇보다 원의 군사적 압박이 결정적이었고, 그에 힘입은 국왕의 사직 수호 명령이 힘을 발휘했기 때문이다. 임유무의 제거로 무려 1세기 동안 지속되었던 무인정권은 이렇게 막을 내렸다. 임유무가 무인정권의 마지막 주자가 된 셈이다.

개경환도

임유무를 제거했다는 소식은 바로 국왕에게 전해졌다. 5월 16일 국왕이 용천역(황해 서흥)에 이르렀을 때였다. 임연을 제거한 주동 인물인 홍규와 송송례 등은 거사 후 바로 국왕이 머물고 있는 행재소로 향했다. 그러자 강도에 남았던 몇몇 중신들도 환국하는 국왕의 어가를 맞이하기 위해 다투어 국왕에게 달려갔다.

여러 중신들이 국왕의 어가를 맞이하기 위해 강도를 나왔다는 것은 구실에 지나지 않았다. 그보다는 강도에 그대로 남아 있다가는 오해를 받을 게 두려웠다고 보는 것이 더 적절할 것이다. 국왕은 출륙환도의 명령을 강도에 전달하면서, 모든 문무관리들은 가족을 거느리고 나오라고 이미 명령했었다. 이것이 5월 11일이었다.

국왕의 그런 명령을 받고도 문무관리들은 즉시 움직이지 않았다. 이 것은 물론 임유무가 건재하고 있었기 때문이지만, 어쨌든 국왕의 명령을 즉시 실천에 옮기지 않은 것이다. 임유무가 그리 쉽게 제거되리라고는 미처 생각지 못하고, 눈치를 보며 미적거린 탓이었다. 이제 임유무가 제거된 마당에 문무관리들이 가장 먼저 취해야 할 행동은 국왕의 명령을 늦게나마 확실하게 따르는 것이었다.

5월 23일 강도에서는 개경환도를 추진하기 위한 재상회의가 열렸다. 여기서 환도 기한 날짜가 정해졌고, 기일 안에 모두 강도를 떠나 개경으로 나오라는 내용의 방이 거리마다 나붙었다. 그런데 방문이 나붙자 삼별초의 군사들이 갑자기 여기에 반발하고 나선다.

이들은 홍규와 송송례 등이 임유무를 제거할 때 동원했던 삼별초였다. 그 삼별초 군사들이 왜 개경환도에 반발했을까? 개경환도에 저항한 임유무를 제거한 삼별초 군사들이 다시 개경환도에 반발했으니 언뜻 보면 앞뒤가 잘 맞지 않는다. 이 문제는 다음 장에서 자세히 살펴보겠다. 삼별초 군사들은 환도 결정에 반발하면서 국가의 창고까지 마음대로 점령하여 열어젖혔다. 이름하여 '삼별초의 난'으로, 어느 누구도 전혀 예측하지 못한 뜻밖의 사건이었다.

삼별초의 군사들이 난을 일으키자 그때까지 강도에 남아 있던 문무관리까지도 황급하게 강도를 떠나기 시작했다. 이들에 의해 삼별초 군사들의 심상찮은 움직임이 즉시 국왕에게 보고되었다. 국왕은 상장군 정자여鄭子璵를 강도에 급파하여 삼별초 군사들에 대한 회유를 시도했다. 하지만 그 회유는 아무런 효과가 없었고, 정자여는 난을 피해 강도에 모셔져 있던 태조 왕건의 진영(초상)만 가지고 나왔다.

그리고 5월 27일, 국왕은 강도로 들어가지 않고 바로 개경에 입성하여 사판궁에 입어했다. 이어서 아직 강도에 남아 있던 국왕의 비빈과 나머지 관리들도 난을 피해 속속 개경으로 들어왔다. 이제 강도에 남아 있으면 개경환도에 반대하여 삼별초 난에 부화뇌동한 꼴이 되고, 개경으로 나오면 국왕의 명령에 따라 환도에 적극 동참한다는 뜻이 되었다. 그래서 죽음을 무릅쓰고 강도를 탈출한 자도 있었고, 탈출하려다 삼별초 군사들에게 억류된 자도 있었다.

　　이때의 혼란상은 40년 전의 강화 천도 당시보다 더 심했다고 한다. 엎어지고 넘어지고 꺼꾸러지는 사람들의 행렬과 서로 먼저 배를 타려는 사람들로 아비규환이 따로 없었다. 이것이 개경환도였다.

　　그러니까 개경환도는 삼별초 난이 일어나면서 그 와중에 얼떨결에 이루어진 것이었다. 환도한 정확한 날짜는, 환국 중이던 국왕이 강도를 택하지 않고 개경으로 들어간 1270(원종 11)년 5월 27일이라고 할 수 있다. 1232년 7월 최이가 몽골과의 항쟁을 구실로 강화도로 천도한 지 38년 만에 이루어진 환도였다.

삼별초는 무인정권의 수혜자가 아니다

삼별초의 난에 대한 이해

삼별초의 난을 이해하기 위해서 우선 용어를 명확히 정리하고 넘어갈 필요가 있다. 1270년(원종 11) 강화도에서 일어난 삼별초의 난은 후에 강화도를 떠나 진도로, 진도에서 다시 제주도로 거점을 옮겨, 개경으로 환도한 고려 정부와 원에 저항하면서 1273년(원종 14)까지 지속된다.

삼별초는 원의 침략에 맞선 마지막 저항세력이라고 할 수 있는데, 그것은 강화도에서의 봉기로부터 시작되었다. 그래서 이들 세력이 강화도에 머물고 있는 동안만을 나타낼 때는 '삼별초의 봉기'라는 용어를 쓰고, 이후 진도와 제주도에서의 삼별초 활동은 '삼별초 항쟁'으로 구별하여 쓰고자 한다. 왜냐하면 강화도에 있을 때와 진도, 제주도에서 있을 때의 삼별초는 그 성격이 다르다고 생각하기 때문이다. 그리고 이 두 가지를 모두 아우르거나 특별한 시기를 지칭하지 않을 때는

'삼별초의 난'이라는 일반적 통칭을 사용하겠다.

삼별초의 난에 대한 이해에서 가장 중요한 문제는, 애초에 삼별초 군사들이 왜 봉기했는가 하는 점이다. 또한 이후 진도와 제주도에서 전개된 항쟁의 성격을 어떻게 볼 것인가의 문제도 중요하다. 전자는 사실 규명이 관건이고, 후자는 그에 대한 의미 부여나 해석의 문제이다. 그러나 이 두 가지 문제는 분리해서 생각할 수가 없다. 난의 원인을 어떻게 규명하느냐에 따라 그에 대한 해석도 달라지기 때문이다.

먼저, 삼별초 난에 대한 지금까지의 이해를 간단하게 정리해보면 다음과 같다.

삼별초 봉기의 원인

(1) 원이 강요하는 개경환도를 단행했다는 것은 원에 대한 복속을 의미하므로 삼별초의 군사들이 그것을 거부해서 일어났다.

(2) 삼별초는 원에 저항했던 무인정권에 충성한 군대였기 때문에 원으로부터 보복당하는 게 두려워 난을 일으켰다.

(1)과 같이 원인을 규명하면 삼별초는 원에 대한 저항정신이 투철한 집단으로 볼 수 있다. 하지만 (2)와 같이 규명하면 삼별초의 군사들은 막다른 궁지에 몰려 살아남기 위해 봉기한 것이고 민족적인 항쟁이라는 것은 난센스가 된다. 그래서 이러한 원인 규명은 다음과 같은 해석으로 직결된다.

삼별초 항쟁의 의미

(1) 이민족의 침략에 맞선 민족적인 항쟁이었다.

(2) 민족적인 항쟁이 아니라 자신들이 살아남기 위한 자구책에 불과
했다.

어느 쪽이 올바른 원인 규명이고 온당한 해석일까? 여기서 삼별초
의 난을 이해하는 데 빼놓을 수 없는 점이 있다. 그것은 삼별초의 대몽
항쟁이 무인정권의 대몽항쟁과 결코 무관치 않다는 사실이다.

삼별초는 무인정권을 수호하고 지탱했던 군대로 무인정권과 불가분
의 관계에 있었다. 즉 앞선 무인정권의 대몽항쟁을 긍정적으로 본다면
삼별초의 대몽항쟁 또한 긍정적으로 평가해야 하고, 부정적으로 본다
면 이도 역시 부정적으로 평가해야 한다.

지금까지 무인정권의 대몽항쟁에 대해서는 대부분 정권을 유지하기
위한 수단이었다고 하여 부정적으로 이해하고 있다. 초창기 연구에서
긍정적인 평가가 전혀 없었던 것은 아니지만, 최근에 올수록 부정적으
로 평가하는 것이 일반적인 경향이 되었다.

그런데 삼별초의 대몽항쟁에 대해서는 몽골의 침략에 맞선 민족적
인 항쟁으로 높게 평가하는 경향이 많다. 최근 들어 이런 평가에 의문
을 제기하는 경향이 나타나고 있기는 하지만 아직도 대세는 긍정적인
평가 쪽에 있다. 이 때문에 무인정권의 대몽항쟁은 부정적으로 보면서
삼별초의 대몽항쟁은 긍정적으로 보는, 그래서 앞뒤가 잘 맞지 않는
모순된 이해를 낳게 된 것이다.

바로 이 대목에서 삼별초 난에 대한 이해가 벽에 부딪치게 된다. 역
사적 사건의 원인을 규명하고 그에 대해 역사적 의미를 부여하는 것은
역사학의 가장 중요한 본령인데, 이렇게 서로 상반된 이해를 하고 있
으니 말이다. 이런 상반된 이해를 서로 조화시킬 수는 없을까?

그래서 이런 문제 제기가 가능하다. 무인정권의 대몽항쟁과 삼별초의 대몽항쟁에 대한 평가를 반드시 일치시킬 필요가 있는가. 이것은 삼별초의 성격을 달리 이해할 수는 없는가라는 의문과도 통한다. 다시 말해서 지금까지 이해한 것처럼, 삼별초가 무인정권에 충성하여 그것을 수호하고 지탱해준 군대였다는 사실에 조금도 의문의 여지가 없는가 하는 점이다.

반복되는 쿠데타의 주역, 삼별초

삼별초는 좌별초와 우별초로 나뉜 야별초에 신의군이 더해져 만들어진 부대를 말한다. 모두 최씨 정권기에 창설된 부대이다. 야별초는 최이 집권기 때 치안유지를 목적으로 용력이 뛰어난 자들을 선발하여 만들었고, 신의군은 최항 집권기 때 몽골로부터 도망쳐온 자들을 끌어모아 만들었다. 모두 특별한 동기나 목적을 가지고 창설된 군대로서 대외용이 아니라 대내용이었다.

삼별초 중에서 야별초는 강화도로 천도하기 이전 개경에서 창설되었는데, 이때는 몽골과의 전쟁이 시작되기 직전이었다. 그래서 언뜻 보면 국방력을 강화하기 위한 목적으로 창설된 것처럼 보이지만, 실제로는 정치적인 이유로 만들어진 것이었다. 삼별초 중에서도 특히 야별초가 그랬다.

강화 천도 직전 국내의 사회상황은 불안했다. 군대에서 이탈한 자들의 소행으로 보이는 심상찮은 방화나 국가기관에 대한 절도행위가 계속 일어나고 있었다. 이러한 사회 혼란은 당시 최이 정권에 큰 위협이 되었다. 야별초는 그런 사회 혼란을 막기 위해 창설되었으니, 정권을 수호하는 일이 그 목적이었던 것이다.

신의군도 그 구성원은 야별초와 달랐지만 정권 수용용이라는 성격은 별반 다르지 않았다. 도망쳐온 포로들을 방치한다는 그 자체가 사회 혼란을 야기할 수 있었기 때문이다. 다만 신의군은 야별초보다 수가 더 적었고 정권과도 덜 밀착되어 있었다고 보인다. 무인정권에서 차지하는 정치적 비중도 야별초보다는 못했을 것이다.

이렇게 보면 삼별초가 집권 무인에게 충성하면서 무인정권을 수호하고 지탱해준 군대라는 사실은 결코 부정할 수 없다. 하지만 그런 삼별초의 성격이 무인정권이 막을 내릴 때까지 변함없이 지속되었을까 하는 의문을 떨칠 수 없다.

이러한 의문을 갖게 된 이유는 삼별초가 무인정권을 붕괴시키는 일에도 마다하지 않고 참여했기 때문이다. 김준이 최씨 정권을 무너뜨릴 때 삼별초가 동원되었고 임연이 김준 정권을 타도할 때도 삼별초가 동원되었다. 또한 무인정권의 마지막 집권자인 임유무를 제거할 때도 역시 삼별초가 동원되었다. 이런 삼별초를 집권 무인에게 충성하며 무인정권을 지탱해주기만 한 군대라고 말할 수 있을까?

그런데 이보다 더욱 중요한 문제는 삼별초가 왜 그랬을까 하는 점이다. 이에 대해 쉽게 답을 찾기는 곤란하지만, 삼별초 군사들은 무인정권이 교체되어 반복되는 중에도 결코 해소되지 않는 어떤 근본적인 불만에 휩싸여 있었다는 사실이다.

그 불만은 경제적인 처우 문제였다고 본다. 삼별초 군사들이 경제적으로 열악한 처지에 몰린 것은 최씨 정권 말기부터 시작되었다. 최항 정권 후반기의 몽골 침략은 강도를 경제적으로 봉쇄하기 위해 행해졌다. 그 타격은 매우 심각해서, 강도 정부는 이로 인해 재정파탄에 이르렀다. 문무관리들은 녹봉을 제대로 지급받지 못했고, 정권의 마지막 보루라고 할 수 있는 최항 정권의 사병들까지도 구휼미를 받아야 했다. 이런 상황에서 삼별초 군사들의 처지는 더 말할 나위 없었다.

이런 경제적 처우에 대한 삼별초 군사들의 불만은 최씨 정권이 무너진 뒤에도 결코 해소되지 않았다. 정권 타도에 기여한 대가로 죄인의 적몰재산이 분배되는 정도가 고작이었다. 그것도 일시적인 시혜였지 근본적인 해결책이 아니었다. 삼별초 군사들에게 후한 녹봉을 주었다는 역사 기록도 있는데, 그것은 삼별초의 지휘관들에게나 해당되는 일이었다. 그래서 집권 무인과 밀착된 지휘관들은 경제적 특혜와 정치적 출세를 보장받은 특권층이었던 것이다.

반면에 삼별초의 말단 병사들은 경제적으로 어려운 처지에서 벗어나지 못했다. 최씨 정권이 붕괴된 이후 김준 정권이 적몰재산을 분배해주기도 했지만, 이러한 일시적 시혜조치로는 그들의 경제적인 어려움이 해소될 수 없었다. 근본적인 해결책은 고려의 전통 군역제도에서 시행되었던, 군인전을 부활하는 방법밖에 없었다. 하지만 그것은 사회 전반적인 체제가 재정비되지 않는 한 거의 시행될 수 없는 일이었다. 결국 삼별초 군사들의 처우에 대한 불만은 무인정권이 막을 내릴 때까지 해결되지 못했던 것이다.

그러면서도 삼별초 군사들은 무인들의 정권 쟁탈에 동원되어 이용당하기만 했다. 어쩌면 삼별초의 말단 병사들은 진정으로, 그 누구보다도 왕정복고를 원했을지도 모른다. 왕조의 명실상부한 상비군으로 거듭나는 것만이 자신들이 살 길이었기 때문이다. 그렇기에 김준이 최의를 제거할 때, 그리고 임유무를 제거할 때도 왕정복고나 종묘사직을 수호한다는 대의를 내세워 삼별초를 설득했고, 삼별초는 그것에 부응했다고 보아야 할 것이다.

집권 무인에게만 충성을 다하는 삼별초의 정치적 성격은 최씨 정권이 붕괴된 이후부터 약화되기 시작했다. 이때부터 삼별초는 무인정권의 수혜자가 아니라 피해자의 처지로 전락하고 만다. 강화도에서 삼별초 군사들이 봉기한 데는 그런 배경이 작용하고 있었다. 이제 이 점을 구체적으로 살펴보고자 한다.

강화도 삼별초의 봉기

국가 창고를 점령한 삼별초, 봉기의 시작

원나라 군사의 호위를 받으며 환국하던 국왕이 출륙환도하라는 명령을 강도에 보낸 것은 1270년(원종 11) 5월 11일이었다.

　이어서 5월 14일, 홍규, 송송례 등이 삼별초의 군사들을 동원하여 임유무를 제거하고, 23일에는 재상회의에서 개경환도를 결정했다. 하지만 삼별초의 군사들은 이에 따르지 않고 국가의 창고를 점령했다. 이것이 삼별초 봉기의 시작이다. 봉기의 원인을 정확히 파악하기 위해서 이것을 날짜별로 정리해볼 필요가 있다.

　　⑴ 5월 11일: 국왕이 개경으로 환도하라는 명령을 내렸으나 임유무가 이에 항거함(《고려사》 26, 원종 11년 5월 경술).

　　⑵ 5월 14일: 홍규, 송송례 등이 삼별초를 동원하여 임유무를 제거

하고 그 일당 이응렬, 송군비 등을 유배 보냄(《고려사절요》 18, 원종 11 년 5월 계축).

(3) 5월 23일: 재상들이 개경환도를 결정하자, 삼별초가 다른 마음 이 있어 따르지 않고 국가 창고를 마음대로 열어젖힘(《고려사》 26, 원 종 11년 5월 임술).

이와 같은 일련의 사건 전개를 볼 때, 삼별초가 봉기한 단서는 개경 환도에 반발한 때문이라고 할 수 있다. 그런데 조금 이상한 점은, 개경 환도 명령이 5월 11일에 이미 강도에 전달되었는데, 삼별초는 왜 그때 반발하지 않고 10여 일이나 지난 5월 23일에야 행동을 개시했는가 하 는 점이다.

국왕의 개경환도 명령이 있자 임유무는 즉각 항거할 태세를 갖췄다. 삼별초의 군사들이 개경환도에 저항할 뜻이 처음부터 있었다면 임유 무의 명령에 적극적으로 따라야 했을 것이다. 하지만 그런 기색은 보 이지 않는다. 다만 임유무의 명령을 받은 김문비가 야별초를 거느리고 교동에 주둔하여 방어에 나선 일이 있었다. 그리고 각 지방에 전투 준 비를 위해 파견된 삼별초도 있었다.

이것을 보면 국왕의 개경환도 명령이 강도에 전달되었을 때, 삼별초 가 크게 두 부류로 나뉘었음을 알 수 있다. 하나는 그대로 강도를 지키 는 삼별초였고, 다른 하나는 교동을 비롯한 각 지방으로 파견된 삼별 초였다. 강도에서 봉기한 삼별초는 전자, 즉 강도에 남아 있던 삼별초 라는 것에 의심의 여지가 없다.

이렇게 되면 (2)의 임유무 제거에 동원된 삼별초가, 바로 봉기의 단 서를 마련한 (3)의 삼별초와 동일한 삼별초가 된다. 이 대목에서 의문은 더욱 커진다. (2)의 임유무 제거에 동원되었던 삼별초가 어떻게 (3)의 개경환도에 반발할 수 있었을까 하는 점이다. 삼별초의 행동이 일견 모순되게 느껴지는 대목이다. 임유무는 처음부터 개경환도에 저항했는데, 왜 그때 삼별초는 임유무를 따르지 않았으며, 오히려 그를 제거하는 데 앞장섰는가 하는 의문이다.

결국, 강도에 남아 있던 삼별초는 개경환도에 저항할 의사가 처음에는 없었다는 뜻이다. 국왕의 명령에 반발할 생각도 물론 없었다. 그래서 출륙환도에 항거한 임유무 정권을 두말 없이 타도했던 것이다. 삼별초는 임유무 정권을 타도한 주역이었다. 삼별초가 임유무 정권 타도에 앞장섰다는 것은 삼별초의 봉기가 반 무인정권의 성격을 띠고 있음을 말해준다. 이것이 삼별초 봉기의 첫 번째 성격이다.

삼별초가 개경환도에 반발하면서 제일 먼저 취한 행동이 국가의 창고를 점령했다는 사실도 놓칠 수 없는 중요한 대목이다. 삼별초가 국가 창고를 마음대로 열어젖힌 것은, 자신들의 공로에 대한 보상을 기대했는데 그런 조치가 취해지지 않은 것에 대한 불만일 수 있었다. 이것은 바로 삼별초의 군사들이 당시 경제적 처우에 불만을 가지고 있었다는 것을 말해준다.

실제 김준이 최의를 제거하고 삼별초에 대한 그런 시혜조치를 베푼 적도 있었다. 하지만 사직을 위해 임유무를 제거했는데도, 열흘 가까이 자신들을 위한 아무런 조치도 없고 갑자기 개경환도만 결정되자, 삼별초 군사들이 여기에 반발하여 봉기한 것이었다.

그러니까 삼별초가 개경환도에 반발했던 것은 애초부터 계획된 행동이 아니라, 종묘사직을 위해 일어선 자신들의 대의가 인정받지 못한 것에 대한 불만 때문에 우발적으로 저지른 일이었다. 이때까지만 해도 삼별초 봉기는 주동자도 없었고, 규모도 크지 않아 대단한 군사적 변란도 아니었다. 단순한 소요나 동요 정도의 가벼운 것이었으나 이어지는 삼별초에 대한 고려 정부의 대응조치가 봉기를 더욱 확대시키고 만다.

버려진 군대 삼별초, 봉기의 확대

(4) 5월 21일: 원의 군사들이 왕경(개경)의 서쪽에 있는 무너진 성으로 들어왔고, 사람을 보내 임연의 처와 자식들을 결박하여 구금함 《《원고려기사》).

(5) 5월 25일: 국왕이 상장군 정자여를 강도에 보내 삼별초를 회유 설득함《고려사》 26, 원종 11년 5월, 갑자).

(6) 5월 26일: 강도에서 태조의 진영(초상)을 모시고 나옴《고려사》 26, 원종 11년 5월, 을축).

(7) 5월 27일: 국왕이 개경으로 돌아와 사판궁에 입어함《고려사》 26, 원종 11년 5월, 병인).

(8) 5월 29일: 장군 김지저金之氐를 강도에 들여보내 삼별초를 혁파함《고려사》 26, 원종 11년 5월, 무진).

(9) 5월 29일: 국왕이 개경으로 환도하니 삼별초가 의심을 품어 혁파함. 김지저가 명적(명부)을 취하여 돌아오니 그것이 원에 알려질까 두려워 삼별초가 더욱 반심을 품음《고려사절요》 18, 원종 11년 5월).

삼별초가 개경환도에 반발했던 것은 (4)의 기록을 통해 알 수 있듯이 국왕이 이끌고 들어온 원나라 군대의 위협도 작용했다고 보인다. 개경환도가 결정되기 전인 5월 21일에 원의 군사들은 이미 개경으로 들어왔고, 곧이어 강도로 사람을 보내 임연의 처자식들을 구금했다. 이러한 원나라 군대의 개경 진주는 삼별초에게 충분히 위협감을 줄 만한 것이었다.

하지만 이것이 삼별초가 동요했던 결정적인 이유는 아니라고 본다. 왜냐하면 원의 군사들이 진주한다는 사실은 이보다 10여 일 전에 출륙 환도하라는 국왕의 명령이 강도에 전달되면서 이미 자세히 알려졌기 때문이다. 원나라 군대의 진주는 삼별초 군사들도 모두 알고 있었던 사실이니 새삼스럽게 위협감을 느낄 일이 아니었던 것이다.

삼별초가 국가 창고를 점령하면서 개경환도에 반발하자, 5월 25일 국왕은 상장군 정자여를 강도에 파견해 회유를 시도했다. 그러나 삼별초 군사들은 동요를 멈추지 않았다. 결국 5월 27일 국왕은 수행하던 문무관료들을 이끌고 개경으로 입성했다.

국왕이 강도가 아닌 개경에 입성한 것은 개경환도를 확정짓는 사건이었다. 삼별초 군사들은 이에 크게 실망했다. 사직을 호위한다는 대의에 따라 임유무를 제거하고 무인정권을 타도했는데, 환국 중이던 국왕은 원의 군대가 주둔하고 있는 개경으로 들어가버린 것이다.

삼별초 군사들은 국왕이 강도로 들어오기를 간절히 고대했을지도 모른다. 그래서 그 국왕을 호위하고 개경으로 환도한다면 삼별초 군사들은 사직 호위라는 대의명분을 얻을 수 있었다. 아울러 무인정권에 충성한 하수인이라는 오명을 벗고 명실상부한 국왕의 군대로 다시 태어날 수 있었다. 국왕의 개경 입성은 삼별초의 그런 마음속 기대를 저버렸던 것이니 실망이 클 수밖에 없었다.

더구나 국왕보다도 먼저 원의 군사들이 개경에 들어와 있었다. 그 숫자가 얼마나 되는지는 모르지만 주력부대가 대동강을 넘지 않았다는 것으로 보아, 많아야 수천 정도였을 것이다. 하지만 문제는 군사의 규모가 아니었다. 국왕이 개경을 선택함으로써 고려의 군대가 아닌 원의 군대를 선택한 꼴이 되어버렸기 때문이다.

강도에는 권력의 중심을 잡아줄 만한 사람도 없었다. 많은 중신들은 환국하는 국왕과 태자를 맞이하러 개경으로 들어갔다. 이장용은 환국하는 국왕을 수행하고 있었으므로 수상 자리도 비어 있었다. 구권력인 임유무와 그 일당은 이미 제거되었고, 삼별초를 동원하여 임유무를 제거한 홍규와 송송례도 이미 국왕에게 달려가고 없었다. 이러한 권력의 공백 상태에 처한 삼별초는 실망을 넘어, 장차 자신들에게 어떤 일이 일어날지 불안했을 것이다.

국왕의 행동에 실망한 삼별초의 군사들이 동요를 멈출 리 없었다. 동요가 수그러들기는커녕 더욱 확산되었다. 이에 놀란 개경 정부는 5월 29일 장군 김지저를 강도로 들여보내 삼별초를 혁파하는 조치를 취한다. 회유나 설득으로 해결될 수 없다고 판단했던 것 같다. 이 정도에 이르면 이제 단순한 동요가 아니라 확실한 봉기 수준으로 커졌다고 할 수 있다.

삼별초를 혁파한다는 것은 곧 군대의 해산을 의미했다. 이것은 삼별초 군사들에게 정면으로 배신감을 안겨준 행위로 타오르는 불에 기름을 끼얹는 꼴이었다. 군대가 해산된다면 사직을 호위한다는 대의로 무인정권을 타도한 것도 보상받을 길이 없게 되고, 국가나 왕실을 위한 군대로 거듭날 기회도 박탈당하기 때문이었다. 하지만 그들에게 배신감을 느끼게 하는 일은 그것으로 끝나지 않았다.

개경 정부가 삼별초를 해산하면서 그들의 명적名籍까지 탈취해온 것이다. 이 명적은 삼별초 군사들의 이름이 올라 있는 명부쯤으로 생각되는데, 개경 정부가 이를 왜 탈취해왔을까 궁금하지 않을 수 없다. 무슨 용도로 쓰려는 것인지 정확히 알 수 없지만, 이 명부 탈취가 삼별초 군사들에게 더욱 반역할 마음을 품게 한 것은 틀림없다.

이 명부에 대해서는 보통 이렇게 설명하고 있다. 원나라 측에 이를 전달하여, 끝까지 저항했던 삼별초 군사들에게 보복을 하기 위한 것이었다고. 삼별초 군사들이 이 명부 탈취를 계기로 더욱 반심을 가졌다는 점에서 그럴듯한 설명이지만 조금 미심쩍은 점이 있다. 어떻게 보복한단 말인가. 모조리 죽이거나 유배 보낸다?

하지만 삼별초의 명부를 탈취해온 것은 그런 의도가 아니었다. 강도에서 일어난 정변으로 중단되었지만, 원에서는 이 무렵 일본원정을 준비하고 있었다. 이를 위해 고려의 군대를 징발할 계획을 이미 세워놓고 있었으며, 고려 측에서도 이장용이 1만의 군사를 징발할 수 있다는 보고를 한 바 있었다. 명부는 바로 삼별초 군사들을 일본원정에 동원하기 위한 근거였던 것이다.

이것은 개경 정부가 삼별초 군사들에게 돌이킬 수 없는 배신감을 안겨주고 그들을 결정적으로 분노하게 만들었다. 사직 호위에 대한 보상은 고사하고 장차 일본원정에 동원될 신세가 되었기 때문이다. 세상에 배신감에 의한 분노보다 더 큰 분노가 또 있을까. 배신감에 의한 분노는 목숨도 초개같이 버릴 수 있는 힘을 준다.

삼별초의 봉기를 확대시켰던 가장 결정적인 사건은 바로 삼별초의 해산 명령과 그 명부 탈취였다. 이 사건을 계기로 삼별초 군사들은 고려 정부에 정면으로 도전했다. 이것이 반 개경 정부의 기치를 내걸 수밖에 없었던, 삼별초 봉기의 두 번째 성격이다. 또한 이것이 전체 삼별초의 난을 이해하는 가장 중요한 부분이기도 하다.

무기를 손에 든 삼별초, 군사적 반란

개경 정부가 삼별초를 해산하고 명부를 탈취해온 뒤, 6월 1일이 되면 삼별초의 봉기는 확실하게 반란으로 발전한다. 반란으로 발전하려면 주동자가 있어야 하는데, 주동자는 장군 배중손裵仲孫과 야별초 지휘관 노영희盧永禧였다. 삼별초 군사들이 동요를 시작한 지 1주일이나 지나서 처음으로 주동자가 등장한 것이다.

배중손과 노영희는 반란을 선동하면서 강도 안의 백성들에게 이렇게 외쳤다.

"오랑캐 군대가 쳐들어와 인민을 살육하고 있다. 보국을 하려는 자는 모두 대궐 앞에 모여라."

원의 군대가 개경까지 진주한 것은 사실이지만 인민을 살육하는 정도는 아니었다. 하지만 강도에 남아 있는 사람들이 공포감을 느끼기에는 충분한 말이었다. 선동이 먹혀들면서 잠깐 동안에 수많은 사람들이 모여들었다. 모여든 사람들 속에는 군사들뿐만 아니라 일반 백성들도 다수 포함되어 있었다.

배중손은 백성들을 선동하면서 강도의 각 관아에 있던 도서와 문서를 소각했다. 소각한 문서들은 토지나 노비 문서와 같은 강도 정부의 통치 자료였는데, 이는 하층민들을 봉기에 끌어들이기 위한 수단이었다고 생각된다. 그래서 삼별초의 봉기는 군사들뿐만 아니라 일반 백성이나 하층민들까지 포함된 민중봉기의 성격도 띠게 되었다. 이것이 삼별초 봉기의 세 번째 성격이다.

배중손의 선동이 먹혀든 것은 원의 군대가 개경에 진주해 있었던 탓인데, 그런 선동이 전혀 근거 없는 것만은 아니었다. 원이 침략해오지 않는다는 보장이 없었기 때문이다. 그래서 원의 군대로부터 나라를 지키겠다는 보국輔國은 봉기의 중요한 명분으로 작용했다. 이것이 대몽항쟁으로 이어지는 삼별초 봉기의 네 번째 성격이다. 여기서 삼별초 군사들이 처음부터 보국이나 대몽항쟁을 기치로 내걸지 않았다는 사실을 유념할 필요가 있다. 반란으로 확대되면서 나중에야 사람들을 끌어모으기 위한 명분으로 이용되었던 것이다.

배중손과 노영희의 선동에 많은 사람들이 모여들었지만, 반대로 배를 타고 강도를 탈출하려는 사람들도 줄을 이었다. 앞뒤 가리지 않고 배에 올라타는 사람들로 인해 침몰하는 배도 많았고, 물속에 빠진 사람들도 그 수를 헤아릴 수 없었다. 아비규환이 따로 없었다. 이에 삼별초 군사들은 사람들이 부두에 접근하는 것을 막으면서, 배에서 내리지 않는 자는 모두 목을 베겠다고 위협했다. 군사들의 위협이 두려워 배에서 내리는 사람들도 있었지만, 그대로 배를 타고 도주하는 사람들도 많았다. 삼별초 군사들은 활을 쏘면서 작은 배로 추격하여 붙잡기도 하고 놓치기도 했다.

이어서 배중손과 노영희는 무기 창고인 금강고를 장악하고 병장기를 꺼내어 군사들에게 나누어주었다. 비로소 무기를 손에 들었으니 이제는 확실한 군사적 반란이었다. 무인정권에 이용만 당하다가 종국에는 왕조로부터도 버려지고 배신당한 군사들이 할 수 있는 일은 그것밖에 없었다. 하지만 삼별초의 군사들이 봉기를 시작하면서 바로 무기를 든 것은 아니었다. 이것은 삼별초의 봉기가 처음부터 군사적 반란을 계획하고 있었던 것이 아니라는 뜻이다.

배중손과 노영희는 무장한 삼별초 군사들을 거리에 모아놓고 왕족인 승화후承化候 온溫을 새로운 왕으로 추대하고 관부도 설치했다. 그리고 대장군 유존혁劉存奕과 상서 좌승(종3품) 이신손李信孫을 좌·우 승선으로 삼았다. 이제 개경 정부를 부정하고 독자적인 정부를 구성했으니, 반 개경 정부의 기치를 확고히 내세운 것이다. 이것이 삼별초 봉기의 핵심이었다.

봉기가 군사적 반란으로 발전하면서 삼별초 군사들은 강도를 떠나려는 사람들을 강제로 가로막기 시작했다. 출륙환도에 반발할 기미를 보인 것은 삼별초 군사들이 동요하기 시작했던 5월 23일이었지만, 행동으로 보인 것은 6월 1일, 이때가 처음이었다. 이 역시 삼별초 군사들이 처음부터 출륙환도를 거부하기 위해서 봉기한 것이 아니라는 증거였다. 반反개경 정부의 기치를 앞세우다보니 그 길로 나갈 수밖에 없었던 것이다. 그들이 어떤 선택을 할 수 있었겠는가.

출륙환도는 원의 요구이기도 하고 국왕의 명령에 의한 고려 정부의 결정이기도 했으니, 삼별초의 봉기는 곧 원과 고려 정부에 대한 저항이었다. 이제 삼별초는 출륙환도에 반대하던 무인정권의 뒤를 쫓은 꼴이 되어버렸다. 따라서 개경 정부나 원의 입장에서 보면, 삼별초 봉기는 임연·임유무 정권의 잔당들이나 무인정권을 연장하려는 세력들의 반란쯤으로 보일 수 있었고 실제 그런 역사 기록들이 많이 남아 있다. 하지만 삼별초 봉기는 무인정권을 연장하기 위한 것도 아니고, 임연·임유무의 잔당들이 일으킨 것은 더더욱 아니었다. 같은 길을 걸었다는 이유로, 겉으로만 그렇게 보일 뿐이었다.

봉기에 참여하지 않은 삼별초의 지휘관들

삼별초의 봉기를 군사적 반란으로 확대시킨 주동 인물 배중손은 그때 장군(정4품)의 계급에 있었다. 하지만 그는 삼별초의 지휘관 출신이 아니었다. 삼별초의 지휘관 출신이 아니라는 것은 무인정권에서 소외된 무장이라는 의미와 같다. 이 역시 삼별초의 봉기가 무인정권을 연장하기 위한 것이라거나 임유무의 잔당들에 의해 일어났다고 볼 수 없는 요소다.

삼별초 봉기 이전의 배중손에 대한 역사 기록은 전무하다. 출신 신분이나 관직 경력 등 아무것도 알려진 바가 없다. 배중손은 삼별초 난으로 인해 비로소 역사상에 등장한 것이다. 그가 이전의 무인정권에서 득세했거나 무인정권과 밀착되어 봉사했다면 이런 일은 없을 것이다. 이역시 배중손이 무인정권에서 철저히 소외된 무장이었음을 보여준다.

삼별초의 지휘관 출신으로는 배중손과 함께 주동 인물로 나선 야별초 지휘관 노영희가 유일하다. 하지만 노영희도 삼별초의 난 이전에는 행적이 알려져 있지 않다. 그 역시 무인정권에서 소외된 무장이라는 뜻이다.

그리고 삼별초 정부 구성에서 승선직을 제수받은 대장군(종3품) 유존혁이 있다. 유존혁은 삼별초 지휘관 출신이 아니라고 확신할 수는 없지만, 김준이 최의를 제거할 때 낭장(정6품)계급으로 참여한 일이 있었다. 유존혁은 그 공으로 위사공신책정 때 보좌공신이 되어, 김준 정권에서는 득세했던 것으로 보인다. 하지만 그 이후 유존혁의 행적도 전혀 기록되어 있지 않다. 그 또한 임연·임유무 정권에서 소외된 것이 아닌가 싶다.

배중손·노영희·유존혁 등 삼별초 난의 중심 인물들이 임연·임유무 정권에서 소외된 무장들인데 반해, 무인정권에서 정말로 득세했거나 무인정권과 가까웠던 삼별초 지휘관들은 봉기에 전혀 가담하지 않았다. 몇 사람만 예를 들어보자.

먼저 김문비를 들 수 있다. 김문비는 원 군대의 호위를 받으며 환국 중이던 국왕이 개경환도를 명령했을 때, 이에 저항하기 위해 야별초를 거느리고 교동에 주둔했다. 국왕의 개경환도 명령에 항거했던 임유무의 지시를 충실히 따른 것이다. 당시의 급박했던 상황으로 보아 이 정도의 중책을 맡을 정도면 임유무의 신임을 크게 받았다고 볼 수 있다. 그래서인지 김문비는 강화도에 남아 있으면서도 삼별초의 봉기에 가담하지 않았다.

고여림高汝霖도 그랬다. 그는 임연이 김준을 제거할 때 야별초의 지휘관으로 있었다. 그의 처지에서는 김준 편에 서서 임연의 쿠데타를 적극적으로 막아야 했는데 그렇지 않고 어정쩡한 태도를 취한다. 그래서 그는 임연 정권에서도 득세할 수 있었다. 이런 고여림은 삼별초의 봉기에 참여하지 않고 오히려 수군을 거느리고 진도를 공격하여 삼별초 난의 진압에 나서게 된다. 봉기를 일으킨 삼별초의 군사들 중에는 그의 부하 병사들도 있었겠지만 봉기에 참여하지 않은 것이다.

또 현문혁玄文奕이 있다. 그가 언제 삼별초의 지휘관이 되었는지는 분명치 않지만, 그 역시 봉기에 참여하지 않았다. 봉기가 일어나자 그는 배를 타고 몰래 도망치다가 붙잡혔다. 그의 용맹을 아깝게 여긴 군사들이 있어 다행히 죽음을 면했지만 그는 결국 개경으로 돌아오고 말았다.

그리고 서균한徐均漢을 들 수 있다. 그는 김준이 최의를 제거할 때 김준 편에 서서 삼별초의 지휘관으로 가담했다. 그 공으로 보좌공신이 되었고, 이후 출세를 거듭하여 삼별초 봉기 때는 상장군에까지 올랐던 인물이다. 하지만 봉기에는 참여하지 않았다. 서균한은 삼별초 봉기 직후 원의 두연가 국왕에게 발탁되어 강도에 대한 뒷수습을 담당하면서, 오히려 원의 군대에 봉사한다.

마지막으로 한 사람만 더 예를 들자면 송분이 있다. 송분은 신의군을 지휘하면서 아버지 송송례와 함께 임유무 제거에 앞장섰던 인물이다. 그 역시 신의군을 지휘하고 있었지만 삼별초 봉기에는 참여하지 않았다. 그는 개경환도 이후 원에 아부하여 출세를 거듭한 인물이다.

김문비·고여림·현문혁·서균한·송분 등은 모두 삼별초의 지휘관을 역임했던 사람들이다. 이들은 집권 무인과 밀착하여 무인정권에서 득세했거나 많은 특혜를 받은 인물들이라고 할 수 있다. 집권 무인들이 후한 녹봉을 주고 충성을 바치도록 했었다는 삼별초의 군사들은 다름아닌 이들을 말한다. 이런 사람들은 삼별초의 봉기에 등을 돌렸다.

양지만을 밟고 살았던 사람들이 어려운 곤경에 뛰어들 리 만무하다. 삼별초 봉기에 참여한 사람들은 무인정권에서 혜택을 받지 못한 소외된 무장들이나 삼별초의 말단 병사들이었다. 물론 삼별초의 말단 병사들이라고 해서 모두 봉기에 참여한 것은 아니다. 봉기가 일어났을 때 강화도를 탈출한 군사들도 많았으니까. 하지만 삼별초 봉기의 중심세력은 삼별초의 지휘관들이 아닌 말단 병사들이라는 것은 분명하다. 이것은 무엇을 의미할까?

삼별초의 말단 병사들은 최씨 정권 말기부터 불만을 갖기 시작했다. 이어서 김준·임연·임유무 정권에서도 불만은 해소되지 않았고 정권에 이용만 당하는 피해자의 처지로 전락하고 있었다. 이것은 삼별초의 봉기가 임연·임유무의 잔여세력이 일으켰다거나 무인정권의 연장이 아니라는 뜻이다. 그것은 오히려 무인정권과의 적극적인 단절을 의미했다.

진도 삼별초의 항쟁

강화도를 떠난 삼별초

1270년(원종 11) 6월 3일, 독립 정부를 표방한 삼별초 세력은 강화도를 떠난다. 강화도에서 봉기가 시작된 지 꼭 열흘 만의 일이었고, 배중손과 노영희 등 주동자가 등장한 지 단 이틀 만의 일이었다. 이렇게 신속하게 강화도를 떠날 수 있었던 것은, 김준 정권 때부터 강화도를 떠나 더 깊은 섬으로 들어가려는 움직임이 있었고 그에 대해 준비된 상태였기 때문이다. 삼별초는 무인정권의 덕을 톡톡히 본 셈이었다.

삼별초 세력이 출발한 지점은 구포仇浦였다. 구포는 현재 강화군 내가면 구하리 구상동 일대로 추정하고 있다. 지금은 이 지역이 넓은 평야를 이루고 있는데, 원래는 연안에서 쑥 들어간 포구였다고 한다. 그러니까 삼별초는 강화도의 동안을 택하지 않고 서안을 택해 출발한 것이다. 이는 내륙으로부터 닥칠 수 있는 원의 공격을 피하기 위한 것이었다.

삼별초가 구포를 출발할 때 1천여 척의 배가 꼬리를 물고 항파강缸破江까지 늘어섰다는 역사 기록이 남아 있다. 항파강은 강화도와 석모도 사이의 좁은 해협을 말한다. 이 1천여 척의 대선단이 꼬리를 물고 늘어서면 10킬로미터는 족히 될 것이니 장관을 이루었을 것이다. 1천여 척의 배에 승선한 인원은 대략 1만 5천 명 정도로 추정하고 있다.

삼별초 세력이 강화도를 떠난 것은 출륙환도를 정면으로 거부한다는 의미였지만, 개경 북방에 원의 군대가 주둔하고 있어 그 공격을 피하려는 목적도 있었다. 삼별초가 떠난 직후인 6월 5일, 두연가 국왕은 원의 군사 2천 명을 강화도에 들여보냈다. 국왕 원종은 백성들에게 피해를 줄까 우려하여 만류했지만 듣지 않았다. 원의 군사들이 노략질을 할 거라는 것은 불을 보듯 뻔한 일이었다.

삼별초가 떠난 강화도는 마치 태풍이 휩쓸고 지나간 자리처럼 황량했다. 여기에 원나라 군사들의 노략질까지 겹쳤으니 그 피해상은 말로 다 할 수 없었다. 일부 백성들은 삼별초를 따라 나섰지만 남아 있는 백성들도 많았다. 부자·형제간에 헤어진 경우도 있었고, 주인을 버리고 따라 나선 노비도 있었으며, 삼별초 군사들의 봉기를 피해 산속에 숨어 있던 군사들도 있었다. 원의 군사들은 이들을 모두 삼별초의 봉기에 부화뇌동한 사람들로 취급했다.

이어서 6월 13일, 김방경이 역적추토사로 임명되어 군사 60명을 이끌고 삼별초 추격에 나섰다. 이것은 군사 1천 명을 거느린 원의 장수를 따라간 것에 불과했다. 60명의 군사로 무엇을 하겠는가. 국왕을 따라 개경으로 환도한 고려의 군사들 가운데 동원할 수 있는 병력이 그 정도에 불과했다. 개경의 궁궐이나 관아를 건설하는 토목사업에 많은 군사들이 동원되어 있기도 했지만, 개경 정부의 군사권이 이미 원으로 넘어가 있었던 탓이 컸다.

이때 삼별초 세력은 영흥도에 주둔하고 있었다. 강화도를 출발한 지 열흘이 지나는 동안, 삼별초가 강화도 바로 밑의 영흥도까지밖에 못 갔다는 것은 너무 느린 속도였다. 그들은 아마 영흥도에 머물면서 세력을 정비하고 전열을 가다듬었을 것이다.

그런데 이상하게 원의 군대는 삼별초를 공격하는 데 소극적이었다. 김방경이 나서서 공격하자는 주장을 해도 원의 장수가 이를 말렸다. 이를 보면 원에서도 고려의 삼별초를 두려워했던 것은 사실인 듯하다. 원은 삼별초를 공격도 못하고 할 수 없이 삼별초 세력으로부터 도망쳐 온 남녀노소 1천여 명만 붙잡았다. 이들은 원으로 끌려갔는데, 돌아오지 못한 경우가 많았다.

한편, 원의 군대를 이끌고 들어와 개경 바로 위쪽에 주둔하고 있던 두연가는 모든 실권을 쥐고 있어 점령군 사령관이나 다름없었다. 게다가 삼별초가 출륙환도를 거부하며 원에 대한 새로운 저항세력으로 대두하자 국왕이나 개경 정부가 자율적으로 할 수 있는 일은 아무것도 없었다. 더욱이 삼별초의 난은 원의 남송 정벌과 일본원정에 큰 차질을 빚게 했으니 원에서는 직접 이 문제를 관장하고 나섰던 것이다.

반면에 국왕의 위상은 추락했다. 국왕은 의관도 갖추지 못해 행색이 말이 아니었다. 신하들도 모두 군복 차림이었다. 개경으로 환도했다는 정부도 말이 아니기는 마찬가지였다. 관아도 제대로 갖추어진 것이 없어 장막을 치고 거처할 정도였다. 원에서 환국하던 중 40년 가까이 비워둔 개경으로 바로 들어갔으니 당연한 일이었다.

두연가는 상장군 서균한으로 하여금 강화도의 창고를 열어 개경으로 이주한 백성들과 관리들에게 식량을 나누어주게 했다. 경상도와 전라도에 홍다구를 파견하여 순시하게 한 것도 국왕이 아닌 그였다. 이런 일도 국왕 스스로 할 수 없었으니 딱한 일이었다. 서균한은 삼별초의 지휘관 출신인데, 그가 점령군 사령관의 명령을 받고 있으니 이 또한 안타까운 일이다.

1270년(원종 11) 8월 1일, 국왕은 태자를 원에 보내 삼별초가 반역한 사건을 보고하도록 했다. 사건을 보고하면서 최탄이 고려를 배반하고 원에 바친 자비령 이북의 땅(동녕부)을 다시 돌려주기를 요청했지만 원에서는 아무런 회답도 주지 않았다. 삼별초 난이 일어난 와중에도 국왕은 영토 상실을 우려했으니 그나마 이것이 국왕이 할 수 있는 마지막 노력이었다.

영흥도를 떠난 삼별초 세력은 서해안을 따라 계속 남진하다가 1270년 8월 19일 진도에 도착하여 그곳을 새로운 거점으로 삼는다. 강화도를 출발하여 진도까지 오는 데 두 달이 넘게 소요되었는데, 이는 삼별초 세력이 서해안의 여러 섬들을 공략하면서 내려온 탓이었다. 안면도(충남 태안군)도 그러한 섬 가운데 하나였다. 안면도에는 지금도 삼별초와 관련된 여러 지명이 남아 있고, 또 삼별초 군사들이 전투 연습을 했다는 이야기도 구전되고 있다고 한다.

삼별초가 강화도를 출발하면서부터 진도를 목표로 정하고 남하한 것 같지는 않다. 서해안 여러 섬들을 공략하고 내려오면서 앞으로의 항쟁에 전술적으로 유리한 섬들을 장악하고 연안 지역을 섭렵하기도 했다. 이때 연안 지역의 지방 군인들이 새로이 삼별초에 합류하는 경우도 많았다. 그러면서 장기적으로 은거할 거점으로 진도를 선택하지 않았나 싶다.

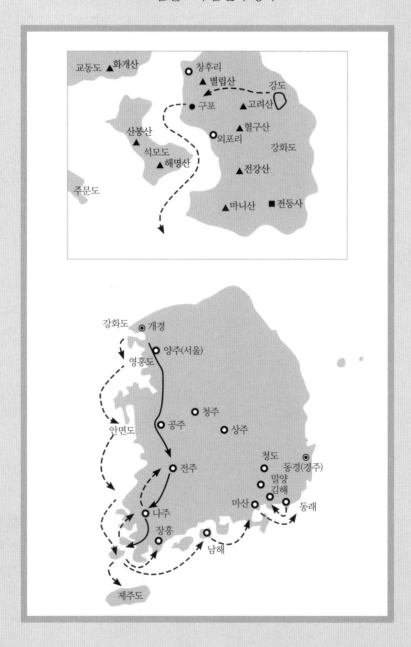

■ 삼별초의 남진과 경략

진도는 조세미를 운반하는 조운로 상의 중요한 요충지였다. 남해안의 여러 조창에 집결된 조세미는 서남해의 해역을 반드시 지나야만 했는데, 진도는 바로 그곳에 위치한 섬이었다. 삼별초가 진도를 새로운 거점으로 삼은 것은 그러한 전략적 선택의 결과였다.

진도의 삼별초 정부

1270년(원종 11) 8월 19일, 진도에 안착한 삼별초 정부는 반 개경 정부와 항몽의 기치를 분명히 내걸었다. 이 두 가지는 동전의 양면과 같았다. 개경으로 환도한 고려 정부는 이미 항몽을 포기하고 원에 복속된 것이나 다름없었기 때문이다. 그러니까 반 개경 정부의 기치를 들자면 항몽은 자연스레 따라올 수밖에 없는 것이었다.

삼별초를 따라 진도까지 함께 온 사람들은 하급 관료층, 말단 군인층, 일반 백성, 노비 등이었다. 재상급 관료로서 삼별초 정부에 참여한 자는 한 명도 없었다. 삼별초 정부에 참여한 최고 고위관료로는 상서좌승(종3품)을 지낸 이신손이 있었다.

여기에 새로이 진도 정부에 합류하는 사람들도 많았다. 삼별초가 진도에 거점을 확보하자 전라도 일대의 주현에서는 진도까지 찾아와 삼별초 정부에 자진 투항하기도 했다. 이들은 주로 지방의 하급 관리들이었다. 이를 통해 삼별초가 진도에 웅거한 초기 그 기세가 대단했다는 것을 알 수 있다.

사서에는 삼별초 군사들이 지방의 하급 관리 이하의 사람들을 억압하여 끌고갔다고 기록하고 있다. 하지만 이는 개경 정부의 관점을 보여줄 뿐이며 자발적으로 합류한 사람들이 더 많았다고 본다. 이렇게 본다면 진도 삼별초 정부를 따랐던 사람들은 대부분 무인집권기 동안 소외된 계층이었다고 할 수 있다.

삼별초 정부의 중심인물인 배중손·노영희·유존혁 역시 무인정권에서 소외된 무장들이었다. 이들은 출신지도 개경이 아니라 지방이었다. 사서에는 진도 삼별초 괴수들의 고향인 상주(경북)·청주(충북)·해양(광주)을 강등해야 한다는 재상회의의 언급이 기록되어 있다. 각자의 고향이 어디인지 짝을 찾기는 어렵지만, 이 가운데 노영희의 고향은 해양이 아닌가 싶다. 해양의 주된 성씨 중에 노씨가 있기 때문이다.

왕으로 추대된 승화후 온은 일찍이 몽골에 인질로 들어가 귀화한 영녕공 준의 친형이다. 영녕공은 앞서 이장용과 고려의 상비군 숫자를 놓고 논쟁을 벌인 인물이다. 그는 고려의 처지보다는 원의 입장에 서서 상비군 숫자를 보고했는데 이러한 것으로 보아, 고려 정부에 유익한 인물은 결코 아니었다. 이 때문에 고려 정부는 영녕공에 대해 좋지 않은 감정을 가지고 있었다. 그러므로 그 형인 승화후 역시 왕족이더라도 핍박을 받았거나 소외된 인물이었다고 판단할 수 있다.

진도의 삼별초 정부는 그들이 추대한 왕 온을 황제로 칭하기도 했다. 삼별초가 왕 온을 황제로 칭했다는 것은, 고려 왕조의 역사적 정통성이 원에 굴복한 개경 정부에 있는 것이 아니라 자신들에게 있다는 정치적 선언과 같다. 이는 또한 원에 대한 도전이기도 했다. 다만 그것이 외교 문서에는 드러나 있지 않아 삼별초 정부 내부에서만 정치적인 목적으로 활용되었다고 보인다.

독립 정부를 표방했으니 마땅히 정부 구성도 단행했을 것이다. 이들은 강화도를 떠나기 전에, 이신손과 유존혁을 왕의 비서관인 좌우승선으로 삼았다. 그 밖의 설관분직設官分職, 관부를 설치하고 관직을 나누는 정부 구성도 있었을 텐데 아쉽게도 남아 있는 기록이 전혀 없다.

왕의 비서관으로 발탁된 이신손은 진도가 함락되면서 삼별초 정부를 탈출하여 개경 정부로 들어와 활동한다. 마음이 변해서 그랬는지 아니면 처음부터 강압에 의한 임명이어서 그랬는지는 알 수 없다. 이런 점을 감안하면 진도의 삼별초 정부가 관직체계를 충분히 갖추기는 힘들었을 것으로 판단되기도 한다.

진도의 삼별초 정부는 성곽과 궁궐도 조영했다. 현재 진도군 고군면 용장리에 남아 있는 용장성龍藏城이 그것이다.《신증동국여지승람》의 진도 편에 의하면, 용장성은 둘레 3만 8천여 척, 높이가 5척인 석축으로 삼별초가 진도에 들어와 궁궐을 크게 지었다고 분명히 언급하고 있다. 지금은 건물지와 축대석만 남아 있는데 조선시대 중기까지만 해도 보존되고 있었던 모양이다.

최근의 조사에 의하면 성의 둘레는 약 13킬로미터, 성안의 면적은 258만 평 정도라고 한다. 참고로 개경은 재성과 나성의 이중성인데, 바깥 성인 나성의 경우, 둘레 약 23킬로미터, 높이 약 9미터, 넓이 747만여 평으로 추산하고 있다. 개경에 비하면 작지만 용장성도 장대한 것이었음을 알 수 있다.

용장성에 대해 한 가지 의문인 점은 그 높이가 너무 낮다는 점이다. 5척이면 2미터도 채 안 된다. 더구나 곧 닥칠 침략에 대비한 성치고는 너무 허술하다. 진도의 삼별초 정부가 진도에 들어온 지 1년이 못 되어 여원 연합군에 의해 함락되었다는 점을 생각하면 이는 아마도 축성하다 완성을 보지 못한 것이 아닌가 싶다.

전라도 지역 공략

삼별초가 진도에 들어와 제일 먼저 한 일은 전라도 지역을 장악하기 위해 나선 것이었다. 진도에서 내륙으로 진출할 수 있는 발판을 마련하기 위해서는 전략상 반드시 필요한 일이었다.

삼별초는 이를 위해 전라도안찰사를 끌어들였다. 전라도안찰사를 통해 백성들에게 속히 수확을 마치고 인근의 섬으로 이주하라는 명령을 내린 것이다. 몽골과의 전쟁기에 실시했던 해도입보책을 연상시킨다. 당시는 원의 군대가 개경까지 들어와 있었으니 이런 명령이 충분히 먹혀들었다. 백성들은 아마 원의 침략이 다시 시작된 것으로 생각했을 것이다.

개경 정부에서는 삼별초가 서해안을 따라 남하할 때, 전라도 지역을 삼별초로부터 방어하기 위해 이미 참지정사(종2품) 신사전을 전라도 토적사로 임명하여 뒤쫓게 했었다. 신사전은 앞서 원의 사신과 함께 일본에 다녀왔던 사람이다. 그런데 그는 삼별초를 토벌할 생각을 전혀 하지 않았다.

신사전은 나주에 도착했을 때 삼별초가 몰려온다는 소문을 들었다. 그러나 그는 싸워보지도 않고 개경으로 돌아와버렸다. 신사전의 부장으로 참여하고 있던 무장들도 군진에 남아 있으면서 싸울 생각을 하지 않았다. 이 일로 신사전은 파면당하고 마는데 후에 어떤 자가 조용히 그 이유를 물으니, "내가 재상까지 지냈는데 더 공을 세워 무엇하겠는가"라고 대답했다고 한다. 이를 통해 당시 삼별초 항쟁에 대처하는 개경 정부의 소극적인 태도를 엿볼 수 있다. 물론 개경 정부는 삼별초를 토벌하는 데 적극적으로 나설 여력이 없기도 했다.

개경 정부는 고여림에게 수군을 주어 다시 진도를 공격하게 했다. 고여림은 삼별초 지휘관 출신인데, 이제 그는 삼별초와 맞서 싸워야 할 신세가 되었다. 하지만 이 공격은 성공하지 못하고 오히려 장흥 지역을 삼별초에게 빼앗기고 말았다. 삼별초를 토벌하는 개경 정부의 군사들이나 삼별초는 같은 뿌리에서 나온 사람들이니 공격에 적극적이지 못했을 수도 있다.

1270년(원종 11) 9월 7일, 개경 정부는 파면된 신사전을 대신하여 김방경을 추토사로 삼아 진도로 출발시켰다. 여기에는 군사 1천을 거느린 원의 장수가 함께했다. 삼별초가 진도에 들어온 이후 최초의 공격다운 공격이었다. 이것 역시 원에서 주도한 것이다. 이때 나주에 들어선 삼별초는 나주를 포위한 후, 일부의 군사를 나누어 전주를 치게 했다.

그런데 나주부사는 삼별초가 온다는 소식을 듣고도 적극적으로 나아가 싸울 생각을 하지 않았고, 전주부사는 아예 성을 버리고 도망쳐 버렸다. 나주와 전주는 전라도의 거점 도시로 삼별초가 이곳을 점령한다면 전라도 일대를 장악한 것이나 마찬가지였다. 그런데 그 고을의 수장들이 도망쳤다거나 삼별초에 소극적으로 대처했다는 것은, 이 지역에서 삼별초에 대한 호응세력이 적지 않았음을 말해준다.

김방경은 다급한 나머지 1만의 군사를 이끌고 전주를 공격하겠다는 거짓 통첩을 먼저 보내놓고 전주로 달려갔다. 이때 나주와 전주에서는 삼별초에 항복하자는 의견까지 나오고 있었다. 김방경의 통첩을 받은 전주에서는 그 사실을 다시 나주에 알리고 전열을 가다듬어 겨우 방어에 나설 수 있었다. 앞서 공격에 태만했던 무장들은 김방경에 의해 국왕에게 보고되어 처벌을 받는다.

나주는 이 지역의 토호와 하급 관리들에 의해 지켜졌다. 처음에는 삼별초의 거센 공격을 받고 수세에 몰려 고전했다. 그러다가 견고하기로 유명한 금성산성으로 들어가 방어에 나선다. 삼별초 군사들은 1주일 동안 밤낮으로 공격했으나 결국 금성산성을 함락하는 데 실패한다. 삼별초가 나주만 장악했더라면 전라도 지역에 중요한 교두보를 확보할 수 있었을 것이다.

원의 장수와 함께 진도에 당도한 김방경은 진도의 대안에 포진하여 삼별초와 대치했다. 하지만 삼별초의 전함들은 훈련이 잘 되어 있어 원이나 개경 정부의 군사들이 감히 바다를 건너 진도를 공격할 수 없었다. 오히려 번번이 삼별초의 선공을 받으며 방어하기에도 벅찼다. 여러 날을 그렇게 바다를 사이에 두고 공방전을 계속하던 어느 날 미묘한 사건이 터진다.

어떤 자가 김방경이 적과 내통했다고 원의 장수에게 모함한 것이다. 이 사실은 즉시 원의 다루가치에 보고되었고, 김방경은 그를 모함했던 자와 함께 개경으로 압송당했다. 이는 곧바로 사사로운 감정에 의한 무고로 드러나고 김방경은 진도에 다시 합류했다. 하지만 이 사건으로 인해 공격 일정에 차질이 생기게 된다. 김방경이 삼별초와 내통하고 있다는 무고가 먹혀든 것은, 당시 원에서는 개경 정부나 관리들을 그런 쪽으로 의심하고 있었기 때문에 가능한 일이었다.

진도로 돌아온 김방경은 다시 진도 공략에 나섰지만 무모하게 공격한 탓이었는지 삼별초 군사들에게 완전히 참패하고 만다. 어느 정도였냐 하면 김방경은 포로로 잡히기 직전까지 몰려 바다에 투신자살할 결심까지 했다. 군사들의 도움으로 간신히 포위망을 뚫고 빠져나왔지만 여지없는 참패였다. 참패 원인으로는 삼별초에 겁을 먹은 원의 장수가 소극적으로 대처한 탓도 있었고, 삼별초의 기세가 그만큼 강성했던 탓도 있었다. 후에 원의 장수는 공격에 태만했다고 하여 황제에게 소환당하게 된다.

김방경은 문신 출신이지만 무장으로 입신한 대몽항쟁의 명장이었다. 서북면병마사를 맡으면서는 백성들을 잘 보호하여 큰 존경을 받은 인물이기도 하다. 그런 그가 이제 원의 장수와 함께 삼별초를 토벌하는 데 앞장서고 있으니 정말 기구한 운명이라 하지 않을 수 없다.

삼별초, 제주도를 함락하다

고려시대 제주도는 탐라국의 전통을 이어받아 반 독립적인 상태였고 '탐라'라는 명칭이 더 일반적으로 사용되었다. 그런데 대몽항쟁기에 행정구획상의 공식 명칭은 '제주'였다.

'탐라'에서 '제주'로 바뀐 시기는 1223년(고종 10)경이었다. 제주도의 삼별초 정부가 함락된 후에는 다시 탐라라는 명칭이 부활하는데 여기서는 제주로 사용하겠다.

1270년(원종 11) 11월 이문경李文京이 이끄는 진도의 삼별초는 제주도까지 함락시켰다. 개경 정부는 삼별초가 서해안을 따라 남하하자 이미 영암(전남)부사 김수金須에게 군사 2백을 주어 제주도를 지키게 했었다. 이어서 삼별초가 진도에 근거하면서 그 기세를 나주와 전주로 뻗칠 무렵 다시 장군 고여림에게 군사 70을 주어 뒤따라 지키게 했다.

김수와 고여림은 제주도에 당도하여 주야로 성벽을 쌓고 장애물을 설치하는 등 방어에 진력했다. 하지만 제주도의 토착민들은 이에 협조하지 않았다. 이 과정에서 강압적인 동원이 이루어졌고 제주의 토착민들은 개경 정부에 대해 반감을 품게 되었다. 삼별초가 제주도를 쉽게 함락할 수 있었던 것은 이와 같은 제주의 민심이 크게 작용했기 때문이다.

이문경이 이끄는 삼별초 군사들이 제주를 공격하자 김수와 고여림은 사직을 지켜야 한다는 대의를 내걸고 군사들을 모아 결사항전했다. 김수와 고여림은 끝까지 싸우다 전사했고, 이 과정에서 삼별초 장수인 곽연수郭延壽가 관군에게 잡혀 죽기도 했다. 한때 전세가 관군에 유리하게 전개되기도 하지만, 결국 삼별초는 제주도를 함락시키는 데 성공한다.

제주 토착민들은 삼별초 군사들에게 더 우호적이었다. 여기에는 전통적으로 중앙 정부와 제주 토착세력 간의 갈등이 내재하고 있었다. 제주에 고려 중앙 정부의 관리가 처음으로 파견된 것은 1105년(숙종 10)이었다. 그 이전까지 제주도는 거의 독립국 상태였기 때문에 관리가 파견된 뒤부터는 중앙 정부와 갈등이 심해질 수밖에 없었다.

갈등의 주요 원인은 지방관의 탐학과 과중한 공물 부담이었다. 무인집권기에는 제주의 지방관으로 부임만 하면 모두 부자가 된다는 소문이 나돌 정도였다. 이 때문에 착취에 저항하는 반란도 자주 일어났다. 삼별초가 제주도를 함락한 시기와 가장 가까운 반란으로는 1267년(원종 8)에 있었던 문행노文幸奴의 난이 있었다. 난의 정확한 경위나 전개과정은 잘 알려져 있지 않지만 중앙 정부와 지방관의 탐학에 반발하여 일어난 반란이었다.

따라서 제주 토착민들은 반 개경 정부의 기치를 내건 삼별초 군사들이 제주에 쳐들어왔을 때 적극 호응하는 태도를 취했던 것이다. 더구나 삼별초는 반 개경 정부의 기치를 내걸고 있었으니 더 말할 필요가 없었다.

제주도는 최씨 정권이 붕괴된 직후부터 무인정권의 새로운 근거지로 자주 물망에 올랐었다. 특히 원과의 관계가 악화될 때마다 제주도로 들어간다는 계획이 정권 내부에서 은밀하게 거론되곤 했다. 원에 투항한 자들은 끊임없이 그런 사실을 들어 고려를 궁지에 빠뜨리기도 했는데 그것은 고려를 모함하기 위한 음해만이 아니라 어느 정도 사실에 근거한 것이었다.

강도를 떠나 더 깊은 바다 섬으로 들어간다는 계획이 노골적으로 거론된 것은 김준이 원 황제의 소환을 받은 1268년(원종 9) 3월이었다. 김준은 국왕 원종을 폐위시키고 깊은 바다 섬으로 들어간다는 계획을 세웠었는데, 이때 깊은 바다 섬은 제주도를 염두에 둔 것이었다.

임연이 정권을 잡은 후에도 무인정권이 제주도로 들어갈 것이라는 소문은 그치지 않았다. 원종 폐위 사건을 계기로 서북면에서 반란을 일으켰던 최탄·한신 등은 의도적으로 그런 정보를 원에 흘렸다. 이는 물론 원에 투항하여 귀부했던 최탄의 무리들이 자신들의 입지를 강화하려는 수단이었지만, 뜬소문이라고만 볼 수는 없었다. 임연 정권은 국왕과 관계가 악화된 데다가 원의 압박까지 받고 있었으니 충분히 그런 계획을 생각했을 것이다.

또한 제주도는 삼별초 정부에게도 중요한 곳이었다. 만약 개경 정부나 원이 제주도를 장악하여 거점으로 삼는다면 진도의 삼별초 정부는 배후에 적을 두고 포위당한 꼴이 되고 만다. 그래서 삼별초 정부의 처지에서도 제주도는 반드시 차지해야 하는 곳이었다.

그런데 원에서도 일찍부터 제주도를 주목하고 있었다. 앞서 언급했지만, 일본원정 준비를 감독하러 왔던 원의 군사 전문 사신단은 제주도로 통하는 해로를 살피고 흑산도에까지 직접 가서 주변 해역을 조사했다. 무인정권뿐만이 아니라 원에서도 제주도의 지정학적인 중요성을 이미 알고 있었다. 장차 남송과 일본 정벌을 계획하고 있는 원의 처지에서는 제주도가 해로 상의 중요한 거점이었던 것이다.

이렇게 지정학적으로 중요한 제주도가 삼별초 정부에 넘어갔다. 이는 개경 정부보다는 원에 더 타격이 컸다. 제주도를 삼별초 수중에 그대로 두고서는 남송과 일본 정벌에 나설 수 없었기 때문이다.

삼별초가 제주도를 장악한 것은 무인정권의 항몽전략을 그대로 모방한 것으로 볼 수 있다. 하지만 그렇다고 삼별초의 대몽항쟁과 무인정권의 대몽항쟁을 같은 성격으로 규정할 수는 없다. 이는 항몽의 주체세력이 전혀 다르다는 점에서도 분명하게 드러난다. 무인정권의 대몽항쟁은 수십 년간 강도에서 정치·경제·사회의 기득권을 유지해온 자들이 주도했다. 아니, 항몽을 내세워 자신들의 기득권을 유지했다고 말해도 무방하다. 전쟁이 끝난 김준, 임연 정권의 항몽은 출륙환도에 저항하는 것이었지만, 역시 그 주체세력은 무인정권의 핵심 세력이나 기득권층이었다.

하지만 삼별초 봉기에 가담하여 항몽을 기치로 내건 세력은 무인정권에서 소외된 사람들이었다. 그들은 무인정권의 핵심세력도 아니었고 정권을 농단한 적도 없었다. 이들이 출륙환도에 저항하기 전에 우선 무인정권을 타도하여 끝장냈다는 것은 의미심장한 일이다. 그 후 삼별초도 출륙환도에 저항했다는 점에서 무인정권이 추구했던 바와 다를 게 없었지만, 그것은 선택의 여지가 없었기 때문에 벌어진 일이었다.

굳이 말하자면, 삼별초 대몽항쟁의 정신은 무인정권의 대몽항쟁을 계승한 것이 아니라, 수십 년 전쟁 기간 동안에 있었던 지방민들의 자발적인 대몽항쟁 정신을 계승했다고 할 수 있다. 삼별초의 항쟁에 내록민들이 적극 호응했다는 다음의 사실에서 그 점을 확인할 수 있을 것이다.

삼별초에 대한 내륙의 호응

1271년(원종 12) 1월 말, 밀성(경남 밀양)·청도(경북 청도)·일선(경북 구미) 등 영남 내륙에서 진도의 삼별초 정부에 호응하고자 반란이 일어났다. 반란을 주도한 사람은 박경순朴慶純을 비롯한 밀성의 토착세력과 지방의 백성들이었다. 박경순은 동정직(실직이 아닌 허직)에 있던 사람으로 일종의 예비관료였다. 이들 예비관료들은 무인집권기 동안 관료사회에서 소외되어 불만이 많은 계층이었다.

반란은 밀성에서 먼저 시작되었다. 밀성의 주동자들은 사람들을 불러모아 진도의 삼별초 정부에 호응하겠다는 선언을 하고 밀성부사를 죽였다. 이때 반란에 가담한 무리가 수천 명이 넘었고 열성 주동자만도 백여 명이나 되었다. 박경순은 개국병마사改國兵馬使를 자칭하며 인근의 군현에 격문을 보내 삼별초 정부에 호응할 것을 유도했다.

이런 과정에서 호응하지 않는 지방관들을 모두 살해했는데, 청도의 감무(임시 지방관)는 그렇게 희생되었다. 이어서 진주·상주·일선 등의 지역에도 격문을 보내 호응하도록 했다. 이때 각 지방에서 반란에 호응하는 자들이 마치 바람에 따라 쓸려가는 것 같았다고 한다. 거의 영남 지역 전체가 삼별초 정부에 호응하려는 무리들로 뒤흔들렸다는 것을 알 수 있다.

일선 현령 조천趙阡은 밀성 출신으로 처음에 호응했다가 배반하는데, 반란이 진압된 것은 그의 배반이 치명적인 요인이었다. 조천은 경상도 안찰사와 금주 방어사 등과 모의하여 밀성을 치고 들어갔다. 여기서 반란의 주동자가 제거되면서 난은 평정되고 만다. 그러나 조천은 나중에 반란에 가담했다는 사실이 들통나 파직당하게 된다.

밀성의 반란에서 주목할 것은 이 지역이 무인집권기 농민반란의 중심지였던 운문산과 가까운 곳이라는 점이다. 주동자 박경순이 개국병마사를 자칭했다는 것도 무인집권기의 농민반란에서 자주 등장하는 정국병마사靖國兵馬使를 연상시킨다. '개국'이나 '정국' 모두 국가를 바로잡겠다는 의미였다.

이것은 삼별초 정부에 호응했던 밀성 지역의 반란이 무인집권기 농민반란의 전통을 계승했다는 것을 뜻한다. 그래서 삼별초의 항쟁도 지방의 소외된 백성들에게 기반을 두고 농민반란의 전통을 계승했다고 말할 수 있는 것이다. 밀성 지역의 반란은 삼별초 정부가 내세운 반 개경 정부의 기치에 고무된 것이 분명했다.

그런가 하면 개경에서도 삼별초 정부에 호응하는 반란이 있었다. 밀성의 반란이 진압된 지 1주일 후였다. 밀성에서 삼별초에 호응하려는 반란이 일어났다는 소문을 듣고, 관청의 노비로 있던 숭겸崇謙과 공덕功德이 주동해 반란을 일으켰다. 밀성의 반란 소식이 개경에까지 알려졌고, 그것도 관청의 노비가 삼별초 정부에 호응하기 위해 반란을 일으켰다는 사실은 생각해볼 대목이다.

숭겸과 공덕은 노비들을 모아 원의 다루가치와 관리들을 모두 죽이고 진도로 들어가려는 모의를 했다. 이 계획은 사전에 발각되어 바로 주모자가 잡히고 말았는데, 숭겸과 공덕 등 주모자 4명은 이틀 만에 저자에서 참수당하고 나머지 무리는 방면되었다. 하지만 그 후에도 노비들은 거리마다 삼삼오오 몰려다니며 소요를 일으키고 관청으로 쳐들어갈 기세를 누그러뜨리지 않았다. 개경 정부는 이에 놀라 어찌할 바를 몰랐고, 원의 다루가치가 나서서 노비들을 심문하고 그 결과를 원에 보고할 정도였다. 이러한 것을 보면 노비들의 동요가 매우 심각했다는 것을 알 수 있다.

개경 노비들의 반란은 무인집권기 만적과 같은 천민들의 신분해방 운동이나, 강화 천도 당시 관청의 노비들이 천도에 반대하며 일으켰던 난을 연상시킨다. 모두 정부에 대해 반기를 든 것이었는데 이때의 반란도 그랬다. 개경의 노비들이 반란을 모의하고 진도의 삼별초 정부에 합류하려 했다는 것은 무엇을 의미할까?

여기서 삼별초 정부의 성격을 짐작할 수 있다. 강화도를 떠날 때부터 삼별초 세력에는 노비들이 많이 가담하고 있었다. 이승휴李承休 문집에는 삼별초가 봉기하고 개경환도가 이루어질 때 불령한 무리들이 까마귀 떼처럼 강도로 몰려갔다는 흥미로운 기록이 있다. '까마귀 떼'라고 표현한 불경스런 무리들, 이들이 바로 노비나 하층민들이 아니었을까.

문무관료를 비롯한 무인집권기 동안의 기득권 세력들은 너도나도 강도를 탈출하여 개경으로 나왔지만, 하층민이나 노비들은 삼별초 세력과 합류하기 위해 거꾸로 강도에 몰려들었다. 이것은 삼별초의 봉기가 민중봉기적 성격을 띠고 있었다는 것을 말해주며, 삼별초의 반 개경 정부 성향을 뒷받침해준다.

그런데 개경 노비들의 반란은 이것으로 끝나지 않았다. 1271년(원종 12) 2월 초, 대부도에서도 개경 노비들의 반란에 부응하려는 움직임이 있었다. 삼별초가 휩쓸고 지나간 후 강화 해협을 지키던 원의 군사들이 대부도에 들어가 만행을 저질렀는데 이에 분노한 대부도 주민들이 반란을 꾀한 것이었다.

대부도에서는 개경에서 노비들이 반란을 일으켰다는 소문이 전해지자 원의 군사들을 죽이고 반란을 기도했다. 반란의 주모자는 당성(경기 남양)의 토착세력 홍택(洪澤)이었다. 결국 이 반란은 실패로 끝나 홍택은 참수당하고 나머지는 역리로 충당되었다. 하지만 이 역시 황제의 명을 받은 다루가치가 직접 심문할 정도로 무시하지 못할 큰 사건이었다.

대부도의 반란은 원에 대한 직접적인 저항의 성격을 지녔지만, 이는 분명 개경 노비들의 반란에서 영향을 받은 것이었다. 또한 개경 노비들의 반란은 밀성 지역의 반란 때문이었다. 모두 보름 사이에 서로 다른 지역에서 신분이 다른 사람들이 삼별초 정부에 호응하여 반란을 일으킨 것이었다. 이것은 삼별초의 항쟁을 이해하는 데 가장 중요한 사실이다.

다시 강조하지만, 삼별초의 대몽항쟁은 지난 무인정권의 대몽항쟁과 같은 성격으로 볼 수 없다. 그 지지 기반이나 주체세력이 다르기 때문이다. 가령 김준 정권이나 임연 정권이 진도나 제주도로 들어가 대몽항쟁을 전개했다면 내륙에서 백성들이 그렇게 호응해주었을까? 호응이 아니라 오히려 그것에 저항했거나, 원에 투항하는 사태가 속출했을 것이다. 서북면의 최탄이 그러했던 것처럼 말이다.

그래서 삼별초 정부는 친 무인정권의 성향이 아니라 오히려 반 무인정권의 성향으로 규정되어야 온당하다. 삼별초의 봉기부터가 지난 무인정권과의 결별을 뜻했지만, 그 이후 삼별초 정부에 호응하는 내륙민들의 반란을 볼 때 그 점을 거듭 확인할 수 있는 것이다.

삼별초 정부와 원의 교섭

삼별초 봉기를 보고하러 원에 들어갔던 태자가 1270년(원종 11) 12월 환국했다. 태자가 가지고 온 황제의 조서에는 일본원정을 위한 전함을 철저히 준비하라는 것과 함께, 삼별초 정부에 대한 주목할 만한 내용이 들어 있었다. 그것은 삼별초 정부에 가담했거나 휩쓸린 자들을 회유하는 것이었는데 요약하면 이렇다.

"이 조서 이후 삼별초 정부를 벗어나 생업에 복귀한 자는 과거의 잘못을 모두 용서할 것이다. 주인을 배반하고 삼별초에 가담한 노비들도 돌아오면 백성으로 편안히 살게 할 것이고, 옛주인이 다시 노비로 만드는 것도 허락하지 않을 것이다."

간단히 말해서 삼별초 정부에 합류한 자들이 항복하면 신분을 가리지 않고 모두 용서하겠다는 것이다. 특히 노비에 대한 언급을 강조하고 있는 것으로 보아, 삼별초에는 주인을 배반하고 가담한 노비들이 매우 많았음을 확인할 수 있다.

개경 정부는 즉시 이 조서를 진도의 삼별초 정부에 보냈다. 원 황제의 뜻을 직접 전하려는 것이었지만, 일종의 화친 제의로도 볼 수 있다. 조서를 지닌 개경 정부의 사신은 원의 사신과 약간의 군사를 대동하고 개경을 출발하여 보름 만인 이듬해 1월 진도에 들어섰다.

배중손은 개경 사신과 원의 사신을 벽파정(진도군 고군면 벽파리)으로 안내하여 잔치를 베풀어주었다. 그러면서 한편으로 사신들이 타고 온 배를 억류하고 따라온 원의 군사 90여 명을 살해해버린다. 개경과 원의 화친을 수용하지 않겠다는 의지를 분명히 드러낸 것이었지만 여기에는 원과 개경 정부에 대한 반감도 작용하고 있었다. 그리고 배중손은 원의 사신을 진도에 억류하고 개경의 사신만 돌려보내면서 이런 말을 전했다.

"이 조서는 나에게 전달한 것이 아니니 받을 수 없다."

배중손의 이 말은 삼별초 정부가 직접 원을 상대하겠다는 말과 다름 아니다. 자신들을 개경 정부의 반란 세력쯤으로 취급한 것에 대한 반감의 표현이고 삼별초 정부를 인정하라는 요구이기도 했다. 배중손은 황제의 조서에 대해서는 그런 태도를 취했지만, 개경 정부의 국서에 대해서는 그대로 따르겠다는 뜻을 사신에게 은밀히 전했다. 개경 정부의 국서 내용이 무엇인지 모르겠지만 이는 조금 뜻밖이다. '그대로 따르겠다'는 것으로 보아 개경 정부와 삼별초 정부의 이해관계가 맞아떨어진 일이 아닌가 싶다. 그것은 고려에 주둔한 원의 군대를 철수시키는 일 외에는 없다. 아마 개경 정부가 삼별초 정부에게 원나라 군대의 철수를 요구하라고 은밀하게 요청하지 않았나 싶다.

개경 정부를 통한 회유가 실패하자 원에서는 직접 삼별초 정부를 상대로 교섭에 들어갔다. 1271년(원종 12) 2월 황제의 조서를 지닌 원의 사신이 진도로 파견되었다. 원에서 고려의 반란세력으로 취급했던 삼별초 정부를 향해 직접 교섭을 시도했다는 것은 그만큼 일이 다급했다는 뜻이다. 또한 삼별초 정부의 실체를 인정한 셈이기도 했다.

이때의 교섭 내용이 무엇이었으며, 또 어떻게 전개되었는지는 잘 드러나 있지 않다. 하지만 이와 관련하여 《원사》에는 아주 주목할 만한 기록이 남아 있다. 원의 중서성에서 진도의 삼별초 정부에 대한 중요한 사실을 언급한 내용이다.

'배중손은 군대만 철수시켜준다면 우리에게 귀부하겠다고 하는데, 흔도炘都가 그 요청을 들어주지 않는다. 지금 삼별초는 전라도를 차지하고

있으면서 이곳을 바치고 우리 조정에 직접 예속되기를 원하고 있다.'

흔도는 삼별초를 진압하기 위해 새로이 파견을 기다리고 있던 원의 장수였다. 원에서는 이러한 삼별초의 제의가 시간을 지연시키기 위한 전술일 뿐이라고 일축하고 무시해버린다. 하지만 이것이 사실이라면 삼별초 정부가 원에 투항을 요청하고, 게다가 전라도까지 바치겠다는 것은 지금까지의 삼별초 정부의 행동을 봤을 때 충격이 아닐 수 없다.

여기서 한 가지 확실한 것은, 삼별초 정부가 원과의 직접 교섭에서 원의 군대 철수를 가장 중요한 외교적 목표로 삼았다는 점이다. 이는 개경 정부와도 사전에 교감이 있었던 것으로 보인다. 배중손이 개경 정부의 제의를 '그대로 따르겠다'는 것은 그것을 의미했다.

삼별초 정부가 원에 투항하고 전라도를 바치겠다는 것은 진정한 의도가 아니었다. 정말 그런 의도를 가지고 있었다면 원 군대의 철수를 전제조건으로 요구할 필요가 없는 것이다. 이는 군대의 철수를 어떻게든 관철시키기 위한 외교전술이었다고 판단된다. 원에서도 삼별초 정부의 그런 의도를 간파하고 간단히 무시해버렸던 것이다.

삼별초 정부의 항몽은 원의 처지에서 중대한 사안이었고 골치 아픈 문제였다. 이로 인해 동아시아 정복전략에 큰 차질을 빚게 되었기 때문이다. 이 무렵 《원사》에는 삼별초 난과 관련된 기록이 수없이 등장하는데 바로 그 점을 반영하는 것이다. 거대한 원 제국에 비하면 삼별초 정부의 힘은 미약하기 그지없었다. 하지만 삼별초가 그에 맞서 저항했기 때문에 역사적 의의가 더 큰 것이다.

남해 연안에 대한 공략

남부 내륙 지방에서 삼별초 정부에 대한 호응이 높았던 이유에는 원 군사들의 약탈과 만행도 단단히 한몫을 했다. 이 무렵 원에서는 일본원정 준비로 혈안이 되어 있었고 모든 군수물자를 고려가 부담하게 했으므로 고려의 백성들 입장에서는 충분히 원에 대한 반감을 가질 만했다.

원의 행정 감독관으로 주재하고 있던 다루가치 탈타아는 국왕에게 원 군사들의 약탈을 금하도록 건의한다. 이에 국왕은 1271년(원종 12) 2월, 전라도·충청도·경상도에 안무사를 파견하여 백성들을 위로하고 보호하라는 명을 내린다. 하지만 이런 조치마저 원의 감시를 받아야 했고 국왕 스스로 할 수 없었다.

하삼도에 안무사를 파견했던 것은 각 지방에서 삼별초 정부에 호응하는 백성들을 차단하기 위한 조치이기도 했다. 그것이 효과가 있어 그랬는지 이후 내륙에서의 반란은 뜸해진다. 하지만 삼별초 정부의 남해 연안 지역에 대한 공략은 더욱 치열해졌다.

1271년(원종 12) 2월, 삼별초는 조양현(전남 장흥)에 쳐들어가 전함을 불태우고 식량을 약탈했다. 진도와 가까운 이 지역은 개경 정부나 원에서 삼별초를 공격하는 전초기지와 같은 곳이었다. 삼별초가 전함을 불태웠다는 것은 사전에 공격을 차단하려는 것이었다.

같은 해 3월, 삼별초는 합포(경남 마산)에 쳐들어가서 감무를 잡아가고, 이어서 동래까지 공략했다. 4월에는 또 금주(김해)를 공략하니 그곳을 지키던 방호장군이 지방 군사들과 함께 도망쳐버렸다.

금주, 즉 김해는 일본 상선의 왕래나 왜구의 침탈이 자주 있는 곳이었다. 그렇기 때문에 원에서는 이를 두고 고려가 몰래 일본과 내통하고 있지 않나 하는 의구심을 나타냈었다. 그런가 하면 원에서 일본으로 파견되는 사신이 잠시 머무는 곳도 김해였다. 삼별초가 김해를 공략하기 직전인 그해 정월, 원에서 조양필趙良弼을 고려에 보내 반드시 일본에 도달하도록 안내하라는 지시가 있었다. 그리고 홍다구에게는 군사를 거느리고 조양필이 돌아올 때까지 김해에 주둔하고 있으라는 명령을 내렸다.

그러니까 그해 4월에는 조양필을 기다리는 원의 군사들이 김해에 주둔하고 있었던 것이다. 일본 측 기록에는 이때 삼별초가 김해를 공략하고 원의 군사 20명을 붙잡아 일본으로 보냈다는 사실이 나타나 있다. 다만, 여기 20명이 원의 군사가 아니라 김해에 억류당해 있던 일본 상인이나 왜구로 보는 견해도 있는데 어느 쪽이든 삼별초가 김해 공략에 성공했다는 것은 틀림없다.

삼별초가 동래나 합포, 김해를 공략한 것은 고려와 일본을 왕래하는 사신을 차단하기 위해서였다. 그리고 가능하다면 일본과의 관계를 트기 위한 사전 정지작업으로도 볼 수 있다. 이렇게 남해 연안을 공략한 삼별초 정부의 기세는 등등했다.

삼별초의 남해 연안 공략은 개경 정부에 막대한 재정적 타격을 주었다. 남해 연안의 군현들이 약탈을 당했을 뿐만 아니라, 경상도와 전라도의 조세미를 운반할 수도 없었다. 남해의 조운로가 삼별초에 완전 장악되었기 때문이다. 진도는 남해의 조운로를 장악하기 위한 최적의 위치였고 삼별초는 그런 위치를 최대한 활용했다.

진도의 삼별초 정부는 남해 연안을 효과적으로 장악하기 위하여 남해도를 또 다른 근거지로 만들기도 했다. 여기에는 삼별초 정부에서 좌승선으로 임명된 유존혁이 주둔하고 있었다. 동남 해안을 장악하고

일본과 교섭하기에는 진도가 너무 멀리 있었기 때문에 그에 대한 보완
책이었을 것이다.

또한 삼별초 정부는 남해 연안에 장성까지 축조했다고 알려지고 있
다. 이 장성은 해남에서 시작하여 강진·장흥·고흥 등지를 감싸고 경
상도까지 걸쳐 있는 우리나라에서 보기 드문 장성이었다고 한다. 이
남해 연안의 장성은 그 일부가 문화유적 지표조사에서 부분적이나마
확인된 바 있다.

현재 강진군 대구면 구수리로부터 장흥군 대덕읍 연정리와 신월리
에 이르는 약 8킬로미터의 장성이 그것이다. 이 장성의 축성 시기를 임
진왜란 때로 추측할 수도 있지만, 축성이 해안에 대비한 형태가 아니
고 내륙에 대비한 형태라는 점에서 삼별초 정부가 축성한 장성으로도
볼 수 있다. 이렇게 진도의 삼별초 정부가 전라도에서 경상도에 걸친
남해 연안을 장악했다는 것은 삼별초 정부의 해상활동이 얼마나 눈부
셨는지를 보여주는 것이다.

삼별초에 무관심했던 일본

그런데 일본 정부에서는 삼별초 군사들이 봉기하고, 이어서 진도로 들
어가 대몽항쟁을 전개하고 있다는 사실을 알고 있었을까? 고려 정부
에서 일본으로 사신을 몇 차례 파견한 적이 있었고, 이미 일본원정이
추진되고 있었으니 일본에서는 고려의 내정에 대한 관심이 많았을 법
하다. 하지만 이상하게도 일본에서는 삼별초 정부의 활동을 전혀 모르
고 있었다.

진도 정부에서는 진도가 함락되기 직전에 일본에 사신을 파견했다.

그런데 재미있게도 진도 정부의 외교 첩장을 받은 일본 정부는 이 첩장을 그 이전 강도 정부에서 보낸 것과 혼동한다. 그것을 알 수 있는 자료가 현재 도쿄대학 사료편찬소에 보관 중인 '고려첩장불심조조高麗牒狀不審條條'라는 간략한 문서이다.

'고려첩장불심조조'는 개경환도 이전인 1268년(원종 9)에 강도 정부에서 보낸 첩장과, 1271년(원종 12) 진도 정부가 보낸 첩장을 비교하여, 일본 정부의 외교 담당자가 불심不審, 즉 의심되는 부분을 12개 항목으로 조목조목[條條] 적어놓은 것이다. 우선 3개 조목만 의역하여 인용해보자.

> (1) 1268년 첩장에는 몽골의 덕을 치켜세우면서, 이번(1271) 첩장에서는 '미개인들은 ······'이라고 했는데, 어찌된 일인가.
> (2) 1268년 첩장에는 연호가 쓰여 있는데, 이번 첩장에는 연호가 쓰여 있지 않다.
> (3) 1268년 첩장에는 '몽골의 덕에 귀화하여 군신의 예를 이루기를 ······'이라 했는데, 이번 첩장에는 '강화도에 천도하여 40년 가까이 지내다가 몽골의 미개한 풍속은 성현의 혐오하는 바여서 다시 진도로 천도했다'고 했다.

1268년 강도 정부가 보낸 첩장은 원의 요구로 일본을 회유하기 위한 것이었다. 그것은 전쟁을 치르지 않고 일본을 복속시키는 것이 목적이었기 때문에 원을 치켜세우고 원의 연호를 썼으며 원과 군신의 예를 강조했다.

반면에, 1271년의 첩장은 반 개경 정부와 항몽을 기치로 내건 진도의 삼별초 정부에서 보낸 것이었다. 그래서 원을 미개인 운운하고 연호도 쓰지 않았으며, 미개한 풍속이 싫어 진도로 천도했다고 하여, 원에 대한 증오심과 악감정을 그대로 표출한 것이다. 따라서 강도 정부에서 보낸 첩장과 진도의 삼별초 정부에서 보낸 첩장이 내용상 서로 상반될 수밖에 없었다.

그런데 일본 정부에서는 이 두 첩장의 상반된 내용에 대해 강한 의구심을 품었다. 이것은 당시 막부 정권이나 일본 조정에서 진도 삼별초 정부의 실체를 전혀 몰랐다는 이야기다. 삼별초 정부의 실체를 알고 있었다면 '고려첩장불심조조'라는 메모가 등장할 수 없기 때문이다.

진도 정부의 외교 첩장을 일본 정부가 접수한 것이 1271년(원종 12) 9월 2일이었다. 이때는 개경환도가 이루어지고 강화도에서 삼별초의 군사들이 봉기한 지 1년이 훨씬 지난 때였다. 이어서 진도로 들어가 남해 연안을 공략한 지도 반년 가까이 지난 시점이었다. 한반도에서 이런 군사적 변란과 정치적 격변이 연거푸 일어나고 있는데도 일본 정부는 까맣게 몰랐다는 뜻이다. 이럴 수 있었을까?

더구나 김해 지방에는 일본 상인들이 왕래하고 있었다. 삼별초가 김해를 공략하고 억류된 일본인 20명을 송환시켜준 일도 있었다. 이들이 일본인이 아니고 원의 군사라는 견해도 있지만, 어쨌든 삼별초 정부를 확인할 수 있는 기회는 많았다.

삼별초 정부는 일본에 보낸 외교 첩장에서 자신들이 고려 왕조의 정통 정부임을 내세웠다. 아울러 일본에 대한 원의 위협을 알려주고 삼별초 정부와 일본 정부의 공동적 운명을 강조했다. 또한 삼별초 정부에 사신을 파견해주도록 요청하여 양 정부의 제휴를 강력히 희망하기도 했다. 그런데도 일본 정부는 삼별초 정부의 실체를 모르고 있었다.

이것은 고려에 대한 일본 정부의 무관심을 보여주지만 다른 한편으로는 일본 정부의 무능함을 나타낸다.

진도의 삼별초 정부가 취한 행동도 의문스럽기는 마찬가지다. 왜 위험에 봉착하기 전에 미리 일본과 제휴를 시도하지 않았을까? 삼별초가 공략했던 마산, 김해, 동래 지역에서 일본은 잠깐이면 도달할 수 있는 거리에 있었다. 삼별초 정부는 일본에 손을 내밀기 싫었던 것일까. 아니면 상승 기세에 자만했던 것일까. 그것도 아니라면 외교적으로 미숙했기 때문일까. 삼별초 정부의 외교 미숙 때문이든 일본의 무관심 때문이든, 삼별초 정부와 일본 정부가 연대하여 대몽항쟁의 공동전선을 형성하는 데는 실패했다. 삼별초 정부는 장기 항쟁의 호기를 흘려보낸 셈이었다.

위기, 골육상쟁

진도의 삼별초 정부가 남해 연안을 공략하고 있을 무렵인 1271년 (원종 12) 3월, 원에서는 새로운 장수가 부임해왔다. 앞서 언급했던 흔도라는 사령관이었다. 그는 삼별초에 대한 진압뿐만 아니라 앞으로 있을 일본 원정까지 책임질 장수였다. 흔도는 고려에 주둔하는 원의 최고위 장수로서 주둔군 사령관까지 겸하고 있었다.

그런데 삼별초 정부에서는 새로운 장수 흔도가 왔다는 소문을 듣고, 그해 4월 추토사 김방경을 통하여 흔도에게 미묘한 제의를 해왔다. 비밀히 의논할 일이 있으니 진도를 잠깐 방문해달라는 것이었다. 흔도는 황제 명령이 없이는 들어갈 수 없다고 이를 거절하고, 바로 황제에게 진도를 공격하겠다고 보고한다.

하지만 다시 삼별초 정부는 김방경에게 술과 음식을 마련하여 군사들을 먹이겠다는 제의를 한다. 김방경은 이를 허락했다. 음식을 먹일 군사들이란 삼별초 진압에 동원된 고려의 군사들을 말한 것 같다. 삼별초 정부에서는 왜 이런 제의를 했을까?

삼별초 정부의 의도는 화친 제의와 함께 협상을 하기 위한 것이 아니었을까 싶다. 만일 흔도가 진도를 방문해준다면 모종의 협상을 벌일 수 있었다. 협상의 구체적인 내용은 무엇인지 모르겠지만, 그것이 여의치 않으면 흔도를 억류해둘 수도 있었다. 이때 진도에는 이전에 개경 정부의 사신과 함께 왔던 원의 사신이 억류된 상태에 있었다. 흔도를 억류한다면 원과 직접적인 협상을 할 수 있었다. 이것은 항쟁에서 유리한 위치를 차지하는 길이기도 했다.

군사들에게 음식을 제공하겠다는 것도 협상을 위한 제스처일 수 있었고, 적에 대한 일종의 선무공작일 수도 있었다. 진도 정부의 군사들과 개경 정부의 군사들은 같은 뿌리를 가진 군사들이었다. 이들 이름 없는 말단 병사들은 같은 민족끼리 죽고 죽이는 전쟁에 회의를 느낄 수 있었다. 삼별초 정부가 음식을 제공하겠다고 했던 것에는 같은 동족이라는 정서를 자극하여 전투력을 저하시키려는 의도도 작용했다고 보인다.

삼별초 정부로서는 새로운 장수 흔도의 부임에 긴장하지 않을 수 없었다. 이전과는 다른 대대적인 공격을 감행해오리라는 예상을 했기 때문이다. 흔도에게 진도를 방문하도록 요청한 것이나 군사들에게 음식을 제공하겠다고 한 것은, 지금까지 항쟁 일변도의 정책에서 모종의 화해책을 모색한 것으로 볼 수 있다. 하지만 그것은 가망 없는 일이었다.

흔도는 황제에게 진도를 공격하겠다는 보고를 하면서, 장마철이 다가오기 전에 공격하겠으니 병력을 더 파견해달라고 요청했다. 이에 원의 황제는 그럴 틈이 없으니 고려 사람으로 6천 명을 징발하여 군사로 동원하라는 명령을 내린다. 아울러 진도에 대기하고 있는 병선 260척에 고려의 병선 140척을 더 징발하고 군량을 비롯한 모든 군수물자도 고려에서 공급하라고 했다. 또한 원에서는 영녕공의 두 아들에게 각각 군사 4백을 주어 진도를 공격하도록 했다. 영녕공은 삼별초 정부의 왕으로 추대된 승화후의 친동생이었으니, 이제 형제 간에 죽고 죽이는 일이 벌어지게 되었다. 원에서는 의도적으로 영녕공의 아들을 공격에 앞장세웠을 것이다.

지금까지 진도의 삼별초를 공격하는 주력부대는 원의 군사였고, 원에서 모든 작전권을 행사했다. 물론 이후에도 작전권에는 변화가 없었고 원의 군사를 철수시키지도 않았다. 그런데 이제 고려의 군사와 물자를 동원하여 삼별초 정부를 공격하겠다는 것이었다. 이는 삼별초 군사들의 저항력을 떨어뜨리려는 의도였을지도 모른다.

골육상잔의 전쟁이란 얼마나 비참한 일이던가. 진도와 개경 양측의 군사들 중에는 서로 얼굴을 아는 동향 사람도 있을 것이고, 가까운 친족도 있었을 것이다. 게다가 양측의 군사들 모두 지난 시절 핍박받고 소외받던 애잔한 백성들이었다. 무엇 때문에 죽고 죽여야 하는지 이유도 모르고 살육을 자행할 것이니, 민족의 비극이요 역사의 아이러니가 아닐 수 없다.

진도 함락

1271년(원종 12) 5월 1일, 홍다구가 먼저 군사를 거느리고 진도를 향해 출발했다. 홍다구가 거느린 군사는 5백 명 정도였다. 그 군사들 속에는 그의 족속이나 무뢰배들이 많이 포함되어 있었다. 홍다구의 위세를 믿고 좇는 자들이었다. 홍다구는 황제의 신임을 받고 있어 이제는 왕도 그를 함부로 할 수 없었다. 국왕을 보고도 절을 하지 않았다니 그의 위세가 어느 정도였는지 짐작이 간다.

다루가치 탈타아는 징발된 군사들의 사열을 받은 후, 지휘관에게는 한 명 당 말 한 필, 군졸에게는 열 명 당 말 한 필을 지급했다. 진도로 가는 행군 도중 이들은 지나가는 행인들의 말을 탈취하기도 했다. 재상급 관료들에게는 자제들을 징발에서 제외시켜주는 대신 모두 말 한 필씩을 내게 하여 군마에 충당했다.

이튿날에는 부족한 군사를 메우기 위해 충청·경상도의 장정들을 징발하여 보충했다. 그리하여 5월 10일에는 수군 3백 명을 거느린 고려 측의 장수가 진도를 향해 출발한다. 6천 명을 징발하라는 황제의 명령에는 아직 미치지 못했으니, 나머지는 행군 도중이나 전라도에 도착했을 때 징발할 계획이었다.

5월 15일, 마침내 여원 연합군, 수륙 양군으로 조성된 군대가 진도의 대안인 삼견원三堅院(해남의 삼기원)에 모두 집결했다. 여원 연합군은 3군(중·좌·우군)으로 편제하여 군사 수가 총 6천 명 정도였고, 동원된 전함이 백여 척이었다. 지금까지 공격 중에서 가장 큰 규모였다.

공격은 세 방향에서 동시에 개시했다. 김방경과 흔도는 중군을 거느리고 벽파정으로 쳐들어갔고, 홍다구와 영녕공의 두 아들은 좌군을 거느리고 장항(노루목, 원포)으로, 또 다른 원의 장수는 우군을 거느리고 동면으로 쳐들어갔다. 진도의 삼별초 정부는 이에 대한 방비가 소홀했다. 삼별초 군사들은 지금까지의 승전에 자만해 있었는지도 모른다.

중군이 벽파정을 공격하니, 방어하던 삼별초 군사들이 모두 벽파정 쪽으로 몰렸다. 이에 좌군과 우군은 어렵지 않게 상륙하여 삼별초 군사들을 교란시켰다. 예상치 못한 강한 공격에다 연합군의 전술에 속았다는 생각에 삼별초 군사들은 시간이 흐를수록 밀리고 있었고, 협공당하는 처지가 되자 완전히 혼란에 빠지고 말았다.

용장성에 쳐들어간 군사는 홍다구가 이끄는 좌군이었다. 홍다구의 군대가 용장성을 함락했을 때는 삼별초 정부가 빠져나간 뒤였다. 홍다구는 계속 뒤를 쫓아 제일 먼저 삼별초 정부의 왕으로 추대된 승화후와 그 아들을 제거했다. 이에 앞서, 영녕공은 출정을 떠나는 두 아들에게 형인 승화후를 어떻게든 죽음에서 구하라는 부탁을 했다. 하지만 승화후는 결국 먼저 도착한 홍다구에게 죽임을 당하고 말았다.

진도의 용장성에서 논수골(돈지벌)로 가는 길에는 '왕무덤재'라는 고개가 있고, 고개를 막 넘으면 승화후 온의 무덤으로 전해지는 '왕온의 묘'가 있다. 이것이 승화후 온의 무덤이라면, 아마 백부를 살리려고 애썼던 영녕공의 두 아들이 승화후 온의 사후에 배려한 것이었으리라. 그것이 아니라면 진도의 주민들이 승화후를 추모하여 조성한 것일지도 모른다.

그런데 사서에는 진도 함락 당시 삼별초 사령관 배중손의 행적에 대해서는 기록이 전혀 남아 있지 않다. 혹자는 이를 근거로 배중손이 진도 함락 이전에 내분에 의해 숙청되었다고 주장한다. 진도 지역 주민들은 배중손이 남도포南桃浦 쪽으로 내려가 여기서 끝까지 항전하다 최후를 맞은 것으로 보고 있다. 현재 이곳은 임회면 남동리인데, 배중손의 사당만 썰렁하게 남아 있다. 인근에는 조선 초에 축성된 것으로 보이는 남도석성이 있다.

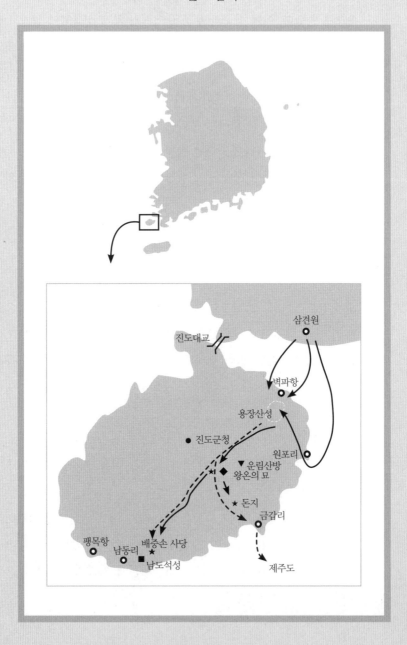

그리고 배중손의 뒤를 이은 김통정金通精이 나머지 군사들을 이끌고 진도를 탈출하여 제주도로 향했다. 그들에게 진도 함락은 너무나 큰 패배였지만 그래도 절망하지 않고 후일을 기약한 것이다. 김통정이 진도를 출발한 곳은 의신면 금갑리의 금갑포金甲浦라고 한다. 이 금갑포의 갯벌에서는 미처 배에 싣지 못한 병장기나 장신구 등이 발굴되기도 했다고 한다. 탈출 당시의 급박했던 상황이 눈앞에 그려진다.

진도는 그렇게 쉽게 무너지고 말았다. 진도를 탈출하는 과정에서 미처 따라가지 못한 부녀자들은 돈지벌의 우항천에 있는 방죽에 투신했다고 한다. 이들은 삼별초 군사들의 가족들이었다. 그리고 그 부근에는 삼별초 군사들의 몰살된 시신들을 한데 매장한 것으로 추정되는 떼무덤도 있다고 한다. 피신하려다 마지막으로 가장 많은 희생을 치른 곳이었다.

진도를 완전히 함락시킨 연합군은 남녀 1만여 명을 포로로 잡았다. 그리고 전함 수십 척과 쌀 4천 석, 각종 재화와 병기를 탈취하여 개경으로 옮겼다. 포로 1만 명은 대부분 삼별초 군사들의 가족이나 진도에 거주하던 백성들이었다. 이 가운데 생업으로 돌아간 사람은 소수였고 태반이 북으로 끌려갔다. 후에 개경 정부는 이들을 소환받기 위해 또 원에 매달리게 된다.

그런데 진도의 삼별초 정부가 공격을 받고 있을 때, 유존혁이 이끄는 또 다른 삼별초 세력이 80척의 대선단을 이끌고 남해도에 있었다. 앞서 언급했지만 남해도는 삼별초가 남해 연안의 새로운 근거지로 확보해둔 곳으로, 유존혁은 여기에서 남해의 동쪽 연안을 관장하고 있었던 것 같다.

여기서 조금 이상한 점은 진도가 공격을 받고 있는 동안에도 유존혁이 그곳에 그냥 머무르고 있었다는 점이다. 물론 진도가 공격받은 사실을 몰랐을 수도 있지만, 이렇게 생각하기에 미심쩍은 부분이 있다. 이를 두고 삼별초 정부의 내부 분열이라고 판단하는 것은 괜한 억측일 수 있겠다. 하지만 내분은 아니라 해도 삼별초 세력이 양분되어 있었던 것은 분명해 보인다. 앞서 삼별초 정부가 흔도에게 화해 제스처를 보낸 것과 관련시켜 생각하면, 이 때문에 항쟁 노선상의 갈등이 발생했는지도 모른다. 이런 일은 역사에서 흔히 있는 상식적인 것이 아니던가. 진도가 그렇게 쉽게 함락된 것도 이와 무관치 않아 보인다.

남해도에 또 다른 세력 근거를 마련한 것은 전략상 필요했던 일일 수도 있다. 하지만 여원 연합군의 공격이 진행되는 그때, 유존혁이 또 다른 대선단을 이끌고 남해도에 있었다는 것은 삼별초 정부의 가장 큰 실책이었다. 유존혁은 삼별초가 제주도로 들어갔다는 소식을 듣고 뒤늦게 80척의 선단을 이끌고 그 뒤를 따랐다. 제주도로 들어간 삼별초 정부는 그곳에서 다시 재기의 발판을 마련한다.

제주도 삼별초의 항쟁

일본에 대한 구원 요청

제주도로 근거지를 옮긴 삼별초 정부는 1273년(원종 14)까지 2년 남짓 다시 개경 정부와 원에 저항하며 항쟁을 계속했다. 제주도는 진도가 함락되기 전부터 삼별초 정부가 장악했던 곳이기 때문에, 삼별초 정부가 제주도로 옮긴 것은 지극히 자연스런 선택이었다. 하지만 삼별초 정부가 제주도에 막 들어왔을 때는 매우 어려운 처지였다. 진도에서 다급하게 탈출했으니 충분히 짐작할 수 있는 일이다. 그 점은 삼별초 정부가 일본에 사신을 파견하여 구원을 요청했다는 사실에서 확인할 수 있다.

앞서 언급했지만, 삼별초 정부에서 일본에 사신을 파견한 것은 진도가 함락된 1271년(원종 12) 5월 직전이었다고 보고 있다. 삼별초 정부의 사신이 진도를 출발한 정확한 일자는 어디에도 드러난 기록이 없으나 그렇게 추정하고 있다. 여기서 조금 이상한 점은, 삼별초 정부의 사신이 일본에 도착한 것이 그해 9월 2일로 무려 4개월이나 걸렸다는 사실이다.

보통 고려에서 일본으로 향하는 사신이 출발하여 대한해협을 건너 하카다博多(규슈 지방)에 도착하면, 이 하카다에서 가마쿠라 바쿠후鎌倉幕府를 거쳐 교토京都의 일본 조정까지 가는 데 한 달 이상 소요된다. 이것을 감안하면 진도의 삼별초 정부가 파견한 사신이 하카다에 도착한 것은 그해 7월 말쯤이었다고 할 수 있다. 한편 진도의 삼별초 정부가 여원 연합군에 함락된 것은 그해 5월 15일이었다. 그렇다면 진도에서 출발한 삼별초 정부의 사신이 하카다까지 가는 데만 두 달 이상이 소요되었다는 얘기다. 이는 너무 긴 시간이다.

따라서 삼별초 정부에서 일본에 사신을 파견한 것은, 진도가 함락되기 직전인 그해 5월이 아니라 진도가 함락되고 제주도로 들어간 이후라고 보는 편이 더 적절하다. 이것은 제주도에 들어온 직후 삼별초 정부가 어려운 처지에 있었다는 상황과도 맞아 떨어진다.

제주도에서 하카다까지는 아무리 길게 잡아도 1주일이면 당도할 수 있다. 삼별초의 사신이 7월 말쯤 하카다에 도착했다면, 그들이 제주도를 출발한 것은 불과 며칠 전이었을 것이다. 그러니까 삼별초 정부에서 일본에 사신을 파견한 것은 진도가 함락되고 제주도에 들어온 지 두 달 정도 지난 1271년(원종 12) 7월 초쯤이었다.

그런데 아쉽게도 삼별초 정부의 사신이 가지고 간 외교 첩장의 전문이 전해지지 않고 있어, 그 자세한 내용을 알 수 없다. 앞서 언급했던 '고려첩장불심조조'라는 일본 측 문서는, 삼별초의 첩장을 접수한 실무 관리가 이전에 고려 정부에서 보내온 첩장과 혼동하여 의문점을 기록한 것일 뿐이다. 이 문서로는 일본에 대한 삼별초 정부의 요구사항이 구체적으로 무엇인지 알 길이 없다.

다행히 일본 측 자료인《길속기吉續記》에서 삼별초 정부의 첩장에 대한 극히 일부분을 언급하고 있다. 이 자료에 의하면, 몽골의 군사들이 일본을 침략할 것이라는 내용과 함께, 삼별초 정부에서 "식량을 팔아주고 구원병을 보내달라"고 요청했다는 언급이 특기되어 있다. 극히 단편적인 내용이지만 이를 통해 제주도로 들어간 삼별초 정부의 실정을 엿볼 수 있다.

제주도의 삼별초 정부에게 가장 시급했던 것은 식량과 병력이었다. 진도가 함락당할 때 그만큼 피해가 컸다는 말이다. 삼별초 정부가 진도에 있을 때는 식량 확보에 큰 어려움이 없었다. 진도가 조운로 상에 위치하고 있어 언제든지 식량을 조달할 수 있었고, 전라도 지방과 남해 연안에 대한 공략으로 충분한 식량을 확보해두고 있었기 때문이다. 하지만 제주도는 내륙과 거리가 너무 멀어 식량을 확보하기가 쉽지 않았다. 게다가 진도를 떠나면서 이미 확보해둔 식량마저 미처 가지고 나오지 못했다. 여원 연합군이 진도를 함락하고 쌀 4천 석을 빼앗았다는 것은 그것을 말해준다. 삼별초 정부가 제주도에 막 들어와 일본에 사신을 파견했던 것은 식량 조달이 매우 절박한 문제였음을 그대로 보여준다.

식량과 함께 구원병 문제도 삼별초 정부에게는 다급한 문제였는데, 일본 정부에 구원병을 보내달라고 했다는 사실이 이를 증명한다. 진도를 탈출하여 제주도로 들어간 군사가 얼마나 되었는지 알려주는 기록은 없다. 다만 여원 연합군이 남녀 1만 명을 포로로 삼았고 많은 군사들이 희생되었다는 사실을 통해서 제주도까지 따라간 군사가 많지 않았다는 것은 충분히 짐작할 수 있다. 아마 제주도 삼별초의 군사 수는 진도에 있을 때와 비교해서 절반 이하로 크게 줄었을 것으로 보인다.

일본 정부에서는 삼별초 정부의 이런 구원 요청에 아무런 반응을 보이지 않았다. 일본 정부에서 삼별초 정부의 첩장을 개경 정부의 첩장과 혼동했다는 것은 그때까지 삼별초 정부의 실체도 몰랐다는 말이다. 그 정도였으니 삼별초 정부의 요구에 부응하여 일본 정부가 무슨 조치를 취할 것이라는 기대는 도저히 할 수 없었다.

삼별초의 제주도 방어시설

제주도로 옮긴 삼별초 정부는 약 1년 가까이 대외 공략을 하지 않았다. 밖으로의 활동보다는 제주도 안에서 방어시설을 갖추는 데 주력한 탓이었다. 제주도에서의 방어시설은 진도에 있을 때보다 훨씬 강화되었다.

제주도의 방어시설에서 가장 중요한 것은 항파두리성이었다. 항파두리성은 현재 북제주군 애월읍 고성리에 그 일부가 복원되어 남아 있다. 그런데 《신증동국여지승람》에는 '항파두 고성' 외에 '고토성古土城'이라는 또 다른 성을 언급하고 있다. 하지만 이것은 그 위치나 규모, 토축이라는 성곽의 형태 등으로 보아 항파두리성과 같은 성을 언급한 것으로 생각된다.

항파두리성은 그 동편에 고성천, 서편에는 신왕천이 흐르고 있어 천연적인 방어 요새였다. 현존하는 항파두리성은 그 길이가 약 6킬로미터, 면적 약 26만 평 정도인데 사적 제396호로 지정되어 있다. 정확한 복원과 보존을 위해 주변 유적에 대한 지표조사가 시급하다고 한다. 이 항파두리성은 외성이고, 그 안에 둘레 약 7백 5십 미터의 정사각형의 석성이 내성으로 따로 축조된 것으로 보고 있다. 내성인 이 석성은 1920년대에 이미 없어지고, 석성 안에서는 건물의 파편과 가공된 석재들이 확인되었다고 한다.

그런가 하면 삼별초 정부는 애월항에 목성을 축조했다. 애월은 항파두리성에 연결되는 중요한 항구였고 관문이었다. 아울러 삼별초 정부의 수군이 주둔하는 거점이기도 했다. 또한 항파두리성과 가까운 귀일포·군항포·귀덕포 등 제주 북쪽 해안의 포구에도 방어시설이 있었다고 보고 있다. 특히 하귀리의 군항동은 삼별초의 군수물자를 실어 나르던 가장 중심적인 포구로 알려져 있다.

이 밖에도 삼별초 정부는 제주도 해안 전체를 둘러싸는 3백리 장성을 구축했다. 《신증동국여지승람》에는 이 장성을 삼별초가 쌓은 것이 아니라, 앞서 개경 정부의 명령을 받고 제주도를 방어하기 위해 나섰던 고여림의 군사들이 쌓았다고 기술하고 있다. 장성을 쌓은 주체가 누구인지 불확실한데, 양측에서 모두 관여한 것으로 보인다. 다만 고여림이 제주도를 방어한 지 얼마 되지 않아 삼별초 군사들에게 함락당했다는 사실로 볼 때 다 쌓지 못한 장성을 후에 삼별초 군사들이 제주도를 함락하고 다시 완성한 것이 아닌가 싶다.

이것이 장성이 아니고 제방에 불과하다는 이야기도 있지만, 연안을 석축으로 둘러싼 것은 환해장성環海長城이라는 조사 결과가 나와 있다. 조사에 의하면 북제주군과 남제주군 여러 곳에서 그러한 환해장성의 흔적을 발견할 수 있다고 한다.

이렇게 보면 삼별초 정부의 제주도 방어시설은 내성·중성·외성의 3중성을 연상시킨다. 매우 견고하고 철저한 방어시설을 갖추었던 것이다. 삼별초 정부는 제주도로 옮겨와서 1년 정도는 이러한 방어시설을 마련하는 데 시간을 보냈다. 진도가 함락되면서 그 실패를 거울로 삼았던 모양이다.

개경 정부의 회유

삼별초 정부가 제주도로 들어간 후, 1년 가까이 개경 정부나 원에서는 아무런 대응을 하지 않았다. 원은 일본원정 준비에 여념이 없었고, 개경 정부는 그러한 원정 준비에 대한 부담을 덜어내기에 바빴다.

원의 일본원정 준비는 철저하게 개경 정부를 앞세워 진행되었고 개경 정부는 모든 부담을 떠안을 수밖에 없었다. 군사 동원에서부터 전함 준비, 군량 확보를 위한 둔전屯田 개간과, 둔전 경작을 위한 농기구와 농우農牛 마련, 심지어는 농우나 군마의 사료까지 모두 개경 정부가 부담해야 할 몫이었다. 개경 정부로서는 삼별초에 대한 대응보다 그것이 발등에 떨어진 불이었다.

그러다가 개경 정부는 삼별초에 대한 회유에 나선다. 1272년(원종 13) 3월, 개경 정부에서 합문부사(정6품) 금훈琴熏을 초유사招諭使로 임명하여 제주도로 파견했다. 초유사는 회유를 목적으로 하는 사신으로, 금훈은 국왕의 회유문을 지니고 갔다. 제주도에 들어간 삼별초 정부를 어떻게든 회유해볼 심산이었던 것 같다. 하지만 금훈은 두 달 후인 그해 5월, 아무런 소득도 없이 돌아온다.

초유사 금훈은 그해 4월 15일 해남에서 배를 타고 제주도를 향해가다 보마도甫麻島(보길도?)에서 역풍을 만나 표류하고 만다. 이때 삼별초의 전함이 나타나 금훈의 배를 나포하여 관리들과 재물을 모두 추자도로 끌고가 억류해버렸다. 삼별초 정부에서는 내륙 연안으로 진출하는

데 제주도가 너무 멀리 있어 추자도를 그 전초기지로 삼고 있었다.

금훈이 가지고 간 국왕의 회유문은 제주의 김통정에게 보내졌다. 국왕의 회유문에 대한 김통정의 답서가 오자 금훈은 겨우 혼자만 풀려난다. 추자도에서 금훈을 억류하고 있던 삼별초의 장수 김희취金希就는 금훈에게 이런 말을 전했는데, 삼별초 군사들의 분노가 그대로 담겨 있다.

"너희들이 일찍이 진도에 사람을 보내어 유인해놓고는 대군을 이끌고 진도를 공파하여, 우리의 부모처자를 모두 잡아갔다. 이것으로 우리들의 원한이 골수에 사무쳤다. 이제 또 우리를 현혹하여 나머지 가족을 죽이고자 하니 너희들을 마땅히 모두 죽일 것이로되, 그러면 이 답서를 누가 가서 전하겠는가. 그래서 너만은 살려 보내는 것이다."

삼별초 군사들은 금훈을 따라왔던 하급 관리와 타고 왔던 큰 배도 빼앗아 다시 제주로 나포해갔다. 그리고 작은 배와 사공 셋만을 주어 금훈만 돌려보냈다. 이는 개경 정부의 회유에 응할 뜻이 조금도 없음을 보여준 것이었다.

국왕의 회유문에 대한 김통정의 답서 내용은 사서에 남아 있지 않다. 하지만 그 내용은 김희취의 말과 대동소이할 것으로 생각된다. 이에 따르면 애초에 진도의 삼별초 정부에 화친 의사를 보인 것은 개경 정부였다. 개경 정부에서는 토벌책과 회유책을 병행하고 있었다. 삼별초를 토벌하기 위해 파견된 개경 관리들이 공격에 적극적이지 못했던 것도 그런 이유 때문이었다. 하지만 진도의 삼별초 정부에서는 개경 정부의 회유책을 믿을 수 없었다. 개경 정부는 원에 복속되어 있었기 때문에, 설사 삼별초 정부가 개경 정부의 회유에 응한다 해도 신변을 보장받을 수 없었던 것이다. 삼별초 정부에 대한 처리 문제는 개경 정부의 권한 밖에 있었다.

그래서 진도의 삼별초 정부에서는 원의 장수 흔도와 직접 협상하기를 원했다. 이를 보면 진도의 삼별초 정부가 회유에 응할 생각이 전혀 없지는 않았다고 보인다. 진도가 쉽게 함락되었다는 사실에서 그런 회유책에 대한 내부 갈등이 분명히 존재했다는 것도 짐작할 수 있다. 그런데 흔도는 삼별초 정부의 제안에 응하지 않고 토벌을 감행하여 진도를 함락시켰던 것이다.

개경 정부는 제주도의 삼별초 정부에 대해 다시 회유를 시도했지만 이제 그것은 전혀 먹혀들지 않았다. 김희취의 분노 섞인 말 속에는, 제주도의 삼별초 정부가 결코 진도의 그런 전철을 밟지 않겠다는 굳은 의지가 담겨 있었다.

조운선 약탈

앞서 말한 대로, 삼별초 정부가 제주도로 옮겨오면서 가장 시급한 문제는 식량을 확보하는 것이었다. 진도가 함락당하면서 남아 있던 식량은 거의 모두 빼앗겼다. 그렇다고 제주도 자체에서 식량을 조달하는 것도 역부족이었다. 삼별초 정부가 들어와 갑자기 인구가 불어났기 때문에 제주도의 자체 생산량이나 비축량만으로는 그 수요를 따라가지 못했다. 별수 없이 내륙의 연안까지 진출하여 식량을 조달하는 수밖에 없었다.

1272년(원종 13) 3월, 삼별초 정부는 제주도에 들어온 이후 처음으로 내륙 연안으로 진출했다. 삼별초 군사들이 회령군(전남 강진 마량?)에 침입하여 조운선(세미 운반선) 네 척을 약탈했던 것이다. 회령군이 지금의 어디인지 정확한 지점을 잘 모르겠지만 조운로의 길목에 위치한 곳이라는 점은 분명하다. 아마 13조창의 하나로서 강진만에 있던 장흥창의 입구에서 조운선을 약탈한 것으로 보인다.

이어서 해남과 해제(전남 무안)를 공략하여 역시 여러 주현의 조운선을 탈취했다. 그리고 그해 5월에는 탐진현(전남 강진)을 공략하여 약탈을 계속했다. 전남의 서남해안 일대를 종횡무진 휩쓸었던 것이다. 개경 정부는 이에 대해 거의 무방비 상태였다.

탐진현을 공략한 그때 또 다른 삼별초 군사들은 대포(경남 사천)에 침입하여 조운선 13척을 나포했다. 대포는 13조창의 하나인 통양창의 길목으로 지금의 사천만 입구로 보인다. 이제 삼별초는 경상도 남해 연안까지 그 활동 범위를 넓히고 있었다.

경상도 지역으로 활동 범위를 확대한 삼별초는 정보 수집도 겸하고 있었다. 대포에서 조운선이 나포당한 직후 경상도 안찰사가 삼별초 정부의 첩자 두 명을 사로잡아 개경으로 보냈다는 사실에서 이를 알 수 있다. 삼별초 정부에서 경상도 지역에 첩자까지 파견하여 얻으려 했던 정보는 무엇이었을까?

아마 삼별초가 원한 정보는 일본원정과 관련된 것이 아니었을까 싶다. 이 무렵 원에서는 김해·마산 지역을 일본원정의 전초기지로 삼고 있었다. 그래서 김해에는 원의 군사들이 주둔하고 있었다. 삼별초는 일본원정과 관련된 원의 동정을 살펴보기 위해서 첩자를 보냈다고 여겨진다.

단 두 달 사이에 삼별초 정부에서 나포한 조운선은 20척, 빼앗은 미곡이 3천 2백 석이었다. 그리고 살해된 자가 12명, 포로로 잡혀간 자가 24명이었다. 인명 피해는 최소화했다는 것을 알 수 있는데, 이는 오로

지 식량 확보만을 위한 공략이었기 때문이다.

개경 정부는 삼별초 정부의 공략에 대해 속수무책이었다. 그럴 수밖에 없는 것이 개경의 군사들은 환도한 후 병장기를 원에 회수당한 상태였다. 개경 정부에 군사 지휘권이 없음은 말할 필요도 없고, 무기에 대해서도 원의 철저한 통제를 받았다. 그러니 원의 허가 없이는 자율적으로 군대를 움직일 수도 없었다.

원 황제의 명령을 받아 개경 정부를 통제하는 사람이 주둔군 사령관 격인 흔도와 다루가치 이익李益이었다. 흔도는 전임 사령관이 소환된 후 1271년(원종 12) 3월에 왔고, 이익은 전임 다루가치 탈타아가 죽으면서 1272년(원종 13) 4월에야 부임해왔다. 이 두 사람이 고려의 내정과 군사 문제를 관장했다.

이런 정국에서 국왕이 자율적으로 할 수 있는 일은 아무것도 없었다. 특히 삼별초와 일본 문제는 사소한 것까지 원 황제의 처결을 받아야 했다. 어쩌다 삼별초 정부에서 도망쳐온 자들이 있었지만 이들에 대한 처분도 국왕 마음대로 할 수 없었다. 삼별초 정부에 강제로 억류되었다가 풀려난 사람들에 대해서도 국왕이 아닌 흔도가 처결했다.

일본 상인이 김해에 오는 경우도 더러 있었는데, 이런 사소한 일도 원에 보고해야 했고 지방관이 마음대로 할 수 없었다. 경상도안찰사로 있던 조자일曹子—이 일본 상인을 마음대로 돌려보냈다고 하여 홍다구에 의해 죽임을 당한 일도 있었다. 원에서는 개경 정부가 일본과 몰래 내통하고 있다는 의심을 하고 있었기 때문에 과민한 반응을 보인 것이다.

그래서 국왕 원종이 삼별초의 조운선 약탈에 대해 할 수 있는 일은 원의 황제에게 직접 호소하는 길밖에 없었다. 1272년(원종 13) 6월, 국왕은 황제에게 표문을 올려, 삼별초의 조운선 약탈에 대한 방비책을 건의했다. 그것은 김해에 주둔하고 있는 원의 군사를 동원하여 연해 지방을 방어해야 한다는 것이었다. 김해에 주둔하고 있던 원의 군사는 일본원정을 위한 병력이어서 다른 곳으로 빼돌릴 수 없는 것이었다. 국왕이 이를 뻔히 알면서도 그런 주문을 했던 것은 고려의 군사를 동원할 수 있는 구실을 얻기 위한 것이었다고 보인다. 국왕은 그런 식으로라도 군사권을 확보하려고 노력했을 수 있다.

그런 결과였는지 국왕이 표문을 올린 지 사흘 후, 개경 정부에서는 장군 나유羅裕에게 군사 1천 5백을 주어 전라도로 급파했다. 하지만 이때는 이미 삼별초 군사들이 조운선 약탈을 끝내고 전라도 연해를 빠져나간 뒤였다. 조운선의 운항은 5, 6월 우기가 닥치기 전에 마쳐야 했기 때문에 그 약탈도 아무 때나 이루어지는 것이 아니었다.

원의 회유

원에서 제주도의 삼별초에 대처할 새로운 특사가 부임해왔다. 황제의 친위군에 소속된 왕잠王梣이라는 무관이었다. 황제 친위군의 무관이 왔다는 것은 제주도의 삼별초 정벌에 황제가 얼마나 신경을 쓰고 있었는지 알 수 있는 대목이다. 이전에 왔던 주둔군 사령관 격인 흔도가 있는데도 다시 새로운 무관을 파견한 것이다.

홍다구는 왕잠에게 삼별초를 회유하기 위한 기발한 계책을 건의했다. 제주도 삼별초를 지휘하고 있는 장수들의 친족이 개경에 많이 있으니 그들을 제주도에 보내 회유하자는 것이었다. 홍다구의 건의는 삼별초에 대한 회유인 동시에, 개경 정부 안에서 삼별초와 가까운 사람들을 격리시키려는 복안이기도 했다. 회유에 성공한다면 두말할 필요도 없이 좋은 일이고, 실패하더라도 그들을 강력하게 묶어둘 수 있는 구실을 마련할 수 있기 때문이다. 어쩌면 전자보다는 후자 쪽에 더 무게를 둔 묘안일 수 있었다.

원의 황제는 개경 정부가 혹시 삼별초와 은밀하게 내통하지 않나 감시의 눈을 번득였고, 개경 정부가 다시 섬으로 들어가지는 않을까 예의주시하기도 했다. 고려는 일본원정을 위한 모든 전쟁 비용 부담을 떠안고 있었고, 자주성마저 심하게 침해받고 있었다. 이러한 고달픈 개경 정부의 처지를 감안할 때, 원에서는 충분히 그런 우려를 가질 만했다. 홍다구의 복안은 이러한 황제의 염려에 적중한 것이었다. 황제는 홍다구의 복안에 찬성하여 즉시 실행에 옮길 것을 지시했다.

그래서 김통정의 조카인 낭장(정6품) 김찬金贊과, 삼별초 장수 오인절吳仁節의 친족인 환문백桓文伯 등 다섯 명이 지목되어 제주도로 파견되었다. 김통정과 함께 삼별초의 장수로 거론된 오인절은 어떤 인물인지 알 수 없지만 삼별초를 움직일 수 있는 힘을 가진 장수로 보인다. 오인절의 친족으로 지목된 환문백 역시 잘 알 수 없는 인물이다. 다만 김통정의 조카로 지목된 김찬은 1266년(원종 7) 11월에 원의 사신 흑적을 안내하여 일본으로 향했다가 높은 파도를 핑계로 거제도에서 되돌아온 적이 있었다.

그런데 삼별초 정부를 회유하러 나선 이들 관리들은 제주도에 갔다가 김통정에 의해 모두 죽임을 당하고 김찬만이 억류되고 만다. 이것은 원의 회유책에 대한 강력한 거부 표시였다. 앞서 개경 정부의 회유를 거부한 데 이어 원의 회유마저 거부한 것이다. 제주도 삼별초 정부가 원과 개경 정부를 향해 끝까지 항쟁하겠다는 의지를 분명히 드러낸 것이었다.

그런 중에도 삼별초는 식량 조달활동을 계속했다. 1272년(원종 13) 8월에는 전라도의 상공미 8백 석을 약탈하기도 했다. 이는 조운선을 약탈한 것이 아니고 내륙에 상륙하여 연안의 조창을 공격한 것으로 보인다. 이를 통해서도 식량 확보가 삼별초 정부의 가장 중요한 과제였다는 것을 알 수 있다.

일본원정 방해

식량이 어느 정도 확보되면서 삼별초의 공격은 더욱 날카로워졌다. 1272년(원종 13) 9월 삼별초는 고란도까지 쳐들어갔다. 고란도는 현재 충남 보령시 주교면 고정리 고만마을 일대로 보고 있다. 이 지역은 지금 육지가 되었지만 조선 중기까지만 해도 해안 방어에 중요한 역할을 하는 섬이었다.

삼별초가 고란도를 공격한 이유는 일본원정에 필요한 선박 건조를 방해하기 위해서였다. 삼별초는 고란도를 공격하기 위해 석 달 전부터 이 지역을 탐색하고 있었다. 1272년(원종 13) 6월 삼별초의 전함이 서해안을 거슬러 태안반도까지 올라갔다는 기록이 그것을 보여준다. 전라도 지휘사가 개경 정부에 이 사실을 보고하자 개경에 살던 사람들이 두려워 민심이 흉흉했다고 한다. 제주도에 근거한 삼별초의 위협이 개경에까지 미쳤던 모양이다.

삼별초는 고란도를 공격하여 전함 6척을 불사르고 선박을 건조하던 장인들을 죽였다. 이에 그치지 않고 삼별초는 홍주(충남 홍성)부사 이행검李行儉과 인근의 지방관들을 포로로 잡아갔다. 홍주부사 이행검은 선박 건조 책임자였고, 인근의 지방관들도 모두 조선사업을 위해 지방민들을 동원하고 있던 관리들이었다.

이어서 그해 11월 삼별초는 안남도호부(경기 부평)에 쳐들어가 부사 공유孔愉와 그 가족을 사로잡아 갔다. 이때 삼별초가 연안의 내륙까지 진출하여 경기 지방의 교통이 두절될 정도였다고 하니까 그 공략 범위가 매우 광범위했음을 알 수 있다. 서너 달 사이에 삼별초가 경기·충청의 서해안 일대를 마음껏 공략했던 것이다.

그런데 삼별초에 사로잡혀간 공유는 좀 특이한 인물이다. 공유는 앞서 일본 상인을 마음대로 돌려보냈다고 홍다구에게 죽임을 당한 조자일과 함께, 삼별초 정부가 진도에 있을 때 토벌의 책임을 맡은 적이 있었다. 삼별초가 나주와 전주를 공략하자 김방경을 추토사로 임명하여 삼별초의 저지에 나섰는데, 그때 공유와 조자일은 삼별초를 공격하는 데 매우 소극적인 태도를 보였다. 이에 김방경은 공유와 조자일의 탄핵을 건의하여 처벌을 받게 했었다.

이를 보면 공유와 조자일은 삼별초 정부에 대해 우호적인 감정을 지닌 인물이 아니었나 싶다. 조자일이 그 사건 후 홍다구에게 죽임을 당한 것도 이와 무관치 않다고 본다. 삼별초가 안남도호부를 공격하여 공유와 가족을 사로잡아간 것은 이들의 성향을 파악하고 이용하기 위한 것으로 보인다. 그러니까 공유는 삼별초에 순전히 강제로 붙잡힌 포로가 아니라 어느 정도 자발적인 포로였다고 볼 수 있다.

앞서 삼별초에 사로잡힌 홍주부사 이행검도 공유와 비슷한 성향을 가지고 있었다. 이행검은 포로로 잡혀가 제주도의 삼별초 정부에서 인사행정을 맡기도 했다. 이를 보면 그는 삼별초 정부에 협조한 것이 분명했다. 공유와 이행검은 제주도가 함락된 후 다시 개경 정부로 복귀한다.

이렇게 삼별초 정부에 우호적인 관리들은 공유나 이행검 말고도 개경 정부에 적지 않게 있었으리라고 본다. 개경 정부의 관리로서 드러내놓고 삼별초 정부에 영합할 수는 없었겠지만 우호적인 감정을 품은 자들이 분명 있었던 것이다.

삼별초가 안남도호부를 공략하여 공유의 가족을 데리고 간 그 무렵인 1272년(원종 13) 11월, 또 다른 삼별초의 함대는 합포(경남 마산)에 쳐들어가 전함 20척을 불태우고 원의 봉수 군졸 네 명을 포로로 붙잡아 갔다. 이 역시 원의 일본원정을 방해하려는 목적이었다.

마산을 공략한 지 열흘 후에, 삼별초는 또 거제도(경남)와 영흥도(인천)를 동시에 공격했다. 삼별초는 남해와 서해에 계속 머무르면서 양동작전을 펼치고 있었던 것이다. 그들은 거제도에서 전함 세 척을 불태우고 현령까지 붙잡아갔다.

영흥도에 쳐들어간 삼별초는 섬에 정박하고 주변을 탐색하기도 했다. 이 소식을 들은 개경 정부는 놀라 어찌할 바를 모르고, 혹시나 삼별초 군사들이 개경까지 쳐들어오지 않을까 전전긍긍했다. 이에 국왕은 흔도에게 기마병 50명을 요청하여 따로 궁궐 수비를 부탁했다. 이제 삼별초의 위협이 개경의 대궐에까지 미치고 있었던 것이다.

1273년(원종 14) 정월, 삼별초는 다시 마산에 쳐들어가 전함 32척을 불태우고 경비 중이던 원의 군사 10여 명을 살해한다. 지금까지 벌써 60여 척의 전함을 불태웠는데, 이 일은 특히 마산에서 집중적으로 이루어졌다. 마산이 일본원정의 전초기지였기 때문이었고, 이때 불태워진 전함은 모두 일본원정에 동원될 선박이었다.

이렇게 서해와 남해에서 삼별초의 공략이 동시다발로 이루어지고 있어서 일본원정 준비가 원활히 진행될 수 없었다. 이제 원이 제주도 삼별초 정부를 그대로 방치하고 일본원정을 단행할 수 없는 상황에 이르렀다.

제주도 함락

1272년(원종 13) 12월, 원에서 제주도 삼별초 정부를 정벌할 군사작전이 결정되었다. 동원될 군사는 전체 1만 2천 명이었고 전함은 2백 척 이상이었다. 그 가운데 고려가 부담할 병력은 군사 6천과 수수水手(뱃사공) 3천 명이었다.

고려에서는 원의 결정에 따라 각 도에 초군별감抄軍別監이라는 징집관을 파견하여 군사를 징발한다. 하지만 군사들이 도망가는 경우가 많아 징발에 어려움이 적지 않았다. 모두 강제 징발이었던 데다가 동족 간의 전쟁에 동원될 처지였으니 순순히 자원할 리 없었다.

1273년(원종 14) 1월, 개경 정부는 김방경을 다시 판추토사로 임명하여 고려 군대의 최고사령관을 맡겼다. 그리고 전함은 각 도에서 동원되었다. 이어서 2월에 준비된 전함들이 전라도로 향했다. 전함이 출발한 지 열흘 후 김방경은 기병 8백을 거느리고 원의 장수 흔도를 따라 전라도를 향해 출정했다. 진도를 칠 때와 마찬가지로 김방경과 흔도는 여원 연합군의 최고지휘부를 책임졌다.

그런데 서해도(황해도) 지역의 전함이 집결하여 남하하던 중 가야소도에서 태풍을 만나 전함들이 침몰하는 대형사고가 일어난다. 이때 침몰한 전함의 수가 20척이나 되고 백여 명이나 되는 사람들이 목숨을 잃었다. 가야소도는 어디에 있는 섬인지 불확실한데, 아마 태안반도 인근의 섬이 아닌가 싶다. 태안반도 앞의 바닷길은 안행량으로 불렸는데, 조수의 물살이 거세기로 유명한 곳이었다.

침몰사고는 이것만이 아니었다. 경상도의 전함 27척이 전라도를 향해 가다가 파선하여 침몰했다. 잇따른 전함의 침몰은 자연재해 때문이 아니라 선박 자체의 결함도 한 원인으로 작용했던 것 같다. 원의 다루가치가 전함의 침몰을 구실 삼아 서해도 안찰사를 구속시켰다는 사실에서 그런 짐작을 해볼 수 있다.

그래서 실제로 동원된 전함은 전라도의 전함이 대부분이었다. 동원된 전함과 군사들은 모두 영산강 하구의 반남현(전남 나주)에 집결했다. 전함은 160척, 병력은 수군과 육군 합해서 1만여 명이었다. 이 군사력은 진도를 공격할 때보다 한층 증강된 것이었다.

1273년(원종 14) 4월 9일, 영산강 하구를 출발한 여원 연합군은 삼별초가 내륙을 공략하는 전초기지로 삼고 있는 추자도로 향해 아무런 저항도 받지 않고 추자도에 상륙하게 된다. 삼별초가 제주도를 방어하기 위해 추자도를 포기하고 군사력을 모두 제주도로 집결한 것이었다.

추자도에 도착한 여원 연합군은 풍랑이 심하여 잠시 대기해야 했다. 하지만 풍랑이 쉽게 그치지 않자 이를 무릅쓰고 공격을 감행하는데 이는 그만큼 제주도 공략이 다급했다는 뜻이다. 여원 연합군은 제주도를 향해 3군(중군·좌군·우군)으로 나누어 접근했다. 주력인 중군은 함덕포(북제주군 조천읍 함덕리)로 들어가 상륙을 하고, 좌군은 비양도(북제주군 한림읍)를 교두보로 하여 한림 해변에 상륙했다. 우군은 항파두리성이 가까운 애월읍 해변으로 들어가 삼별초의 병력을 유인했다.

3군에 의한 양동작전은 진도를 공략할 때와 비슷한데, 우세한 병력으로 삼별초의 방어력을 분산시키려는 전술이었다. 더구나 제주도 삼별초의 군사력은 진도에 근거하고 있을 때보다 수적으로 크게 줄었다.

■ 제주도 함락

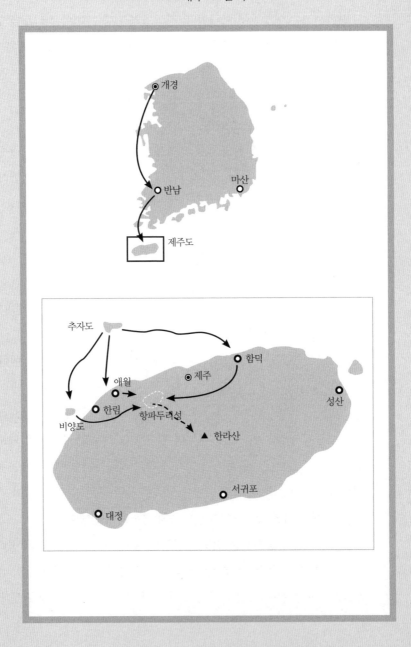

그러니 여원 연합군의 이러한 세 방향의 공격에 더욱 취약할 수밖에 없었다.

삼별초는 적은 병력이지만 세 방향의 방어에 모두 나섰다. 함덕포에서는 해변의 암석 사이에 복병을 배치하여 상륙을 저지했지만 중과부적이었다. 중군의 전함이 일제히 상륙을 시도하니 적은 병력으로 감당할 수 없어 방어선이 쉽게 무너지고 말았다.

비양도를 방어하는 데도 실패하고 만다. 여원 연합군은 바로 항파두리성으로 밀어닥쳤고, 내성까지 여원 연합군의 공략에 그대로 노출되었다. 여기에 함덕포에 상륙한 중군까지 합세하여 더 이상 버틸 수가 없게 되었다. 성을 지키고 있던 김통정은 잔여 군사를 이끌고 산속으로 피신하고, 또 다른 삼별초 장수 이순공李順恭과 조시적曹時適은 항복하고 만다.

삼별초의 저항은 애월읍에서 가장 완강했다. 이곳은 본래 삼별초의 수군기지였으며 항파두리성에서 제일 가까웠던 탓에 그만큼 중요한 곳이었다. 따라서 삼별초의 병력도 여기에 제일 많이 배치되어 있었다. 하지만 함덕포와 비양도의 방어가 무너지고 항파두리성이 함락되자 더 이상 이곳을 방어할 의미를 찾을 수 없게 되었다.

결국 항파두리성은 3면에서 협공을 받고 무너지고 말았다. 김방경은 성을 함락한 후 김윤서金允敍 등 삼별초의 장수 6명을 즉석에서 공개 처형하고 포로 1천 3백여 명을 사로잡았으며, 원래 제주에 살던 사람들은 생업으로 돌아가게 했다. 제주도 포로 1천 3백여 명은 진도 함락 당시의 포로 주민 1만여 명에 비하면 약소하다. 이는 제주도 삼별초의 군사력이 진도에 있을 때보다 현저하게 약화되었음을 그대로 보여 주는 것이다.

제주도 삼별초 정부도 그렇게 끝났다. 1273년(원종 14) 4월 28일이었다. 여원 연합군이 영산강을 출발한 지 20일 만에 종료된 셈이니 매우 신속하게 공격이 이루어진 것을 알 수 있다. 그 후 제주도에는 원의 군사 5백 명과 고려 군사 1천 명만이 남고 여원 연합군 본진은 제주도에서 철수했다. 잔류한 군사들은 산속으로 도주한 삼별초의 잔여세력을 소탕하려는 것이었다.

그해 6월 삼별초의 잔여세력으로 김혁정金革正, 이기李耆 등 70여 명이 체포되어 홍다구에 의해 처형당했다. 이때 원의 주둔군 사령관 흔도는 이미 개선하여 환국하고 홍다구가 삼별초 문제를 처리하고 있었다. 한라산 기슭으로 피신했던 김통정은 포위망이 좁혀오자 목을 매어 자결하고 말았다.

제주도 삼별초 정부는 진도에 있을 때보다 그 세력이 크게 위축되어 있었다. 더구나 승화후 온이 죽은 후 왕을 새로 옹립하지도 못했다. 그래서 제주도에서의 삼별초 정부는 정통 정부의 성격보다는 하나의 정치세력 정도로 그 위상이 약화되어 있었다. 제주도가 그렇게 쉽게 함락된 데에는 약화된 삼별초의 위상도 하나의 이유로 작용했다고 본다.

이로써 1270년(원종 11) 5월 23일 강화도에서 봉기가 시작된 이후, 1273년(원종 14) 6월 마지막 지도자 김통정이 자결하기까지 만 3년 동안의 삼별초 항쟁은 막을 내린다. 길지 않은 기간이었지만 삼별초는 대몽항쟁의 마지막을 가장 치열하게 장식했다. 그동안 무인정권에 이용만 당하면서 못다 한 대몽항쟁에 대한 보상이라도 받으려는 듯이, 최고 지휘관에서 말단 병사에 이르기까지 모두 산화해버렸던 것이다.

어쩌면 무인정권의 대몽항쟁은 삼별초의 순수한 항쟁과 희생이 있었기에 역사적으로 재평가받을 수 있는 길이 조금이나마 열려 있는지도 모르겠다. 그것이 가능하다면 이는 순수한 항쟁에 스스로 몸을 던지고 이름도 없이 사라져간 삼별초 군사들의 덕일 것이다.

제주에 전해지는 삼별초 관련 설화

이름이 남아 있는 별들

강화도를 출발할 때 삼별초 세력의 인원을 1만 5천 정도로 추산하고 있다. 이중 군사가 반 정도였고 나머지는 그 가족이나 하급 관리, 일반 백성, 노비들로 생각된다. 이들 대부분은 이름도 없이 사라졌지만, 그런 중에도 이름이 남아 있는 경우가 더러 있었다. 이 사람들을 열거해 보고자 한다.

(1) 배중손裵仲孫, 노영희盧永禧, 유존혁劉存奕

(2) 이문경李文京, 곽연수郭延壽

(3) 김희취金希就, 오인봉吳仁鳳, 전우田祐

(4) 오인절吳仁節

(5) 이순공李順恭, 조시적曹時適

(6) 김윤서金允敍, 김혁정金革正, 이기李奇

(7) 김통정金通精

(1)의 배중손은 강화도에서 일어난 봉기가 군사적 반란으로 확대될 때 맨 처음 삼별초의 지도자로 등장했다. 그는 진도를 탈출하려다 빠져나오지 못하고 전사한 것으로 판단된다. 노영희는 유일하게 현직 삼별초 지휘관 출신으로 난에 가담한 것이 확인된 인물인데, 그가 삼별초 정부 내에서 어떤 활동을 했고 언제 죽었는지는 드러나 있지 않다.

유존혁은 대장군(종3품)으로 삼별초 정부에서 무관직으로는 가장 고위직 출신이었다. 삼별초 정부가 구성될 때 그는 승선직을 맡았고, 진도가 함락될 때는 남해도에서 80여 척의 대선단을 독자적으로 이끌었다. 유존혁은 진도가 함락된 후 제주도로 합류했는데 그 후의 행적은 드러나지 않고 언제 죽었는지도 알 수 없다.

(2)의 이문경과 곽연수는 삼별초 정부가 진도에 있을 때 제주도를 공략하여 함락한 장수들이다. 곽연수는 이 과정에서 전사했다. 이문경의 활동은 이후에는 나타나지 않는다.

(3) 김희취, 오인봉, 전우는 개경 정부의 회유사 금훈이 제주도로 파견될 때, 남해 연안에서 이들을 나포하여 추자도까지 끌고간 삼별초의 장수들이다. 이후의 활동이나 행적에 대해서는 역시 아무런 기록이 남아 있지 않다.

(4)의 오인절은 삼별초 정부의 친족들을 붙잡아 제주도로 파견하자고 건의할 때 홍다구가 거론한 인물이다. 그러므로 오인절은 삼별초의 장수이거나 삼별초 정부에서 중요 직책을 맡은 인물로 보인다. 어쩌면 (3)의 오인봉과 친족관계에 있는지도 모르겠다.

(5) 이순공, 조시적은 여원 연합군에 의해 제주도가 함락될 때 연합군에 항복했던 삼별초의 장수였다. 그 후 이들이 어떻게 되었는지는 알 수 없다.

(6)의 김윤서는 제주도가 함락될 때 사로잡혀 처형된 삼별초의 장수이다. 김혁정과 이기는 여원 연합군이 제주에서 철수한 후 잔류 병력들에게 붙잡혀 홍다구에 의해 처형되었다. 그런데 이 김혁정은 김준 정권에서 야별초의 지휘관으로 활동했다고 나타나는 김혁정金革精이라는 인물과 동일 인물이 아닌가 의심된다. 한자가 다르지만 동인이명의 경우는 역사 기록에서 허다하기 때문이다. 그리고 (7)의 김통정도 이 김혁정과 친족관계에 있었던 인물로 여겨진다. 삼별초 세력 안에는 친족관계에 있던 인물이 많았으리라고 보기 때문이다.

이상의 인물들은 이름만 남아 있을 뿐이지, 그 활동 기록이 지극히 단편적이어서 각 인물의 성격이나 구체적인 활동 내용을 도저히 짐작할 수 없다. 이름 몇 자라도 사서에 언급된 것이 다행인지도 모른다.

김통정과 관련된 설화

제주도 삼별초 정부를 이끌었던 김통정에 대해서도 배중손과 마찬가지로 전혀 알려진 바가 없다. 그의 출신 신분이나 이전의 관직 경력, 활동 등 아무것도 알 수 없다. 그 역시 삼별초의 항쟁으로 인해 역사상에 처음 등장한 인물이었다.

다행히 제주도에는 김통정에 대한 설화가 많이 전해지는데, 이중 몇 가지만 언급해보겠다.

출생과 관련된 설화

김통정의 어머니는 중국 조정승의 딸이었는데 과부로 있을 때(혹은 처녀로 있을 때) 지렁이가 변신한 남자와 통하여 김통정을 낳았다. 그는 천자국, 즉 중국에서 탐라를 돌아보라고 보낸 장수였다. 성장하면서 김통정은 활을 잘 쏘고 하늘을 날며 도술을 부리기도 했다. 그는 온몸에 비늘이 돋아 있었고 겨드랑이에는 조그만 날개가 있었다.

여기서 우선 지렁이 출생 설화가 눈에 들어온다. 잘 알다시피 후백제를 세운 견훤이 바로 지렁이 출생 설화를 가지고 있다. 어쩌면 이는 김통정과 견훤이 같은 지역 출신이기 때문에 나타난 것인지도 모르겠다. 견훤의 출생지를 상주(경북) 혹은 무진주(광주)로 이야기하고 있는데, 김통정도 혹시 이곳에서 출생한 것이 아닐까.

그리고 지렁이와 더불어 어머니가 과부로 언급되고 있는 것은, 김통정이 농민 출신이거나 어려운 환경에서 자랐다는 성장 배경을 나타낸다고 볼 수도 있다.

항쟁과 관련된 설화

김통정은 항파두리에 토성을 쌓고 궁궐을 지었다. 백성들에게 세금을 받되 돈이나 쌀을 받지 아니하고 반드시 재灰 닷 되와 빗자루 하나씩을 받았다. 김통정은 이 재를 토성 위에 깔고 말꼬리에 빗자루를 매달아 성 위를 돌았다. 그러면 재가 피어올라 안개처럼 뽀얗게 끼어 적이 방향을 잡지 못하고 그대로 돌아갔다.

세금으로 재 닷 되와 빗자루 하나를 받았다는 설화는 제주 사람이라면 대부분 전해들어 알고 있다고 한다. 이 설화가 의미하는 바는 무엇일까? 세금으로 재를 받았다? 혹시 제주도 삼별초 정부의 어려운 재정 사정을 반영하는 것은 아닐까. 강력하게 세금을 물리자니 그럴 만한 생산 기반도 없었고, 자칫 잘못하면 주민들의 원성을 살까 두려웠을 것이다. 그래서 삼별초 정부의 곤궁한 처지를 보여주는 설화가 아닌가 싶다.

최후와 관련된 설화

(1) 천자국에서 세 명의 장수를 파견하여 김통정을 잡으려고 하니 재와 안개가 피어올라 앞을 분간할 수 없었다. 또 토성이 높고 무쇠문이 잠겨 있어 들어갈 수 없었는데 '아기업개'가 그 비결을 알려주어 성을 함락시키고 김통정을 잡을 수 있었다.

(2) 김방경이 토성 안으로 침입해오자 김통정은 앉고 있던 쇠방석을 바다로 내던졌다. 쇠방석이 바다 위에 뜨자 김통정은 날개를 벌려 쇠방석 위로 날아갔다. 김방경은 '아기업개'가 일러준 비결대로 군사들을 새와 모기로 변하게 하여 김통정을 따라가게 했다. 김통정이 고개를 들어 새를 보려는 순간 머리가 뒤쪽으로 젖혀지면서 목의 비늘이 벌어져 틈새가 생겼다. 그때 모기로 변했던 장수가 칼을 빼어 김통정 장군의 목 비늘 틈새를 내리쳤다. 목이 떨어지자 재빨리 재를 뿌려 다시 목이 붙지 못하게 했다.

(3) 김통정은 한번 잠이 들면 한 달 동안 식음을 전폐하고 잠을 잤다. 이 비밀을 김통정의 담살이(머슴)가 김방경에게 고해바쳐 그를

죽이게 만들었다.

(4) 김방경은 '아기업개'의 도움을 많이 받았지만 그가 김통정의 아내로 임신한 것을 알았다. 김통정이 죽은 후 '아기업개'를 죽이고 배를 갈라보니 비늘이 달리고 날개가 돋은 아이가 한참을 파닥거리고 뛰었다.

　모두 김통정의 죽음을 애석하게 여기는 설화로 보인다. 여기 설화에서 중요한 점은 '아기업개'나 '머슴'의 배신으로 김통정이 붙잡히게 되었다는 사실이다. 이는 김통정이 가까운 측근의 밀고에 의해 붙잡혔다는 사실을 반영한 것으로 보인다. 김통정이 한라산 기슭에서 자결했다는 이야기도 있고 포로로 붙잡혔다는 설도 있다. 산기슭의 숲속에 은거해 있던 중 가까운 자의 밀고로 인해 포로로 잡힐 뻔하지만 그 직전에 자결하지 않았나 싶다.

　모든 설화가 그렇듯이 여기서도 김통정을 신비화하고 있다. 이런 설화가 지금까지 남아 있다는 것은 당시 제주도 주민들에게 실패한 장수로서의 김통정이 깊게 각인된 결과로 볼 수 있을 것이다.

함락, 그 후

제주가 함락된 후 원에서는 다루가치를 파견하여 섬을 직접 관리했다. 이어서 탐라국초토사를 두고, 후에 이를 '탐라총관부'로 개칭하여 원의 직할지로 직접 지배하기에 이른다. 이는 화주(함남 영흥)에 쌍성총관부를 설치하여 철령 이북의 땅을 원에서 직접 지배한 것이나, 서경(평

양)에 동녕부를 설치하여 자비령 이북의 땅을 지배한 것처럼 명백한 영
토 상실을 의미했다.

그리고 포로로 붙잡힌 사람들은 특별관리되었다. 그 가운데 여성들
은, 남송의 투항자로 조직되어 일본원정을 위해 고려에 왔던 군사들의
처로 제공되기도 했다. 예나 지금이나 이민족의 지배하에서 가장 먼저
피해를 입는 것은 여성이었다. 하지만 이것은 약과였다. 이후 원의 정
치적 간섭을 받으면서 아무 죄없이 어린 나이에 북으로 끌려간 고려의
여성은 수도 없이 많았다.

김방경은 삼별초를 진압한 공으로 수상직인 문하시중에 올랐다. 그
밖에 진압에 참여했던 무장들도 모두 포상을 받고 승진했다. 이들은
앞으로 원과의 관계 속에서 크게 득세할 사람들이었다. 특히 김방경은
황제의 부름을 받고 원에 들어가 후한 선물과 작위까지 받고 돌아온
다. 이때 김방경의 나이 62세였다.

삼별초가 진압되자마자 원에서는 일본원정에 박차를 가한다. 김방
경은 그 일본원정에서도 고려 군대의 최고사령관을 맡아 전면에 나선
다. 그러나 일국의 수상이었지만 그의 의지대로 할 수 있는 일은 아무
것도 없었다. 김방경은 당시 고려 왕조가 처한 딱한 현실을 상징적으
로 보여주는 인물이다.

제주가 함락되자 삼별초의 일부 세력이 오키나와로 피신했다는 이
야기가 있다. 오키나와의 한 성에서 출토된 기와 명문에는 '계유년고
려와장조癸酉年高麗瓦匠造'라는 글귀가 발견되고 있다고 한다. '계유년
에 고려의 기와 장인이 만들다'라는 뜻인데, 계유년은 1273년으로 제
주도가 함락된 연대와 맞아 떨어진다.

만약 오키나와의 출토 기와가 1273년에 만들어진 것이 분명하다면

이는 제주도 삼별초와 연결시켜 생각할 수밖에 없다. 그렇다면 제주도가 여원 연합군에 함락되면서 일부 삼별초 세력이 섬을 탈출하여 오키나와까지 들어갔다는 이야기가 된다. 일본인 학자에 의해 제기된 이러한 학설은 아직 일반화되지는 못했지만 충분히 가능성이 있는 일이다.

제주도에서 오키나와까지는 1천 킬로미터 가까이 되는 먼 거리이다. 죽음을 무릅쓰지 않고서는 그 망망대해를 건널 수 없었을 것이다. 얼마나 많은 사람들이 배를 타고 대양을 건넜으며, 이들은 망망대해를 건너며 무슨 생각을 했을까? 왜 더 가까운 일본으로 가지 않았을까? 일본으로 가려다 해류나 바람을 잘못 만나 그곳으로 갔을까? 뇌리를 자극하는 상상이 꼬리에 꼬리를 문다.

대륙에서 팽창하는 원 제국에 복속되는 것을 거부하고, 출륙환도한 개경 정부에도 저항한 그들을 해방시켜줄 곳은 바다밖에 없었던 것일까. 삼별초 유민들이 오키나와로 향한 것은 바다로 향한 대몽항쟁의 마지막 여정이었으리라.

어느 군졸의 일기

경오년(1270) 6월 초하루. 강화도

아침부터 도성 안에 난리가 났다. 어제와 다르게 무기를 손에 든 군사들이 거리를 누비며 소리쳤다. "오랑캐 군사들이 쳐들어와 사람들을 죽이고 있다. 보국하려는 자는 대궐 앞으로 모여라. 출륙하는 자들은 살려두지 않겠다."

노모와 처자를 단속하고 대궐 앞으로 나가보았다. 많은 사람들이 웅성거리면서 모여들고 있었다. 그 가운데 군졸들도 많이 있었지만 누구 하나 호령하는 사람은 없었다. 포구 쪽에서 온 사람들 말로는, 서로 먼저 배를 타려는 자들이 한꺼번에 몰려들어 포구는 이미 아수라장이라고 했다.

보름 전 임유무가 주살된 후부터 군사들은 심상찮은 기미를 보였다. 며칠 전 개경으로 환도하라는 방문이 거리에 나붙자 국가의 창고가 군사들에게 털리기도 했다. 어떤 고위무관이 삼별초 군사들을 설득하기 위해 강도에 왔다가 야유만 받고 돌아갔다는 이야기도 나돌았다. 그런가 하면 국왕이 오랑캐 군사들에게 사로잡혀 있다는 흉측한 소문이 들리기도 했다.

모여든 사람들이 웅성거리고 있는데 장군 복장을 한 자가 군중 앞에 나섰다. 웅성거리는 소리에 무슨 말을 하는지 들리지 않았지만, 사람들이 흩어지면서 배를 타러 간다고 했다. 집으로 돌아와 살림살이를 챙겼다. 무슨 변이 일어난 것은 분명한데 어찌해야 할지 모르겠다.

노모와 처자를 거느리고 집을 나서니 거리마다 사람들이 우왕좌왕하고 있었다. 어떤 자들은 갑곶강[甲串江]으로 간다 하고, 어떤 자들은 항파강[缸破江]으로 간다고 했다. 혹은 살림살이를 챙겨 산속으로 숨는 자들도 있었다.

신미년(1271) 2월 9일. 진도

진도에 들어온 지도 벌써 반년이나 지났다. 배를 타고 강화도를 떠날 때는 불안하기도 하고 두렵기도 했지만 이제 그런대로 지낼 만하다. 어느 농가에 겨우 방 한 칸 얻어 가족들 발붙일 틈도 마련했다.

그동안 성 쌓는 일에만 매달려서 답답했는데, 오늘은 배를 타고 처음으로 육지로 나간다니 마음이 설렌다. 육지로 나갔다온 군사들 말로는 육지 사람들이 우리를 환호한다고 했다. 어떤 곳에서는 후한 음식을 대접해주기도 하고, 어떤 곳에서는 지방관리가 관직을 버리고 우리 배를 탄 경우도 있다고 했다.

경상도에서는 진도로 들어오기 위해 큰 반란이 일어나기도 했고, 서울에서도 노비들이 반란을 일으켰다고도 한다. 이런 소문이 사실인지 모르겠지만 진도에 들어오길 잘했다는 생각이 든다.

아침 일찍 배를 탔다. 10여 척의 배에 30명씩 나누어 탔다. 모처럼 병장기를 분배받고 보니 이제야 내가 군인인 듯싶다. 배를 탄 것은 육지 구경하러 가는 것이 아니라 싸우러 가기 위해서였다.

새참 때쯤 되어서 어느 포구에 들어섰다. 조양현이라고 했다. 외가인 해양은 이곳에서 멀지 않은 듯 싶은데 가볼 수 없으니 안타깝다. 포구에는 전함으로 보이는 배들이 여러 척이나 늘어서 있었다. 관군은 보이지 않지만 장차 우리 진도를 치기 위한 배라고 했다. 우리는 좌·우군으로 나누어 포구에 접근했다. 좌군은 육지에 내리고 우군은 포구에 정박한 배들에 접근했다. 우리 우군이 배에 불을 지르면 좌군은 관군이 공격하는 것을 막으려는 계획이었는데, 막상 관군이 공격할 기미는 보이지 않았다.

여러 배에 불길이 크게 솟는 것을 보고 포구를 빠져나왔다. 모두들 승리했다고 만세를 부르며 소리를 질렀다.

임신년(1272) 2월 보름. 제주도

오늘도 성 쌓기에 나섰다. 제주도에 들어와 매일 백성들을 동원하여 이 일에만 매달린다. 진도에서 도망치듯 나오면서 다리에 화살을 맞아 병신이 되고 말았다. 나는 그래도 괜찮은데 노모와 처자를 놓치고 말았으니 가슴이 미어질 듯하다.

노모와 처자는 어떻게 되었을까. 소문에 의하면 몽골로 끌려갔다고도 하고, 노비로 충당되었다는 얘기도 들린다. 저수지에 몸을 던져 투신하는 내 처를 보았다는 사람도 있었다. 마음 같아서는 당장 진도로 달려가 내 눈으로 확인하고 싶지만 그럴 수도 없으니 미칠 지경이다. 하루빨리 이 난리가 끝나기만 바랄 뿐이다.

제주도 백성들의 태도도 하루가 다르게 변하고 있다. 동원된 백성들은 이제 불만과 불평을 서슴없이 내뱉었다. 그들을 감독하는 일도 곤욕스럽다. 축성은 이제 마무리되고 있으니 곧 끝이 날 것이지만 몽골 군대가 쳐들어오면 어떻게 해야 할지 두렵기만 하다.

이 일이 끝나면 나는 어떻게 해야 하나. 병신이 되었으니 다시 병장기를 들 수는 없고, 피붙이 하나 없는 천리 타향 이곳에 뿌리내리고 살 수도 없고 ……. 노모와 처자만 생각하면 잠이 오지 않는다. 죽었을까, 살았을까.

군막에 들면서 보니 보름달이 휘영청 밝다. 연등절이면 강도에서 밤 늦게까지 뛰어 놀던 자식들 얼굴이 보름달에 어른거린다.

삼별초에 소속되어 항쟁에 참여했던 어느 말단 군졸의 하루를 상상하며 창작해본 것이다. 말단 군졸이 사태의 진상을 정확히 알았겠는가, 역사와 민족에 대해 고민했겠는가. 그저 다수의 무리들에 휩쓸려 진도로, 또다시 살육이 일어나는 전장을 피해 제주도로 따라 들어왔을 것이다. 하지만 원 제국이 우리가 아닌 '타자他者'라는 정도는 그도 알았으리라. 그러면서 그 타자에 의해, 혹은 그 타자에 의해 동원된 동포의 창칼에 죽어갔을 것이다.

진도나 제주도에 살던 토착민들도 타자의 침략을 두려워하며 그들에 저항하고자 했을 것이다. 하지만 갑자기 밀어닥친 삼별초의 무리 역시 마른하늘에 날벼락 같았을 수 있다. 민족이 무엇인지, 왜 싸워야 하는지 모른 채 삼별초에 휘둘려 동원되기도 하고, 혹은 타자에 의해 그들도 삶의 터전을 위협받고 저항을 해야만 했을 것이다. 결국 그들은 항쟁이 자신들의 삶과 비록 상반된 길일지라도 더 큰 위협 앞에서는 개인 삶을 희생하고 하나가 되었으리라.

역사에 이름을 남기지 못한 대다수 사람들이 결코 해악을 끼쳤을 것 같지는 않다. 삼별초의 항쟁 과정에서 이름도 없이 사라져간 사람들, 악의 없이 희생만 당한 이들을 위해 역사학이 할 수 있는 일이 무엇일까? 삼별초의 항쟁은 민족적인 항쟁이었다고 주장한다? 그것도 한 방법이 될 수 있을 것이다.

삼별초 항쟁에 참여한 사람들이 역사와 민족을 충분히 자각하지는 못했을지라도 '타자'에 저항하면서 이 시대의 역사 흐름에 한몫을 한 것은 분명하다. 막연하지만 동족의식도 작용하지 않았을까 여겨진다. 그래서 삼별초 항쟁을 민족적인 항쟁이었다고 주장해도 크게 어긋나지 않는다. 이를 통해 이름도 없이 사라져간 그들의 희생을 역사적으로 자리매김하고 의미를 부여할 수 있다.

그런데 역사학에서 가장 경계해야 할 일이 그렇게 민족의식을 앞세운 미화나 찬양이라는 점을 생각하면 삼별초 항쟁의 그러한 역사적 평가가 썩 내키지 않는다. 게다가 그들을 진압한 사람들도 같은 민족이었기 때문에 더욱 그렇다. 민족적인 항쟁이라고 미화하는 것은 그 당시 민족의식이 그렇게 강력했을까 하는 점에서 논란의 소지도 많다. 그래서 삼별초 항쟁을 '민족적인 항쟁'이라고 단순하게 평가하기보다는 '소외계층에 의한 민중항쟁'이었다고 평가하는 것이 더 온당하다고 생각한다.

고려 무인 이야기를 끝내며

조그만 장정 하나를 겨우 마쳤다. 1170년(의종 24)에 일어난 무신정변부터 시작하여, 1273년(원종 14) 제주에서 막을 내린 삼별초 항쟁까지 백여 년의 역사를 나름대로 살펴보았다.

독자들 중에는 제목에 들어간 '무인'이라는 표현만 보고 거부감을 느꼈을 사람도 있을 테고, 반대로 반겨했을 사람도 있을 것이다. 지난 군사정권에 대해 갖고 있는 특별한 정서 때문이겠지만 양쪽 모두 바람직한 모습은 아니라고 생각한다. 이 책은 그 어느 쪽 정서와도 관련이 없고 그것을 생각의 중심에 두지도 않았다.

책을 시작할 때는 1세기 동안 지속된 고려 무인집권시대의 무인들 이야기뿐만 아니라 이 시대의 전체 사회상을 드러내고 싶었지만 결국 정치사 위주로 내용이 전개되고 말았다. 이 책 몇 권으로 이 시대가 모두 해명된 것도 아니고, 그것을 바라지도 않는다. 새로운 시각과 방법으로 이후에도 얼마든지 다시 쓸 수 있을 것이다.

고려 무인집권시대를 몽골의 침략이 계기가 되었던 1232년(고종 19)의 강화 천도를 기준으로 크게 두 시기로 양분해보면 어떨까 싶다. 강화 천도를 기준으로 그 이전의 무인집권기는 약 60여 년의 기간인데, 이 시기는 집권 무인의 빈번한 교체와 정치적 변란, 그리고 민란이 전국적으로 일어난 시기였다. 그래서 이 시기를 '내란기'라고 부르고 싶다. 그리고 천도한 이후의 무인집권기는 약 40년의 기간으로 몽골의 침략에 맞선 '전쟁기'였다.

내란기에는 김보당·조위총의 난을 비롯한 정치적 변란과, 망이·망소이의 난을 시작으로 해서 만적의 난에 이르기까지 크고 작은 농민, 천민의 난이 전국 어디서나 일어났다. 위로는 지역적 차별을 받던 서북면의 문무관리로부터 아래로는 천대받던 노비들에 이르기까지 고려 사회가 크게 동요하던 시기였다. 이것은 고려사회의 통치체제가 모순에 봉착했다는 뜻이다.

이러한 기층 민중들의 동요는 최씨 정권이 자리를 잡아가면서 차츰 수그러든다. 최씨 정권이 기존의 통치체제를 강화하고 강압 통치를 했기 때문이다. 하지만 기층 민중들의 사회적 변화 욕구를 수용한 것이 아니라 억누른 것에 지나지 않았으니 언제라도 다시 재현될 소지를 안고 잠복되어 있었다. 그리고 그 잠복기는 오래 갈 수 없었다. 계속되는 최씨 정권의 강압 통치는 오히려 정권에 대한 기층 민중들의 직접적인 위협으로 나타났다. 강화 천도는 이와 무관치 않았고, 이런 정권 위협에 대한 방어 차원에서 천도하기 직전에 창설된 군대가 야별초였다.

이 무렵 몽골의 침략이 시작되었다. 몽골의 침략은 강화도로 천도해야 한다는 좋은 명분을 제공했다. 이때부터 전란기로 접어드는데 최씨 정권은 내륙을 버려둔 채 권력 유지에만 급급하여 정권의 이기적인 속성을 노골적으로 드러냈다. 그렇게 강화도에 안주하면서 태평성대를 구가했지만 이는 내륙민의 끈질긴 항쟁과 희생이 있었기에 가능했다. 그러므로 오히려 최씨 정권은 몽골 침략의 덕을 톡톡히 보았다고 할 수 있다. 내란기 동안에 있었던 기층 민중들의 동요가 대몽항쟁으로 쏠렸기 때문이다.

전란기 동안 몽골과 싸웠던 대몽항쟁의 진정한 주체는 소외계층의 사람들이었다. 대몽항쟁에는 중앙에서 소외된 지방의 말단 관리나 군인에서부터 노비에 이르기까지 모두가 자발적으로 참여했다. 그런데 아이러니하게도 몽골과 전란기에 내륙에 남아서 자발적으로 항쟁했던 바로 그 소외계층 사람들이 내란기에 사회적 변화의 욕구를 분출시켰던 기층 민중이었다는 사실이다. 즉 기층 민중들의 활발한 사회 참여는 내란기에서 전란기까지 이어졌다고 할 수 있다.

내란기와 전란기에 걸쳐 일어났던 고구려, 백제, 신라를 다시 세우자는 삼국부흥운동은 최씨 정권과 고려 왕조를 모두 부정했던 것으로 기층 민중들의 가장 강렬하고 적극적인 변화 욕구였다. 옛 삼국의 중심 지역에서 고구려, 백제, 신라의 부흥을 도모한 것이니 고려 왕조는 그 존립 의미마저 상실했던 셈이다. 이는 기층 민중들이 새로운 국가의 출현과 변화된 세상을 얼마나 갈망했는지 보여주는 사례다.

하지만 이들 기층 민중들은 자신들의 처지나 사회를 조금도 변화시키지 못했다. 전란기에는 몽골의 침략군보다 강도에서 파견된 관리가 더 폭력적이었으니 더욱 억압당했다고 말해야 옳다. 그것은 무인정권의 통치 차원에서 보면 성공적이었다는 말이 된다. 이러한 성공은 몽골 침략으로 인한 강화 천도가 결정적인 요인으로 작용했다. 이것은 달리 말하면, 강화 천도가 기층 민중들의 변화 욕구를 억누르고 차단하는 데 크게 기여했다는 뜻이다.

일반적으로 군사정권(무인정권)은 부국강병의 기치를 내건다. 그래서 배타적 민족주의와 군국주의로 흐르기 쉽고, 군비를 강화하여 노골적으로 이웃 나라를 침략하면서 영토 확장을 꾀하기도 한다. 그런 성향 때문에 역사에 큰 오점을 남기기도 하는 것이다. 하지만 최씨 정권은 성립 초기부터 부국강병 기상조차 없었다. 몽골의 침략이 있기 전인 내란기 때부터 그랬다. 대외용이 아니라 대내용으로 만들어진 삼별초라는 군대는 순전히 체제 유지를 목적으로 한 군대였다.

그렇게 삼별초는 애초부터 정치적 목적으로 만든 군대로서 집권 무인들에게 이용당할 운명이었다. 군대가 만들어진 초기에는 진급이나 대우에서 특혜도 받은 것은 사실이지만 그것은 권력과 밀착한 소수의 장교들에게나 해당되는 사항이었고, 이 또한 무인집권자에 대한 충성을 전제로 한 것이었다. 대다수의 삼별초 말단 군사들은 권력과 먼 거리에서 정치적으로 이용당하는 존재에 불과했다.

그런데 내란기 동안 동요했던 기층 민중들과 삼별초의 말단 군사들, 그리고 전란기 대몽항쟁을 이끈 소외계층은 그 출신 신분이 결코 다르지 않았다. 전란기의 막바지에는 강도의 재정파탄으로 인해 그 사회·경제적 처지도 다를 것이 없었다. 최씨 정권이 무너지고 삼별초 군사들은 그 점을 차츰 자각하기 시작했다. 사직을 호위한다는 명분으로 무인정권을 타도하여 끝장낸 것은 그런 자각의 결과였다. 하지만 그 대가는 불행히도 왕조정부의 배신이었다.

삼별초의 난은 그래서 일어났다. 애초부터 반외세의 민족적 성격보다는 반왕조의 민중봉기적 성격을 더 강하게 띠고 있었다. 그래서 삼별초의 항쟁은 '민족항쟁'보다는 '민중항쟁'이라는 의미가 더 크다고 본다. 결국, 삼별초의 난과 그 뒤로 이어진 항쟁은 내란기에 있었던 농민·천민의 난과 전란기에 있었던 소외계층의 대몽항쟁을 계승했다고 말할 수 있다.

역사 속의 인물이나 어떤 사건·현상을 대할 때 그에 대한 평가나 판단을 너무 성급하게 요구하는 사람들이 많다. 하지만 역사학에서 명쾌한 평가나 판단을 내린다는 것은 쉽지 않다. 이 책을 쓰면서 가능하면 판단을 유보하고, 그래도 반드시 필요하다면 가치중립적인 표현을 쓰려고 애썼다. 역사적 사건이나 현상을 보고 그에 대한 평가나 판단이 매우 어렵다는, 바로 그 점을 안다는 것은 역사를 통해 얻을 수 있는 가장 큰 소득이다.

그래서 역사는 긴 호흡의 독법을 요구한다. 간단히 요약한 읽기 쉬운 다이제스트식 역사는 역사 읽기에 매우 부적절하다. 그렇게 길게 썼던 것은 하고 싶은 말이 많아서가 아니었다. 독자들에게 사소한 것까지 최대한 많은 것을 제시하여 보여주고 싶었기 때문이다. 그것을 읽고 그 시대의 등장인물이나 사건, 현상에 대한 평가를 독자의 몫으로 두고자 한 뜻이었다.

과욕이었는지 모르겠지만 이 책을 쓰면서 대중성과 학술성을 겸하고도 싶었다. 역사는 재미있어야 한다. 그것도 아주 재미있어야 한다. 그리고 가능하면 쉽게 읽을 수 있어야 한다. '쉽다'는 것은 대중성을 말하고 '재미있다'는 것은 학술성에 초점을 둔 것일 게다. 대중성은 일반인들의 역사적 호기심을 불러일으키는 것이고, 학술성은 그 호기심에 대한 답을 안내해주는 일이다. 그래서 대중성과 학술성은 양립할 수 없는 것이 아니라고 생각했다. 그런 과욕이 이 방면에 관심이 많은 분들께 또 다른 불만만 안겨주지 않았나 조심스럽다.

이제 시리즈를 마치고 보니 정말 미욱하게 늘여 썼구나 하는 생각이 든다. 읽는 독자들에게 부담만 떠넘긴 것이 아닌가 죄송스럽다. 하지만 역사는 긴 호흡으로 읽어야 한다는 점은 다시 한번 강조하고 싶다. 자질구레한 내용들을 참고 읽어준 독자들께 이 자리를 빌려 깊은 감사를 드린다.

책을 쓰면서 푸른역사를 만난 것은 큰 행운이었다. 우연하게 연결이 되었지만, 지금 생각하면 정말 큰 행운이었다. 박혜숙 사장님과 편집진 여러분께 늦게나마 감사의 말씀을 드린다. 아울러 가족들에게도 미안하고 고마운 마음 함께 전한다.

2005년 5월 20일

이승한

찾아보기

고려 무인 이야기 4

⊙ 2019년 10월 29일 초판 1쇄 발행
⊙ 2021년　7월　7일 초판 2쇄 발행
⊙ 지은이　　　　　이승한
⊙ 펴낸이　　　　　박혜숙
⊙ 펴낸곳　　　　　도서출판 푸른역사
　　　　　　　　　우) 03044 서울시 종로구 자하문로8길 13
　　　　　　　　　전화: 02)720-8921(편집부) 02)720-8920(영업부)
　　　　　　　　　팩스: 02)720-9887
　　　　　　　　　전자우편: 2013history@naver.com
　　　　　　　　　등록: 1997년 2월 14일 제13-483호

ISBN　979-11-5612-156-5　04900
ISBN　979-11-5612-152-7　04900(SET)

·잘못 만들어진 책은 교환해드립니다.